AF505925

Compacte Stad Extended

Agenda voor toekomstig beleid, onderzoek en ontwerp

Compact City Extended

Outline for future policy, research, and design

Design and Politics #4

Editorial team
Luuk Boelens, Henk Ovink, Hanna Lára
Pálsdóttir, Elien Wierenga

Editorial team, Design and Politics
Henk Ovink, Elien Wierenga

010 Publishers, Rotterdam 2011

Redactie
Luuk Boelens, Henk Ovink, Hanna Lára Pálsdóttir,
Elien Wierenga

Redactie Design and Politics
Henk Ovink, Elien Wierenga

Uitgeverij 010, Rotterdam 2011

Inhoud

Contents

For the time being, Amsterdam, Amstelveenseweg.

Voorwoord

Steden zijn de brandpunten van ontwikkeling. Ze zijn de katalysatoren van innovatie. De plek waar de confrontatie van economische, sociale en culturele opgaven werkelijk fysiek wordt. De druk is enorm, vele opgaven strijden om de eer de grootste te zijn. Allemaal komen ze samen in de stad. Klimaatverandering, voedselproblematiek, energiehandel en energiewinning, mobiliteit en veiligheid. En nu is het 'economy first'. Met de economische crisis staan economisch herstel en het versterken van de internationale concurrentiekracht bovenaan de agenda van het huidige kabinet. Het versterken van kracht vanuit daar waar kracht zit, ten gunste van het totaal. De kracht zit in de stad, city power. Kennis, innovatie, creatieve economie, zakelijke dienstverlening, ICT. De economie van de stad stuurt de economische doorbraak en maatschappelijke transitie die nodig is voor ontwikkeling. Niet alleen de verandering gericht op de toekomst maar ook juist de verandering vanuit de kracht van het verleden is bepalend. De stad wordt gemaakt vanuit de toekomst én het verleden. Dit samenspel van oude stad en ontwikkeling, de spanning tussen de kracht van de cultuurhistorie en de kracht van de toekomst maakt de kwaliteit, de aantrekkelijkheid en het onderscheidend vermogen van de steden sterk. Dit is recent nog eens onderstreept door de studie 'Stad en Land' van het Centraal Planbureau (CPB). De stad heeft werkelijke meer'waarde', productief en consumptief. De stedelijke regio functioneert door haar mobiliteitsnetwerken, maar evenzogoed door de netwerken van werkgelegenheid, winkels en culturele voorzieningen. Deze agglomeratieeffecten uiten zich in hogere grondprijzen daar waar de meeste dynamiek is. Zakelijke dynamiek als de Zuidas of de Kop van Zuid, culturele dynamiek zoals het museumplein en de Oude Gracht in Utrecht en historische dynamiek zoals de oude binnensteden van Leiden, Delft en Amsterdam. Mensen investeren

Foreword

Cities are the focal points of development, the catalysts of innovation, the places where our confrontation with economic, social, and cultural challenges becomes genuinely physical. The pressure is enormous, with many challenges competing for the honour of being the greatest. They all converge in the city: climate change, food issues, energy trading and development, mobility, safety, and security. And these days, the economy comes first. The economic crisis has made economic recovery and strengthening economic competitiveness top priorities for the current Dutch government. That means strengthening the sources of economic power, for the good of the whole. And that power is city power: knowledge, innovation, the creative economy, B2B services, and ICT. The urban economy is the engine of the economic breakthrough and social transition required for further development. The essential factor is change that not only looks to the future but is also based on strengths from the past. The city is made of the future and the past. The counterpoint between the old city and new developments, the tension between the power of cultural history and the power of the future, gives cities an edge in quality, attractiveness, and discriminating judgment.

This conclusion has recently been underscored once again in the report *Stad en Land* ('City and Country') by the Netherlands Bureau for Economic Policy Analysis (*Centraal Planbureau*; CPB). The city has more genuine 'value', in terms of both production and consumption. The urban region operates thanks to its transport networks, but also thanks to its networks of employment, retail outlets, and cultural offerings. These agglomeration effects find expression in higher land prices in the most dynamic areas, whether it is commercial dynamics, as in Amsterdam's Zuidas or Rotterdam's Kop van Zuid, cultural dynamics, as in Amsterdam's Museumplein and along Utrecht's Oude Gracht, or historical dynamics, as in the historic town centres of Leiden, Delft, and Amsterdam. People invest in a compact, urban environment by choosing to living and working there, and that choice is motivated by the benefits the city offers. At the same time, *Stad en Land* shows that this does not apply to all cities to the same degree or in the same way. The attractiveness of cities varies, along with the challenges those cities face. For a long time already, cities have been distinct from the administrative units known as municipalities (*gemeenten*). Instead, cities have become regions, in the Netherlands as elsewhere. Or perhaps the converse is more accurate: regions have become cities – from Haarlem to Almere, from Dordrecht to Leiden. And these urban regions, both independently and collectively, generate dynamism, power, and economic potential. This too is confirmed by the CPB report. When we talk about the city, we have to talk about the entire urban system. For this reason, the CPB recommends a major role for the urban region. That requires flexibility and confidence on the part of government authorities.

Government action is necessary, because this is a case of market failure; there are externalities not taken into account by the market. When spatial planning policy aims to strengthen cities through clustering and densification, it thereby reinforces agglomeration effects and yields greater economic benefits. When the national authorities focus their efforts on the general economic climate, they provide the necessary scope and impetus for urban development. But national efforts are not limited to policy and general frameworks. Through legislation and active participation in and financing of national interests and projects in these urban regions, the national authorities can place the regions on a stronger footing. At the same time, the CPB report argues that we must make room for the city, in the most literal sense, by seeing the urban region literally as a city and using it to accommodate new development. As part of this approach, the growth of housing, facilities, and services should not be

in een compacte, stedelijke omgeving door er te wonen en te werken. Dankzij de voordelen die hen dit biedt. Tegelijk toont 'Stad en Land' aan dat dit niet voor alle steden in dezelfde mate of op dezelfde manier geldt. De aantrekkelijkheid van steden verschilt, en daarmee ook de opgaven waarvoor deze steden staan. De stad is al lang niet meer de gemeente. De stad is een regio geworden, ook in Nederland. Of beter andersom, de regio is stad geworden. Van Haarlem tot en met Almere, van Dordrecht tot en met Leiden. Stedelijke regio's die in zichzelf en samen dynamiek, kracht en verdiencapaciteit genereren. Ook dit wordt bekrachtigd in de studie van het CPB. Als we het hebben over de stad, dan moeten we het hebben over het hele stedelijk systeem. Het CPB pleit daarom voor een sterke rol voor de stedelijke regio. Dat vraagt ruimte en vertrouwen van de rijksoverheid.

Overheidsingrijpen is noodzakelijk omdat er sprake is van marktfalen; er zijn externe effecten waar de markt geen rekening mee houdt. Het ruimtelijke-ordeningsbeleid gericht op het versterken van de stad door bundeling en verdichting draagt dan ook bij aan het vergroten van de agglomeratie-effecten, en betekent dus meer economisch voordeel. Rijks-inzet gericht op de economische hoofdstructuur geeft ruimte en richting aan de stedelijke ontwikkeling. Rijksinzet beperkt zich niet alleen tot beleid en structuren. Door wet- en regelgeving en actieve participatie en financiering in de rijksbelangen en rijksprojecten in deze stedelijke regio's versterkt het Rijk de positie van de regio's. Tegelijk wordt in de CPB-studie gesteld dat de stad wel (letterlijk) de ruimte moet krijgen. Letterlijk door de stedelijke regio als stad te zien en de groei en ontwikkeling ook daar te accommoderen. Letterlijk ook door de groei van woningen en voorzieningen niet elders te projecteren. Het is de uitdaging voor het Rijk om de vraag te beantwoorden hoe we in de toekomst meer ruimte gaan geven voor de stad en haar verdienmodel. Niet alleen letterlijk, door minder ruimtelijke restricties, maar juist ook voor wat betreft extra mogelijkheden voor dit stedelijk verdienmodel (decentrale belastingen), in wet- en regelgeving, in bestuurlijke indelingen, etc. met meer ruimte voor de markt en private initiatieven. Omdat er een Nederland van verschillen is, moet dit instrumentarium bovendien adaptief zijn. Dit vereist verder ontwikkelde, nieuwe en wisselende allianties van overheid, ondernemers, onderzoekers en ontwerpers. Dit betekent ook dat we specifiek zullen moeten zijn. Hoe zien de Nederlandse steden eruit, hoe functioneert het stedelijk systeem? En vervolgens: Wat zijn de meest effectieve ingrepen? Hoe geven we in deze context invulling aan compactheid? In de Nederlandse netwerkstad betekent het vergroten van agglomeratie-effecten misschien wel het doen van bijzonder gerichte en specifieke ingrepen op cruciale plekken in het stedelijk systeem. Op knooppunten, hoogwaardige centra en campussen of ontbrekende schakels in de infrastructuur. De kracht van de strategie moet gericht zijn op het vinden van de cruciale plekken in dit systeem, de interactie ervan kennen en de ingreep of het ruimte geven bepalen. Een strategie in het spanningsveld van systeem, plek en verantwoordelijkheid. Onderscheidende plekken uit het verleden bepalen mede die kracht voor ontwikkeling van morgen. Juist hier ligt een collectieve verantwoordelijkheid van overheid, ondernemers, onderzoekers en ontwerpers. Een verantwoordelijkheid voor de herstructurering, renovatie en vernieuwing van onze steden. Deze herontwikkeling van onze steden is een van de belangrijkste opgaven. Binnen de bestaande stedelijke structuur ontstaat zo een nieuwe stad, een vernieuwd stedelijk systeem, een stad van de toekomst. Dit gaat niet over dichtheid of grote projecten alleen. Het is de combinatie van ruimte geven voor bottom-up initiatief, adaptieve wet- en regelgeving, duurzame ontwikkeling en onderscheidende economische kwaliteit. Deze herontwikkeling vanuit stedelijkheid begint elke dag en vraagt een wis-

displaced outside the urban region. The challenge for national government is to determine how we can make more room for the city and its economic model – not only literally, by relaxing restrictions on land use, but also through new possibilities that support this urban model (such as subnational taxes), new legislation, new administrative boundaries, and so forth, with more scope for market forces and private initiative. In the diverse context of the Netherlands, these tools will have to be adaptive. This will require new, shifting, and more fully developed partnerships between government bodies, entrepreneurs, researchers, and designers. It will also require us to be specific. What is the nature of Dutch cities? How do their urban systems operate? And also: What are the most effective measures? How can compact development be put into practice in this context? In the Dutch network city, the way to strengthen agglomeration effects may be through special, focused, and specific measures at crucial sites in the urban system: at junctions and intersections, high-level centres and campuses, and missing infrastructural links. In this strategy, energy should be focused on identifying these crucial sites, understanding how they interact, and determining what measure to take or how to make room for other parties. It is a strategy that focuses on the interconnections between the system, the site, and responsibility.

Outstanding sites from the past will help to determine where the potential energy lies for future development. This is the collective responsibility of government, entrepreneurs, researchers, and designers: a responsibility for the reorganization, restoration, and renewal of our cities. This redevelopment of our cities is one of the greatest challenges we face. Within the existing urban structure, a new city will emerge, a renewed urban system, a city of the future. This goes beyond density and major projects. It is a combination of scope for bottom-up initiatives, adaptive legislation, sustainable development, and outstanding economic qualities. This redevelopment based on urban character begins anew each day and demands an ever-changing adaptive approach, though one that is compatible with reliable government and entrepreneurial initiative and accountability.

The urban region is the future of our cities, and our cities are the future of our country. The Netherlands in the world is a nation of cities. To take optimal advantage of this fact, national government must take a focused approach based on trust, commitment, and making room for other parties, and cities must achieve cooperation at regional level, professionalism, and outstanding leadership in public-private partnerships for development.

Henk W.J. Ovink
Director for National Spatial Planning
Ministry of Infrastructure and the Environment

selende en adaptieve aanpak, maar wel continu met een betrouwbare overheid en ondernemers met lef en verantwoordelijkheid.

De stedelijke regio maakt onze stad, de steden maken ons land. Nederland in de wereld is een Nederland van steden. Willen we dit maximaal exploiteren dan vraagt dat van de rijksoverheid een gerichte aanpak gebaseerd op vertrouwen, ruimte geven en commitment. En vraagt het van de steden samenwerking op regionale schaal, professionaliteit en een onderscheidend leidende rol in de allianties voor ontwikkeling van markt en overheden.

Henk W.J. Ovink
Directeur Nationale Ruimtelijke Ordening
Ministerie van Infrastructuur en Milieu

Redactioneel

Editorial

Luuk Boelens, Elien Wierenga

Onlangs kopte *de Volkskrant* 'Hier bouwt de gemeente niet meer' (*de Volkskrant*, Economiekatern, zaterdag 31 juli 2010: p.1). Aanleiding werd gevormd door een eigen onderzoek van die krant waaruit bleek dat de (middel)grote gemeenten diep in de rode cijfers waren beland doordat de verkoop van bouwgrond als gevolg van de kredietcrises volledig was ingestort. De financieel opgetelde tegenvaller voor alle gemeenten in 2009 wordt door de Vereniging van Nederlandse Gemeenten op bijna 1,4 miljard euro begroot (Allers, 2010). En waarschijnlijk zal die tegenvaller in 2010 nog groter worden. Het gaf de verantwoordelijke wethouders van de grote en middelgrote gemeenten aanleiding tot het nemen van drastische maatregelen. Zo heeft Maarten van Poelgeest van Amsterdam alle bouwprojecten waar de gemeente geld bij zou moeten stoppen voorlopig stilgelegd. Hij wil eerst precies weten welke risico's de gemeente loopt nu de kantorenmarkt is ingestort en de huizenmarkt muurvast lijkt te zitten. Zo ook heeft Marnix Norder aangegeven dat hij 'de stofkam door de Haagse bouwprojecten heen zal halen'. De meeste andere door *de Volkskrant* gepolste wethouders stellen dat zij de geplande bouwprojecten zullen herijken, faseren, eventueel aanpassen en waar nodig uitstellen.

Dutch newspapers announced in the summer of 2010 that municipalities have stopped building' (see, for instance, *De Volkskrant*, financial section, Saturday 31 July 2010, p. 1). They had discovered that large and medium-sized municipalities had been driven deep into debt by the credit crisis, because municipal sales of land for development had ground to a screeching halt. The total financial loss for all Dutch municipalities in 2009 was calculated by the Association of Dutch Municipalities (*Vereniging van Nederlandse Gemeenten*) to be almost 1.4 billion euros (Allers 2010), and there have probably been additional losses in 2010. The situation has led portfolio holders in the large and medium-sized municipalities to take drastic measures. In Amsterdam, for instance, Maarten van Poelgeest has suspended all building projects that were to have received municipal financing. He first wants to determine what risks the municipality is running now that the market for office space has collapsed and the housing market seems to have come to a standstill. Marnix Norder, Van Poelgeest's counterpart in The Hague, has likewise said that he plans to 'go through the city's building projects with a fine-tooth comb'. Most of the other portfolio holders interviewed by *De Volkskrant* said that they too intended to re-evaluate their city's construction plans and revise or postpone them as necessary. Although urban planner Hugo Priemus has correctly observed that the two situations are utterly incomparable,[1] some have already drawn a comparison with the early 1980s, when the Dutch building market sank into a deep malaise.

Nevertheless, the Netherlands Bureau for Economic Policy Analysis (*Centraal Planbureau*; CPB) still attaches great value to the dynamism, well-being, and prosperity of cities in its recently published study of scenarios for the country in 2040 (Ter Weel et al. 2010). To place the situation in perspective, this study reminds us that the rise and decline of cities is an age-old phenomenon. While house prices in Amsterdam approximately tripled around the period of the Dutch Golden Age (the late sixteenth and the seventeenth century), in the early nineteenth century they were just one-quarter of what they had been in the late eighteenth century. It was not until the late 1800s, in combination with the wave of urbanization during the Industrial Revolution, that prices again rose slightly, finally skyrocketing in the final decades of the twentieth century. According to the CPB study, this boom resulted mainly from Western Europe's shift from an industrial society to a post-industrial one based on knowledge-intensive business and other services. Many head offices and knowledge institutions became concentrated in cities, and the average educational level in most large and medium-sized cities increased commensurately. 'Cities became places where many well-educated people lived, where first-time buyers could enter the housing market, and where face-to-face contact enhanced productivity' (Ter Weel et al. 2010, p.3). Furthermore, the CPB's futurists believe that large and medium-sized cities will remain critically important to the Netherlands over the next thirty years, no matter what economic scenario may obtain. 'Cities will continue to be the places where knowledge is developed and businesses are matched

Alhoewel Hugo Priemus eveneens terecht stelt dat de context volstrekt onvergelijkbaar is[1], maken sommigen al de vergelijking met de situatie van begin jaren tachtig toen de Nederlandse bouwmarkt tevens in een diepe malaise was beland. Desondanks hecht het Centraal Planbureau nog steeds grote waarde aan de dynamiek en het (economisch) welzijn van steden in hun ongeveer gelijktijdig uitgegeven scenariostudie naar Nederland 2040 (Ter Weel et al., 2010). In relatieve zin melden zij dat over een langere periode gezien steden altijd al tot bloei zijn gekomen, én in verval raken. Waar rond de Gouden Eeuw de huizenprijzen in bijvoorbeeld Amsterdam ongeveer verdrievoudigden, waren ze aan het begin van de negentiende eeuw nog maar een kwart van de prijzen uit het eind van de achttiende eeuw. Pas vanaf het eind van de negentiende eeuw, in combinatie met de urbanisatie tijdens de Industriële Revolutie, stegen de prijzen weer enigszins om vooral vanaf het laatst kwart van de twintigste eeuw een enorme boost mee te maken. Dit had volgens de scenarioschrijvers van het Planbureau vooral te maken met de in West-Europa voorkomende translatie van een industriële naar een post-industriële, of ook wel diensten- en kenniseconomie. Veel hoofdkantoren en kennisinstellingen concentreerden zich in steden, terwijl ook het gemiddeld opleidingsniveau van (middel)grote steden doorgaans en relatief sterk toenam. 'Steden werden de plaatsen waar veel hoogopgeleiden wonen, waar starters zich kunnen ontplooien en waar face-to-face contact de productiviteit verhoogt' (Ter Weel et al., 2010: p.3). Sterker nog, ook voor de komende dertig jaar verwachten de CPB-futuristen dat (middel)grote steden voor Nederland van doorslaggevend belang blijven, ongeacht welk economisch scenario aan de orde is. 'Steden blijven de plek voor het ontwikkelen van kennis en het matchen van bedrijven met werknemers. Zij zullen de knooppunten blijven in het mondiaal economisch netwerk en de verdeling van de productie over de ruimte bepalen' (Ter Weel et al., 2010: p.15). In alle gevallen worden steden steeds belangrijker en zal het beleid en de regelgeving van de overheid meer op het niveau en welbevinden van die steden gericht moeten zijn.

Deze publicatie gaat over het compactestadbeleid zoals dat thans op nationaal niveau – eerst schoorvoetend met de Structuurschets Stedelijke Gebieden (1983), maar later meer expliciet met de Vierde Nota over de Ruimtelijke Ordening (1987) – ongeveer een kwart eeuw bestaat. Wat waren ook al weer de oorspronkelijke doeleinden, wat is de actuele stand en wat is bereikt, dan wel is er aanleiding dat beleid te continueren en hoe dan? Oorspronkelijk werd het immers niet zozeer ingegeven door het Rijk, maar vooral door de drie, later vier grote steden in de Randstad. Mede als gevolg van het toentertijd gevoerde (gebundelde) deconcentratiebeleid zagen zij zich gedurende de jaren zeventig immers geconfronteerd met een drastische daling van hun inwoneraantal, waarbij vooral de gezinnen wegtrokken en de lageropgeleiden en kansarmen achterbleven. Een drastische daling van hun gemeentelijke inkomsten was het gevolg, terwijl er wel een blijvend hoog beroep werd gedaan op hun voorzieningen, sterker nog, er zelfs een steeds acuter wordende noodzaak ontstond om de stedelijke voorraad aan voorzieningen, woon- en werkgebieden aan te passen aan de nieuwe eisen van de tijd. Want wat dit laatste betreft werd het sinds de oliecrises van de jaren zeventig in toenemende mate duidelijk dat de West-Europese economieën zich moesten transformeren in de richting van de voornoemde meer hoogwaardige kennis- en diensteneconomie. Een nieuwe positie van de grote steden als 'dé commandocentra' van de opkomende, steeds meer grenzeloze netwerkeconomie was daarbij tevens aan de orde. Tegelijkertijd bleken deze doelstellingen op het gebied van de financiële huishouding van de grote gemeenten en hun positie in de opkomende mondiale netwerkeconomie ook

with employees. They will remain hubs in the global economic network and crucial factors in the spatial distribution of production' (Ter Weel et al. 2010, p.15). Cities will become increasingly important and government rules and policies will have to place more emphasis on their success.

This book is about compact city policy, which has existed at national level in the Netherlands for almost thirty years – starting with its reluctant adoption in the Structuurschets Stedelijke Gebieden (the final part of the Third Policy Document on Spatial Planning, dealing with urban areas; 1983), followed by a more explicit embrace of the approach in the Vierde Nota over de Ruimtelijke Ordening (Fourth Policy Document on Spatial Planning; 1988). What were the policy's original objectives, what is its status today, and what progress have we made? Is there good reason to keep following this path, and if so, how? Before its adoption by national government, the compact city idea was explored by the major cities in the Randstad: Rotterdam first, and later Amsterdam, The Hague, and Utrecht. Partly because of the clustered dispersal policy (*gebundelde deconcentratiebeleid*) then in effect, they were confronted with a drastic decline in population in the 1970s, with mostly families moving away and lower-income and underprivileged residents remaining. This caused a dramatic decline in municipal revenue, without any corresponding decline in the demand for services and amenities; in fact, there was an urgent and growing need to adapt existing urban facilities, housing, and business space to contemporary standards. Since the oil crises of the 1970s, it had become ever clearer that the economies of Western Europe needed to transform into the type of knowledge and service economies mentioned above. This entailed a new role for major cities, as the command centres of an emerging network economy in which national borders were increasingly irrelevant. At the same time, objectives for the financial administration of the major cities and their role in the emerging global network economy could be linked almost effortlessly to environmental objectives such as limiting air pollution, making a shift from automotive to public transport, and protecting valued landscapes. The mid-1980s therefore saw broad support coalescing for compact city policy, not only in the municipal governments of large and, later, medium-sized cities, but also among entrepreneurs and innovative businesses, transport companies and civil engineers, ecologists, environmental experts, nature and landscape protection organizations, and even farmers. Compact city policy also gradually became the leading vision for the future in neighbouring countries, such as the United Kingdom, Germany, Belgium, the Scandinavian countries, and so forth. This *Zeitgeist* found expression in not only the First and Second Benelux Structural Outlines (1986 & 1996), but also in the European Spatial Development Perspective (ESDP; 1999).

But what was meant, precisely, by 'compact'? According to the leading Dutch dictionary, the word means solid, dense, or compressed; according to Wikipedia, the topological sense of the term relates to bounded spaces with a certain quality of completeness. Nevertheless, a glance at the international literature shows how often it is unclear what we mean by compact cities. Stephen Marshall, Yi Gong, and Nick Green point out that the term 'compact' is often confused or conflated with the term 'dense' (Marshall et al., 2010). But areas with a high density – for instance, of housing units, places of work, or square metres of leisure-time facilities per hectare (or acre) of land – are not compact by definition. Furthermore, these authors continue, the medieval Western city, frequently seen as the ideal form of compact urban development, was often not at all compact or dense. Medieval cities often included large unused or little-used areas within their walls, for agriculture in the event of siege, bleaching, temporary storage, or defence. Christopher Boyko and Rachel

bijna moeiteloos te koppelen aan de milieuhygiënische doelstellingen om verder (lucht)vervuiling te voorkomen, het autoverkeer zoveel mogelijk te geleiden richting het openbaar vervoer en verdere aanslagen op de natuur- en landschappelijk waardevolle gebieden te vermijden. Voor het compactestadbeleid ontstond er medio jaren tachtig dan ook een breed draagvlak, niet alleen van de zijde van de grote en later ook middelgrote gemeentebesturen, van de zijde van de ondernemers en het innoverend bedrijfsleven, maar ook van de zijde van de vervoerders en civiele technici, de ecologen, milieuexperts, stichtingen natuur- en landschapsbehoud en zelfs de agrariërs. Bovendien werd het compactestadbeleid ook in aangrenzende buurlanden als het Verenigd Koninkrijk, Duitsland, België, de Scandinavische landen, etc., alsmede de Eerste en Tweede Beneluxstructuurschets (1986, 1996) en het Europees Ruimtelijk Ontwikkelingsperspectief (EROP, 1999), in toenemende mate het wenkend perspectief.

Maar wat verstaan we nu precies onder 'compact'? Volgens de *Van Dale* gaat het om iets dat vast, dicht en/of ineengedrongen is; volgens *Wikipedia* topologisch om (totaal) begrensde ruimten die een zekere volledigheid in zich herbergen. Desondanks blijkt uit internationale literatuur dat wat wij onder compacte steden verstaan lang niet altijd even duidelijk is. Stephen Marshall, Yi Gong en Nick Green wijzen er op dat het begrip 'compact' vaak wordt verward of vereenzelvigd met het begrip 'dichtheid' (Marshall et al., 2010). Maar plekken die een hoge dichtheid bezitten, bijvoorbeeld op het gebied van aantallen woningen, werkplekken of vierkante meter vertier per hectare grondgebied, hoeven niet per definitie ook 'compact' te zijn. Sterker nog, zij wijzen er zelfs op dat de occidentale middeleeuwse stad weliswaar vaak als het ideaal van compacte verstedelijking wordt gezien, maar dat precies diezelfde vaak ook in het geheel niet compact en/of dichtbebouwd was. Deze steden bevatten vaak grote open binnenstedelijke restgebieden of weinig intensief gebruikte ruimtes intra muros voor landbouw in het geval van belegering, bleken, tijdelijke opslag of verdediging. Tegelijkertijd laten ook Christopher Boyko en Rachel Cooper (2010) zien dat zelfs het begrip dichtheid lang niet altijd even eenduidig gebruikt wordt. In de door hen geanalyseerde beleidsplannen gaat het dan weer over woningen per hectare, dan weer over bewoners per hectare, bedrijven of werkplekken per hectare, bezettingsgraad, inkomens- of *floor space index*, *plot ratio*, etc. Sterker nog, zij wijzen erop dat steeds meer onderzoek beschikbaar komt dat aantoont dat – buiten de veronderstelde voordelen – hoge dichtheden vaak ook gepaard gaan met sterke nadelen. Zo zou er een sterke correlatie zijn tussen dichtheid en bijvoorbeeld de *crime ratio* (Bramley & Power, 2009), 'a reduced preception of neighboorhood quality' (Walton et al., 2008), 'negative life events' (Cramer et al., 2004), 'mental well being' (Evens et al., 1996), 'physical activity' (Xu et al., 2010) 'government expenditure' (Holcombe & Williams, 2008), etc. Zij pleiten derhalve voor veel meer aandacht voor deze, wat zij noemen, 'the softer side of density'.

Tegelijkertijd blijkt – deels als gevolg van voornoemde nadelen, maar ook optredende beperkingen in de uitvoering van ruimtelijk beleid – dat zelfs in Nederland de soep niet zo heet gegeten werd als ze oorspronkelijk werd opgediend. Weliswaar hield het zogenoemde 'stringent compactestadbeleid' voor Nederland in dat het (gebundelde) deconcentratiebeleid definitief werd verlaten en dat, met uitzondering van de 'eigen behoefte' van de landelijke gemeenten, de uitbreidingsbehoefte aan woon- en werkgebieden in eerste instantie binnen en vervolgens rondom de (middel)grote gemeenten gerealiseerd zou moeten worden. Maar uiteindelijk bleek toch het merendeel van de bouwproductie aan de rand en soms zelfs op afstand van de grote steden tot ontwikkeling te komen, in lang niet altijd even

Cooper (2010) have shown that even the term 'density' is not always used in the same way. They analyzed policy plans that defined this concept in terms of housing units per hectare, inhabitants per hectare, businesses or places of work per hectare, occupancy rate, income, floor space index, plot ratio, and so on. Moreover, they point to the growing body of research showing that, alongside its supposed advantages, high-density development often brings major disadvantages. For instance, experts have found a strong correlation between density and the crime rate (Bramley & Power, 2009), 'a reduced perception of neighbourhood quality' (Walton et al., 2008), 'negative life events' (Cramer et al., 2004), 'mental well being' (Evens et al., 1996), 'physical activity' (Xu et al., 2010) 'government expenditure' (Holcombe & Williams, 2008), etc. Boyko and Cooper therefore recommend that more attention be devoted to what they call 'the softer side of density'.

Meanwhile – partly because of these disadvantages, but also because of limitations on the practical scope of spatial policy – compact urban development is inevitably watered down in practice, even in the Netherlands. It is true that the stringent Dutch compact city policy made a clean break with the clustered urban sprawl policy, and that, in theory, new residential and business areas (except for projects planned by small rural communities) had to be constructed in, or otherwise around, large and medium-sized municipalities. But ultimately, the lion's share of new development was on the periphery or even at a distance from the major cities. Much of this development was not high-density, let alone comprehensive or integrated in programmatic or functional terms. For instance, the leading area of the country for new growth-generating employment emerged not in the major cities, but within a corridor along the national A2 motorway (see also e.g. Louter et al. 1994; Tordoir 2010). Furthermore, from the 1990s onward, most new housing was built not in compact city developments, but in Vinex districts, which were not fully integrated in programmatic terms, but in fact more or less the same type of dormitory towns as before, although now closer to their supposed 'central cities' (Boeijenga et al. 2008). However, other scholars soon put this proximity into perspective through analyses of the network society and the interrelations between Vinex districts and other 'central cities' or parts of the region (Reijndorp et al. 1998). Nevertheless, if we now provisionally assess the results of compact city policy, we see that the huge decline in the population of the major cities in the 1970s was brought to a halt and in some cases even reversed, that a number of head offices are now concentrated in those cities (especially Amsterdam, but also The Hague, Utrecht, Rotterdam and large and medium-sized cities elsewhere), that the use of public transport has risen in both relative and absolute terms, especially in the Randstad, and that urbanization in the Green Heart (*Groene Hart*) has largely remained limited to development for local residents and communities, according to the province of South Holland (2008). So where are we now, exactly, and where do we go from here?

If we compare the compact city now to its early days (the context, the motivations, the needs, the ambitions, the opportunities, and the possibilities), we find some similarities, but also substantial differences. One similarity (as discussed above) is that the budgets of large and medium-sized municipalities are once again under pressure. The reserves generated by municipal development corporations in their boom years have largely been depleted, and there are now too many shortfalls for the problem to be solved by moving money from one budget to another. Another similarity is that, with a few minor exceptions, the country's population is fairly stable in quantitative terms, but there are still major qualitative demographic shifts in progress. Some large and medium-sized cities are still in danger of losing their middle and upper-income groups, and even where

hoge dichtheden, laat staan in een volledigheid naar programma en verschillende functies. Zo ook zijn niet de grote steden sec, maar vooral een zone langs de Rijksweg A2 sinds jaar en dag het gebied waar de sterkste ontwikkeling van stuwende werkgelegenheid te vinden is (vgl. o.a. Louter et al., 1994; Tordoir, 2010). Daarnaast vond het overgrote deel van de woningbouw vanaf de jaren negentig niet meer plaats in de vorm van compacte nieuwbouwprojecten in de stad, maar op zogeheten Vinexlocaties, die in programmatisch opzicht niet bepaald volledig geïntegreerd waren, maar meer weg hadden van de vroegere 'slaapsteden', al lagen ze nu dichter bij de beoogde 'centrale steden' (Boeijenga et al, 2008). Ook deze nabijheid werd echter door anderen al snel gerelativeerd via een analyse van de netwerksamenleving en de onderlinge relaties tussen Vinexwijken en andere zogeheten 'centrale steden' en/of delen van de regio (Reijndorp et al, 1998). Dit neemt niet weg dat, als we nu een eerste provisorische balans van het compactestadbeleid moeten opmaken, de enorme bevolkingsdaling waarmee de grote steden in de jaren zeventig van de afgelopen eeuw werden geconfronteerd wel tot staan is gebracht en soms zelfs ten goede gekeerd, dat een aantal hoofdkantoren zich vooral ook in Amsterdam en deels Den Haag, Utrecht en Rotterdam en in grote en middelgrote steden elders hebben geconcentreerd, dat het openbaarvervoergebruik vooral ook in de Randstad zowel relatief als absoluut een sterke ontwikkeling heeft doorgemaakt en dat de verstedelijking in het Groene Hart – als we de provincie Zuid-Holland mogen geloven (2008) – zich grotendeels tot de eigen behoefte heeft beperkt. Dus waar staan we nu precies en hoe moeten we eventueel verder? Indien we de situatie, achterliggende overwegingen, noodzaak, ambities, kansen en mogelijkheden van toen provisorisch vergelijken met die van thans dan is deze deels vergelijkbaar, maar deels ook volstrekt anders.

Hetzelfde is dat – zoals ook al uit vorenstaande blijkt – de begroting van de (middel)grote gemeente wederom onder grote druk staat. De buffers, die in de hoogtijdagen door de gemeentelijke grondbedrijven zijn opgebouwd, zijn grotendeels verdampt en het ene financiële gat begint al weer met het andere gedicht te worden. Hetzelfde is ook dat – uitzonderingen daargelaten – de bevolkingsontwikkeling weliswaar kwantitatief op orde lijkt, maar dat er nog steeds belangrijke kwalitatieve verschuivingen plaatsvinden. Vooral de midden- en hogere inkomensgroepen dreigen (sommige) (middel)grote steden nog steeds te verlaten, terwijl ook waar dat niet het geval is de toenemende dynamiek naar allerhande leefstijlen nog steeds vraagt om een acute vernieuwing en differentiëring van de bestaande voorraad. Hetzelfde is tenslotte ook dat economen – mede als gevolg van de kredietcrises en de opkomst van de BRIC-landen – thans wederom wijzen op de noodzaak te komen tot een fundamentele translatie van de economische conjunctuur. Kernwoorden daarbij zijn om voorbij de padafhankelijkheden en *lock-in* van het postindustriële tijdperk te komen, om vooral van economische clusters naar innovatieve economische netwerken te komen, via *open-source* management en co-evolutie, waarbij eerste en tweede orde leerprocessen tussen bedrijven tot toegevoegde waarde en een betere economische performance kunnen leiden, en daarmee tot *related variety* en *embedded* concurrentievoordelen, meer duurzaamheid en meer economische veerkracht (Boschma, 2005; Visser & Atzema, 1987; Van den Bergh, 2010). Weliswaar speelt de grootstedelijke economie daarbij nog steeds een belangrijke rol, maar de vraag is in toenemende mate in welke specifieke compacte stad de netwerken, *cross-overs* en variëteit zich zullen voordoen, en of dit zal gebeuren op het niveau van de metropool (Eurodelta), het stedelijk netwerk (de Randstad of een deel ervan, Brabantstad en dergelijke), de agglomeratie (grote steden en hun omgeving) of,

this is not the case, the energetic, ongoing emergence of all sorts of new lifestyles makes it just as urgent as ever to renovate and diversify the existing housing stock. A final similarity is that economists (prompted in part by the credit crises and the rise of the BRIC countries) are again emphasizing the need for a fundamental transformation of the economic climate. It is necessary to move beyond the path dependence and lock-in of the post-industrial era and shifting the emphasis from economic clusters to innovative economic networks, through open-source management and co-evolution. During this transition, first and second-order learning processes between companies can create added value and enhance economic performance, thus offering related variety and embedded competitive advantages, superior sustainability, and greater economic resilience (Boschma 2005; Visser & Atzema 1987; Van den Bergh 2010). The economies of major cities will still play an important role, of course, but to a growing extent, the question is in which specific compact city the networks, cross-overs, and variety will emerge, and whether this will happen on the level of the metropolis (Eurodelta), urban network (the Randstad or part of it, Brabantstad, etc.), agglomeration (big cities and their surroundings), or, better still, in relation to changing, context-specific, borderless and/or multilevel themes, depending on the subject at issue (Atzema & Boelens 2010).

Moreover, the situation has changed significantly since the 1980s. For one thing, instead of a single generic compact city policy, we will need many policies tailored to specific places, themes, and issues. Social and cultural developments, such as new technological devices for hearing, seeing, and acting at a distance (the telephone, the television, telecommunications, etc.), are creating a world less divided by borders, more globalized, and hence more fragmentary and unpredictable (Castells 1996; Marvin & Graham 1996; Albrechts & Mandelbaum 2005; Sassen 2006; Teisman et al. 2009).

Another difference from the past is that the most attractive sites for development in city centres have by now been taken, and the remaining sites are more expensive and challenging, at a time when more and more public cofinancing programmes, subsidies, and grants are being eliminated by current and anticipated budget cuts. In the past decades, environmental policy has also become much more focused on resilient development (a tendency that is certainly not always to the benefit of compact cities, at least not in any straightforward way), and the status, impact, and public acceptance of spatial planning have changed completely. While spatial planning played, if not a leading role, then at least a coordinating one among various sectoral policies in the early 1980s (Kreukels 1985), since the 1990s spatial planners have shifted their focus to development planning, decentralization, and area-based facilitation of social and sectoral initiatives (WRR 1998; Bakker & Van der Cammen 2006). Spatial objectives such as compact urban development no longer necessarily point the way for other sectoral policies. Furthermore, the liberalization of social housing, the declining importance of the agricultural sector as the guardian of rural areas, and the increasingly autonomous development of environmental and mobility policies have weakened or eliminated many interest groups that traditionally supported a compact approach to spatial planning.

This is another key reason, in addition to the social and economic significance of cities, for far-reaching reform of spatial planning and of national programmes and positions in the field of compact urban development. What remains in the hands of national government, and what is now the responsibility of other authorities or actors? Which tasks still fall within the domain of spatial planning, and which ones have become part of other social and policy domains, such as the environment, the landscape, the economy, mobility, etc.?

Where does this leave us? On the one

nog beter, op basis van veranderende, contextspecifieke onbegrensde en/of meerlagige thema's, al naar gelang het betreffende onderwerp (Atzema & Boelens, 2010).

Anders is evenwel dat het compactestadbeleid daarmee tevens niet langer generiek, maar veel eerder specifiek naar plaats, thema en vraagstelling ingevuld dient te worden. Sociale, culturele en maatschappelijke ontwikkelingen zijn sinds het begin van de jaren tachtig mede dankzij de nieuwe technologische hulpmiddelen van horen, zien en handelen op afstand steeds grenzelozer, mondialer en daarmee ook meer fragmentarisch en onvoorspelbaar geworden (Castells, 1996; Marvin & Graham, 1996; Albrechts & Mandelbaum, 2005; Sassen, 2006; Teisman et al., 2009). Anders is ook dat de makkelijke binnenstedelijke locaties in het verleden al zijn benut en dat nu de meer moeilijke en dure aan de orde lijken te komen, terwijl de (financiele) overheidsmiddelen en mogelijkheden tot cofinanciering en subsidies – als gevolg van de lopende en naar verwachting komende bezuinigingen – daartoe wel steeds meer ontbreken. Verder is sinds het begin van de jaren tachtig tevens het milieubeleid krachtig aangescherpt – zeker niet altijd en even vanzelfsprekend ten gunste van compacte steden – en is de positie, impact en acceptatie van de ruimtelijke ordening thans wezenlijk anders dan die aan het begin van de jaren tachtig. Zoals de ruimtelijke ordening aan het begin van de jaren tachtig tenminste nog als de integrerende primus inter pares van sectorbeleid kon worden gezien (Kreukels, 1985), is de positie van ruimtelijke ordenaars sinds de jaren negentig veel meer gefocust geraakt op ontwikkelingsplanologie, decentralisatie en het gebiedgericht faciliteren van maatschappelijke en sectorale motieven (WRR, 1998; Bakker & Van der Cammen, 2006). Ruimtelijke doelstellingen – op het gebied van bijvoorbeeld compacte verstedelijking – zijn voor andere beleidssectoren dan ook niet zondermeer richtinggevend. Sterker nog, met

de liberalisering van de sociale woningbouw, het afnemend belang van de agrarische sector als hoeder van het landelijk gebeid en de steeds meer zelfstandige ontwikkeling van het milieu- en mobiliteitsbeleid zijn de traditionele meekoppelende belangen van een compacte ruimtelijke ordening zelfs steeds meer verdwenen. Naast de maatschappelijke en economische betekenis van steden vormde ook dat een belangrijke reden om de ro-inzet, programma en positie van het Rijk op het gebied van compacte steden krachtig te herijken. Wat is hier nog voor de nationale overheid en wat voor andere overheden en actoren. Wat is hier nog voor de ruimtelijke ordening en wat voor andere maatschappelijke en beleidsdomeinen op het gebied van bijvoorbeeld milieu, landschap, economie, mobiliteit, etc.
Dit gelet op enerzijds de actuele bouwmalaise, maar anderzijds op de verwachte blijvende cruciale rol van (middel)grote steden voor de economische ontwikkeling van dit land, gelet op enerzijds de voortgaande differentiatie van verstedelijkingsprocessen en de noodzaak om meer specifiek in plaats van generiek positie te bepalen, maar anderzijds wel de noodzaak om te komen tot meer duurzame en energiezuinige oplossingen. Enerzijds wil het huidige kabinet van liberalen en christendemocraten (met steun van de PVV) het zwaartepunt van de ruimtelijke planning verleggen van het nationale naar het regionale en lokale niveau, met name waar het de planning van de compacte stad betreft. Anderzijds wil het zich ook sterk maken voor het overheidsprogramma uit 2004, 'Pieken in de Delta', dat het creëren van sterke en concurrerende grote steden als een van zijn voornaamste doelstellingen heeft.
Tegen deze complexe achtergrond wil deze publicatie de stand van zaken opmaken met betrekking tot het compactestadbeleid. Hoe is het de afgelopen vijfentwintig jaar vergaan, waar staan we nu, en welke koersen en piketpaaltjes kunnen uitgezet worden voor morgen. Gegeven de brede problematiek

hand, there is the current malaise in the building sector, and on the other, large and medium-sized cities are expected to remain crucial to the economic development of the Netherlands. On the one hand, there is the ongoing differentiation of urbanization processes and a need for specific rather than generic positions, and on the other, we must find sustainable and energy-efficient solutions. On the one hand, the current Dutch administration of Liberals and Christian Democrats (supported by the right-wing party PVV) is working towards a major shift of spatial planning from the national level to the regional and local levels, especially in the case of compact city planning. On the other, it is still opting to promote the 2004 government programme *Pieken in de Delta*, one of the major objectives of which is to create strong and competitive global cities. Against this complex backdrop, this book aims to determine the state of play in compact city policy. What has happened in the past twenty-five years, where are we now, and what pathways and positions can we stake out for tomorrow? Given the broad range of issues and the array of possible approaches, which we touched on briefly above, this book is deliberately broad in scope.

With contributions from prominent opinion leaders in research, government, private enterprise, and design, we offer a broad perspective that encompasses scientific, policy-oriented, entrepreneurial, and creative views of the field. In the area of scientific research, we chose to include articles by representatives of the planning faculties at the four Dutch universities active in the field: Amsterdam (Willem Salet), Groningen (Gert de Roo), Nijmegen (Erwin van der Krabben), and Utrecht (Tejo Spit, Luuk Boelens). The public sector is represented by contributions from national government (Bert van Delden), a provincial authority (Co Verdaas, Theo Peters), and two municipalities, one large (Hamit Karakus) and one medium-sized (Frank de Vries). The entrepreneurial perspective is provided by a prominent

developer (Friso de Zeeuw), a financier and
a property manager (Gert-Joost Peek, Gerrit
van Vegchel), housing association managers
(Karin van Dreven, Bregit Jansen), and non-
residential developers/content makers (Karst
Blijham, Ad Huijsmans, Matthijs Bouw).
These contributions alternate with essays
from the perspective of design (Floris Alkemade, Edzo Bindels, Riëtte Bosch, Alfredo
Brillembourg, Pi de Bruijn, Adriaan Geuze,
Hubert Klumpner), design-based research
(Jelte Boeijenga, Per Haupt, Meta Berghauser Pont, Daan Zandbelt), and the culture sector (Pauline Terreehorst, Lard Buurman). The
underlying belief is that all these articles gain
their full meaning only in combination with
one another, that interdisciplinary connections and cross-overs are crucial to the future
success of compact city policy, and that
only in a specific co-evolution cutting across
different scale-levels and responsibilities for
money, power and content can effective new
solutions be discovered. It will be essential
to move beyond boundaries (both spatial and
sectoral), path dependencies, and potential
lock-ins to arrive at a spatial policy for tomorrow that is dependable, effective, innovative,
and widely supported. The final section of
the book examines what this may imply for
the future of compact development, setting a
possible course – relational, associative, and
situation-specific – for tomorrow's compact
city policy. This book can therefore be seen
a first step down the road to meaningful,
clearly specified, and successful collaborative
endeavours. If it inspires you to take up the
challenge, then our work will not have been
in vain.

1 Mortgage rates then hovered around 12% fairly regularly.
  These high rates turned unused parcels of land into
  millstones around the necks of municipalities; house prices
  fell faster than they are falling now; and the risk was not as
  evenly distributed among investors as it generally is today.

References
Albrechts, Louis and Seymour Mandelbaum (2005) *The
Network Society: A New Context for Planning?* New York/
London: Routledge.

en de veelheid aan mogelijke benaderingen die
daarbij aan de orde en in het hiervoorgaande al kort
geïntroduceerd zijn, is in deze publicatie gekozen
voor een brede opzet.
Dit boek bevat bijdragen van prominente en leiding-
gevende *opinion makers* binnen het onderzoek, de
overheid, ondernemers en ontwerpers, waarmee
een brede, wetenschappelijke, beleidsmatige, uit-
voerende, als ook creatieve inzet wordt gegarandeerd. Op het gebied van het wetenschappelijk
onderzoek is er voor gekozen bijdragen op te
nemen van de vier planologische faculteiten aan de
betrokken universiteiten van Amsterdam (Willem
Salet), Groningen (Gert de Roo), Nijmegen (Erwin
van der Krabben) en Utrecht (Tejo Spit, Luuk Boelens). Het overheidsdeel wordt ingevuld door bijdragen uit de rijksoverheid (Bert van Delden), de provinciale overheid (Co Verdaas, Theo Peters) en een
grote (Hamit Karakus) en middelgrote gemeente
(Frank de Vries). Op hun beurt worden de onderne-
mersbijdragen verzorgd door een prominente ontwikkelaar (Friso de Zeeuw), een financier en real-
estate manager (Gert-Joost Peek, Gerrit van Vegchel), een woningcorporatie (Karin van Dreven, Bregit Jansen) en utiliteitsbouw c.q. *content maker*
(Karst Blijham, Ad Huijsmans, Matthijs Bouw). Deze
onderdelen worden afgewisseld met essays die een
meer ontwerpende (Floris Alkemade, Edzo Bindels,
Riëtte Bosch, Alfredo Brillembourg, Pi de Bruijn,
Adriaan Geuze, Hubert Klumpner), ontwerpend ver-
kennende (Jelte Boeijenga, Per Haupt, Meta Berghauser Pont, Daan Zandbelt) of culturele (Pauline
Terreehorst, Lard Buurman) instelling hebben. De
achterliggende gedachte is dat elk van deze onderdelen, bijdragen en essays elkaar ook in toenemende mate nodig heeft, dat nieuwe verbindingen
en *cross-overs* gemaakt moeten worden, wil het
compactestadbeleid ook in de toekomst enige kans
van slagen hebben en dat alleen in een specifieke
gezamenlijke ontwikkeling die door verschillende
schaalniveaus en verantwoordelijkheden met

betrekking tot geld, macht en inhoud heen loopt, nieuwe, effectieve oplossingen kunnen worden gevonden. Ook hier is het nodig voorbij de eigen (ruimtelijke en sectorale) grenzen, padafhankelijkheden en mogelijke *lock-ins* te komen wil het ruimtelijk beleid van morgen verantwoord, slagvaardig, gedragen en innovatief zijn. Wat dat voor een mogelijke agenda van morgen betekent, daarop gaat de slotbijdrage van deze publicatie in. Het stelt een mogelijke relationele, specifieke en associatieve koers voor het compactestadbeleid van morgen op de agenda. Deze publicatie is hiermee te zien als een eerste stap, een begin op de weg naar betekenisvolle, precieze en succesvolle samenwerkingsoperaties. Als deze publicatie ook u daartoe kan uitdagen heeft het zijn uitwerking niet gemist.

1 De hypotheekrente bedroeg toen op gezette tijden bijna 12%. Door die hoge rente hing braakliggende grond als een molensteen om de nek van gemeenten, de huizenprijzen gingen mede daardoor nog harder onderuit dan nu, terwijl thans de risico's vaak ook beter gespreid en gedeeld worden met andere financiers.

Referenties

Albrechts, Louis & Mandelbaum, Seymour (2005). *The network society*: a new context for planning?, Routledge, New York/Londen.

Allers, M.A. & J. Bolt (2010). *Financiële gevolgen van de recessie voor de eigen inkomsten en uitgaven van gemeenten.* Onderzoek in opdracht van de VNG. Rijksuniversiteit Groningen, COELO.

Atzema, Oedzge & Luuk Boelens (2010). *Economische performance en verstedelijking in de Stadsregio Arnhem Nijmegen,* Paper Stadsregio Arnhem Nijmegen, Nijmegen.

Bergh, Jeroen van den (2010). 'Mainports vanuit een Evolutionair en Milieueconomisch Perspectief', in: Ministerie van Verkeer & Waterstaat (2010). *Mainport Holland, voor onze toekomst,* Den Haag, pp.71-106.

Boelens, Luuk, Pieter Hooimeijer, Gideon Bolt, Beitske Boonstra & Jeroen Brouwer (2010). *Zelfbouw in reflectie: Evaluatie SEV-experimenten (C)PO/MO,* Stuurgroep Experimenten Volkshuisvesting, Vereniging Eigen Huis, Rotterdam.

Boschma, Ron (2005). 'Competitiveness of regions from an evolutionary perspective', in: *The Association of Regional Observatories,* pp.10-13.

Boyko, Christopher & Rachel Cooper (2010). *The softer side of*

Allers, M.A. and J. Bolt (2010) *Financiële gevolgen van de recessie voor de eigen inkomsten en uitgaven van gemeenten.* Study commissioned by the VNG (Association of Netherlands Municipalities). Groningen: COELO, Groningen University.

Atzema, Oedzge, and Luuk Boelens (2010) *Economische performance en verstedelijking in de Stadsregio Arnhem Nijmegen,* paper. Nijmegen: Stadsregio Arnhem Nijmegen.

Boelens, Luuk, Pieter Hooimeijer, Gideon Bolt, Beitske Boonstra, and Jeroen Brouwer (2010) *Zelfbouw in reflectie: Evaluatie SEV-experimenten (C)PO/MO.* Rotterdam: Stuurgroep Experimenten Volkshuisvesting, Vereniging Eigen Huis.

Boschma, Ron (2005) 'Competitiveness of regions from an evolutionary perspective'. *The Association of Regional Observatories,* pp. 10-13.

Boyko, Christopher, and Rachel Cooper (2010) 'The softer side of density', paper presented at the 24th Aesop Conference, 7-10 July, Helsinki.

Bramley, G., and S. Power (2009) 'Urban form and social sustainability: The role of density and housing type'. *Environment and Planning B*, vol. 36, pp. 30-48.

Castells, Manuel (1996) *The Rise of the Network Society,* vol. I of *The Information Age: Economy, Society and Culture.* Cambridge/Oxford: Blackwell.

Evans, G.W., S.J. Lepore, and A. Schroeder (1996) 'The role of architecture in human response to crowding'. *Journal of Personality and Social Psychology,* 70, pp. 41-46.

Graham, Stephen, and Simon Marvin (1996) 'Telecommunications and the city'. In *Electronic Spaces, Urban Places.* London/New York: Routledge.

Gualthérie van Weezel, Tjerk (2010) 'De droomwijk wacht op betere tijden'. *De Volkskrant,* 31 July 2010, financial section, pp. 2-3.

Holcombe, R.C., and D.W. Williams (2008) 'The impact of population density on municipal government expenditures'. *Public Finance Review,* 36 (3), pp. 359-373.

Louter, Peter, and P.A. de Ruijter (1994) *Ruimtelijk-economische dynamiek in Nederland.* Delft: INRO-TNO.

Marshall, Stephen, Yi Gong, and Nick Green (2010) 'Urban compactness: indicators of a property distinct from density', paper presented at the 24th Aesop Conference, 7-10 July, Helsinki.

Reijndorp, Arnold et al. (1998) Buitenwijk – Stedelijkheid op afstand, Rotterdam: NAI Uitgevers.

Sassen, Saskia (2006) 'Territory-Authority-Rights'. In *From Medieval to Global Assemblages.* Princeton/Oxford: Princeton University Press.

Teismans, Geert, Arwin van Buuren, and Lasse Gerrits (2009) *Managing Complex Governance Systems: Dynamics, Self-organization and Coevolution in Public Investments.* New York: Routledge.

Ter Weel, Bas, Albert van der Horst, and George Gelauff (2010) *The Netherlands of 2040,* CPB-publicatie no.88. The Hague: Centraal Planbureau (CPB).

Tordoir, Peter (2010) 'Efficiënte ladderstructuur A2 verstedelijkingszone'. *S&RO,* August 2010, pp. 26-30.

Van den Bergh, Jeroen (2010) 'Mainports vanuit een Evolutionair en Milieueconomisch Perspectief'. In Ministerie van Verkeer & Waterstaat (2010) *Mainport Holland, voor onze toekomst,* The Hague, pp. 71-106.

Visser, Evert-Jan, and Oedzge Atzema (2008) 'With or without clusters: towards a differentiated and combined network approach to stimulating innovation'. *European Planning*

Studies, 16(9), pp. 1169-1188.
Walton, D., Murray, S.J., and Thomas, J.A. (2008) 'Relationships between population density and the perceived quality of neighbourhood'. In *Social Indicators Research*, 89 (3), pp. 405-420.
WRR (Dutch Advisory Council on Government Policy) (1998) *Ruimtelijke Ontwikkelingspolitiek*. The Hague: SDU.
Xu, F., J. Li, Y. Liang, Z. Wang, X. Hong, R.S. Ware, E. Leslie, T. Sugiyama, and N. Owen (2010) 'Associations of residential density with adolescents' physical activity in a rapidly urbanizing area of mainland China', *Journal of Urban Health*, 87 (1), pp. 44-53.

density, paper on the 24th Aesop Conference 7-10 July, Helsinki.
Bramley, G., & Power, S. (2009). 'Urban form and social sustainability: The role of density and housing type', in: *Environment and Planning B, 36,* pp.30-48.
Castells, Manuel (1996). *The Rise of the Network Society*: Volume I of The Information Age: Economy, Society and Culture, Blackwell, Cambridge/Oxford.
Evans, G.W., Lepore, S.J., & Schroeder, A. (1996). 'The role of architecture in human response to crowding', in: *Journal of Personality and Social Psychology, 70,* pp.41-46.
Graham, Stephen & Marvin, Simon (1996). 'Telecommunications and the City', in: *Electronic Spaces, Urban Places*, Routledge, London/New York.
Gualthérie van Weezel, Tjerk (2010). 'De droomwijk wacht op betere tijden', in: *De Volkskrant,* 31 juli 2010, Economiekatern, pp.2-3.
Holcombe, R.C., & Williams, D.W. (2008). 'The impact of population density on municipal government expenditures', in: *Public Finance Review, 36* (3), pp.359-373.
Louter, Peter & P.A. de Ruijter (1994). *Ruimtelijk-economische dynamiek in Nederland*, INRO-TNO, Delft.
Marshall, Stephen, Yi Gong & Nick Green (2010). *Urban Compactness: Indicators of a Property Distinct from Density*, paper on the 24th Aesop Conference 7-10 July, Helsinki
Sassen, Saskia (2006). 'Teritory-Authority-Rights', in: *From Medieval to Global Assemblages,*, Princeton University Press, Princeton/Oxford.
Teismans, Geert, Arwin van Buuren & Lasse Gerrits (2009). *Managing Complex Governance Systems: Dynamics, Self-organization and Coevolution in Public Investments*, Routledge, New York.
Tordoir, Peter (2010). 'Efficiënte ladderstructuur A2 verstedelijkingszone', in: *S&RO*, augustus 2010, pp.26-30.
Visser, Evert-Jan & Oedzge Atzema (2008). 'With or without clusters: towards a differentiated and combined netwerk approach to stimulate innovation' in: *European Planning Studies 16(9),* pp.1169-1188.
Walton, D., Murray, S.J., & Thomas, J.A. (2008). 'Relationships between population density and the perceived quality of neighbourhood' in: *Social Indicators Research, 89* (3), pp.405-420.
Weel, Bas ter, Albert van der Horst & George Gelauff (2010). *The Netherlands of 2040*, CPB-publicatie no.88, CPB, Den Haag.
Wetenschappelijke Raad voor het Regeringsbeleid (WRR) (1998). *Ruimtelijke Ontwikkelingspolitiek*, SDU, Den Haag.
Xu, F., Li, J., Liang, Y., Wang, Z., Hong, X., Ware, R. S., Leslie, E., Sugiyama, T. & Owen, N. (2010). 'Associations of residential density with adolescents' physical activity in a rapidly urbanizing area of mainland China' in: *Journal of Urban Health, 87* (1), pp.44-53.

For the time being, Amsterdam, Bijlmer.

Vinex: compactestadbeleid?

Vinex: a compact city policy?

Jelte Boeijenga

De *Vierde Nota over de Ruimtelijke Ordening Extra* (Vinex) is wel gepercipieerd als het eerste rijksbrede, van middelen voorziene compactestadbeleid. Als hét antwoord waarmee de suburbanisatie van de jaren zestig en zeventig is gekeerd. Toch heeft de kritiek op de resultaten van de Vinex – terecht of niet – zich altijd geconcentreerd op een verondersteld 'gebrek aan stedelijkheid'. Hiermee wordt dan samengevat: te ver van het stadscentrum, hiervan gescheiden door bundels infrastructuur, slecht bereikbaar per openbaar vervoer en bovenal een monotoon programma van alleen woningbouw. En dus is de 'andere' perceptie van Vinex die van een door het Rijk onder het mom van de 'compacte stad' gelegitimeerde, tweede golf van suburbanisatie.

Waar komt het beleid van Vinex vandaan en hoe is dat terug te leiden tot de eerste intenties met betrekking tot de compacte stad aan het begin van

The Supplement to the Fourth Policy Document on Spatial Planning (*Vierde Nota Ruimtelijke Ordening Extra*; Vinex) is often seen as having established the first nationwide, funded compact city policy. More than that, it is perceived as the definitive answer to the suburbanization of the 1960s and 70s. Yet criticism – justified or otherwise – of the results of the Vinex has always targeted a supposed 'lack of urban character'. The phrase suggests developments that are too far from the city centre, separated from it by clusters of infrastructure, difficult to reach on public transport, and filled with monotonous, unbroken rows of housing. This is the alternative view of the Vinex policy: a second wave of suburbanization, for which the national authorities found a useful pretext in the concept of the compact city.

Where did the Vinex policy come from, and how did it grow out of the first Dutch compact city plans in the early 1980s? How did these initial plans influence the Fourth Policy Document (*Vierde Nota*) and the supplementary Vinex document? What was the role of the administrative agreements known as covenants (*convenanten*) in Vinex policy? What has been the outcome of the Vinex? And what does this teach us about its relation to the compact city?

The historical background

In 1990, a draft of the Vinex was presented to the lower house of the Dutch parliament. The fall of the second Lubbers government the previous year had brought debate on the Fourth Policy Document to a premature end. The new coalition, with the right-wing VVD replaced by the Labour Party (PvdA), endorsed this document but decided to make a few additions, and the result was the Vinex. This supplementary document was followed by covenants in which the national and regional authorities made agreements about how many housing units would be built and where. The guiding principle was that the Vinex sites should be built in the city first, and then adjoining it, and further away only after that.

Although the Vinex has often been perceived as an abrupt break with the dispersal policy of the 1970s, it did not come out of nowhere. The true reorientation of national policy had taken place seven years earlier, in the Strategic Concept for Urban Areas (*Structuurschets stedelijke gebieden*; 1983). While this paper was presented as a 'partial revision' of the Third Policy Document (*Derde Nota*), it actually abandoned the policy of dispersal and new towns (*groeikernen*).[1] The Strategic Concept also introduced the above-mentioned rule of priority that was later invoked for Vinex sites: preferably in the city, otherwise adjoining it, and further away only after that.

But the first signs of change came even earlier. The Urbanization Policy Document (1976; part of the Third Policy Document) mentioned the need to call a halt to the depopulation of the cities and the shrinkage

de jaren tachtig? Op welke manier heeft dit doorgewerkt in de Vierde Nota en de Vierde Nota Extra? Wat is de rol van de convenanten geweest bij de uitvoering van het Vinexbeleid, wat zijn vervolgens de resultaten van de Vinex en wat kunnen we hieruit leren voor de betekenis van de Vinex voor het compactestadbeleid?

De voorgeschiedenis

In 1990 werd het ontwerp van de *Vierde Nota over de Ruimtelijke Ordening Extra* aangeboden aan de Tweede Kamer. Met de val van het tweede kabinet Lubbers een jaar eerder was de behandeling van de Vierde Nota tot een vroegtijdig einde gekomen. Het nieuwe kabinet, met de PvdA op de plek van de VVD, nam de inhoud hiervan over maar voegde er ook enkele zaken aan toe, wat leidde tot de Vinex. Deze werd gevolgd door convenanten waarin het Rijk met de regio's afspraken maakte over aantallen en locaties van te realiseren woningen. Uitgangspunt bij deze locaties was: eerst in, dan aan, en dan pas verder van de bestaande stad. Hoewel de Vinex vaak is voorgesteld als een harde omslag met het spreidingsbeleid van de jaren zeventig, stond deze verandering niet op zichzelf. De echte omslag in het rijksbeleid ligt zeven jaar eerder met de *Structuurschets Stedelijke Gebieden* uit 1983. Deze structuurschets werd weliswaar gepresenteerd als een 'partiële herziening' van de Derde Nota, feitelijk werd hierin voor het eerst afscheid genomen van het spreidings- en groeikernenbeleid.[1] Ook de volgorde van 'eerst in, dan aan, en dan pas verder van de stad' was in de structuurschets al benoemd. Maar de eerste signalen waren van nog eerder. Al in de Verstedelijkingsnota (1976, onderdeel van de Derde Nota) werd gesproken over het remmen van de ontvolking van de stad en de verkleining van het stedelijk draagvlak. Op dat moment werd dit echter alleen met de mond beleden; de grote leegloop naar de groeikernen was pas net op gang gekomen.[2] Op stedelijk niveau vond deze heroriëntatie

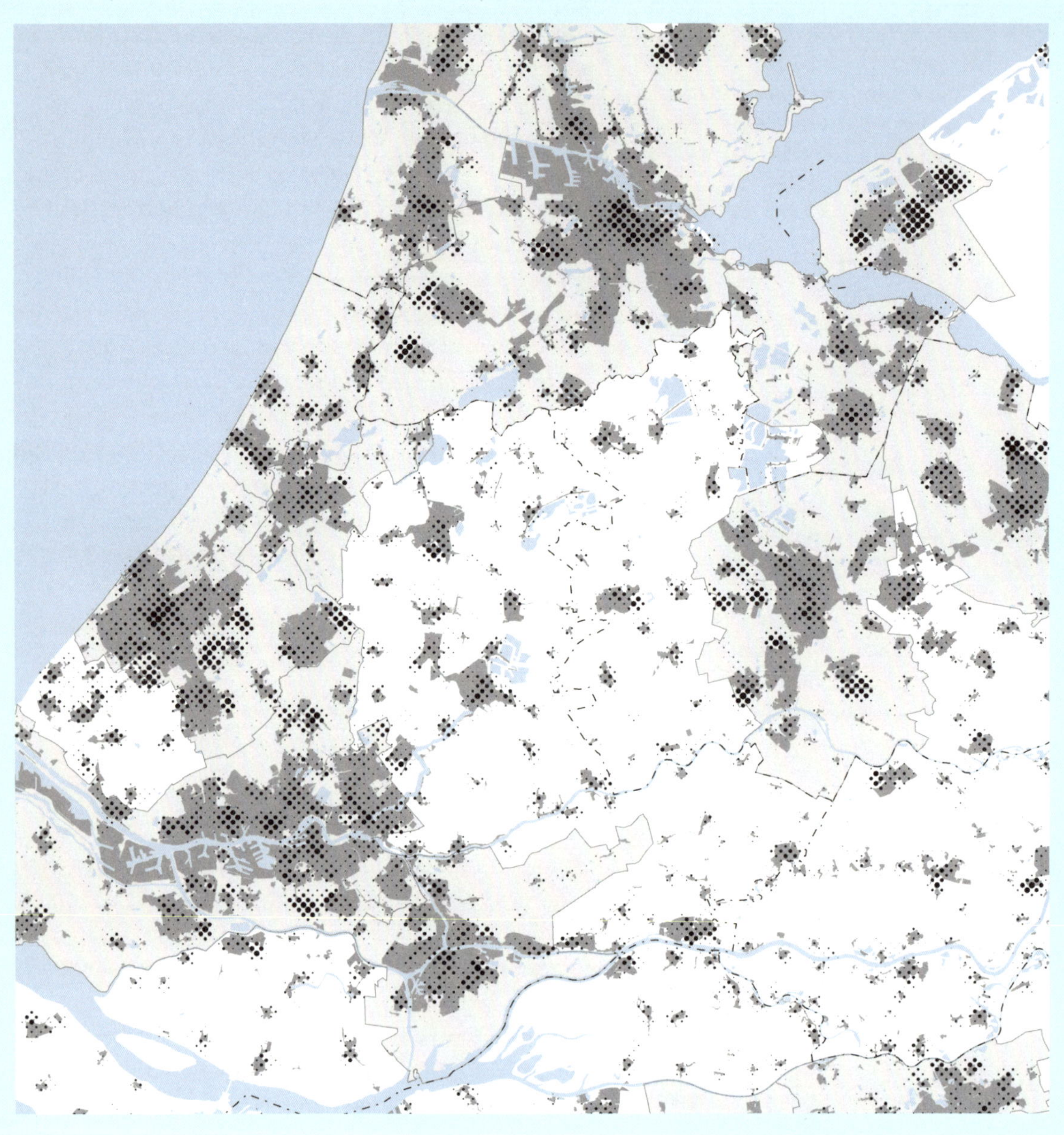

Indicatie verstedelijking in de Randstad, 1995-2005.
Urbanization in the Randstad, 1995-2005.

of the urban base for services and facilities. These words were little more than lip service, however. At that point, the great flight to the new towns had just begun.[2] At municipal level, one landmark expression of reorientation was the Rotterdam strategic plan *Binnen de Ruit* ('Within the Diamond'; 1978), followed by Amsterdam's plan *De Stad Centraal* ('Making the City Central'; 1985). Both plans gave high priority to densification in the city centre.

The Fourth Policy Document and the Vinex supplement were thus the products of a long, slow shift of focus back to the cities. While the 1983 Strategic Concept did no more than describe the model of urbanization that was intended to prevent urban flight, the Fourth Policy Document had a wider scope. It devoted considerable space to the role of the Netherlands in a changing world and to the Dutch economy in particular, envisaging the country as a distribution hub, thanks to Schiphol and the port of Rotterdam, with Amsterdam as a financial centre. This supplied an additional motivation for compact city policy. Spatial planning became the handmaiden of international competitiveness, a tendency that reinforced the emphasis on the urban business climate. The Fourth Policy Document designated a number of urban nodes (*stedelijke knooppunten*) that were to receive preferential treatment from then on. These were the hubs that already had high levels of services and amenities (such as universities), as well as promising business sectors and good connections to international transport networks.[3]

The Vinex introduced two new themes that had not been included in the previous government's Fourth Policy Document: environmental awareness and the limitation of growth in automobile traffic. Obviously, these two themes go hand in hand with the compact city. The Vinex also strongly emphasized policy implementation. At that time, it was estimated that there would be a considerable housing shortage until 2010. This fact gave the national government the chance to take

zijn pendant in onder andere het Rotterdamse structuurplan 'Binnen de Ruit' van 1978. Amsterdam volgde in 1984 met 'De Stad Centraal'. In beide plannen stond binnenstedelijke verdichting hoog op de agenda. De Vierde Nota en de Vierde Nota Extra vloeiden dus voort uit een langere periode waarin de stad weer centraal kwam te staan. Waar de structuurschets van 1983 zich nog beperkte tot het aangeven van het gewenste verstedelijkingsmodel, waarbij primair de leegloop van de stad moest worden voorkomen, had de Vierde Nota een bredere scope. De positie van Nederland in een veranderende wereld en vooral de Nederlandse economie in dit verband kregen veel aandacht: Nederland als distributieland met de Rotterdamse haven en Schiphol en Amsterdam als financieel centrum. Zo kreeg het compactestadbeleid er een motivatie bij. Ruimtelijke ordening kwam in dienst te staan van de internationale concurrentiepositie met als gevolg een nog sterkere focus op het stedelijke vestigingsmilieu. In de Vierde Nota wordt een aantal stedelijke knooppunten aangewezen die vanaf dat moment voorrang krijgen boven andere. Het zijn de knooppunten met een reeds bestaand hoog voorzieningenniveau (onder andere een universiteit), een kansrijke bedrijfsstructuur en een goede aansluiting op internationale verbindingen.[3] Na de val van het kabinet werden twee thema's aan de Vierde Nota toegevoegd: aandacht voor het milieu en de beheersing van de groei van de automobiliteit. Vanzelfsprekend gingen deze twee hand in hand met de compacte stad. Daarnaast richtte de Vinex zich sterk op de uitvoering van het beleid. In dezelfde periode werd berekend dat het woningtekort tot aan 2010 nog steeds aanzienlijk zou zijn. Dit gegeven gaf het Rijk de mogelijkheid om ook daadwerkelijk sturing aan de uitvoering te geven. Zoals het permanente woningtekort de groeikernen mogelijk maakte, zo konden nu wederom de locaties worden aangewezen waar de groei zou moeten plaatsvinden. Waar de Vierde Nota zich nog beperkte tot

algemene ontwikkelingsrichtingen werd in de Vinex
tot in detail weergegeven waar hoeveel woningen
zouden moeten worden gebouwd. Dit overigens
veelal op basis van plannen van lagere overheden
die zich in de periode tussen de Vierde Nota en de
Vinex hadden ontwikkeld.

De afspraken

Tussen 1994 en 1995 werden de convenanten
afgesloten waarin het Rijk met 25 stadsgewesten
afspraken maakte over de uitvoering van de Vierde
Nota Extra.[4] De stadsgewesten verplichtten zich
met deze convenanten om in de periode tussen
1995 tot 2005 hun aandeel van het nationale bouwprogramma te realiseren op de aangewezen locaties. Als tegenprestatie zegde het Rijk in een keer
een financiële bijdrage toe om gedurende tien jaar
de tekorten op grondkosten, bodemsanering en
openbaar vervoer af te dekken. Het Rijk wilde geen
afspraken maken met individuele gemeenten, maar
met stadsgewesten. Van belang was dat de uitvoering van de Vinex op regionale schaal zou plaatsvinden en dus was samenwerking tussen de gemeenten noodzakelijk. De afspraken hadden betrekking
op woningbouw, openbaar vervoer, bedrijfslocaties,
nieuwe natuur, verplaatsing van glastuinbouw en
bodemsanering. Echter, bedrijfslocaties (via het
zogenaamde ABC-locatiebeleid) en de nieuwe
natuur waren nauwelijks van beleid en middelen
voorzien. Glastuinbouw en bodemsanering stonden
feitelijk in dienst van de bespoediging van de
woningbouw. Uiteindelijk hadden de afspraken dus
met name betrekking op de aanleg van openbaar-
vervoerinfrastructuur en de realisatie van nieuwe
woningen.[5] Deze laatste betroffen het aantal en de
plaats van de woningen die in tien jaar tijd – de
periode tussen 1995 en 2005 – binnen de stadsgewesten gebouwd zouden moeten worden:
460.000 woningen.[6] Van de woningen binnen de
stadsgewesten moest 33% plaatsvinden op binnenstedelijke locaties en de rest op nieuwe locaties

direct control of the implementation process.
The same long-term housing shortage that
had made the overspill towns possible once
more provided an opportunity to designate
locations for growth. Whereas the Fourth
Policy Document had merely discussed
general lines of development, the Vinex went
into detail about how many homes would
have to be built, and where. These figures, it
should be added, were often based on local
or regional government plans developed in
the period between the Fourth Policy Document and the Vinex.

The covenants

In 1994 and 1995, the national authorities
made covenants with twenty-five urban
regions on the implementation of the Vinex.[4]
Each region pledged to build its share of the
national target for new housing on the designated sites between 1995 and 2005. In
return, national government pledged financial
support for land purchases, soil remediation,
and public transport throughout this ten-year
period. Rather than dealing with individual
municipalities, the national authorities pre-
ferred to negotiate with urban regions. It was
important for the Vinex to be implemented at
regional level, and so cooperation between
municipalities was essential.

The Vinex covenants addressed housing
construction, public transport, business
sites, new nature areas, the relocation of
greenhouse horticulture, and soil remediation, but little funding or guidance was
provided for new nature areas or for business sites (which were subject to an 'ABC
policy' that assigned different categories of
businesses to different types of locations).
The commitments relating to greenhouse
horticulture and soil remediation in fact
served primarily to accelerate the process
of housing construction. In other words, the
covenants dealt chiefly with the construction of public transport infrastructure and
new housing.[5] They specified the numbers
and locations of the homes to be built in
each urban region over the next ten years,

between 1995 and 2005. The national total was 460,000.[6]

One-third of the houses within the urban regions had to be built within the existing cities, and the rest on new sites known as urban extensions (*uitleglocaties*), outside but near the cities.[8] The covenants specified the locations of three-quarters of these urban extensions. Urban regions could freely choose the location of the other quarter (containing 15% of the total housing). Some locations within the cities were also specified, but the urban regions and municipalities essentially had a free hand there, as long as construction took place in the existing built-up area. The final category was 'elsewhere in the provinces'. This related to housing construction that was not subsidized but did count toward the target: another 190,000 planned homes, whose locations were entirely unconstrained (at least by national government).

Clearly, even though the urban development goals were fairly ambitious for their time, the covenants did allow for a high degree of dispersal. Although detailed arrangements were made with most urban regions about the sites for new housing construction, there was a loophole: BLS grants (grants pursuant to the *Besluit Locatiegebonden Subsidies*), which were the sole means of pressure for national government, were conditional only on the total number of homes built within the urban region. In other words, if urban regions later decided that, instead of large urban extensions, they wanted to build housing scattered throughout the urban fringe, or further away from the existing city, they would not have risked losing their national funding. It never quite came to that, but even so, this high degree of freedom reflects the primary goal of the Vinex and the covenants, namely, to ensure the construction of as many homes as possible within the urban regions. Less importance seems to have been attached to the above-mentioned principle of building in the city if possible, and otherwise adjoining it, and further away only after that.

buiten, maar dichtbij de stad, de zogenaamde uitleglocaties.[7] In de convenanten werd driekwart van de woningen op deze uitleglocaties benoemd. Bij de overige kwart (dus 15% van het totaal) waren de stadsgewesten vrij in de keuze van de locatie. Van de binnenstedelijke locaties werden sommige locaties benoemd, maar waren de stadsgewesten en gemeenten vrij om deze te bepalen, zolang ze maar binnen de bebouwde kom zouden liggen. Tot slot was er een categorie 'overig provincie': woningen waarvoor geen subsidie was, maar die wel onder de taakstelling vielen. Hier ging het om nog eens 190.000 woningen, waarop – op landelijk niveau althans – geen sturing plaatsvond wat betreft locatie. Hoewel de verstedelijkingsdoelstellingen voor die tijd tamelijk ambitieus werden ervaren, was een flinke mate van spreiding dus al wel ingebouwd in de convenanten. Hoewel met de meeste stadsgewesten tot in detail werd afgesproken op welke locaties de woningen gebouwd zouden moeten worden, werd de uitbetaling van de BLS-subsidie (hét dwangmiddel van het rijk) afhankelijk gemaakt van de realisatie van het totaal aantal woningen binnen het stadsgewest. Met andere woorden: wanneer een stadsgewest later tot het inzicht zou komen niet die grote uitbreidingslocatie te willen ontwikkelen maar verspreid rondom, of verder van de stad woningen wilde bouwen, zou de BLS-subsidie niet in gevaar komen. Zover is het niet gekomen, maar deze vrijheid weerspiegelt wel de primaire doelstelling van de Vinex en de convenanten: het realiseren van zoveel mogelijk woningen binnen de stadsgewesten. De volgorde 'eerst in, dan aan, en dan pas verder van de stad' lijkt van secundair belang te zijn geweest.

De resultaten

In de *Evaluatie Verstedelijking Vinex* worden de resultaten van de Vinex op een aantal aspecten beoordeeld: de kwantitatieve opgaven wonen en werken, de verstedelijkingsopgave (in termen van bundeling), openbaar vervoer en de aanleg van groene verbindingen.[8] Kwantitatief gezien is de woningbouwopgave van de Vinex op landelijk niveau gehaald. De bundelingsdoelstelling – de uitwerking van het compactestadbeleid – is echter niet gehaald. Deze bundeling diende plaats te vinden op twee schaalniveaus: binnen de stadsgewesten versus daarbuiten en binnen bestaand stedelijk gebied versus de uitleglocaties. Van de netto woningbouwproductie heeft 61,4% in plaats van de afgesproken 71% plaatsgevonden binnen de stadsgewesten. Zowel een lagere productie binnen de stadsgewesten als een hogere hierbuiten zijn hiervoor verantwoordelijk.[9] Daarnaast heeft niet de afgesproken 33%, maar slechts 27% van de netto woningbouwproductie binnen de stad plaatsgevonden. Achter deze cijfers gaan echter grote regionale verschillen schuil, zowel cijfermatig als in ruimtelijke zin. De grote uitbreidingslocaties zijn – op enkele na, zoals bij Alphen aan den Rijn, Woerden en Tiel – gebouwd binnen de grenzen van de stadsgewesten, conform de afspraken in de convenanten. Zeker in de Randstad lijkt het vrijwaren van het Groene Hart van verdere grootschalige verstedelijking tot op zekere hoogte dus gelukt. In de Randstad zijn het ten dele de grote steden Amsterdam, Den Haag, Rotterdam en Utrecht waar de uitbreidingen zijn gerealiseerd. Hier vaak op flinke afstand van het centrum en vaak hiervan gescheiden door snel-, spoor- en waterwegen. Veel vaker echter zijn het juist de kleinere steden en dorpen – vaak voormalige groeikernen – die flink zijn uitgebreid: IJsselstein, Houten, Purmerend, Zaanstad, Heemskerk, Beverwijk, Hoofddorp, Zoetermeer, Pijnacker, Berkel en Rodenrijs, Schiedam, Nieuwerkerk aan den IJssel, Barendrecht en Papendrecht. In sommige gevallen betreft dit relatief grote uitbreidingen bij kleine kernen. Bestaande dorpen verdubbelen hier vaak in omvang en groeien aaneen met andere kernen, zoals te zien is in de Haarlemmermeerpolder en tussen Rotterdam en Den Haag. Er wordt hier

The results

The Vinex Urban Development Evaluation (*Evaluatie Verstedelijking Vinex*) assessed the results of the Vinex by several measures: the numbers of new homes and business premises constructed, the clustering of new development in urban areas, the development of new public transport, and the creation of green corridors.[9] At national level, the Vinex policy met its quantitative housing targets. It failed, however, to achieve the envisaged clustering of urban development, the objective associated with compact city policy.

This clustering was to have taken place at two different scales: both within urban regions (rather than outside them) and within existing urban areas (rather than in urban extensions). Only 61.4% of net housing construction took place within urban regions, rather than the agreed 71%. This was the result of both a lower level of construction than planned within urban regions and a higher level than planned outside them.[10] Furthermore, only 27% of net housing construction took place within the existing cities, rather than the agreed 33%.

These figures conceal major differences between regions, in both numerical and spatial terms. Most of the major urban extensions – with a few exceptions, such as those in Alphen aan den Rijn, Woerden, and Tiel – were built within the boundaries of the urban regions, in accordance with the terms of the covenants. This means that the policy did, to some extent, protect the Green Heart (*Groene Hart*) of the Randstad from further large-scale urbanization. In the Randstad, some expansion took place within the four major cities (Amsterdam, The Hague, Rotterdam, and Utrecht), often at a considerable distance from the centre and separated from it by motorways, railways, or waterways. More often, however, smaller cities and villages in the region – often former overspill towns – were the sites of robust expansion; examples include IJsselstein, Houten, Purmerend, Zaanstad, Heemskerk, Beverwijk, Hoofddorp, Zoetermeer, Pijnacker, Berkel en Rodenrijs, Schiedam, Nieuwerkerk aan den IJssel,

Barendrecht, and Papendrecht. In some cases, relatively large urban extensions were attached to small town centres. As a result, existing towns and villages often doubled in size and merged with other centres, as can be seen in the Haarlemmermeerpolder and between Rotterdam and The Hague.

Even though the new construction was adjacent to existing built-up areas, limited space led to the emergence of a large urbanized zone, and the new districts in this zone were not exclusively oriented toward the nearest central city. The districts around Bergschenhoek, Berkel en Rodenrijs, and Pijnacker form an almost continuous sweep of housing with links to The Hague, Delft, and Rotterdam. Many of these districts are on the fringe of the urban region, and their borders reflect administrative boundaries. This shows that the urban regions were literally pushing the limits in their search for any available space.

The dynamics outside the Randstad were generally somewhat different. In these regions, the existing cities are smaller and more widely spaced; examples include Groningen, Leeuwarden, Zwolle, Apeldoorn, Deventer, Middelburg, Breda, and Tilburg. The Vinex urban extensions do not bridge the distances between these cities, and the scale of the extensions is directly related to that of the existing cities. There is a sufficient base for small-scale services and facilities at district level, and at the same time, the new districts expand the city's base for larger-scale facilities and services, such as theatres and cinemas, in the centres of the existing cities.

Further away from the cities, though we hardly find any large urban extensions, there has been a great deal of building. New construction can be found in almost any village and town, both within and outside the previously built-up area. Some have a few new streets, some a small neighbourhood, and a few others a larger district. As the evaluation concludes, 'New urbanization took place mainly through the growth of villages and smaller centres and to a lesser extent in the vicinity of large and medium-sized cities.'[11]

weliswaar tegen de bestaande steden en dorpen gebouwd, maar door de beperkte ruimte ontstaat een grote verstedelijkte zone, waarbij de nieuwe wijken niet meer uitsluitend georiënteerd zijn op de centrale stad. De wijken rond Bergschenhoek, Berkel en Rodenrijs en Pijnacker vormen een vrijwel aaneengesloten woongebied dat aansluit op zowel Den Haag, Delft als Rotterdam. In veel gevallen zijn dit plekken aan de rand van het stadsgewestelijk gebied waar de bestuurlijke grenzen zijn terug te zien in de vorm van de locaties. De grenzen zijn opgezocht om alle ruimte binnen de regio te kunnen gebruiken. Buiten de Randstad geldt veelal een iets andere dynamiek. De bestaande steden zijn kleiner en liggen verder van elkaar: Groningen, Leeuwarden, Zwolle, Apeldoorn, Deventer, Middelburg, Breda, Tilburg. Bij uitbreiding groeien deze steden nog niet aan elkaar, de maat van de uitbreiding heeft nog een directe relatie met de bestaande stad en biedt voldoende draagvlak voor kleinschalige voorzieningen in de wijk. Tegelijk draagt de nieuwe wijk bij aan het draagvlak voor grootschaliger voorzieningen, zoals een theater en een bioscoop, in het centrum van de bestaande stad. Op grotere afstand van de steden vinden we weliswaar nauwelijks echt grote uitbreidingslocaties, toch is hier ook veel gebouwd. Te zien is dat vrijwel ieder dorp, iedere kleine stad, zowel binnen de bebouwde kom heeft gebouwd maar ook is uitgebreid. Soms zijn dit een paar straten, soms een klein buurtje, nu en dan een grotere wijk. "Nieuwe verstedelijking heeft vooral plaatsgevonden als 'aangroei' bij dorpen en kleinere kernen en in mindere mate nabij grote en middelgrote steden" zo luidt de conclusie in de evaluatie.[10]

Conclusie

De vraag naar Vinex als compactestadbeleid laat zich niet eenduidig beantwoorden. In aanleiding en voorgeschiedenis vanuit de *Structuurschets Stedelijke Gebieden* is het streven naar een compactestadontwikkeling duidelijk herkenbaar. In de uitwerking binnen de Vierde Nota kreeg dit streven een extra agenda met de nadruk op stedelijke knooppunten ten dienste van de internationale concurrentiepositie. In de verrijking van Vierde Nota naar Vinex werden milieuvoordelen van compact bouwen en een sterke nadruk op beheersing van de automobiliteit hier nog aan toegevoegd. Maar tegelijk was de Vinex ook sterk pragmatisch en gericht op de uitvoering van het beleid. En dat in een periode waarin de decentralisering van beleid vooropstond: het Rijk had dus hoge ambities – nooit eerder was een nota verschenen met een dergelijke precisie – maar voor de uitvoering waren decentrale overheden en de markt aan zet. De grote woningbouwopgave speelde hierin een sleutelrol. Ingegeven door een op dat moment toch groter dan verwacht woningtekort, was het tegelijk het sturingsinstrument bij uitstek. De grote woningbouwlocaties waar de Vinex haar naamsbekendheid aan te danken heeft zijn dus ook pas dan geïntroduceerd. In de Vierde Nota waren deze nog niet aan de orde. De convenanten werden uitgevonden om de nieuwe samenwerking tussen Rijk en regio vorm te geven. De haalbaarheid van de afspraken speelde een grote rol voor de regio's; zij droegen de financiële risico's. Niet voor niets duurden de onderhandelingen van eind 1990 tot begin 1995. Dat betekende echter ook dat de afspraken nadrukkelijk het resultaat waren van onderhandelingen tussen Rijk en regio en geen directe weergave van de rijksambities. Het waren echter wel deze afspraken waar de resultaten van de Vinex vanaf dat moment aan zouden worden afgemeten. Hiermee lijkt ook een verschuiving plaats te vinden ten opzichte van de oorspronkelijk brede agenda waar Vinex om draaide. Het lijkt alsof in de afspraken met de regio's de notie van de compacte stad uit het oog raakt. Vinex werd steeds meer gepercipieerd als woningbouwmachine. Voor het uiteindelijke resultaat heeft het feit dat de afspraken in de convenanten niet zijn gehaald grote consequenties. Zo is in plaats van de

Conclusion

Did the Vinex set out a compact city policy? The question has no simple answer. If we examine the motivation for the Vinex policy and its origins in the Strategic Concept for Urban Areas, we see a clear aspiration for compact urban development. The Fourth Policy Document established an agenda based on this ambition, emphasizing urban nodes in the service of international competitiveness. When the Fourth Policy Document was supplemented with the Vinex, two new considerations were added to this agenda: the environmental advantages of compact building and a strong emphasis on restricting the growth of automobile traffic. But at the same time, the Vinex was highly pragmatic and focused on policy implementation. Moreover, it was drafted at a time when decentralization of policymaking was a top priority, and so despite national government's bold ambitions – never before had a policy document shown such precision – the implementation process was in the hands of subnational governments and the market.

The high target for new housing construction was a key factor. Prompted by a housing shortage that was greater than anticipated, this target became the primary engine of development. The large housing estates known as Vinex districts (*Vinexwijken*) were, in fact, not contemplated prior to the Vinex. The Fourth Policy Document makes no mention of them.

The covenants were developed as an instrument for the new partnerships between the national authorities and the urban regions. The feasibility of the commitments made in the covenants was a major issue for the regions, since it was they who would bear the financial risks. This explains why negotiations stretched from late 1990 all the way to early 1995. As a result, the covenants were unmistakably the products of negotiation between national and regional authorities, rather than mere statements of national objectives. Yet from that point on, the results of the national Vinex policy were measured in terms of the targets in these negotiated covenants.

This seems to have been accompanied by a shift away from the original, broad Vinex agenda. In the covenants with the regions, the national authorities appear to have lost sight of the compact city concept. Increasingly, the Vinex policy was perceived as a housing construction machine. The fact that the terms of the covenants were not fulfilled had major implications for the ultimate results of the Vinex. For instance, instead of the agreed 23.4%, only 16.6% of new homes were built within existing urban areas in urban regions.[12] The act of planning at regional level (a matter of both scale and administrative boundaries) ended up enshrining dispersal at that level in the covenants and thereby legitimating it.

In the Vinex period, many urban extensions adjoined overspill towns. This means that in practice there was no real break with the preceding period, in which the construction of overspill towns had been the main thrust of national policy. Instead, in the Vinex period the overspill towns reached maturity. These young cities are now part of the urbanized landscape and must be included in any discussion of the compact city. Finally, the principle inherited from the Strategic Concept – build in the city if possible, and otherwise adjoining it, and further away only if necessary – was projected onto an urban field that, in many cases, could no longer be read in those terms. In the highly urbanized Randstad, almost every location was next to a city. With its roots in the anti-suburbanization movement of the early 1980s, Vinex as a compact city policy may well have fallen behind the times.

afgesproken 23,4% slechts 16,6% van de toegevoegde woningen gerealiseerd binnen het bestaand stedelijk gebied van de stadsregio's.[11] Door de planning op de schaal van de stadsgewesten – in combinatie met de maat en de bestuurlijke begrenzing hiervan – werd spreiding op de schaal van het stadsgewest verankerd in de afspraken en gelegitimeerd. Het zijn vaak de groeikernen die in de Vinexperiode zijn uitgebreid met flinke uitleglocaties. Van een echte omslag ten opzichte van het groeikernenbeleid was in de praktijk dus niet echt sprake. Eerder zijn de groeikernen volwassen geworden. Ze maken deel uit van het verstedelijkte landschap en de 'compacte stad' heeft dus ook betrekking op deze jonge steden. Tenslotte werd het van de structuurschets geërfde idee van 'eerst in, dan aan, en dan pas verder van de stad', geprojecteerd op een stedelijk veld dat zich in veel gevallen al niet meer op die manier liet lezen. 'Aan de stad' kon zeker in de sterk verstedelijkte Randstad inmiddels bijna overal zijn. Misschien is door de verankering in de beweging tegen de suburbanisatie aan het begin van de jaren tachtig Vinex als compactestadbeleid wel ingehaald door de tijd.

1   Van der Cammen & De Klerk, *Ruimtelijke Ordening. Van grachtengordel tot vinex-wijk*, Utrecht, 2003, p.282.
2   Ministerie van VROM, *Structuurschets Stedelijke Gebieden*, deel A: Beleidsvoornemen, Den Haag, 1983, Tweede Kamer 18048, nrs.1-2, p.10.
3   Ministerie van VROM, Vierde Nota over de Ruimtelijke Ordening, deel A: Beleidsvoornemen, Den Haag 1988, Tweede Kamer 20490, nrs.1-2, p.95. In het beleidsvoornemen zijn dit Amsterdam, Rotterdam, Den Haag, Utrecht, Groningen, Enschede/Hengelo, Arnhem-Nijmegen, Eindhoven en Maastricht/Heerlen. Onder politieke druk zijn hier later Leeuwarden, Zwolle, Breda en Tilburg aan toegevoegd als knooppunt met een regionale positie.
4   Met de regio's Amsterdam, Haaglanden, Rotterdam, Utrecht, Twente, Arnhem-Nijmegen en Eindhoven (de Kaderwetgebieden) werd een direct convenant gesloten. Voor de achttien kleinere stadsgewesten werden convenanten gesloten tussen het Rijk en de provincies.

1   Van der Cammen and De Klerk, *Ruimtelijke Ordening. Van grachtengordel tot vinex-wijk*, Utrecht 2003, p. 282.
2   VROM (Dutch Ministry of Housing, Spatial Planning, and the Environment), *Structuurschets Stedelijke Gebieden, deel A: Beleidsvoornemen*, The Hague 1983, House of Representatives (*Tweede Kamer*) 18048, no. 1-2, p. 10.
3   VROM (Dutch Ministry of Housing, Spatial Planning, and the Environment), *Vierde Nota over de ruimtelijke ordening, deel a: beleidsvoornemen*, The Hague 1988,

5   De afspraken rondom infrastructuur waren omvangrijk en
    behelsden financieel gezien een veelvoud van de bijdragen
    voor woningbouw. Vanwege het ondersteunende karakter aan
    de verstedelijkingsopgave blijven deze in dit artikel verder
    buiten beschouwing.

6   Gehanteerd zijn de cijfers m.b.t. de netto woningbouwproduc-
    tie uit: Ministerie van VROM, *Evaluatie Verstedelijking Vinex
    1995 tot 2005 Onderzoeksrapport Deel I: Realisatie afspraken*,
    Den Haag, 2007. In andere publicaties wordt ook wel de bruto
    woningproductie (dus zonder aftrek van het aantal gesloopte
    woningen) aangehouden. Deze cijfers vormden de maatstaf
    voor de afrekening van de BLS-subsidie bij de kaderwetgebie-
    den (niet bij de overige stadsgewesten). Met de bruto cijfers
    komt het percentage binnenstedelijk te bouwen woningen uit
    op 39%. Dit doordat alle te slopen woningen – vanzelfsprekend
    – in bestaand stedelijk gebied liggen.

7   Feitelijk was dit gebied nog iets verder ingeperkt tot de zoge
    naamde 'vinexprestatiegemeenten' binnen het stadsgewest.

8   Ministerie van VROM, Evaluatie Verstedelijking Vinex 1995-
    2005 Eindrapport, Den Haag, 2007.

9   Desondanks is aan alle regio's de volledige BLS-subsidie uit-
    betaald omdat de kaderwetgebieden op brutoaantallen werden
    afgerekend.

10 Ministerie van VROM, *Evaluatie Verstedelijking Vinex 1995
    tot 2005 Onderzoeksrapport Deel II:* Realisatie van verstede-
    lijkings- en kwaliteitsdoeleinden, Den Haag, 2007, p.17.

11 33% x 71% = 23,4%; 27% x 61,4% = 16,6%.

Literatuur

Boeijenga, Jelte & Jeroen Mensink (2008). *Vinex Atlas*, Uitgeverij
010, Rotterdam.

Cammen, Hans van der & Len de Klerk (2003). *Ruimtelijke Ordening. Van grachtengordel tot vinex-wijk*, Het Spectrum, Utrecht.

Ministerie van VROM (1983). *Structuurschets Stedelijke Gebieden, deel A: Beleidsvoornemen*, Den Haag, Tweede Kamer
18048, nrs.1-2.

Ministerie van VROM (1988). *Vierde Nota over de Ruimtelijke
Ordening, deel a: beleidsvoornemen*, Den Haag, Tweede Kamer
20490, nrs.1-2.

Ministerie van VROM (2007). *Evaluatie Verstedelijking Vinex
1995-2005 Eindrapport*, Den Haag.

Ministerie van VROM (2007). *Evaluatie Verstedelijking Vinex
1995 tot 2005 Onderzoeksrapport Deel I: Realisatie afspraken*,
Den Haag.

House of Representatives (*Tweede Kamer*) 20490, no.
1-2, p. 95. The hubs listed in this document are Amsterdam,
Rotterdam, The Hague, Utrecht, Groningen, Enschede/
Hengelo, Arnhem-Nijmegen, Eindhoven, and Maastricht/
Heerlen. Under political pressure, other regional hubs
were later added: Leeuwarden, Zwolle, Breda, and Tilburg.

4   Direct covenants were made with the regions of
Amsterdam, Haaglanden, Rotterdam, Utrecht, Twente,
Arnhem-Nijmegen, and Eindhoven (the regions identified
in the Framework Act, or *Kaderwetgebieden*). For the
eighteen smaller urban regions, covenants were made by
the national and provincial authorities.

5   Far-reaching agreements were made about infrastructure,
and the financing for them was many times greater than
that for housing construction. Because this infrastructure
development was in support of the urban development
targets, it will not be discussed any further here.

6   The figures for net housing construction are from VROM
(Dutch Ministry of Housing, Spatial Planning, and the
Environment), *Evaluatie Verstedelijking Vinex 1995-
2005 Eindrapport*, The Hague 2007. Other sources
report gross housing production (not deducting the
number of demolished buildings). These gross figures
formed the criterion for the payment of BLS grants in
Framework Act regions (though not in the other urban
regions). If we base our calculations on gross figures, the
share of housing units built in central urban areas was
39%. This is for the obvious reason that all the demolished
housing units were in existing urban areas.

7   In fact, the suburban housing was restricted to the
'Vinex high-performance municipalities' (Vinexprestatie-
gemeenten) in the urban region

8   VROM (Dutch Ministry of Housing, Spatial Planning, and
the Environment), *Evaluatie Verstedelijking Vinex 1995-
2005 Eindrapport*, The Hague 2007.

9   Nevertheless, the full BLS grant was paid to all the
regions, because the criteria in Framework Act regions
were based on gross figures.

10 VROM (Dutch Ministry of Housing, Spatial Planning, and
the Environment), *Evaluatie Verstedelijking Vinex
1995 tot 2005 Onderzoeksrapport Deel II: Realisatie van
verstedelijkings- en kwaliteitsdoeleinden*, The Hague
2007, p. 17.

11 33% x 71% = 23.4%. 27% x 61.4% = 16.6%.

Bibliography

Boeijenga, Jelte and Jeroen Mensink (2008), *Vinex Atlas*.
Rotterdam: 010 Publishers.

Van der Cammen, Hans and Len de Klerk (2003), *Ruimtelijke
Ordening. Van grachtengordel tot Vinex-wijk*. Utrecht:
Spectrum.

VROM (Dutch Ministry of Housing, Spatial Planning, and the
Environment'; 1983), *Structuurschets Stedelijke Gebieden,
deel A: Beleidsvoornemen*. The Hague, Tweede Kamer
(Dutch House of Representatives) 18048, no. 1-2.

VROM, *Vierde Nota over de ruimtelijke ordening, deel a:
beleidsvoornemen*. The Hague 1988, Tweede Kamer 20490,
no. 1-2.

VROM (2007a), *Evaluatie Verstedelijking Vinex 1995-2005
Eindrapport*. The Hague.

VROM (2007b), *Evaluatie Verstedelijking Vinex 1995 tot
2005 Onderzoeksrapport, Deel I: Realisatie afspraken*. The
Hague.

Amsterdam Zuidas
Een nieuw en duurzaam stedelijk landschap

Amsterdam's Zuidas
A new and sustainable urban landscape

Pi de Bruijn

Zelfs wie nog nooit in Amsterdam is geweest zal de Zuidas enigszins bekend voorkomen. In vrijwel elke grote stad zijn dergelijke ontwikkelingslocaties te vinden. Een kwarteeuw geleden kregen deze vaak perifere wijken weinig aandacht. Sindsdien zijn het echter strategische locaties geworden die met nieuwe infrastructuur zijn opengelegd en toegankelijk gemaakt. Voor bedrijven zijn het de populairste locaties voor nieuwe afdelingen en kantoren, wat heeft geleid tot koortsachtige bouwactiviteiten op deze plekken. Ondanks al deze dynamiek worden hun typisch stedelijke kwaliteiten echter zelden ten volle uitgebuit. De infrastructuur waaraan deze gebieden hun vitaliteit ontlenen werpt ook aanzienlijke hindernissen op, zowel fysieke als mentale. De architectuur is meestal anoniem, grootschalig en monofunctioneel. De publieke ruimte lijkt bijna tot restruimte gereduceerd. Dit alles is ook van toepas-

Even to those who have never been to Amsterdam, the Zuidas (South Axis) would seem somewhat familiar. Similar development sites are found in almost every major city. A quarter-century ago, these often peripheral districts attracted very little interest. But since then, they have become strategic locations, opened up and made accessible through new infrastructure. Among businesses, they are the most popular places for new branches and offices. This has led to feverish construction activity on these sites. Yet despite all this dynamism, their typical urban qualities are rarely exploited to the fullest. The infrastructure from which these areas derive their vitality also throws up considerable barriers, both physical and mental. The architecture is generally anonymous, large-scale, and monofunctional. The public space there seems almost residual in character. All this applies to the Zuidas, at least in its current state. Over the coming years, however, no effort will be spared to transform it into a distinctive urban landscape; in other words, a fully fledged urban district that is enduring and sustainable, because it displays the fundamental and abiding qualities of urban life.

sing op de Zuidas, althans in haar huidige staat. De komend jaren zullen echter kosten noch moeite worden gespaard om het gebied te transformeren tot een karakteristiek stedelijk landschap, met andere woorden tot een volwaardige stadswijk die blijvend en duurzaam is omdat hij de fundamentele en bestendige kwaliteiten van het stadsleven vertoont.

De Zuidas, huidige situatie.
The Zuidas, existing situation.

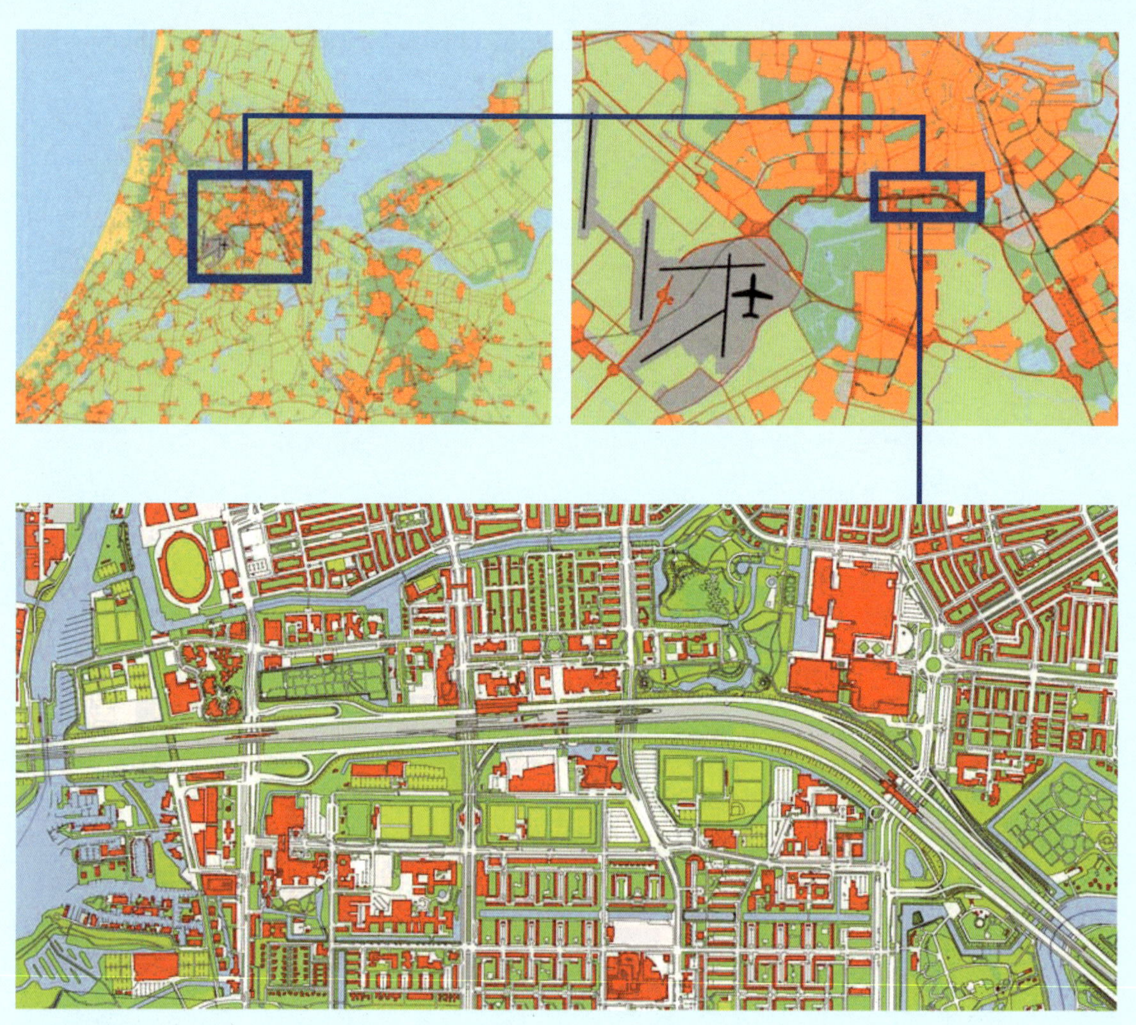

De Zuidas in Amsterdam.
The Zuidas in Amsterdam.

The context

The area known as the Zuidas marks the transition between pre- and post-Second World War development in the south of Amsterdam. At the moment this boundary is primarily manifest as a wide ribbon of infrastructure: a six-lane motorway flanked by railway, metro, and high-speed tram lines. This infrastructure makes the Zuidas second to none in accessibility. Schiphol, Europe's fourth-largest airport, is just seven kilometres away, a trip that takes less than six minutes by high-frequency rail link. The station at the heart of the Zuidas will serve as the terminus for the country's high-speed international trains, which went into operation in 2009. From there, these trains will reach Rotterdam in less than half an hour, Brussels in an hour and a half, and Paris in three hours. There will also be rapid, direct rail links with major German cities. The year 2017 will probably also see the completion of a new metro line, providing a direct link between the Zuidas and Amsterdam's city centre.

The Zuidas thus has the potential to develop into the *hyper-urban* centre of a conurbation much bigger than just Amsterdam and its suburbs. This conurbation, known as the Randstad, is home to some seven million people, in towns and cities large and small, each with its own unique profile. Besides being the country's capital, Amsterdam is also the cultural and economic powerhouse of the Netherlands. Fifty kilometres to the south, The Hague serves as the seat of government and parliament and hosts leading international institutions, such as the International Court of Justice. Rotterdam, twenty kilometres further south, boasts the largest seaport in Europe. The university towns of Utrecht, Leiden, and Delft are important knowledge hubs.

Thanks to its strategic geographical position, the Zuidas has close ties with those other hubs in the Randstad. At the same time, it capitalizes on Amsterdam's strengths and reputation. This combination has inspired the ambition to establish the Zuidas as the hyper-urban centre of the Randstad, or Delta

Context

Het gebied dat als de Zuidas bekendstaat, markeert de overgang tussen de voor- en naoorlogse stadsontwikkeling in Amsterdam-Zuid. Op dit moment is deze grens vooral zichtbaar als een breed lint van infrastructuur: een zesbaanssnelweg geflankeerd door een spoorlijn, metro, en sneltramlijnen. Deze infrastructuur maakt de Zuidas ongekend toegankelijk. Schiphol, de vierde luchthaven van Europa, ligt op maar zeven kilometer en met de hoogfrequente spoorverbinding ben je er in minder dan zes minuten. Het station in het hart van de Zuidas zal als terminus gaan dienen voor de internationale hogesnelheidstreinen die in 2009 in gebruik zijn genomen. Daarvandaan is de hsl binnen een half uur in Rotterdam, in anderhalf uur in Brussel en in drie uur in Parijs. Ook met de grote Duitse steden komen er snelle, directe spoorverbindingen. In het jaar 2017 zal waarschijnlijk ook een nieuwe metrolijn zijn voltooid, die een directe verbinding legt tussen de Zuidas en het centrum van Amsterdam.

De Zuidas heeft dus het potentieel uit te groeien tot het *hyperstedelijke* centrum van een stedelijke agglomeratie die veel groter is dan alleen Amsterdam en zijn randgemeenten. In deze agglomeratie, de Randstad, wonen ongeveer zeven miljoen mensen, in kleinere en grotere steden, elk met zijn eigen unieke profiel. Amsterdam is niet alleen de hoofdstad van Nederland, maar ook de culturele en economische motor van het land. Vijftig kilometer verder naar het zuiden ligt Den Haag, waar regering en parlement zetelen en belangrijke internationale instellingen als het Internationaal Gerechtshof gevestigd zijn. Rotterdam, nog eens twintig kilometer verder naar het zuiden, heeft de grootste zeehaven van Europa. De universiteitssteden Utrecht, Leiden en Delft zijn belangrijke kenniscentra.

Dankzij haar strategische geografische ligging heeft de Zuidas nauwe banden met andere centra in de Randstad. Tegelijkertijd profiteert hij van de sterke kanten en de reputatie van Amsterdam. Deze com-

binatie heeft de ambitie geïnspireerd om van de
Zuidas het hyperstedelijke centrum van de Randstad te maken, de Deltametropool. Grote internationale ondernemingen en instellingen hebben al
besloten hun hoofdkantoor hierheen te verplaatsen.
Daarmee is echter nog niet automatisch een duurzaam en aantrekkelijk stedelijk landschap gecre-
eerd. Daarvoor is een radicale en verstrekkende
metamorfose nodig, waarbij twee maatregelen van
cruciaal belang zijn: a) eliminatie uit de infrastructuur van elementen die overlast geven en in de weg
staan en b) drastische verdichting van de bouw.
Een 1,4 kilometer breed lint van zware infrastructuur
zal ondergronds worden gemaakt, waardoor boven
de grond een enorme hoeveelheid ruimte vrijkomt.
Dit gebied zal vervolgens worden ontwikkeld in een
voor Nederland ongekende dichtheid; met circa drie
miljoen vierkante meter vloeroppervlak zal de Zuidas
qua schaal vergelijkbaar zijn met La Défense in
Parijs en de Docklands in Londen.
Maar er is meer. De belangrijkste taak in de Zuidas
is een stedelijke centrumzone te creëren die
nadrukkelijk stedelijk is en duurzaam, in de alledaagse betekenis dat hij lang meegaat. De toege-
paste methoden en technieken daarvoor zullen vari-
eren van het minimaal belasten van het milieu tot
het creëren van de beste omstandigheden voor
duurzame en rechtvaardige sociale relaties; van
energieneutrale omgevingen met de allernieuwste
technologie tot een compacte en verfijnde programmering die uiteenlopende gebruikers aanspreekt;
van het gebruik van duurzame materialen tot gebouwen en ruimtes die aan een breed scala van toepas-
singen en functies kunnen worden aangepast.
Laten we hier dieper op ingaan.

Menselijke relaties

Om duurzaam te kunnen zijn moet de Zuidas het
tegendeel worden van een *gated community*. Bij
het creëren van een nieuw stedelijk gebied waar
compacte ontwikkeling en duurzaamheid toppriori-

Metropolis. Leading international corporations and institutions have already chosen to
move their headquarters there. But this does
not automatically create a sustainable and
attractive urban landscape. That requires a
radical and far-reaching transformation, in
which two measures are pivotal: a) elimina-
tion of nuisance and the barrier effect from
the infrastructure and b) vigorous densification of construction. A 1.4-kilometre ribbon
of heavy infrastructure will be shifted underground, opening up an enormous amount
of space above ground. This area then will
be developed at a density unprecedented in
the Netherlands; with approximately 3 million
square meters of floor area, the Zuidas will
be similar in scale to La Défense in Paris and
the Docklands in London.

But there is more. The most important task
in the Zuidas is to establish a city-centre
environment that is emphatically urban
and sustainable, in the everyday sense of
long-lasting. The methods and techniques
involved will range from keeping environmental impact to a minimum to establishing the
best conditions for sustainable and equitable
social relations; from zero-sum-energy
environments using cutting-edge technolo-
gies to dense and fine-grained programming
that will appeal to a variety of users; from the
use of sustainable materials to buildings and
spaces that are adaptable to a wide range of
uses and functions. Let us elaborate on this.

Human relations

To become sustainable, the Zuidas must
become the antithesis of a gated community.
When creating a new urban area where
compact development and sustainability are
the top priorities, the first step must be to
establish a key principle of city life: everyone
is welcome. For as long as cities have
existed, they have been the meeting place
of rich and poor, of natives and immigrants,
of conservatives and progressives, of artists,
students, and the homeless. The city is
the ideal habitat for a tolerant and open
society to thrive. That tolerance has come

under pressure since 11 September 2001. But when it has really mattered, both New York and – more recently – London have demonstrated that self-confident cities do not give up their openness and tolerance easily. In the Zuidas, the recurring question is therefore: how can the urban landscape being built there generate this authentic urban fabric of human encounters, along with the added value that these encounters entail?

This can be accomplished in two ways. The first relates to the physical urban space, which must be so welcoming, varied, and attractive that people want to spend time there. This means that it must be more than a circulation area. The second way is rooted in the programming for the district. This must give the whole above-mentioned array of people a reason to flock to the new part of their city.

teiten zijn moet allereerst een sleutelprincipe van het stadsleven worden aangehouden: iedereen is welkom. Zo lang steden bestaan zijn ze de ontmoetingsplaats van rijk en arm, autochtonen en immigranten, conservatieven en progressieven, kunstenaars, studenten en daklozen. De stad is de ideale omgeving voor een tolerante en open samenleving. Die tolerantie is sinds 11 september 2001 onder druk komen te staan. Maar toen het er echt op aankwam hebben zowel New York als meer recent Londen laten zien dat zelfverzekerde steden niet zomaar afstand doen van hun openheid en tolerantie. In de Zuidas is daarom steeds weer de vraag: hoe kan het stedelijk landschap dat daar wordt gebouwd dit authentieke weefsel van ontmoetingen tussen mensen genereren, plus de toegevoegde waarde die deze ontmoetingen met zich meebrengen?

Infrastructuur ondergronds gemaakt.
Infrastructure shifted underground.

Dit kan op twee manieren worden bereikt. De eerste heeft te maken met de fysieke stedelijke ruimte die zo uitnodigend, gevarieerd en aantrekkelijk moet zijn dat mensen er tijd willen doorbrengen. Dat betekent dat ze meer moet zijn dan een gebied voor circulatie. De tweede manier is geworteld in de programmering van het gebied. Die moet het hele voornoemde scala aan mensen een reden geven om in dichte drommen naar dit nieuwe deel van de stad toe te komen.

Experience has shown us that these types of interactive urban spaces work best when they invite as many different uses as possible. The answer is no enclaves that are tailored to just one function, certainly no covered shopping malls, and preferably not too many pedestrian streets that crowd out other kinds of traffic. Motorized traffic should be able to use most of the streets in the Zuidas. However, a wide, green esplanade is planned at the heart of the district, a plaza that will primarily be the domain of

Stedenbouwkundig plan Zuidas 2004.
Urban Plan for the Zuidas, 2004.

the pedestrian. Rather than making some pompous statement, this esplanade should be inviting and varied. In other words, the intention is not to create a single, continuous open space, but on designing a succession of intimate squares and gardens, each with its own design and atmosphere.

The street pattern will also merge naturally with the existing city districts adjoining the Zuidas. Dating from before the Second World War, the city district to the north is based on an urban plan by the renowned Dutch architect H.P. Berlage. Its structure and architecture are monumental, with perimeter blocks and carefully designed public spaces, streets both wide and narrow, axes, squares and public gardens. To the south of the Zuidas lies a residential area from the 1950s and 60s, with an urban design that contrasts somewhat with Berlage's plan. Built according to theories from the glory days of CIAM, it has no closed city blocks. Instead, individual residential buildings are placed in a casual style in a spacious, green setting.

Discussing this urban context for the Zuidas conjures up an association that at first may not seem terribly logical: Mondrian's painting *Victory Boogie Woogie*, made in his adopted city of New York in the final years of his life. The canvas could be seen as a synthesis of earlier periods in Mondrian's career – a career which, incidentally, displays parallels with the development of urban planning. The rigour of the sharply defined colour fields in Mondrian's earlier work could be compared with Berlage's perimeter blocks, just as his classical, minimalist work had a later counterpart in the *plan libre* of modernist urban planning. The apotheosis of his style, *Victory Boogie Woogie*, reconciles the two tendencies, just as two stages in the history of urban planning are reconciled as overlapping layers in the design of the Zuidas.

From this perspective, the Zuidas can even form a link, both literal and figurative, between the very different city districts to

De ervaring heeft geleerd dat deze types interactieve stedelijke ruimtes het best werken als ze tot zo veel mogelijk verschillende soorten gebruik uitnodigen. Het antwoord moet niet worden gezocht in enclaves die zijn toegesneden op slechts één functie, zeker niet in overdekte winkelcentra, en ook liever niet in te veel voetgangersgebieden waar andere soorten verkeer zijn verdrongen. De meeste straten in de Zuidas moeten toegankelijk zijn voor gemotoriseerd verkeer. Wel is in het hart van de wijk een brede, groene esplanade gepland, een plaza die primair het domein van voetgangers zal zijn. In plaats van een pompeus statement te maken moet deze esplanade uitnodigend en afwisselend zijn. Met andere woorden, de bedoeling is niet om één enkele, doorlopende open ruimte te creëren, maar een opeenvolging van intieme pleinen en tuinen, elk met hun eigen ontwerp en sfeer.

Het stratenpatroon zal ook op natuurlijke wijze versmelten met de bestaande stadwijken die aan de Zuidas grenzen. De wijk ten noorden, die van voor de Tweede Wereldoorlog dateert, is gebaseerd op het stedenbouwkundig plan van de beroemde architect H.P. Berlage. De structuur en architectuur van deze wijk zijn monumentaal, met gesloten bouwblokken en zorgvuldig ontworpen publieke ruimtes, brede én smalle straten, assen, pleinen en publieke parken. Ten zuiden van de Zuidas ligt een woonwijk uit de jaren vijftig en zestig, met een stedenbouwkundig ontwerp dat enigszins afsteekt tegen Berlages ontwerp. Ze is gebouwd volgens theorieën uit de gloriedagen van de CIAM en heeft geen gesloten bouwblokken. Hier zijn afzonderlijke woongebouwen neergezet in informele stijl in een ruime, groene omgeving.

Het bespreken van deze stedelijke context voor de Zuidas roept een associatie op die op het eerste gezicht niet erg logisch lijkt: Mondriaans schilderij Victory Boogie Woogie, dat de schilder in de laatste jaren van zijn leven in zijn 'geadopteerde' stad New York maakte. Het doek is te beschouwen als een

synthese van eerdere periodes in Mondriaans carrière – een carrière die overigens parallellen vertoont met de ontwikkeling van de stedenbouwkundige planning. De strengheid van de scherp afgebakende kleurvlakken in Mondriaans eerdere werk is
te vergelijken met Berlages gesloten bouwblokken,
zoals ook zijn klassieke, minimalistische werk een
latere tegenhanger had in het *plan libre* van de
modernistische stedenbouwkundige planning. De
apotheose van zijn stijl, Victory Boogie Woogie, ver-
zoent de twee tendensen met elkaar, zoals twee
fasen in de geschiedenis van de stedenbouw als
overlappende lagen in het ontwerp van de Zuidas
met elkaar worden verzoend.

the north and south. That can be achieved
primarily by meshing its urban fabric with
that of the surrounding city districts as
precisely as possible. The plan also envisages gradual transitions in construction
height and density to the adjoining neighbourhoods. The cityscape of the Zuidas will
also unite characteristics of both of the older
districts. With its urban profiles and uninter-
rupted street elevations, the kinship of the
Zuidas to Berlage's pre-war city will be most
pronounced at street level. By contrast, the
skyline of buildings exceeding the standard
height of thirty metres will have the looser
organization typical of urban planning after
the Second World War.

Victory Boogie Woogie, Piet Mondriaan, 1942-1944.

Programming

As mentioned above, a vibrant, compact physical urban space cannot thrive without an intensive programme that fills this space with people and activities – not just during the working day, but also in the evening and at weekends. A rigorous mix of functions is needed to fuel the urban pressure cooker that induces and propels economic, cultural and social development.

The most important contribution to that pressure cooker will come from the railway station at the centre of the Zuidas. As the terminus for international high-speed trains, it will match or exceed Amsterdam's Central Station in importance. The station will ensure a continuous flow of people, bringing unprecedented human diversity, from school kids from the suburbs to VIP passengers arriving on the high-speed train from Paris. It goes without saying that the density of both building and programming will be highest around the station.

With the station as a solid programmatic basis, the rest of the programme will encourage the greatest possible number of people to forge a bond to the new district. The duration and intensity of the bond will vary greatly. It will be most intense for the 15,000 to 20,000 people who actually live in the Zuidas. The estimated 60,000 people who will work there come a close second. And then there are the visitors – to the shops, the theatres, and the museums that are planned for the Zuidas. Last but not least, there will be the people passing through – and even though the Zuidas will merely be a place of transit for them, they will infuse the district with their energy.

All the components of the programme will be aimed at as broad a range of groups as possible. The Zuidas will attract the most exclusive boutiques in the Netherlands, along with shops for everyday purchases. There should be employment opportunities for all income levels. Perhaps most importantly, residential space accounts for about half of the building programme. The

Vanuit dit perspectief kan de Zuidas zelfs zowel letterlijk als figuurlijk een verbinding vormen tussen de zeer verschillende stadswijken ten noorden en ten zuiden ervan. Dit is in de eerste plaats te bereiken door het stedelijk weefsel ervan zo precies mogelijk met dat van de naburige wijken te vervlechten. Het ontwerp voorziet ook in geleidelijke overgangen in bouwhoogte en dichtheid naar de aangrenzende wijken. Het stadslandschap van de Zuidas zal ook kenmerken van de beide oudere wijken in zich verenigen. Met zijn stedelijke profielen en ononderbroken straatgevels zal de Zuidas op straatniveau de meest uitgesproken verwantschap vertonen met Berlages vooroorlogse stad. De skyline van de gebouwen, die de standaardhoogte van dertig meter te boven gaat, zal daarentegen de lossere organisatie hebben die typerend is voor de stedenbouwkundige planning van na de oorlog.

Programma

Zoals reeds vermeld kan een levendige, compacte fysieke stedelijke ruimte niet gedijen zonder een intensief programma, dat deze ruimte met mensen en activiteiten vult – niet alleen tijdens werkuren maar ook 's avonds en in de weekends. Er is een rigoureuze mix van functies vereist om de stedelijke snelkookpan te verhitten die de economische, culturele en sociale ontwikkeling opwekt en voortdrijft. De belangrijkste bijdrage aan die snelkookpan zal komen van het spoorwegstation in het hart van de Zuidas, dat als eindstation voor internationale hogesnelheidstreinen het Centraal Station van Amsterdam in belang zal gaan evenaren of zelfs voorbijstreven. Het station zal voor een constante stroom mensen zorgen met een ongekende menselijke diversiteit, van schoolkinderen uit de buitenwijken tot vippassagiers die per hogesnelheidstrein vanuit Parijs arriveren. Het spreekt vanzelf dat de dichtheid van zowel gebouwen als programmering rond het station het grootst zal zijn.

Met het station als solide programmatische basis

zal de rest van het programma een zo groot mogelijk aantal mensen stimuleren een band met de nieuwe wijk op te bouwen. De duur en intensiteit van die band zullen sterk uiteenlopen. Voor de vijftien- tot twintigduizend mensen die daadwerkelijk in de Zuidas gaan wonen zal hij het meest intens zijn. De naar schatting zestigduizend mensen die er zullen werken zijn een goede tweede. En dan zijn er de bezoekers – aan de winkels, de theaters en de musea die voor de Zuidas gepland staan. En ten slotte zijn er nog de mensen die op doortocht zijn – en ook al is voor hen de Zuidas niet meer dan een tussenstation, ze zullen de wijk vullen met hun energie.

Alle onderdelen van het programma zullen gericht zijn op een zo breed mogelijk scala aan doelgroepen. De Zuidas zal naast winkels voor alledaagse aankopen ook de meest exclusieve boutiques van Nederland aantrekken. Er moet werkgelegenheid komen voor alle inkomensniveaus. En wat misschien nog het belangrijkst is: de helft van het bouwprogramma zal uit woningen bestaan, en de nieuwe bewoners zullen die diversiteit bevestigen. Dit betekent dat er niet alleen koop- en huurappartementen zullen komen voor het hoogste segment van de markt, maar ook een substantieel aandeel aan woningen in de gesubsidieerde huursector voor de lagere inkomensgroepen.

Dit uiterst gevarieerde programma zal invloed hebben op de manier van bouwen. Een punt is van essentieel belang: bouwprojecten die alleen uit grootschalige architectonische eenheden bestaan moeten in de Zuidas tot elke prijs worden vermeden. Een fijnmazige structuur is de enige manier om op zowel kleinere als grotere schaal variatie in vorm en functie te bereiken. Het streven naar dit fijnmazige stedelijk weefsel is misschien wel de belangrijkste doelstelling. Het kost behoorlijk veel moeite om projectontwikkelaars en investeerders daarvan te overtuigen. Zoals bekend eisen deze partijen doorgaans vanuit financiële overwegingen de bouw

new residents will also be a reflection of the desired diversity. This means there will not only be owner-occupied and rental apartments for the top end of the market, but also a substantial proportion of residential property in the subsidized rental sector for lower-income groups.

The highly varied programme will have an impact on the construction methodology. One point is essential: development consisting solely of large-scale architectural units *must* be avoided in the Zuidas. A fine-grained structure is the only way to attain variation in form and function on both larger and smaller scales. Striving after this fine-meshed urban fabric is perhaps the most important objective. It takes considerable effort to convince developers and investors of this. As is well known, these parties tend to demand the construction of ever-larger units, motivated by financial considerations. They must be convinced that in the long run it is in their own interest and the city's to create the kind of fine-meshed structure that can support vibrant urban life. This kind of structure is also a precondition for varied economic activity, and thus for economic sustainability. Small and medium-sized enterprises that wish to rent a modest amount of floor space at an affordable rate should also be able to find accommodation in the Zuidas. Furthermore, a fine-grained structure opens the door for small-scale, private architectural commissioning. Experience has taught us that private commissions from end users result in a higher construction quality than commissions from project developers building property for a market of unknown users.

The two components of sustainable urbanity – the physical space and the programme – meet in the task of making the streets of the Zuidas come to life. New York points the way for us. One important reason that the streets of Manhattan hold so much appeal is the lower levels of the buildings, the ones visible from the street – in many cases, the bottom two stories – and their programming,

with numerous public functions. Exactly
the same thing is being aspired to in the
Zuidas: streets with a succession of shops
and restaurants at street level, as well as
functions that are less commercial, such as
museums and libraries.

Flexibility

Finally, sustainability means that a city is able
to keep on changing. That also applies to its
buildings, which must be able to accommodate new functions over the course of time.
Amsterdam, with its classic canal houses,
presents what is perhaps the best possible
example of buildings that can be adapted to
different uses almost effortlessly. The scale
and design of the buildings in the Zuidas
should leave open the possibility of later
transforming office buildings into residential
ones, and vice versa. This implies that the
dwellings will have exceptionally high ceil-
ings, yet another attractive feature.

Environmental sustainability

Sustainability – in the context of human relations, programming, and flexibility – entails
that we must use the resources available to
us in moderation. This has practical implications in many areas, including energy consumption, land use, and urban ecology. In all
these areas, the Zuidas should be developed
with a firm sense of social accountability,
fine-grained programming, and a maximum
of flexibility. That implies that the combination of residential and business functions
in the Zuidas should lead to a reduction
in the development's ecological footprint
and land use. It also implies that, for energy
efficiency, a system needs to be installed
to harness the energy of the underground
traffic and to provide heat and cold storage
for the whole of the Zuidas. Not far from
the Zuidas there is a lake, and its depths
will be used to store the winter cold until it
is needed in the summer. Other measures
should be taken to ensure superior water
management. In a densely built urban area,
there are only a few options for dealing with

van steeds grotere eenheden. Ze moeten ervan
worden doordrongen dat het op de lange duur in
hun eigen belang en dat van de stad is om het soort
fijnmazige structuur te creëren dat een bruisend
stadsleven bevordert. Dit soort structuur is een
voorwaarde voor gevarieerde economische activiteit
en dus voor economische duurzaamheid. Kleine en
middelgrote ondernemingen die voor een betaalbare prijs een bescheiden hoeveelheid vloerruimte
willen huren moeten in de Zuidas accommodatie
kunnen vinden. Bovendien opent een fijnmazige
structuur de deur voor kleinschalige, particuliere
architectuuropdrachten. De ervaring leert dat particuliere opdrachten van eindgebruikers tot een
hogere bouwkwaliteit leiden dan opdrachten van
projectontwikkelaars, die bouwen voor een markt
van gebruikers die ze niet kennen.
De twee componenten van duurzame stedelijkheid
– de fysieke ruimte en het programma – komen
samen in de taak om de straten van de Zuidas tot
leven te brengen. New York wijst ons hierin de weg.
Een belangrijke reden dat de straten van Manhattan
zo aantrekkelijk zijn is gelegen in de lagere delen
van de gebouwen – in veel gevallen de eerste twee
verdiepingen – en hun programma, met talrijke
publieke functies. In de Zuidas wordt precies hetzelfde nagestreefd: straten met op straatniveau een
aaneenrijging van winkels en restaurants, naast minder commerciële functies als musea en bibliotheken.

Flexibiliteit

Ten slotte betekent duurzaamheid ook dat een stad
in staat is te blijven veranderen. Dat geldt ook voor
haar gebouwen, die in de loop der tijd nieuwe functies moeten kunnen herbergen. Amsterdam zelf
biedt in zijn klassieke grachtenpanden misschien
wel het beste voorbeeld van gebouwen die vrijwel
moeiteloos aan verschillende soorten gebruik kunnen worden aangepast. De schaal en het ontwerp
van de gebouwen in de Zuidas moeten de mogelijkheid openlaten dat kantoorgebouwen worden

omgebouwd tot woningen en vice versa. Dit houdt in dat de woningen uitzonderlijk hoge plafonds krijgen, ook een aantrekkelijk kenmerk.

Ecologische duurzaamheid

Duurzaamheid – in de context van menselijke relaties, bouwprogramma's en flexibiliteit – brengt met zich mee dat we de beschikbare middelen terughoudend moeten gebruiken. Dit heeft praktische implicaties op veel gebieden, zoals energieconsumptie, grondgebruik en stedelijke ecologie. Op al deze gebieden moet de Zuidas worden ontwikkeld met een sterk besef van maatschappelijke verantwoordelijkheid, een fijnmazig bouwprogramma en een maximum aan flexibiliteit. Dit houdt in dat de combinatie van woon- en bedrijfsfuncties in de Zuidas gepaard moet gaan met een bescheidener ecologische voetafdruk en grondgebruik van het bouwproject. Het houdt ook in dat er, voor een efficiënt energieverbruik, een systeem moet worden geïnstalleerd waarmee de energie van het ondergrondse verkeer kan worden aangewend voor opslag van warmte en kou voor de hele Zuidas. Niet ver van de Zuidas is een meer, waarvan de diepte wordt gebruikt om de winterkou op te slaan tot die in de zomer nodig is. Andere maatregelen zijn geboden voor een kwalitatief hoogstaand watermanagement. In een dichtbebouwd stedelijk gebied zijn er maar een paar opties voor het beheer van overtollig water tijdens piekbelasting na zware regenval. In de publieke ruimte zullen verschillende waterpartijen worden geïntegreerd, maar het zal toch noodzakelijk blijven om de maximale waterniveaus in de hand te houden. Een manier om dit te bereiken is de daken van gebouwen met groen te bedekken, zodat de neerstromende regen het afwateringssysteem niet op volle snelheid kan bereiken – met andere woorden, door de stroom te doseren om hem regelmatiger te maken.

Op dit punt moet duidelijk zijn dat er in de Zuidas geen kant-en-klare methode is om een stadsland-

excess water during the peak loads caused by heavy rainfall. Even though a variety of water features will be integrated into public space, it will still be necessary to keep peak water levels in check. One way to achieve this is by covering the rooftops of buildings with greenery, so that pouring rain will be prevented from entering the drainage system at full speed – in other words, by dosing the flow to increase its regularity.

It should be clear by this point that, in the Zuidas, there is no off-the-peg method for producing an urban landscape permeated with sustainability. The preparatory work must focus in part on the district's special qualities and its placement in Amsterdam. Once developed, the new Zuidas should make it clear that the instruments of urban planning and programming can make an important contribution to sustainability. In the end, what is most essential is our perspective, our angle of approach: we aim to build a city not merely for today's clients but, first and foremost, for the society to which that city will belong, for a great many generations to come.

Bibliography
Projectbureau Zuidas (Zuidas Project Office; 2004) *Visie Zuidas. Stand van zaken 2004*. Amsterdam: DRO.
Salet, W. & S. Majoor (eds.) (2005) *Amsterdam Zuidas – European Space*, Rotterdam: 010 Publishers.
Zandbelt, Daan & Rogier van den Berg (2004) Deltawerk: een sterke Deltametropool voor een sterker Nederland. Delft: Stichting Deltametropool.

schap te creëren dat een toonbeeld is van duurzaamheid. Het voorbereidende werk moet gedeeltelijk gericht zijn op de specifieke eigenschappen van de wijk en zijn locatie in Amsterdam. Eenmaal ontwikkeld moet de nieuwe Zuidas duidelijk maken dat de instrumenten van stedenbouwkundige planning en programmering een belangrijke bijdrage kunnen leveren aan duurzaamheid. Het meest essentieel is uiteindelijk ons perspectief, onze invalshoek: ons streven is een stad niet louter voor de opdrachtgevers van vandaag te bouwen, maar in de allereerste plaats voor de samenleving waartoe die stad nog vele generaties zal behoren.

Literatuur

Projectbureau Zuidas (2004). *Visie Zuidas. Stand van zaken 2004,* DRO, Amsterdam.

Salet, W. & S. Majoor (eds.) (2005). *Amsterdam Zuidas – European Space*, 010 Publishers, Rotterdam.

Zandbelt, Daan & Rogier van den Berg (2004). *Deltawerk: een sterke Deltametropool voor een sterker Nederland*, Stichting Deltametropool, Delft.

For the time being, Amsterdam, Centraal Station.

INRIT VRIJHOUDEN
BOUWVERKEER
VOLVO

Onderzoek

Research

De compacte stad in internationaal beleidsperspectief
Institutionele weerbarstigheid of institutionele vernieuwing

The compact city from a national policy perspective
Institutional resistance or institutional reform?

Willem Salet

Inleiding

In dit essay wil ik het compactestadbeleid vanuit een bijzondere invalshoek onderzoeken, namelijk vanuit de rol en verantwoordelijkheid van het nationale ruimtelijke overheidsbeleid. De opbouw van het betoog is als volgt. Eerst sta ik kort stil bij de symbolische kracht van de beleidsmetafoor 'compacte stad'. De aanduiding compactestadbeleid heeft een hoog metaforisch gehalte waarachter verschillende beleidsvisies schuilgaan. Vervolgens zal ik nagaan welke grote veranderingen de betekenis van het begrip stad zelf momenteel doormaakt. Er worden vier sociaal-ruimtelijke figuraties van het begrip stad onderscheiden (centrumgemeente, agglomeratie, conurbatie en metropool), die als ijkpunt dienen om de dynamiek van het begrip stad te meten en om de beleidsfocus te preciseren. Geconcludeerd wordt dat de grootste uitdaging momenteel steekt in de

Introduction

In this essay, I investigate compact city policy from an unusual perspective, namely the role and responsibilities of national government policy on spatial planning. The structure of my argument is as follows. First I briefly address the symbolic power of the compact city as an organizing metaphor in government policy. The term 'compact city policy' is, to a large extent, metaphorical and conceals a variety of policy perspectives. I then turn to the major shifts currently taking place in the meaning of the term 'city'. Four socio-spatial configurations of the term 'city' can be identified: the central municipality, the agglomeration, the conurbation, and the metropolis. These serve as yardsticks by which the dynamism of the concept of city can be measured and policy can be brought into sharper focus. It can be concluded that the greatest challenge at the moment is the leap from the urban agglomeration to the level of the regional conurbation, the regional network city with its promise of multipolar network quality. In practice, this systemic transformation is making very halting progress because of social and cultural attachment to the familiar central cities, and because policymakers have focused their energies on these familiar urban configurations. In other words, these social institutions are lagging behind the socio-economic dynamics of developments in contemporary spatial planning. To achieve network quality at the level of the regional network city, it will be necessary to update these standards. National government could encourage this by urging the relevant parties to develop multipolar network quality at the regional level.

The metaphorical power of the 'compact city'

The compact city perspective is one of the most compelling planning metaphors in national spatial policy. Over the years, this metaphor has grown more potent as various sources have attributed meaning to it. In the process, it has also shifted. In discourse theory, the capacity of a metaphor to shift in this way is often seen as a strength, because it brings out new dimensions of the concept; a policy metaphor embraced by different interest groups and in different contexts has more layers of depth. According to this view, the overlap between different meanings and interests should broaden the acceptance and applicability of the metaphor.

Clearly, images of the compact city have existed for many centuries, at least since the construction of the first town fortifications. As a metaphor in Dutch national spatial policy, the compact city first emerged in the 1960s. Attention was initially focused on Christaller-like notions of a hierarchy of urban functions, with a strong emphasis on degrees of specialization, the basis for urban functions, the areas served, and the importance of distance. The concept was introduced within the framework of clustered dispersal

sprong van de 'stedelijke agglomeratie' naar het niveau van de 'regionale conurbatie', de regionale netwerkstad met haar veelbelovend potentieel van meerzijdige netwerkkwaliteit. In de praktijk verloopt deze systeemtransformatie zeer aarzelend vanwege de sociale en culturele hechting aan de vertrouwde centrumsteden, en vanwege de concentratie van beleidsmacht op deze stedelijke relaties. Deze sociale instituties lopen dus achter op de sociaal-economische dynamiek van de huidige ruimtelijke ontwikkelingen. Vernieuwing van deze normen zal nodig zijn om netwerkkwaliteit op het niveau van de regionale netwerkstad met succes te kunnen realiseren. Het Rijk zou hierin een stimulerende rol moeten nemen door partijen aan te sporen tot ontwikkeling van meerzijdige netwerkkwaliteit op regionaal niveau.

De metaforische kracht van de compacte stad

Het perspectief van de compacte stad is een van de meest aansprekende planningmetaforen van het nationale ruimtelijke beleid. In de loop van de jaren is de metafoor robuuster geworden omdat er vanuit verschillende achtergronden betekenis aan wordt toegekend. Hierdoor raakt de metafoor aan de wandel. In de discourstheorie wordt die beweeglijkheid soms wel als een sterk punt beschouwd omdat het begrip zo meer reliëf krijgt. Een beleidsmetafoor die vanuit achtereenvolgende interessesferen en achtergronden wordt omarmd heeft meer dieptelagen. De onderliggende gedachte is dan kennelijk dat de overlapping van verschillende betekenissen en verschillende belangen de symbolische betekenis van de metafoor een breder draagvlak geeft.

Beeldvorming over compacte steden bestaat natuurlijk al zeer lang, op zijn minst zo lang als er in de geschiedenis stedelijke fortificaties bestaan. Als beleidsmetafoor in het nationale ruimtelijke beleid duikt de compacte stad voor het eerst op in de jaren zestig van de vorige eeuw. Hier ging de aandacht in eerste instantie naar Christallerachtige noties met een hiërarchische rangorde van stedelijke functies waarin veel nadruk ligt op de mate van specialisatie, het draagvlak van stedelijke functies, verzorgingsgebieden en het belang van afstand. Het werd gelanceerd binnen het raamwerk van de gebundelde deconcentratie in het verstedelijkingsbeleid van de Tweede Nota. De perceptie van compacte stad werd daarbij gefocust op het creëren van 'draagvlak voor stedelijke economie, arbeidsmarkt en voorzieningen', een publiek belang dat ook nadien niet zelden vanuit de steden onder de aandacht van de centrale overheid is gebracht. De steden beklemtoonden bovendien dat de uitdunning van de stedelijke bevolking (en daarmee hun inkomsten van de zijde van het Rijk) met bouwprogramma's van 'ruimtelijke intensivering' gepareerd moest worden. Dit is succesvol verlopen aangezien na een aanvankelijke daling de bevolkingsaantallen gestabiliseerd konden worden. Sinds de Derde Nota werd de compactestadsmetafoor bovendien ook sterk gedragen door 'milieumotieven' om zo te voorkomen dat ruimtelijke spreiding negatieve gevolgen zou veroorzaken voor het milieu. De compacte stad wordt ook geschraagd door de contramal dat het omliggend 'landschap' niet mag worden aangetast (ook hier weer in aansluiting op het verstedelijkingsbeleid). Aldus werd door de rijksplanologen voor het eerst het functionele belang van de steden in combinatie met het landschappelijk en agrarisch belang van de landelijke omgeving zeer expliciet in een overkoepelende beleidsmetafoor uitgedrukt. Het beoogde 'contrast tussen rood en groen' omwille van de belangen van zowel de stad en het omliggende land vormt in de jaren zeventig nog de kern van het concept. De normatieve kracht die hierin gelegen is leeft nog steeds voort, ook al is het begrip stad zelf nadien radicaal veranderd. Er zijn nog diverse andere betekenissen aan het begrip gegeven. Zo wordt compactheid van steden bepleit vanuit het beheersbaar houden van de toenemende 'mobiliteit'. Sinds het begin van de liberale periode in de jaren negentig is ook de 'internatio-

(*gebundelde deconcentratie*) in the urbanization policy presented in the Second Policy Document on Spatial Planning (*Tweede Nota inzake de ruimtelijke ordening*, 1966). In this context, the compact city was seen primarily as a 'basis for the urban economy, labour market and services', an important public role that city authorities have often emphasized to national government in the years since then. The new towns surrounding the major cities, created under the clustered dispersal policy, were perceived as a kind of second-order urbanization. In the period of the Second Policy Document, the cities emphasized that the dispersal of urban populations (and thus of funds to the cities from national government) had to be redressed with construction programmes aimed at 'spatial intensification' (*ruimtelijke intensivering*). These efforts were successful, judging by the stabilization of population figures after an initial drop.

Since the time of the Third Policy Document (the 1970s), the metaphor of the compact city has also received much support for environmental reasons, as a counter to the adverse environmental impact of spatial dispersal. The concept of the compact city is reinforced by the complementary principle that the surrounding 'landscape' must be protected from any incursions (another idea closely connected to a policy of urbanization). This was how national government planners first reconciled the functional importance of cities with the agricultural and landscape value of the rural environment, in a highly explicit organizing metaphor for policy. In the 1970s, the same basic concept was expressed as a 'contrast between red and green', serving the interests of both the 'red' cities and the 'green' surrounding landscape. This image retains its normative force even today, when the very concept of the city has changed radically.

Over the years, the compact city concept has accrued many other meanings. For instance, it is argued that compact cities make it easier to manage growing mobility. Since the beginning of liberalization in the

1990s, the metaphor has expanded to include international accessibility. Internationalization translates into the compact use of space within urban regions, and especially at intermodal transport hubs. Around the world, urban areas are again seen as the crucial links in the chain of international service provision. Recently, the compact city metaphor has been adopted in the service of a new agenda, that of climate change. In summary, politics and society do not stand still, but the metaphor of the compact city seems to keep pace with every twist and turn, whether social, economic, or ecological interests carry the day. The compact city is an appealing symbol in many different spheres, and the concrete meaning assigned to it changes fluidly to accommodate the demands of the moment.

The spatial and social configuration of the compact city

In the meantime, the city itself has changed profoundly, both in scale and in its social organization. This makes it necessary to specify what, exactly, is supposed to remain compact. The transformation of the city is now taking place in many Western countries. While each case is different, the literature does reveal a number of dominant trends:
- the territory of urban regions is growing relative to that of non-urban regions;
- within these expanded urban areas, activities are becoming more dispersed (as a result of both expulsion from the central cities and the inherent dynamics of the surrounding urban environment);
- the former contrast between the city and the rural environment is shifting to a larger scale; within the expanded urban regions, red (built-up areas), green (nature and agriculture), and blue (water) overlap in all sorts of ways, rather than contrasting as they did before (a phenomenon that has been called 'spatial inversion');
- new clusters of specialized urban activity, and new mobility hubs, are emerging on the fringes of the central cities, where

nale bereikbaarheid' toegevoegd aan de werkingssfeer van de metafoor. De internationalisering vertaalt zich ruimtelijk compact binnen de sfeer van stedelijke regio's in het bijzonder op intermodale knooppunten. Wereldwijd worden stedelijke gebieden thans weer gezien als de schakels van internationale dienstverlening. Recentelijk is de beleidsmetafoor al weer aan een nieuwe agenda ten prooi gevallen: i.c. de nieuwe 'klimaatagenda'. Kortom, politiek en samenleving staan niet stil maar de metafoor compacte stad lijkt met elke wending mee te bewegen, ongeacht of sociale, economische of ecologische motieven de overhand hebben. De symbolische betekenis van compacte stad blijkt in veel verschillende sferen aan te spreken maar de concrete betekenis die er aan wordt gegeven beweegt moeiteloos mee.

Ruimtelijke en maatschappelijke configuratie van de compacte stad

Ondertussen is de stad zelf echter aanzienlijk veranderd, zowel qua schaal als qua sociale configuratie. Wat kennelijk compact gehouden moet worden, dient thans dan wel precies bepaald te worden. De transformatie van de stad speelt zich momenteel af in veel westerse landen, telkens weer wat anders, maar toch komen uit de literatuur wel een aantal dominante trends naar voren:
- het stedelijk-regionale territoir groeit ten opzichte van niet-stedelijke regio's;
- binnen het verruimde stedelijke areaal vindt steeds meer spreiding van activiteiten plaats (zowel expulsie vanuit, centrumsteden als eigen dynamiek in het omliggende stedelijk milieu);
- het vroegere contrast tussen stad en landelijke omgeving verschuift naar een ruimere schaal; binnen de verruimde stedelijke gebieden ontstaan op hun beurt allerlei soorten overlap tussen rood, blauw en groen in plaats van het vroegere contrast ('ruimtelijke inversie');
- er ontstaan nieuwe concentraties van gespeciali-

seerde stedelijke activiteit en knooppunten van mobiliteit in de periferie van de centrumstad, waardoor het traditionele monocentrische ruimtelijke patroon overgaat in een ruimtelijke orde met meerdere centra;
- er is een tendens naar verdergaande functioneel gespecialiseerde uitsortering van economische productie, distributie en consumptie;
- voortgaande individualisering leidt tot uitsortering van sociale leefmilieus over wijdere stedelijke gebieden;
- de toenemende betekenis van mondiale samenhangen van stedelijke activiteiten, waardoor plaatselijke beslissingen herhaaldelijk in meerlagige netwerkverbanden genomen worden.
Dit alles duidt op een forse sociale, economische en ruimtelijke systeemverandering van de stad. Natuurlijk is de centrumstad vaak nog zeer domi-

the traditional, monocentric spatial pattern is gradually transforming into a multipolar spatial structure.
- there is a tendency toward greater functionally specialized clustering of economic production, distribution, and consumption;
- as a result of ongoing individualization, people are sorting themselves into more homogeneous social communities, a process taking place over wider urban areas;
- because global complexes of urban activities are growing in importance, local decisions are repeatedly being taken in multi-layered network contexts.
This all points to a large-scale, systemic social, economic, and spatial transformation of the city. Of course, the central city is still highly dominant, but the social and spatial structure of the city can no longer be understood exclusively in terms of a monocentric model. The change in the concept

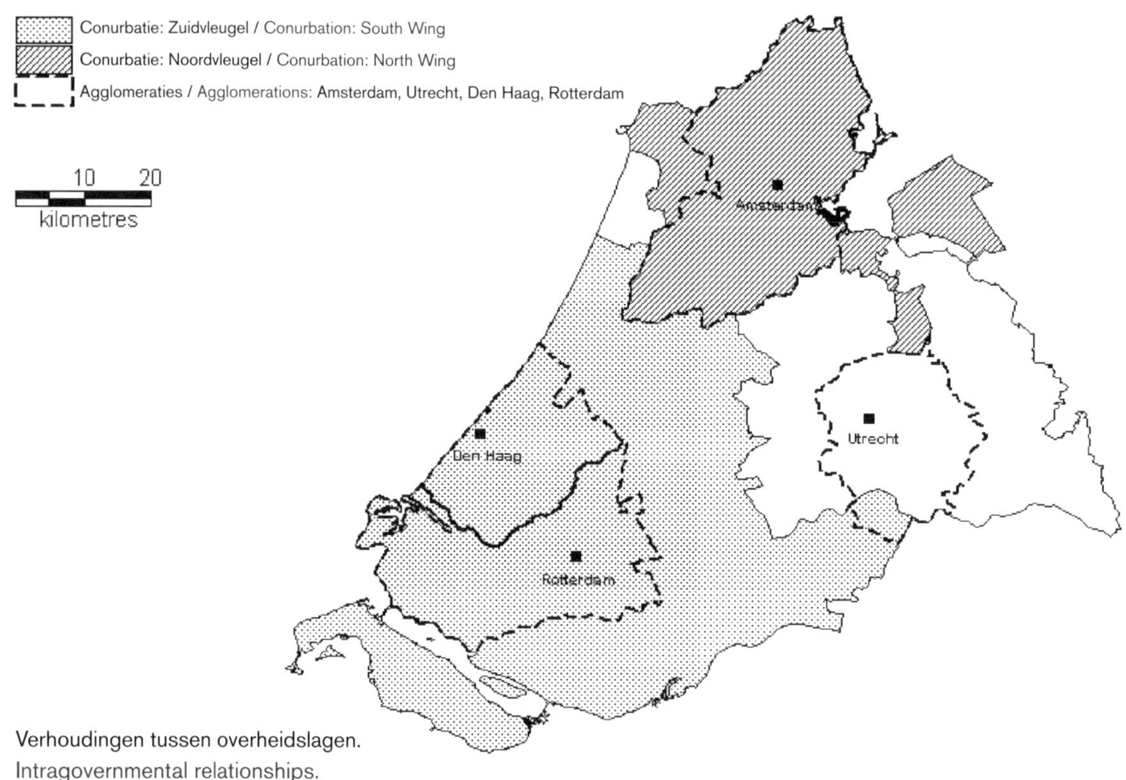

Verhoudingen tussen overheidslagen.
Intragovernmental relationships.

of the city is not a product of planning but of social dynamics. Naturally, it is exciting to see how this change is affecting both the perception of the compact city and the relevant policies. The compact city metaphor has a normative meaning which is used to strengthen or weaken something else. Is this metaphor providing an old-fashioned buffer against the expanding urban field, or does the emerging 'in-between city' fall within the scope of the compact ideal? Is compactness being employed as part of a strategy of new, decentralized densification? Or is compactness associated with the network quality of the entire urban region? Is the concept used to accommodate specific hubs of heightened social interaction? These are not rhetorical questions; right now, they are being answered in all sorts of different ways. This makes it crucial – especially in national spatial policy – to explicitly identify the whole range of positions. In this context, the spatial analysis of the compact city can be operationalized through precise identification of different scales. Policymakers must be concerned not only with spatial issues, however, but also with the social embedding and institutionalization of the various urban configurations. I therefore propose the following typology of socio-spatial configurations:
-the urban central municipality;
-the urban agglomeration;
-the conurbation;
-the metropolis.

The urban central municipality

The compact city policy began at the level of the large, urban central municipalities. The argument was that a compact programme would provide the strongest basis for urban facilities and services. Later (as mentioned above), other arguments were also made, with themes such as environmental policy and accessibility. The compact city policy for the urban central municipalities is regularly updated. For instance, in a recent policy document on the Randstad, ambitious

nant, maar de sociale en ruimtelijke structuur van de stad kan niet meer exclusief volgens het middelpuntcentrische model begrepen worden. De verandering van de betekenis van de stad is niet een product van planning maar van maatschappelijke dynamiek. Het is natuurlijk spannend om te zien hoe de beeldvorming en het beleid met betrekking tot de compacte stad dan inspeelt op de verandering van het begrip stad. De metafoor heeft een normatieve betekenis die wordt aangewend om iets te versterken of te verzwakken. Werpt de metafoor 'compacte stad' een ouderwetse buffer op tegen het uitdijende stedelijke veld, of valt de ontluikende 'tussenstad' juist binnen de definitie van het compacte ideaal? Wordt compactheid benut in een strategie van nieuwe gedecentraliseerde verdichtingen? Of wordt de compactheid toegelegd op de netwerkkwaliteit van de hele stedelijke regio? Wordt het begrip benut voor de accommodatie van specifieke knooppunten van verhoogde maatschappelijke interactie? Deze vragen zijn niet retorisch, want thans worden er alle soorten van antwoorden op gegeven. Het is dus zaak – zeker in het nationale ruimtelijke beleid – om de verschillende posities expliciet kenbaar te maken. Hier kan de ruimtelijke analyse van de compacte stad operationeel gemaakt worden door precieze schaalniveaus te onderscheiden. Het gaat bij beleidsontwikkeling echter niet alleen om de ruimtelijke schaal maar ook om de maatschappelijke inbedding en institutionalisering van verschillende configuraties. Daarom stel ik voor verschillende sociaalruimtelijke configuraties te onderscheiden, i.c.:
-de stedelijke centrumgemeente;
-de stedelijke agglomeratie;
-de stedelijke conurbatie;
-de metropool.

De stedelijke centrumgemeente

Het compactestadbeleid is aanvankelijk begonnen op het niveau van de grote stedelijke centrumgemeente. Hier werd gepleit voor een compact programma, in eerste instantie vooral met het oog op het draagvlak van stedelijke voorzieningen. Later kwamen hier – zoals gezegd – andere argumenten bij zoals milieubeleid en bereikbaarheid. Het compactestadbeleid voor de stedelijke centrumgemeenten wordt herhaaldelijk van nieuwe impulsen voorzien, zoals nog onlangs in de Randstadnota toen de stevige projecties voor woningbouw van de centrale gemeenten door het Rijk werden overgenomen. Toch is hier – ruimtelijk gezien – sprake van een historische categorie. In alle grote steden worden de gebiedsgrenzen van de centrumgemeente met omliggende gemeenten ruimschoots overschreden, vaak zelfs ongemerkt, en hierdoor lijkt deze onderscheiding steeds kunstmatiger te worden. Maar wanneer men kijkt naar de maatschappelijke inbedding en institutionalisering kan men de stedelijke centrumgemeente beter niet overslaan. Deze configuratie van 'de stad' is namelijk nog steeds het meest geïnstitutionaliseerd, niet alleen bestuurlijk maar vooral ook sociaal en politiek. De identificatie met de stad (als grote centrumgemeente) staat gebeiteld in de voorhoofden van bewoners en politici in stedelijke regio's. Bovendien is het van alle vier stedelijke configuraties nog altijd het niveau waarop de meeste beleidsmacht is georganiseerd, ook in de richting van het rijksbeleid. Kortom, de ruimtelijke betekenis van de stedelijke centrumgemeente is zwak maar de institutionele betekenis is nog altijd zeer sterk.

De stedelijke agglomeratie

De stedelijke agglomeratie bestaat uit de centrumstad en een aantal omliggende kernen in de voorstedelijke omgeving (het ouderwetse stadsgewest). Ook is er agglomeratievorming van enige middelgrote en kleinere steden, zoals de Drechtsteden, Leiden/Voorschoten/Leiderdorp/Oegstgeest/Warmond etc., maar ik concentreer me op de grootstedelijke agglomeraties. De grootstedelijke agglomera-

projections for residential building by the central municipalities were adopted by national government. Yet from a spatial planning perspective, this category is historical in nature. In all the major cities, the boundaries between the central municipality and surrounding municipalities have been substantially transgressed – a fact which has often gone entirely unnoticed. That makes these boundaries seem increasingly artificial. Yet when we turn to social embedding and institutionalization, it would be unwise to dispense with the category of the urban central municipality. This configuration of the city still has the strongest institutional basis, in not only administrative but also social and political terms. Identification with the city (seen as a large central municipality) is a deeply ingrained habit for residents and politicians in urban regions. Furthermore, out of the four urban configurations, the central municipality is still the level on which the most intense policy efforts are focused (on the part of both central government and other authorities). In short, the spatial significance of the urban central municipality is weak, but its institutional significance is still very strong.

The urban agglomeration

The urban agglomeration consists of the central city and a number of surrounding suburban centres (and is thus equivalent to the earlier concept of a *stadsgewest*, or urban region). Agglomerations are also forming around some groups of small and medium-sized cities, such as the Drechtsteden and Leiden/Voorschoten/Leiderdorp/ Oegstgeest/Warmond, but I will focus on the agglomerations around the major cities. Another term for such agglomerations might be the 'daily urban system', the level at which the labour and housing markets are organized and at which by far the most commuting takes place. Much of the city's pattern of activity (including links to external networks) is carried out at the level of this urban configuration. Accordingly, it is unsurprising that many of the policy ambitions for the compact city are pursued at this scale – in particular, urban expansion in and near the central municipalities. The agglomerations have a multipolar structure, but (at least in the western Netherlands) they are not egalitarian urban networks: the central municipality remains highly dominant. Outside the central city, these urban agglomerations include smaller cities, towns, and villages, as well as extensive new housing developments and specialized economic activities, such as business parks and speciality shops. The characteristic diversity of urban environments is often tempered in this new urban setting, and often a single function predominates (particularly housing). The institutionalization of urban agglomeration policy is often a matter of administrative and political consultation between municipalities; only a small fraction of civil-society organizations are active at this level. Policy is made through cooperation between municipal authorities. The unequal status of municipalities led to many conflicts in times when social redistribution was a high political priority. But now municipalities are working together effectively to carry out a new development agenda, designed to bolster the external competitiveness of the urban agglomeration. Furthermore, at the level of the urban agglomeration, a strong relationship with national government has slowly taken shape. In short, urban agglomerations play a major role in spatial planning, and they are developing strong institutional ties (at least within the public sector).

The conurbation

The term 'conurbation' refers to the merging and overlapping of multiple urban agglomerations. In the Randstad, it applies to the northern and southern wings (*Noordvleugel* and *Zuidvleugel*). The level of the conurbation has not been strongly institutionalized in administrative terms, and still less in the social and political perceptions of citizens and civil society. In terms of the actual use of space, however, it is a configuration of growing importance. As the boundaries of the

tie is het 'dagelijks stadsgewest': het niveau waarop arbeidsmarkt en woningmarkt zijn georganiseerd en waarop zich veruit de meeste woon-werkverplaatsingen voltrekken. Een groot deel van het activiteitenpatroon van de stad (inclusief de verknopingen met externe netwerken) voltrekt zich op het niveau van deze stedelijke configuratie. Het is dan ook niet verwonderlijk dat een flink deel van de beleidsaspiraties van compacte stedelijkheid op dit schaalniveau wordt nagestreefd. Het gaat vooral om uitbreiding van de stad in en in de directe nabijheid van de centrale stadsgemeenten. De agglomeraties kenmerken zich door een structuur met meerdere centra maar het zijn in West-Nederland geen nevengeschikte netwerken van stedelijkheid: de centrale centrumgemeente is nog altijd zeer dominant. Buiten de centrumstad treft men in deze stedelijke agglomeraties kleinere steden en dorpen en ook de uitgestrekte nieuwe woongebieden en de gespecialiseerde economische functies zoals kantoorparken, gespecialiseerde winkels, etc. De kenmerkende diversiteit van stedelijke milieus staat in de nieuwe stedelijke omgeving vaak nog op een laag pitje, vaak overheerst nog een specifieke functie (vooral wonen). De institutionalisering van stedelijk agglomeratiebeleid is veelal nog een zaak van ambtelijk en politiek overleg tussen gemeenten, slechts een klein deel van de maatschappelijke organisaties manifesteert zich op dit niveau. Beleid komt tot stand op basis van een samenwerking tussen gemeenten. De ongelijke positie van gemeenten leidde tot veel conflict in tijden van een sociale herverdelingsagenda. Maar inmiddels wordt goede samenwerking bereikt over een nieuwe ontwikkelingsagenda die de externe concurrentiekracht van de stedelijke agglomeratie moet ondersteunen. Op stedelijk agglomeratief niveau is langzamerhand ook een stevige relatie met de rijksoverheid gegroeid. Kortom, de ruimtelijke betekenis van de stedelijke agglomeraties is sterk en dat geldt ook voor de opkomende institutionele relaties (althans binnen de publieke sector).

De stedelijke conurbatie

Met de aanduiding stedelijke conurbatie wordt de samenklontering en overlapping van verschillende stedelijke agglomeraties bedoeld. In de Randstad betreft het de typische noord- en zuidvleugelconfiguraties. De stedelijke conurbatie is niet sterk geïnstitutionaliseerd, niet bestuurlijk en nog minder in de sociale en politieke identificatie van burgers en sociale organisaties. In het feitelijk gebruik van de ruimte is het echter wel degelijk een configuratie van toenemende betekenis. De grenzen van de agglomeratieve arbeids- en woningmarkten worden namelijk fluïde. Er ontstaan ketens van verstedelijking. Vooral op instigatie van de provincies zijn in de laatste vijftien jaar wel initiatieven genomen om een beleidsagenda op dit schaalniveau te formuleren, zoals de ontwikkeling van een meerzijdige verkeers- en vervoersinfrastructuur die in het tussengelegen gebied op verschillende stedelijke agglomeraties kan worden aangesloten, en recreatie- en landschapsprogramma's die verschillende agglomeraties met elkaar kunnen verbinden. Dit sluit aan op ontwikkelingen in de markt van het ruimtegebruik. De bewoners van de Rotterdamse Vinexlocaties oriënteren zich niet alleen op de Rotterdamse maar ook de Haagse arbeids- en woningmarkten, en andersom. De bewoners van Leiden trekken al enige tijd naar Den Haag en naar Amsterdam, die van Almere naar Amsterdam en Utrecht, die van Leidsche Rijn naar Utrecht en Amsterdam. Op de markt van het ruimtegebruik tekenen zich hier geleidelijk herkenbare patronen af waarbij echter de instituties achterlopen. Provincies blijken in de verstedelijkte delen van het land niet altijd de machtigste beleidsactoren te zijn. De relatie met het Rijk is op dit niveau van stedelijke conurbatie het minst uitgekristalliseerd, en het Rijk zelf neemt er niet veel initiatief. Overigens zijn wel enige doorbraken gesignaleerd, zoals Randstadrail. Na een jarenlange patstelling tussen de metrostad Rotterdam en de tramstad Den Haag is Randstadrail gerealiseerd als een regionaal

agglomerative labour and housing markets grow more fluid, chains of urbanization are forming. Over the last fifteen years, several initiatives have been launched – mainly at the instigation of the provinces – to develop a policy agenda for this level of organization: for example, the creation of a multipolar transport infrastructure in an in-between area, linking two or more urban agglomerations, or recreation and nature programmes with the potential to connect different agglomerations. This is consistent with developments in the market for the use of space. The inhabitants of the Vinex districts around Rotterdam and The Hague are oriented toward the labour and housing markets in both agglomerations. For some time, Leiden residents have been commuting to both The Hague and Amsterdam, Almere residents to both Amsterdam and Utrecht, and inhabitants of Leidsche Rijn to both Utrecht and Amsterdam. Patterns in the market for the use of space are gradually becoming distinct, though institutions are lagging behind this trend. In the urbanized parts of the country, provinces are not always the most influential policy actors. At the level of the conurbation, relations between provincial and national authorities are still relatively inchoate, and national government is not showing a great deal of initiative. There have been a few breakthroughs, however, such as RandstadRail. After years of stalemate between Rotterdam with its metro system and The Hague with its trams, RandstadRail was developed as a regional form of public transport, offering a great deal of scope for a varied supplementary spatial programme at the intermediate hubs. But in general, the potential for a compact city approach within regional urban network structures has not been fully realized. In short, the spatial significance of the urban conurbation is increasing, but its institutional significance is still very slight.

The metropolis

In theory, the metropolis includes the entire urban system of the Randstad, but for the time being it remains difficult to identify any coherent urban system (let alone a compact one) at this level. Much lip service is paid to the metropolis, but this mega-urban system remains little-used (in terms of the labour market, the housing market, and movement of persons) and under-institutionalized. Many commentators have been enthusiastic about new high-speed railway connections (at both the metropolitan and the inter-regional level). Yet the real-world impact of such connections on the movement of persons within the Randstad remains to be seen. The major issues for the metropolis relate to water, the natural environment, and landscape quality – policy areas in which it is difficult for urban central municipalities to take a leading role. In short, as an urban system, the metropolis is both spatially and institutionally weak.

The institutional policy dilemma of the compact city

Against this background, we might ask which urban configuration is best suited to the metaphor of the compact city. This is an interesting and complex question that has received different answers over time, and which poses a major dilemma in the current period of urban transformation. The crucial dilemma is whether national compact city policy should continue to focus on the central city and its urban agglomeration, or should shift its emphasis to urban networks at the level of the conurbation. The fundamental difference between these two options is not one of scale but of the spatial structure envisaged. In the former case, the new urban areas (residential or otherwise) in the urban agglomeration are attached unidirectionally to a dominant central city, while in the latter case, new spatial conditions are created at the network level, so that the new hubs in a regional network can be connected in multiple directions to the system as a whole. The national authorities should adopt a clear position on this issue, but they generally seem to take refuge behind policy priorities set at lower levels. This creates a serious

openbaarvervoersconcept. Dit vervoersconcept biedt veel kansen voor een aanvullend en gevarieerd ruimtelijk programma op de tussengelegen knooppunten. De mogelijkheden om stedelijke compactheid in een regionaal-stedelijke netwerkstructuur te benutten zijn vooralsnog echter niet optimaal benut. Kortom, de ruimtelijke betekenis van de stedelijke conurbatie neemt toe maar de institutionele betekenis is nog zeer zwak.

De metropool

De metropool zou het complete stedelijke systeem van de Randstad moeten beslaan, maar vooralsnog kost het moeite om dit niveau als een samenhangend stedelijk systeem te onderscheiden, laat staan als een compact stedelijk systeem. Er wordt wel veel lippendienst aan de metropool bewezen. Maar het daadwerkelijk gebruik van dit megastedelijke systeem is nog gering (qua arbeidsmarkt, woningmarkt, verplaatsingen) en dat geldt ook voor de institutionalisering ervan. In de literatuur wordt veel verwacht van nieuwe snelle spoorverbindingen (ook op interregionaal schaalniveau trouwens) maar de feitelijke impact hiervan in het geheel van verplaatsingen binnen de Randstad moet nog worden afgewacht. De belangrijkste agenda voor de metropool ligt op het gebied van water, ecologie en landschappelijke kwaliteit, zaken waarvoor de stedelijke centrumgemeenten moeilijk als animatoren kunnen worden aangemerkt. Kortom, als stedelijk systeem is de metropool zowel ruimtelijk als institutioneel zwak.

Institutionele beleidsdilemma van de compacte stad

Tegen deze achtergrond rijst de vraag op welke stedelijke configuratie de metafoor van de compacte stad wordt toegesneden? Dat is een interessante en ingewikkelde vraag die in de loop van de tijd verschillend is ingevuld[1] en in de huidige periode van stedelijke transformatie ook een groot dilemma oproept. Cruciaal is het dilemma of het rijksbeleid

vasthoudt aan het rondom de centrumstad gecentreerde compactestadbeleid op het niveau van de stadsagglomeratie, ofwel dat men kiest voor een patroon van stedelijke netwerken op het niveau van stedelijke conurbatie. Het wezenlijke verschil tussen deze twee opties is niet het schaalniveau maar de beoogde ruimtelijke structuur. In het eerste geval worden de nieuwe stedelijke (woon)gebieden in de stedelijke agglomeratie eenzijdig aangehaakt aan één dominante centrumstad, in het tweede geval worden nieuwe ruimtelijke condities op netwerkniveau gerealiseerd waardoor de nieuwe knooppunten in een regionaal netwerk in meerdere richtingen met het totale systeem worden verbonden. Het Rijk zou in dit dilemma een sterke eigen positie moeten innemen maar lijkt zich vooral te verschuilen achter de beleidsprioriteiten die op de lagere niveaus worden gesteld. En precies hier doemt zich dan ook een belangrijk probleem op. Want de centrale positie van de grote stedelijke gemeenten is zeer sterk geïnstitutionaliseerd. In mijn onderzoek hanteer ik dan ook al een aantal jaren een samenstel van hypothesen die ik jammer genoeg nog niet zo vaak heb kunnen ontkrachten. De centrale hypothese luidt als volgt:
De grote stedelijke centrumgemeenten nemen een behoudende rol in de transformatie van eenzijdig centrumstedelijk beleid en stedelijk agglomeratiebeleid naar een beleid dat is gericht op meerzijdige stedelijke netwerkkwaliteit op het niveau van stedelijke conurbatie.
Dit is misschien wat krampachtig geformuleerd maar er ligt een aantal verwachtingen onder die de centrale hypothese kunnen verduidelijken:
- de grote centrumgemeenten neigen naar compact stedelijk beleid binnen hun gemeente en in directe aansluiting hierop binnen de stedelijke agglomeratie (vanwege draagvlak voor voorzieningen, inkomstenpatroon, concurrentiepositie, etc.);
- de grote centrumgemeenten vormen de voormacht in de beleidsvorming van de stedelijke agglomeratie;

problem, because the central position of the larger urban municipalities is very strongly institutionalized. For the past few years, my own research has been based on a set of hypotheses for which, unfortunately, I have rarely found countervailing evidence. The central hypothesis is this:
The major urban central municipalities play a conservative role in the shift from a unipolar central city policy and urban agglomeration policy to a policy aimed at multipolar urban network quality at the level of the conurbation.
This may be a somewhat condensed statement of the problem, but there are a number of underlying expectations that should help to clarify it:
- the major central municipalities tend to favour a compact city policy within their own municipal limits and the direct extension of this policy to the urban agglomeration (because of the basis it provides for facilities and services, the pattern of revenue, competitiveness, etc.);
- the major central municipalities wield the greatest influence in policymaking networks for urban agglomerations;
- although the actual behaviour of market actors is to cross the borders of urban agglomerations with growing frequency, no strong policymaking alliance has yet emerged to deal with these urgent spatial issues at the level of the conurbation;
- within the public sector, the provincial authorities have repeatedly developed policy ideas at the conurbation level, but in the urbanized parts of the country they are not in a position to pursue these plans in the face of opposition from the major central municipalities, nor are civil society organizations insisting on policy solutions at this level;
- because the major central municipalities influence national policymaking on urbanization (and their influence is sometimes reinforced through political party channels), it is extremely difficult for national authorities to abandon a compact agglom-

eration policy centred on the major central cities.

These hypotheses still very much reflect the current political climate, especially in the northern Randstad. In the southern wing of the Randstad, interesting initial steps have been taken toward a regional network city, and their effects are becoming visible in new operational initiatives. The most striking thing about the southern Randstad is that recently the two major central municipalities (Rotterdam and The Hague) have begun developing a joint policy agenda. If this initiative moves forward, it will be a truly innovative step, given that in the past it was the central cities which, at critical junctures, were unenthusiastic about devoting real energy to regional urban networks (at conurbation level). The new agenda in The Hague and Rotterdam is mainly symbolic (with initiatives such as a two-city marathon and changing the name of Rotterdam Airport to Rotterdam The Hague Airport), but it can grow, if there is sufficient social and political will.

Nonetheless, these first swallows do not make a summer. The current compact city policy is still dominated by the central municipalities and the agglomerations that immediately surround them. Without exception, when the municipal executives of the four major cities propose the growth and densification of the centre city environment, their wishes are granted. In some of these major cities, however, the wisdom of this approach is highly questionable. Plans for new housing for the coming twenty years – up to 70,000 new dwellings in Amsterdam and 30,000 in The Hague – are not very realistic, considering that they have to be carried out in a compact, built-up environment, and there is a very high risk of controversy. For a number of years, the municipality of Amsterdam was not even able to achieve much more modest growth targets. The Hague was more successful, thanks to the large-scale construction of Vinex districts, but like Amsterdam, it is now running up against growing resistance to densification in the central city environ-

- hoewel de feitelijke gedragingen van marktgebruikers steeds meer de grenzen van de stedelijke agglomeraties overschrijden heeft zich voor de urgente ruimtelijke vraagstukken op het niveau van de stedelijke conurbatie nog geen sterke beleidsalliantie ontwikkeld;
- binnen de publieke sector hebben de provincies wel herhaaldelijk beleidsconcepten voor stedelijke conurbatie ontwikkeld maar zij verkeren (in de verstedelijkte delen van het land) niet in de positie om dit tegen de wil van de grote centrumgemeenten door te zetten. Ook maatschappelijke organisaties maken zich niet hard voor beleidsoplossingen op dit niveau;
- de invloed van de grote centrumgemeenten strekt zich uit over de totstandkoming van het rijksbeleid inzake de verstedelijking (in sommige gevallen versterkt via partijlijnen), waardoor ook het Rijk uiterst moeizaam loskomt van het compacteagglomeratiebeleid dat is gecentreerd rond de grote centrumstad.

In het huidige politieke klimaat zijn deze hypothesen nog altijd zeer realistisch, vooral in Randstad Noord. In het zuidelijke deel van de Randstad zijn al wel enige interessante bewegingen gemaakt in de richting van een regionale netwerkstad en dit begint nu ook door te werken in nieuwe operationele initiatieven. Het meest opmerkelijke in Randstad Zuid is dat recentelijk de twee grote centrumgemeenten (Rotterdam en Den Haag) elkaar benaderen om een gemeenschappelijke beleidsagenda te formuleren. Als dit initiatief doorzet is er echt sprake van beleidsvernieuwing, aangezien tot dusverre voor een daadwerkelijke aanpak van regionaal-stedelijke netwerken juist bij de centrale stadsgemeenten op de beslissende momenten weinig animo bleek te bestaan. De nieuwe agenda van Den Haag en Rotterdam is vooralsnog symbolisch (Airport Rotterdam Den Haag, marathon Hofplein Hofstad, e.d.) maar kan doorgroeien als daarvoor de sociale en politieke animo bestaat.

Niettemin maken eerste zwaluwen nog geen zomer. Dominant in het huidige compactestadbeleid is nog altijd de focus op de centrale stadsgemeenten en hun direct omringende agglomeraties. De wethouders van de vier grote steden zien hun claims voor groei en verdichting van het centrumstedelijk milieu zonder uitzondering gehonoreerd. In sommige steden wekt dat bevreemding. Woningbouwprogramma's oplopend tot 70.000 nieuwe woningen in de gemeente Amsterdam en 30.000 in de gemeente Den Haag tot 2020 zijn niet erg realistisch omdat ze in een compact bebouwde omgeving moeten worden ingepast. De kans op controverses is hier wel zeer groot. De gemeente Amsterdam haalde over een reeks van jaren veel lagere groeiambities niet, Den Haag was vanwege het grote Vinexaandeel meer succesvol, maar ondervindt nu in het centrumstedelijke milieu ook steeds meer weerstand om die verdichting te realiseren. Ook los van de huidige crisis zijn dit wel erg optimistische projecties. Voor steden als Rotterdam en Almere ligt dit anders. Weliswaar is de markt hier minder gunstig, maar de uitgesproken extensieve stedelijke kenmerken bieden hier veel meer mogelijkheden voor verhoogde inzet van compacte programma's dan in Amsterdam en Den Haag. Kortom, men mag van het nationale compactestedenbeleid op zijn minst ook veel meer differentiatie van het Rijk verlangen. De kwaliteitsagenda van het Rijk zou duidelijk onderscheid moeten maken tussen gemeenten die door een compact programma binnen hun grondgebied aan aantrekkelijkheid kunnen winnen en intensief bebouwde steden waar dezelfde strategie juist tot vermindering van beleidsacceptatie en omgevingskwaliteit kan leiden.

Ook met betrekking tot de configuratie van stedelijke agglomeratie wordt het compactheidsmotief onverminderd voortgezet. Het agglomeratiebeleid is gecentreerd rondom de centrumsteden, liefst zo nauw mogelijk aansluitend op de stedelijke centrumgemeente. De Vinexnota koos voor compacte ter-

ment. Even putting the current crisis to one side, the projections are extremely optimistic. Cities such as Rotterdam and Almere are in a different position. Though the market there may be less favourable, the more thinly dispersed nature of these cities offers much greater scope than in Amsterdam and The Hague for new compact city programmes. In short, the least we can demand from national compact city policy is a much higher degree of differentiation. The national quality agenda should draw a clear distinction between municipalities that can become more attractive though compact city programmes, and densely built-up cities where the same strategy would meet with resistance and reduce the quality of the living environment.

The theme of compact development also carries over, with equal force, to the level of the urban agglomeration. The policy is for agglomeration to be concentrated around the central cities, as closely contiguous with them as possible. The Vinex policy involved compact territorial expansion of cities, and in quantitative terms it was surprisingly successful: the projected numbers of housing units on Vinex estates were constructed. There were, however, some qualitative disadvantages to this compact territorial expansion policy. Even though the Vinex objectives were based in part on environmental factors, their environmental impact was often especially disappointing. Vinex estates are often relatively difficult to access on public transport; public transport connections have often been installed fairly late; and they are often unidirectional tram or metro connections to the central municipality. The people who live on Vinex estates often have a difficult commute to their workplaces. These residential nodes often fall far short of their potential for multidirectional accessibility and urban character. Moreover, the monofunctional nature of these large new residential areas actually leads to many additional journeys. The disappointing results of Vinex have taught us that it is better to enhance network quality in existing urban and transport corridors and to reflect carefully on the possibilities at a larger scale (incidentally, this approach was also advocated by pre-Vinex policy memoranda such as *Parkstad tussen Hof en Haven* ['Park City between the Royal Seat and Port'; 1988]). That lesson seems to have had a brief impact in the period leading up to the Fifth Policy Document, but it has not been applied consistently. In the northern Randstad, the new Amsterdam Metropolitan Region was christened with great fanfare, though this so-called region is in fact no more than an agglomeration. The conurbation-level network potential of the urban corridors extending from Amsterdam to Utrecht and Leiden have been systematically disregarded (policymakers have even ignored the Utrechtse Boog, a direct, high-speed rail connection between Schiphol Airport and Utrecht that circumvents Amsterdam). And the ultimate compact agglomeration has been declared to be the 'twin cities' of Amsterdam and Almere, within the Amsterdam 'region'. Yet this vision of a compact agglomeration spanning the IJmeer takes little account of the network qualities at conurbation level (multipolar relationships with North Holland, Amsterdam, Utrecht, Amersfoort, and Zwolle). It barely generates any economic potential in the commuter town of Almere and provides much too little added transport value in return for a large investment in infrastructure. National government is not inclined to invest in this vision up front, yet it has approved the underlying urbanization concept, thus exacerbating the local impasse rather than fuelling urban revitalization through multipolar network quality.

In the southern Randstad, too, the Vinex estates were designed as extensions of the central cities (unipolar residential nodes, with tram or metro connections in one direction only, namely with the central municipality, generating a great deal of automobile traffic) but in this case, the potential for compact urban development had already been explored at the level of the conurbation (in earlier attempts such as the above-mentioned Parkstad initiative and an interprovincial urbaniza-

ritoriale uitbreiding van steden, die kwantitatief gezien verrassend goed is gerealiseerd. De geraamde aantallen woningen in Vinexlocaties zijn gehaald. Vanuit kwalitatief oogpunt kleven wel enige nadelen aan dit compacte territoriale uitbreidingsbeleid. Ondanks het gronden van Vinexdoelstellingen aan milieuoverwegingen vallen de resultaten juist in dit opzicht vaak tegen. De bereikbaarheid voor publiek transport valt juist in deze gebieden vaak tegen, zij kwam doorgaans laat op gang en dan ook nog via eenzijdige ophanging van tram- of metrolijn aan de centrumgemeente. Hiermee worden de werkgebieden slecht bereikt. De meerzijdige bereikbaarheid en stedelijke potentie van deze woonlobben valt vaak tegen. Ook worden door het mono-functionele karakter van de uitgestrekte nieuwe woonwijken veel eenzijdige verplaatsingen opgeroepen. De tegenvallende uitkomsten van de Vinexnota hebben de lessen opgeleverd dat het beter is om de netwerkkwaliteiten juist in bestaande corridors van verstedelijking en vervoer verder uit te baten en de potenties op ruimere schaal te doordenken (dit is overigens al bepleit in oudere beleidsnoties zoals *Parkstad van hof tot haven* (daterend van 1988, nog voor uitvoering van de Vinexnota). Die leerervaring leek even benut te worden in de aanzet van de Vijfde Nota maar wordt toch niet consequent doorgezet. In Randstad Noord werd wel met veel bravoure een nieuwe Metropool Regio Amsterdam uitgeroepen, maar deze oversteeg niet eens het niveau van de agglomeratie. De potenties van de conurbatieve netwerkkwaliteiten op de stedelijke corridors naar Utrecht en Leiden blijven hier systematisch buiten beeld (zelfs de Utrechtse boog wordt genegeerd) en het pièce de resistance van de compacte agglomeratie wordt nu binnen de eigen agglomeratie uitgeroepen in de dubbelstad Amsterdam-Almere. De schaalsprong over het IJmeer is echter weinig doordacht vanuit de netwerkkwaliteiten op het niveau van de conurbatie (meerzijdige relaties naar Noord-Holland, Amsterdam, Utrecht, Amersfoort, Zwolle). Zij genereert nauwelijks economische potentie in de woonstad Almere en levert voor de hoge investering in infrastructuur veel te weinig toegevoegde vervoerswaarde. Het Rijk is voorshands niet geneigd om de investering voor zijn rekening te nemen maar heeft niettemin het onderliggende verstedelijkingsconcept wel gehonoreerd, daarmee de lokale patstelling versterkend in plaats van gas te geven aan stedelijke vernieuwing via meerzijdige netwerkkwaliteit.

Ook in Randstad Zuid werden de Vinexlocaties als uitbreidingsgebieden van de centrumsteden geprojecteerd (eenzijdige woonlobben, met tram of metro eenzijdig opgehangen aan de stedelijke centrumgemeente, veel autoverkeer genererend), maar hier wordt de potentie van compacte verstedelijking inmiddels wel verkend op het niveau van stedelijke conurbatie (ik memoreerde al de oudere pogingen, zoals Parkstad en de IPVR in 1990 die juist de gehele binnenflank centraal stelde, inclusief de corridors Dordrecht-Rotterdam, Den Haag-Leiden-Amsterdam-Utrecht). Momenteel worden de eerste voorzichtige doorbraken manifest in operationele beleidsinitiatieven, zoals Randstadrail, Stedenbaan, RijnGouwelijn. Randstadrail is een treffend voorbeeld. Het voert de metro van Rotterdam via de Vinexwijken naar Den Haag (en andersom), de Haagse tram naar Zoetermeer (en naar de TU Delft), en – althans in de planlijn – een vrije busbaan tussen Zoetermeer en Rotterdam. Randstadrail verbindt de tussengelegen Vinexlocaties met twee centrumsteden; sommige nieuwe knooppunten (zoals Leidschenveen, BleiZo) worden zelfs meerzijdig en multimodaal bereikbaar op conurbatieniveau. Het is geen optimaal regionaal vervoersmodel maar wel een vervoersdoorbraak met grote potentie voor compacte verstedelijking met gedifferentieerde stedelijke milieus op nieuwe knooppunten (een potentie kortom die nog veel nieuwe uitdagingen biedt voor aanvullend verstedelijkingsbeleid). Randstadrail heeft een zeer langdurig traject van voorbereiding

tion strategy for the Randstad (IPVR; 1990) that focused on a large 'inner flank' including two major transport corridors: Dordrecht-Rotterdam and The Hague-Leiden-Amsterdam-Utrecht. The first tentative breakthroughs are now visible in operational policy initiatives such as RandstadRail, Stedenbaan, and the RijnGouwelijn. RandstadRail is a striking example. This network extends the Rotterdam metro system all the way to The Hague via the intervening Vinex estates, extends the tram system in The Hague to Zoetermeer (and Delft University of Technology), and (if all goes as planned) will eventually include a dedicated bus lane between Zoetermeer and Rotterdam. RandstadRail links the Vinex estates between The Hague and Rotterdam with those two central cities; some new transport hubs (such as Leidschenveen and Bleizo) are even accessible from multiple directions by multiple modes of transport at conurbation level. It is not the best regional transport model imaginable, but it is a transport breakthrough with great potential for compact urban development of differentiated urban settings at the new hubs (potential, it should be added, which creates many new challenges for further urban development policy). RandstadRail went through a very long preparatory period, with deadlock between the metro city, the tram city, the provincial authorities, and so on, but now that it is partly operational, swift progress is being made.

A new agenda has emerged for reflection on spatial potential at the level of the regional network city. This agenda adds an entirely new dimension to the compact city concept. It does not relate solely to the potential of new urban hubs in accessibility networks, since a city is more than just a functional system of hubs and networks (though such a system is crucially important). It also relates to the diversity of social and economic settings, and the challenge, amid the growing urbanization of the landscape, of developing new combinations of cityscapes.

Conclusion

For the compact city policy, the qualitative leap from the level of central cities and the urban agglomerations surrounding them to the level of the regional network city will not take place automatically. Well-established standards and power structures will have to be overcome. It is by no means certain that the local actors responsible for urbanization policy will be able to make that leap on their own. Sadly, one can observe that the major central municipalities – which have the strongest institutional basis, in both public perceptions of the city and all sorts of power relations – have so far shown the least interest in making the qualitative leap to a new mode of urban organization. Even in the case of RandstadRail, there was a long stalemate, which was only broken when the central municipalities and their agglomerations were allowed to implement the components of the new network as extensions of their own municipal transit lines.

Conurbations are complex policy arenas with many parties and many different interests. The market for the use of space (actual movements of people and businesses) is always the first place to look for signs of new urban configurations. Established social and political actors are not generally at the forefront of the transition. National government could encourage this process and accelerate the halting transformation of urban patterns of thought and action. What is most important is for national authorities to take responsibility for promoting new spatial structures on their own initiative, when such structures cannot count on the support of other established social and political institutions. The regional network city is a fragile policy innovation that has been on the horizon now for more than twenty years, but it has never had really had the chance to establish itself fully. German examples, such as IBA and 'die Regionalen', show that supralocal public authorities truly can take steps to promote new policies in this area without seizing control of the entire

gehad (patstelling tussen metrostad, tramstad, provincie, etc.) maar is – eenmaal in operationeel vaarwater – voortvarend gerealiseerd.

Voor de doordenking van ruimtelijke perspectieven op het niveau van de regionale netwerkstad is inmiddels een nieuwe agenda gegroeid die een volstrekt andere dimensie aan het concept van de compacte stad geeft. Het gaat niet alleen om de potenties van nieuwe stedelijke knooppunten in netwerken van bereikbaarheid, een stad is immers meer dan een functioneel systeem van knooppunten en netwerken, ook al is dit een belangrijke conditie. Het gaat ook om de verscheidenheid van sociale en economische milieus en om de uitdaging in de groeiende verstedelijking van het landschap nieuwe combinaties van stedelijke landschappen te ontwikkelen.

Conclusie

De kwaliteitssprong van het compactestadbeleid op het niveau van centrumgemeenten en stedelijke agglomeraties rondom de centrumstad naar het niveau van de regionale netwerkstad vindt niet automatisch plaats, maar moet de ingeburgerde normen en machtssferen trotseren. Het is dan ook allerminst vanzelfsprekend dat de lokale actoren die verantwoordelijk zijn voor het verstedelijkingsbeleid zelf die sprong kunnen maken. Het is welhaast cynisch te moeten vaststellen dat de grote centrumgemeenten wier positie het sterkst wordt geïnstitutionaliseerd – zowel door de beeldvorming van de stad bij de bevolking als in allerlei machtsrelaties – tot dusverre het minst tot deze kwaliteitssprong van stedelijkheid geneigd blijken te zijn. Zelfs in het voorbeeld van Randstadrail werd de langdurige patstelling pas doorbroken toen de centrumgemeenten en hun agglomeraties de afgezonderde onderdelen van Randstadrail als expansie van hun eigen lijn konden uitvoeren.

Stedelijke conurbaties zijn complexe beleidsarena's met veel partijen en verschillende belangen. In de markt van het ruimtegebruik (de feitelijke verplaatsingen en vestigingen) worden altijd de eerste openingen gezocht naar nieuwe configuraties van stedelijkheid. Maar de gevestigde sociale en politieke posities lopen niet voorop in de transitie. Het Rijk zou hierin een stimulerende rol kunnen nemen en de aarzelende vernieuwing van stedelijke denk- en handelingspatronen kunnen versnellen. Van belang is vooral dat het Rijk vanuit een eigen verantwoordelijkheid ruimtelijke vernieuwingen stimuleert die nog niet op ondersteuning van gevestigde sociale en politieke instituties kunnen rekenen. De fragiele beleidsvernieuwing van de regionale netwerkstad dient zich inmiddels al twee volle decennia aan, maar heeft nog nooit echt kunnen doorzetten. Voorbeelden in Duitsland, zoals IBA en 'die Regionalen', laten zien dat hogere overheden in processen van beleidsvernieuwing wel degelijk een stimulerende rol kunnen nemen, zonder zichzelf de complete regie toe te eigenen. Het Rijk heeft zich sinds de Vijfde Nota echter juist terughoudend opgesteld en de ruimtelijke beleidskeuzen voor verstedelijking bij lagere overheden neergelegd. Het heeft zich hiermee dus ook neergelegd bij de patstellingen die op decentraal niveau bestaan. De centrumgemeenten en hun agglomeraties maken hun eigen afwegingen en dienen hun beleidsprioriteiten in bij het Rijk voor ondersteuning. Het model van beleidsdecentralisatie is voor sommige onderdelen zeer productief maar het Rijk dient telkens ook de eigen beleidsafweging te maken vanuit een eigen verantwoordelijkheid. Zeker als zich een systeemsprong in lokale verhoudingen aandient is het belangrijk normatief te conditioneren en de fragiele vernieuwingsprocessen te ondersteunen. Niemand verlangt terug naar overmatige bemoeizucht van het Rijk met stedelijke en regionale beleidsallocaties. Maar vernieuwend collectief handelen in de gefragmenteerde beleidsarena van de hedendaagse stad is met kordate aansporing door het Rijk beslist gediend.

process. Since the Fifth Policy Document, however, Dutch national authorities have remained quite detached, leaving decisions about urbanization entirely up to lower levels of government. In doing so, they effectively renounced any ambitions to overcome deadlock at the subnational level. The central municipalities and their agglomerations make their own decisions and turn to national government to support their policy priorities. The decentralization of policy has, in some respects, been a very productive model, but national authorities still have a responsibility to formulate policy positions of their own. When a systemic shift is approaching at the local level, it is especially important to establish the right standards and conditions and to support the fragile process of change. No one wishes to return to the days when national authorities played an overbearing role in local and regional policy decisions. But in the fragmented policy arena of the modern city, innovative collective action would certainly be easier with the resolute encouragement of national government.

1 The Second Policy Document on Spatial Planning focused on the level of the urban agglomeration, calling for compact development in both central cities and a number of scattered new subcentres: compact overspill towns (*groeikernen*), old cities targeted for expansion (*groeisteden*), and new cities. This policy of clustered dispersal (*gebundelde deconcentratie*) was intended to counteract the expected wave of suburbanization. The Third Policy Document likewise concentrated on the urban agglomeration, but the primary focus of compact development was the central cities. The document proposed the densification of the central cities and compact infill of nearby overspill towns. It took a selective approach toward economic growth, merging urban policy with the new environmental agenda. The Fourth Policy Document (Vino) left more room for economic growth and shifted the focus away from the compact city, but did emphasize the role of major transport nodes, referred to as 'mainports', in strengthening the international competitiveness of the Randstad. A supplemental policy document (Vinex), produced by the following government, returned to the subject of compact development. This influential document endorsed the concept of compact urban expansion, restricted as much as possible to central cities and their fringes. It is understandable that the central cities were arguing for this compact expansion model, because of the importance of maintaining competitiveness and retaining national funding (often linked to the number

of inhabitants), as well as for the environmental reasons being put forward by other parties. But the Vinex policy was not a network policy compatible with regional networks for public transport. Instead it called for extension districts, which were (eventually) furnished with unidirectional tram or metro connections to the nearest major central city, a much less impressive environmental outcome than had originally been envisaged. In contrast, the Fifth Policy Document placed the concept of compact development in the context of urban networks, but in an unexpected move, it projected these networks onto the very large scale of the metropolis as a whole. This document was supplemented by the following government with the Spatial Policy Document (*Nota Ruimte*), which is much less explicit about the role of national government and about urbanization policy and encourages lower levels of government to take more responsibility. This has led to a high degree of diversity from region to region. The recent policy document on the Randstad (*Randstadnota*) took up the theme of decentralization once again, but in combination with new elements of national policy in the compact-network spirit of the Fifth Policy Document. We may conclude that policy on the compact city has been subject to continual changes of emphasis, with occasional abrupt shifts to a new system.

1 De Tweede Nota Ruimtelijke Ordening concentreerde zich op het niveau van de stadsagglomeratie. Binnen deze stedelijke configuratie werd compactheid nagestreefd zowel in de centrumstad als in een aantal gespreide nieuwe subcentra (compacte groeikernen, groeisteden en nieuwe steden). De gebundelde deconcentratie moest tegenwicht geven aan de verwachte golf van suburbanisatie. De Derde Nota concentreerde zich eveneens op het niveau van de stedelijke agglomeratie, maar nu werd compactheid meer naar de centrumstad toegekeerd. De nota streefde naar compacte intensivering van de centrumstad zelf en naar compacte invulling van nabijgelegen groeikernen. De nota beoogde selectieve groei van de economie en combineerde het grotestadbeleid met de nieuwe milieuagenda. De Vierde Nota (Vino) zette de deur ruimer open voor groei van de economie. Wat betreft de compactheidsagenda koos deze nota een laag profiel, maar zette wel in op de dimensionering van knooppunten voor versterking van internationale concurrentiekracht van de Randstad (mainports). De afronding van deze nota door een nieuw kabinet (Vinex) stond weer wel in het teken van compactheid. De invloedrijke Vinexnota koos voor het concept van compacte stedelijke uitbreiding: zoveel mogelijk in de stedelijke centrumgemeenten en aan de rand hiervan. Het pleidooi van de stedelijke centrumgemeenten voor dit compacte uitbreidingsmodel is wel te begrijpen vanuit het belang van het behoud van concurrentiekracht en financiering (de inkomsten van rijkswege zijn veelal gekoppeld aan het aantal inwoners) en vanuit de milieuoverwegingen die ook uit andere richtingen werden aangevoerd. Het Vinexbeleid was echter niet een netwerkbeleid in overeenstemming met de regionale netwerken van openbaar vervoer. Veeleer was sprake van uitbreidingswijken die (na verloop van tijd) met tram- of metroverbinding eenzijdig werden aangehaakt aan de grote centrumstad, vanuit milieuoogpunt bepaald minder succesvol dan op voorhand beoogd. De Vijfde Nota begreep de notie van compactheid daarentegen wel in het raamwerk van stedelijke netwerken, maar projecteerde deze netwerken opeens op de zeer ruime schaal van de complete metropool. Deze nota werd in een nieuw kabinet afgerond met de Nota Ruimte die veel minder expliciet is over de positie van het Rijk en met betrekking tot het verstedelijkingsbeleid juist de eigen verantwoordelijkheid van lagere overheden koestert. Hierdoor is nu regionaal een zeer gedifferentieerd beeld ontstaan. De recente Randstadnota gaat door op het decentralisatiespoor, maar voegt hieraan wel nieuwe elementen van rijksbeleid toe in de geest van het 'compactheid in netwerken'-patroon van de Vijfde Nota. We concluderen dat beleid inzake de compacte stad steeds andere accenten krijgt en soms nogal abrupt van configuratie verspringt.

En verlos ons van het kwade...[1]

Over leefkwaliteit, compacte stedelijke ontwikkeling en de wankele fundamenten van beleid en regelgeving

And deliver us from evil...[1]
On quality of life, environmental health & hygiene, compact urban development, and the shaky foundations of policy and regulations

Gert de Roo

Introductie

De Nederlandse stedelijke planning verandert, en zichtbaar snel. Het is een buitengewoon interessant proces, dat ingrijpt op uiteenlopende onderdelen van planning. Het raakt verschillende planologische principes in de kern, en is met vele vragen omgeven. Ook is er een sterk veranderend beeld op stedelijke ontwikkeling. De ontwikkeling van steden wordt niet langer enkel en alleen door het ruimtelijke beleid bepaald. Er is oog voor de intrinsieke dynamiek van urbane regio's. Ook neemt de waardering voor 'autonome' processen toe. Het ruimtelijke beleid is mede hierdoor aan het verschuiven geraakt en wel 'van toelaten naar ontwikkelen'. Condities die beperkingen opleggen aan ruimtelijke ontwikkeling staan ter discussie.

In de compacte steden van Nederland is het doorgaans desondanks goed toeven. Het is vol van soci-

Introduction

Dutch urban planning is rapidly changing, and it is clearly visible. The process involved is extremely interesting; it impacts on diverse areas of planning, goes to the heart of several of its key principles, and is surrounded by numerous questions. In addition, urban development is acquiring a radically different image. It is no longer determined solely by top-down spatial planning. Local authorities like to take responsibility for urban development. And more and more people have an eye for the intrinsic dynamics of urban regions. There is also a growing appreciation for 'autonomous' processes. Partly as a result of this, spatial policy has started to shift, from 'allowing' to 'development'. In the Netherlands, conditions that impose constraints on spatial development are now being questioned. This includes restrictive conditions relating to environmental health and hygiene.

In spite of this, the compact cities of the Netherlands are generally pleasant places to live. They are dynamic and full of social interaction and challenges, governed by rules devised to promote a harmonious sense of community. But the rules dealing with the health and hygiene of our everyday surroundings are under strain. They are not always very effective, they have become complicated, they are not always interpreted correctly, and the rapid changes in urban planning have made them increasingly hard to enforce. That is unfortunate, since large sections of the population still frequently experience some form of nuisance in their immediate surroundings. The most recent changes in environmental policy are not easy to classify under a single heading. But there is one hopeful aspect to all this. It is people's growing desire for the quality of their physical environment, in the widest sense of the term. Could a complementary relationship be said to exist between compact urban *development* and the superior *quality* of the physical environment, with health and hygiene as an intrinsic value?

Tensions between separation and inter-relationship

To a large extent, the conditions for a healthy physical environment and good urban health are determined by what is broadly labelled 'environmental policy'. This is policy that is intended to shield us, up to a point, from undesirable nuisance and involuntary exposure to health hazards. In the Netherlands in the 1990s, the flourishing environmental policy was identified as the cause of what we have taken to calling the 'paradox of the compact city' (Bartelds and De Roo, 1995). There is a policy tension here between the spatial preference for urban functions to be combined as much as possible with the preference to keep functions separate in order to avoid any adverse impact on environmental health and hygiene.

Shifting spatial policy to a development-oriented perspective has not improved

ale interactie, dynamiek en uitdaging. En er zijn spelregels bedacht om het leven met elkaar aangenaam te houden. De spelregels die over de hygiëne gaan van onze dagelijkse leefomgeving staan echter onder druk. De spelregels zijn niet altijd even effectief, zijn ingewikkeld geworden, worden niet zonder meer goed begrepen, en kunnen in het licht van de snel veranderende stedelijke planning steeds minder een vuist maken. Dit is te betreuren, want nog steeds ondervinden grote groepen met regelmaat overlast van hun directe omgeving. De jongste veranderingen in het ruimtelijke beleid laten zich niet makkelijk onder een noemer plaatsen. Maar één aspect biedt hoop. Het gaat om de toenemende behoefte aan een goede kwaliteit van de leefomgeving, in de breedste zin van het woord. Kan het hier gaan om een complementaire relatie tussen compacte stedelijke ontwikkeling én een hoogwaardige kwaliteit van de leefomgeving, met hygiëne en gezondheid als intrinsieke waarden?

Spanningen tussen scheiden en verweven

De condities voor een gezonde leefomgeving en een goede stedelijke hygiëne worden grotendeels bepaald door wat we in Nederland het milieubeleid zijn gaan noemen. Dat is beleid dat ons tot op zekere hoogte moet vrijwaren van ongewenste hinder en niet vrijwillige blootstelling aan risico's op onze gezondheid. In de jaren negentig van de vorige eeuw is het bloeiende milieubeleid als de veroorzaker aangewezen van wat we de 'paradox van de compacte stad' (Bartelds & De Roo, 1995) zijn gaan noemen. Het gaat hier om een beleidsmatige spanningen tussen de ruimtelijke wens om stedelijke functies zo veel als mogelijk te verweven en de wenselijkheid functies van elkaar gescheiden te houden wanneer dit milieuhygiënisch tot schade kan leiden.

Het verschuiven van het ruimtelijke beleid naar een op ontwikkeling gericht perspectief heeft de relatie met het milieubeleid en de daaruit voortkomende milieuhygiënische condities niet verbeterd. Dit ondanks de verschillende aanpassingen die in het milieubeleid zijn doorgevoerd. De belangrijkste aanpassing is het decentraliseren van het milieubeleid naar het lokale niveau geweest en de daarmee samenhangende nivellering van de milieunorm. De verwachting was een betere relatie en betere kansen op integratie van milieu- en ruimtelijk beleid op lokaal niveau. Want, zo werd gedacht, het ruimtelijke beleid is immers decentraal. Ook is de afgelopen decennia duidelijk geworden dat het milieubeleid niet op zich staat en in sterke mate doorwerking heeft in het ruimtelijke beleid. Hoe logisch dit ook klinkt, de doorgevoerde veranderingen hebben meer kwaad dan goed gedaan. Het milieubeleid is ondanks de doorgevoerde decentralisatie niet in staat gebleken op eenduidige wijze een duurzame en goede leefkwaliteit te kunnen garanderen. Het functioneren van het milieubeleid hangt sterk af van allerlei institutionele en cultureel-maatschappelijke invloeden van buitenaf. Op momenten waarbij het milieubeleid onvoldoende in staat is met deze invloeden mee te bewegen en te transformeren naar nieuwe, beter passende uitgangspunten zal het milieubeleid aan kracht inboeten. Logischerwijs komt dan ook de leefbaarheid in onze compacte steden in het gedrang. Deze spanning is in de compacte steden van Nederland volop voelbaar en aanwezig, veertig jaar milieubeleid ten spijt. Dit neemt niet weg dat de Nederlander over het algemeen tevreden is, ook over zijn leefomgeving (Bijl et al., 2009). Leefbaarheidsonderzoeken laten zien dat de klachten over losliggende stoeptegels de zaken overtreffen waar het gangbare milieubeleid op is gericht, i.c. geluid, geur, bodemverontreiniging, etc. Decennialang milieubeleid heeft blijkbaar een aantal vraagstukken voor de burger met succes doen verdwijnen. In het verlengde hiervan zien we ook een burger die ondanks de toenemende individualisering niet of nauwelijks een afkeer heeft van een overheid die grenzen stelt en

relations with environmental policy and the related conditions of environmental health and hygiene. This is true in spite of the diverse modifications that have been made to environmental policy. The most important modification is the decentralization of environmental policy to the local level, and the related levelling of environmental standards. It had been expected to produce better relations and better chances of integrating environmental and spatial policy at the local level. After all, it was reasoned, spatial policy is a decentralized policy. Over the past few decades, it has become clear that environmental policy cannot be made in isolation, and that it has a considerable impact on spatial policy. Though this may sound eminently sensible, these changes have done more harm than good. For all the decentralization, environmental policy has proved incapable of unequivocally guaranteeing a sustainable and good quality of life.

The way environmental policy actually functions depends to a large extent on a range of external institutional and cultural/social influences. When environmental policy proves incapable of responding to these influences and to embrace new, more appropriate points of departure, that policy will falter. This inevitably places a strain on the quality of life, a strain that can clearly be felt in the Netherlands' compact cities, notwithstanding forty years of environmental policy.

This does not alter the fact that Dutch people are generally well-satisfied with their surroundings (Bijl et al., 2009). Surveys on the quality of life show that complaints about loose pavement tiles outnumber concerns targeted by the current environmental policy: that is, noise nuisance, offensive smells, soil contamination etc. Decades of environmental policy appear to have successfully resolved a number of issues for the general public. A related fact is that in spite of the growing trend towards individualization, there seems to be little public opposition to the government setting limits and seeking to control the development of the physical environment.

If one can at all speak of the attitude of 'the public' to the everyday environment, it still attaches considerable value to what Faludi and Van der Valk (1994) call 'rule and order' – that is, the functionality of space.

From functionality to quality

Meanwhile, society is clearly placing greater emphasis on another criterion – namely, quality. The kind of quality at issue here goes beyond traditional categories of functional value, experiential value (appreciation), and future value. It is about a net quality involving a range of factors, including numerous emotional responses besides sustainability and feelings about the general quality of life: appreciation (of a particular space), warmth (interaction with the neighbourhood), a sense of belonging (feeling at home) and a sense of security (safety). Also related to these parameters are feelings of good health and physical fitness. All these are complementary feelings of individual well-being and a sense of ease in one's everyday surroundings. And these individual feelings are shared by a large proportion of the population, and are therefore of great social value.

This social demand for a 'net' assessment of quality, arrived at by balancing complementary feelings, will inevitably have repercussions for physical planning. Alongside traditional concepts like clustering, proximity, ease of access, and safety, terms like quality, perceived appreciation, interaction and identity will move to the fore. This will undoubtedly mean that besides assigning functional uses to space, the quality of life associated with that space as well as its landscape structure, arrangement, and additional features, will be expressed in the form of a cohesive mosaic of red, green and blue functions. This development is already in progress, although not everyone will have recognized it. With a little good will, one might see the national government plan 'Mooi Nederland' ('Beautiful Holland') as representative of this trend. And laments about 'messy development schemes' sound like true cries from the heart. On a

beheerste ontwikkeling van de leefomgeving nastreeft. Als er al zoiets als een maatschappelijke positiebepaling bestaat ten opzichte van de dagelijkse leefomgeving, dan wordt aan 'rule and order' (lees regelgeving en functionaliteit van de ruimte) nog steeds veel waarde gehecht.

Van functionaliteit naar kwaliteit

Maar onmiskenbaar komt uit het maatschappelijk veld ook een ander criterium naar voren, en dat is die van kwaliteit. Het gaat om een kwaliteit die verder strekt dan de traditionele gebruikswaarde, belevingswaarde en toekomstwaarde. Het gaat om een 'per saldo'-kwaliteit die naast duurzaamheid en gevoelens betreffende de leefbaarheid ook aan emoties refereert als waardering (van de ruimte), warmte (interactie met de buurt), op z'n plaats zijn (zich er thuis voelen) en geborgenheid (veiligheid). Daar horen tevens gevoelens bij van gezond zijn en zich fit voelen. Het gaat om complementaire gevoelens van welzijn van het individu en van het welbevinden in de dagelijkse leefomgeving. En deze individuele gevoelens worden in hoge mate door mensen gedeeld, en zijn daardoor van grote maatschappelijke waarde.

Deze maatschappelijke behoefte aan kwaliteit 'per saldo', als een optelsom van complementaire gevoelens, zal ook de ruimtelijke planning niet onberoerd raken. Naast traditionele begrippen als bundeling, nabijheid, bereikbaarheid en veiligheid zullen ook begrippen als kwaliteit, beleving, interactie en identiteit er toe doen. Dit zal ongetwijfeld betekenen dat naast een functionele toedeling van de ruimte ook de leefbaarheid van deze ruimte en de landschappelijke structuur, inrichting en aankleding, als een samenhangend mozaïek van rode, groene en blauwe functies tot uitdrukking komt. Deze ontwikkeling is inmiddels volop gaande, al wordt het nog niet door iedereen (h)erkent. De rijksagenda 'Mooi Nederland' zou met beetje goede wil als representant kunnen worden gezien. En de term 'verrommeling' klinkt als een passende hartenkreet. Meer 'down to earth' zien we de laatste tien jaar nieuwbouwwijken verrijzen met veel aandacht voor groen, en voor ieder een 'goudkust' met waterpartijen voor en zo mogelijk ook achter de woning. En zelfs de ontwikkeling van weginfrastructuur wordt in toenemende mate getoetst aan belevingskwaliteit, met aandacht voor de omgeving die wordt doorkruist. Hoe dan ook, het gaat niet meer alleen over de functionaliteit van ruimtelijke structuren maar belevings- en toekomstwaarde. We hebben te maken met een kantelend tijdperk, waarbij functionaliteit als te eng wordt gezien om te kunnen beantwoorden aan maatschappelijke gevoelens en wensen. Daarmee loopt het traditionele functionele denken over ruimtelijke ontwikkeling op zijn einde en is er behoefte aan nieuwe perspectieven op de ruimte en de ruimtelijke en ruimtelijk-economische ontwikkelingen.

In abstractie gaat het om een verschuiving van een ruimtelijk-functionele toedeling sec naar een kwalitatieve inbedding per saldo van ruimtelijke structuren en functies. Het zal onder meer gaan betekenen dat toewijzen van een functie voor compacte stedelijke ontwikkeling tot een kwaliteitsverbetering zal moeten leiden van dat gebied. Eveneens zal gelden dat de kwaliteit van zo'n functie door de kwaliteiten van het gebied of locatie gedragen moeten kunnen worden. De opgave zal zijn om deze regel ook op functies als snelwegen en industrieterreinen van toepassing te laten zijn. Daarnaast zal dit betekenen dat de kwaliteit van het grijze milieu (de infrastructuur) in orde zal moeten zijn, en zo mogelijk zal kunnen verbeteren.

De ontwikkelingen in het ruimtelijke beleid zouden goed moeten aansluiten bij het aloude credo van het milieubeleid: het duurzaam scheiden van het milieugevoelige (wonen) en het milieubelastende (industrie en verkeer). De stemming is paradoxaal genoeg volstrekt een andere. Het milieubeleid wordt gevoeld als de veroorzaker van de 'dilemma's

more mundane level, over the past ten years we have seen the emergence of new housing estates with plenty of attention for green spaces, and luxurious surroundings galore, with expanses of water in front of the houses and if possible behind them too. There is even a growing trend to assess the development of the road infrastructure for its impact on the quality of life, including studies of the area bisected by a proposed road.

In any case, planning has clearly moved on beyond an exclusive focus on the functionality of spatial structures, and their appreciation and future value. This is a watershed era, in which functionality is seen as too narrow to fulfil society's needs and desires. With the traditional functional approach to spatial development on the way out, there is a need for new perspectives on space and on spatial and spatial-economic trends.

In abstract terms, there is a shift from *a straightforward functional allocation of space to qualitative embedding in a balanced whole of spatial structures and functions.* What this means, for instance, is that the allocation of a function for compact urban development will have to meet the requirement that it improves the quality of the area. It also means that the quality of such a function must be capable of fulfilment by the qualities of the area or location. The challenge will be to also apply this rule to functions such as highways and industrial zones. This also means that the quality of environmental health and hygiene must be adequate, and if possible improved.

In the Netherlands, the trends in spatial policy should be well attuned to the old maxim of environmental policy: the sustainable separation of environmentally sensitive (i.e. residential) areas from areas that are damaging for the environment (industry and traffic). Strangely enough, the mood is inclining in the opposite direction. Environmental policy is being blamed for the 'dilemmas of the compact city'. And attitudes to environmental policy are to a large extent determined by the belief that this policy forms an impediment to spatial and spatial economic policy.

Transformations in spatial policy and regulations

What all this means is that the criteria associated with environmental policy are being systematically downgraded. It is argued that this downgrading opens up opportunities for integrated development processes in which the environmental quality can be immensely improved. The underlying assumption is that people are able and willing – including at local level – to seize opportunities to maximize quality. Unfortunately, this assumption often proves misguided. In fact there is a tragic discrepancy here, since environmental policy is traditionally geared towards factors that are well attuned to the growing need for social well-being and an improved quality of life. For this reason alone, it is undesirable to allow any further downgrading of the values that environmental policy was intended to uphold. But that is not all. Aside from the changes of emphasis outlined above, the terms applicable to administration and policy-making are also being transformed. The Netherlands' classical constitutional principles (often referred to as 'Thorbecke's House') are becoming more and more diffuse and are at times ignored altogether, with serious consequences for policy on the physical environment.

In consequence, a fundamental shift from functionality to quality calls for a careful reconsideration of the basic principles of administration and policy-making. In that context, we can identify diverse trends set in motion in the past that were in some sense a response to the demand for quality. An essential point here is the recognition that traditional functional policy had become – and this still applies today – to an increasing extent procedural. It was also affected by a growing trend towards far-reaching specialization. All this was intended to promote rationalization and the better management of space (see De Roo & Voogd, 2004). But the result is that policy is now far removed from the issues that are keenly felt at local and regional level.

van de compacte stad'. En de waardering van het milieubeleid wordt in hoge mate bepaald door de constatering dat het milieubeleid ruimtelijke en ruimtelijk-economische ontwikkelingen in de weg zit.

Kantelingen in het ruimtelijke beleid en regelgeving

Aldus worden de condities die onder de vlag van het milieubeleid worden gesteld stelselmatig naar beneden bijgesteld. Het argument luidt dat er zo ruimte wordt geboden om in integrale ontwikkelingstrajecten de milieukwaliteit tot grote hoogten op te duwen. Er wordt van uitgegaan dat men lokaal ook bereid en bekwaam is om kansen op het halen van hoge kwaliteitsniveaus te pakken. Helaas blijkt deze vooringenomenheid vaak onjuist. Hier zit een tragische discrepantie, want het milieubeleid is traditioneel gericht op zaken die goed aansluiten bij de toenemende behoeftes aan maatschappelijk welbevinden en leefkwaliteit. Het is alleen al hierom onwenselijk de waarden waar het milieubeleid voor staat verder te nivelleren. Maar er speelt meer. Want naast de hierboven geschetste inhoudelijke accenten van verandering zijn ook de condities van bestuur en beleid aan het kantelen. De klassieke uitgangspunten, die we kennen als het 'huis van Thorbecke', worden in toenemende mate diffuser en zelfs genegeerd, met ingrijpende gevolgen voor het omgevingsbeleid.

Bij een fundamentele verandering van functionaliteit naar kwaliteit past daarom een herbezinning van de bestuurlijke en beleidsmatige grondbeginselen. In dat perspectief zien we dat in het verleden al verschillende ontwikkelingen in gang zijn gezet die op de een of andere wijze beantwoorden aan de roep om kwaliteit. Wezenlijk daarbij is de onderkenning dat het traditionele functionele beleid in toenemende mate procedureel was en is geworden. En ook heeft het beleid te maken gekregen met vergaande specialisatie. Dit alles stond ten dienste aan rationalisering en beheersing van de ruimte (De Roo

& Voogd, 2004). Het beleid is daarmee ver af
komen te staan van de vraagstukken die op lokaal
en regionaal niveau gevoeld worden.
Omgevingsvraagstukken bleken steeds minder aansluiting te hebben met de verschillende specialismen van beleid. In de jaren negentig is mede als
gevolg van deze discrepantie naar integrale vormen
van beleid gezocht. Vooral tussen het milieu- en
ruimtelijkeordeningsbeleid zijn initiatieven daartoe
georganiseerd om, onder de noemer van de zogenaamde ROM-gebieden, een brug te slaan tussen
beide beleidscategorieën. Dit initiatief bleek ach-
teraf een belangrijke stimulans voor de zogenaamde
gebiedsgerichte aanpak en de honderden projecten
die onder dat mom zijn opgepakt (Oosterhoff et al.,
2000). De gebiedsgerichte aanpak heeft zich
nadrukkelijk eerst moeten bewijzen. Maar toen duidelijk werd dat er wel eens meer winst te halen zou
kunnen zijn wanneer er gemeenschappelijk zou worden opgetrokken steeg de populariteit van deze
aanpak. De gebiedsgerichte aanpak is lang als een
uiting van decentralisatie van beleid gezien, maar
goed beschouwd was het dat maar ten dele. Het
was bovenal een uiting van een cultuuromslag om
over bestuurlijke grenzen en beleidsspecialismen
heen te kijken. En aldus ontstaat met het omarmen
van de gebiedsgerichte aanpak ook een onderscheid tussen generiek en specifiek beleid. Generiek beleid staat voor een algemene toepasbaarheid
voor veel voorkomende vraagstukken, waardoor
deze routinematig afgehandeld kunnen worden.
Specifiek beleid wordt daarentegen gemaakt voor
vraagstukken die een bijzonder karakter hebben,
veelal sterk verweven zijn met de lokale of regionale
context, en die met enige prioriteit en los van het
beleid van alle dag in een projectmatige structuur
en gebiedsgericht worden opgepakt.

Indachtig de maatschappelijke wens om niet enkel
functioneel beleid maar ook kwaliteitsgericht beleid
te voeren zien we aldus een aantal beleidsverschui-

As time went on, a growing gap emerged
between traditional physical planning and the
diverse special areas of policy with a focus
on the physical environment. In the 1990s,
partly as a result of this discrepancy, efforts
were made to devise integrated forms of
policy. So initiatives were set up, particularly
between environmental policy and planning
policy, under the heading of so-called ROM
areas (ROM=physical planning & environment), to bridge the gap between these
two policy areas. In retrospect, this initiative
provided a major impulse for the area-based
(*gebiedsgericht*) approach and for hundreds
of projects launched under that heading
(Oosterhoff et al., 2000). The area-based
approach emphatically had to prove itself first.
But once the potential benefits of a collaborative approach at the regional level became
clear, this approach became more popular.
The area-based approach was long seen as
an expression of decentralized policy-making,
but strictly speaking this was only partly
true. More than anything else, it expressed
a shift in the cultural paradigm, in which
people learned to look beyond administrative boundaries and specialist policy areas.
Consequently, embracing an area-based
approach also created a distinction between
generic and specific policy. Generic policies are those that are seen as universally
applicable to common problems, which can
therefore be tackled in a routine way. Specific
policy, on the other hand, is devised for
problems of a special nature, which are often
closely interwoven with the local or regional
context, and which are tackled with a certain
priority and separately from everyday policies,
in area-based, project-like structures.

The public's preference for policy that is
quality-oriented rather than solely functional
has thus produced a number of policy shifts.
Responsibility for questions relating to the
physical environment has been decentralized.
In addition, a distinction has been introduced
between generic and specific policy. This is
now reflected in policy and regulations. Perhaps the most practical piece of legislation,

though scarcely fundamental, is the Environmental Licensing (General Provisions) Act (*Wet algemene bepalingen omgevingsrecht*; WABO). The WABO is intended to streamline licence applications under more than ten separate acts of parliament and thirty different licensing systems, bringing them together in a single environmental licence. Far more fundamental is the new Town and Country Planning Act (*Wet ruimtelijke ordening*; WRO) and the relationship between this act and, for instance, the distinction between generic and specific policy. Partly inspired by the motto 'decentralized where possible and centralized where necessary', the new WRO removed an important principle from 'Thorbecke's House', by leaving the coordinating role of higher administrative authorities out of the planning system. It endorses an implicit movement away from the central, vertical coordination that is still laid down in the Constitution towards a layered government structure, with each layer of government explicitly having its own responsibilities. And this links up with the distinction between generic and specific, and the rise of the area-based approach in policy on the physical environment.

However, the new WRO has done more than merely revise the structure of the planning system. It has also sharply changed the function of the plans themselves. Its central features is a development strategy (*structuurvisie*) intended as a single replacement for the municipal structural plan, the provincial area plan (*streekplan*), and the Outline Planning Decision (*planologische kernbeslissing*) of central government. This development strategy is not defined by any formal requirements. There is only one overriding obligation, namely that every public authority must have a development strategy for its area, whatever this may be. And most interestingly, if certain parties put forward a rival strategy that may improve the existing one, part or all of the existing strategy can be replaced with this 'new and improved' version! This means that spatial policy in general, and development strategies in particular, have become

vingen. Verantwoordelijkheden voor omgevingsvraagstukken worden gedecentraliseerd. En er is een onderscheid gemaakt tussen generiek en specifiek beleid. Dit krijgt inmiddels op verschillende wijzen z'n weerslag in beleid en regelgeving. Het meest praktisch wellicht, maar nog weinig fundamenteel, is de Wabo (Wet Algemene Bepalingen Omgevingsrecht). De Wabo zal de vergunningaanvraag van meer dan tien wetten en dertig afzonderlijke vergunningenstelsels moeten gaan stroomlijnen met als resultaat één omgevingsvergunning. Veel fundamenteler van aard is de nieuwe Wet Ruimtelijke Ordening (Wro) en de relatie die deze wet heeft met onder meer het onderscheid tussen generiek en specifiek beleid. Mede in het verlengde van het motto 'decentraal wat kan en centraal wat moet' is met de nieuwe Wet Ruimtelijke Ordening een belangrijk beginsel uit het zogenaamde 'huis van Thorbecke' gehaald door de coördinerende rol van hogere overheden uit het ruimtelijke planstelsel te laten. Het onderschrijft een impliciete beweging weg van de nog in de Grondwet vastgelegde centrale en verticale coördinatie naar een gelaagde overheidsstructuur waarbij elke overheidslaag nadrukkelijk eigen verantwoordelijkheden heeft. En dit sluit weer aan bij het onderscheid tussen generiek en specifiek en de opkomst van de gebiedsgerichte aanpak in het omgevingsbeleid.

Echter met de nieuwe Wro is niet alleen de structuur van het ruimtelijke planstelsel herzien. Ook de functie van het ruimtelijke plan is sterk gewijzigd. Centraal staat de structuurvisie die een eenduidige vervanging moet zijn van het gemeentelijke structuurplan, het provinciale streekplan en de planologische kernbeslissing van het Rijk. Tegelijkertijd is de structuurvisie 'vormvrij'. Er is maar één allesoverheersende verplichting, en dat is de plicht dat elke overheid een visie heeft over zijn gebied, wat die visie ook moge inhouden. En – dit is zeer interessant – dat betekent ook dat wanneer er partijen zijn met een visie die een verbetering kan betekenen van de bestaande visie deze daarmee kan worden vervangen, in z'n geheel dan wel op delen! Aldus is het ruimtelijke beleid in het algemeen, en de structuurvisie in het bijzonder, adaptief geworden. De structuurvisie kan een lopend verhaal gaan worden dat zich kan buigen naar het op dat moment meest wenselijke of meest gewaardeerde perspectief. Desondanks is er nog steeds het bestemmingsplan, dat als robuuste basis voor het ruimtelijke beleid behouden blijft. Weliswaar kan op een meer natuurlijke wijze dan voorheen het plan worden aangepast aan ontwikkelingen die maatschappelijk en economisch waardevol worden geacht. Maar 'de' overheid zou de overheid niet zijn wanneer bij het doorbreken van top-downcoördinatie er niet tegelijkertijd een sturingsmechaniek wordt bedacht om toch invloed van bovenaf te kunnen uitoefenen. Dit zijn de rijks- en provinciale inpassingplannen geworden. Dit zijn feitelijk bestemmingsplannen, die door de hogere overheden kunnen worden opgesteld om belangen die zij representeren ook ruimtelijk geïmplementeerd te krijgen. Hoe het ook zij, ook de kwaliteit van de omgeving kan beter worden gewaarborgd met het nieuwe bestemmings- of inpassingsplan (Van der Schoot, 2009). Immers, volgens de nieuwe Wro hoeft het niet enkel over de ruimtelijke functionaliteit in enge zin te gaan, maar juist de leefkwaliteit (en duurzaamheid) van de dagelijkse leefomgeving in bredere zin zal kunnen worden 'vastgelegd'. Tussentijds kan dan ook geconcludeerd worden dat de middelen om een goede leefkwaliteit te garanderen er met het ruimtelijke beleid zijn, maar hoe deze worden gebruikt is nog de vraag. Dit zeker ook gelet op de voornoemde adaptieve structuurvisies. Want overheden kunnen weliswaar met de structuurvisie ruimtelijke ontwikkelingen stimuleren, waarbij de leefkwaliteit onderdeel is van het verhaal. Ook kunnen overheden met hun inpassings- en bestemmingsplannen garanties geven dat kwaliteiten behouden blijven dan wel worden verbeterd. En dit biedt mogelijkheden om ruimtelijke ontwikkeling en

highly adaptable. A development strategy can become a never-ending story that can be modified according to what is valued most highly or seen as most desirable at any particular time.

In spite of this, land-use plans (*bestemmingsplannen*) still exist, and serve as the robust foundation for all spatial policy. True, land-use plans can be adjusted more naturally than in the past in response to trends that are deemed to be of social and economic benefit. But the government would not be the government if it did not have a control mechanism to exert influence from above, if clear top-down coordination is lost. This mechanism exists in the form of 'imposed land-use plans' (*inpassingplannen*). These are in effect land-use plans drawn up at the level of national and provincial government to ensure that the interests they represent are safeguarded, also in terms of spatial development. Whatever the case may be, the quality of the physical environment too can be safeguarded more effectively with the new land-use or imposed land-use plan (Van der Schoot, 2009). After all, under the terms of the new WRO, the aim is not exclusively to serve spatial functionality in the narrow sense; plans can also lay down 'ground rules' to safeguard the quality of life (and sustainability) of people's everyday environment.

With all these mechanisms in place, it is fair to conclude that the resources needed to safeguard a good quality of life are in place, but how they are used is another matter. This is particularly true given the existence of the adaptable development strategies mentioned above. It is true that local authorities may choose to stimulate spatial developments in which quality of life is factored into the larger picture. Authorities can also furnish land-use plans (or 'imposed' land-use plans, in the case of provincial and national government) with guarantees that specific qualities will be maintained or improved. And this creates scope for linking spatial development to environmental quality in a meaningful way. But the new WRO does not impose any obligations in this regard. So it is now time to look at the other side, that is, the situation regarding environmental policy and its relationship to urban health and hygiene.

The rise and fall of environmental policy
In 1972 a Priority Memorandum was adopted, the aim being to clean up Dutch cities in accordance with unequivocal standards laid down from above. These standards were based on the need to reduce nuisance factors and health hazards. The expansion of these standards in 1984 was accompanied by a statement that it was desirable for environmental policy to be more firmly integrated internally, to prevent authorities from passing the buck when environmental health problems arose. The publication of the First National Environmental Policy Plan, in 1989, represents the peak of functional environmental policy. At that time, environmental policy was fairly uniform, unambiguous, and guaranteed individuals more or less comprehensive protection from undesirable external influences. And a spatial environmental zone could be inferred from the environmental standards, using the criterion 'preserving a distance' to ensure the enduring separation of environmentally sensitive areas from areas that are potentially damaging to the environment (see also De Roo 2001).

In the 1990s, the environmental standards were heavily criticized, as they had come to be experienced as an oppressive constraint. While the environmental standards could protect the desired environmental quality, in some cases they also led to extremely high costs to society. Some argued that there was only one remedy: policy needed to swing in a radically different direction — if necessary to another extreme position on the policy spectrum: from command-and-control planning, which imposed statutory sectoral targets, to planning that balanced and integrates a multitude of factors and actor preferences (from 'planning *per se* to planning *per saldo*'; De Roo 2001). No longer would a centrally imposed, unqualified environmental standard

milieukwaliteit op een zinvolle wijze met elkaar te verbinden. Maar de nieuwe Wro stelt hiertoe geen verplichtingen. Derhalve dan ook de vraag hoe het met de andere zijde, i.c. het milieubeleid gesteld is.

De opkomst en het verval van het milieubeleid
In 1972 is er met een Urgentienota voor gekozen Nederlandse steden weer schoon te krijgen met behulp van van bovenaf opgelegde en eenduidige normen. Deze normen hadden hinder en risico op gezondheidsschade als uitgangspunt. De uitbouw van deze normen is in 1984 aangevuld met de wens het milieubeleid sterker intern te integreren, om afwenteling van milieuhygiënische ellende te voorkomen. Met het verschijnen van het eerste Nationaal Milieubeleidsplan in 1989 was het hoogtepunt van een functioneel milieubeleid bereikt. Het milieubeleid was redelijk uniform, eenduidig, en garandeerde het individu min of meer dekkende bescherming tegen ongewenste invloeden van buitenaf. En uit de milieunorm bleek een ruimtelijke milieuzone te kunnen worden afgeleid, waardoor op basis van het criterium 'afstand houden' milieubelastende en milieugevoelige zaken 'duurzaam' werden gescheiden (De Roo, 2001).
In de jaren negentig werd de milieunorm als 'beklemmend' afgedaan. De milieunorm kon weliswaar de beoogde milieukwaliteit garanderen, maar voor een aantal gevallen ook tot extreem hoge maatschappelijke kosten leiden. Er was maar één remedie: het beleid moest rigoureus om en, indien nodig, naar een andere extreme positie op het spectrum van het beleid: van een planning per se, naar een planning per saldo (De Roo, 2001). Niet langer zou de centraal opgelegde milieunorm sec een kaderstellende rol mogen spelen, maar diende milieu een af te wegen onderdeel te worden van een lokale kwaliteit die we leefbaarheid, leefkwaliteit en leefomgevingskwaliteit zijn gaan noemen. Er is zo welbewust en voortvarend een aanloop ingezet voor een sprong die ons heeft weggevoerd van de

centrale en kaderstellende normstelling. Er was maar beperkt een idee waarop uit zou worden gekomen. Wel was het buiten kijf dat een betere aansluiting met het ruimtelijke beleid wenselijk was. Vervolgens zijn op deelterreinen gezichtsbepalende processen in gang gezet, zoals Stad & Milieu, van multifunctioneel naar functiegericht saneren van vervuilde bodems, planmatig opgestelde acceptabele niveaus van geluidbelasting, etc. Ook is gewerkt aan decentrale bestuursakkoorden, conform de voorstellen uit het NMP4. Het lokale gebiedsgerichte beleid wordt ondersteund met een subsidieregeling. En het bundelen van geldstromen met het Investeringsbudget Stedelijke Vernieuwing (ISV) is tot op zekere hoogte een stimulans gebleken voor het ontwikkelen van sectoroverstijgend beleid dat beter is toegesneden op de problematiek en de wensen ter plekke.

Het omvattende motief achter dit proces van decentralisatie van het milieubeleid wordt wel 'subsidiariteit' genoemd. Subsidiariteit is de representant van één van de twee koersen van Europees beleid. Subsidiariteit staat voor het idee dat een vraagstuk het best kan worden aangepakt op het niveau waarop een vraagstuk speelt. Het was ooit bedoeld om de afzonderlijke EU-landen ervan te overtuigen dat ieder verantwoordelijkheid zou kunnen behouden voor 's lands eigen problematiek (Eijsbouts, 1996). Maar in Europa is het ruimtelijke beleid weliswaar onder het subsidiariteitsregime komen te vallen, maar het milieubeleid niet. Voor het milieubeleid is een andere koers van beleid gaan gelden, te weten die van gelijkheid. Overal in Europa worden overheden geacht min of meer dezelfde milieuregels te implementeren. Aldus ontstaat in Nederland een onduidelijke situatie. Enerzijds wordt de verantwoordelijkheid van het milieubeleid steeds meer bij lokale overheden gelegd en anderzijds is het de Europese Unie die bepaalt welke eisen aan de stedelijke milieuhygiëne worden gesteld. De situatie wordt in toenemende mate weerbarstig en maakt

be permitted to impose a framework; instead, the environment should be seen as part of what we have come to refer to as quality of life, or quality of the physical environment, and weighed against the other contributory factors. This was an intentional, decisive move away from a central, command-and-control approach. There was only a limited idea as to where this would all lead.

One thing that was beyond dispute, however, was the desirability of achieving a better connection with spatial policy. Certain high-profile processes were subsequently set in motion in limited areas of policy, such as the City and Environment project, from multifunctional to functionally-oriented cleanup of contaminated soil, plans for acceptable noise levels, and so on. Efforts were also made to achieve decentralized administrative agreements, in accordance with the proposals laid down in the Fourth Dutch National Environmental Policy Plan (NMP4). Local area-based policy was supported through a subsidy scheme. In addition, combining flows of funds with the Investment Budget for Urban Renewal (*Investeringsbudget Stedelijke Vernieuwing*; ISV) was found to promote (up to a point) the development of cross-sectoral policy that was better attuned to local problems and preferences.

This process of decentralizing environmental policy is sometimes referred to as an example of 'subsidiarity'. Subsidiarity is the label attached to one of the two tracks along which European policy is made. It stands for the idea that issues are best tackled at the level at which they make themselves felt. It was initially introduced to persuade individual Member States that each country could retain responsibility for dealing with its own problems (Eijsbouts, 1996). But while spatial policy falls under the EU's subsidiarity regime, environmental policy does not. Environmental policy is governed by the other track of European decision-making, that of equality. All EU Member States are expected to implement more or less the same environmental regulations. This discrepancy has created a lack of clarity in the Netherlands. On the one hand, the responsibility for environmental policy in the Netherlands has been increasingly shifted to local authorities, but on the other hand, it is the EU that sets the criteria to be fulfilled by environmental health, and health in cities. The situation is becoming increasingly unmanageable, and it is almost impossible to develop cohesive, effective and widely-supported strategies envisaging the environmental policy of the future.

What this means is that as environmental policy is gradually decentralized and adapted to local spatial planning policies, the substantive frameworks are being dismantled but are not being replaced by any new conditions that would help the local process develop towards a healthy environment. It is evidently assumed that these process conditions will automatically come to the surface through trial and error. But this assumption testifies at the very least to a certain passivity. And to argue that local authorities will be punished for 'unsound' local policies by being voted out of office at election time is downright naive. For local environmental agencies are relatively young organizations, which have risen to positions of ostensible authority within the space of ten years on the strength of grants and strict standards. But the centralized policies on standards and grants have made local environmental agencies largely implementation and enforcement bodies, staffed mainly by engineers and lawyers. The new policy needs sound strategic arguments that can provide answers to elementary questions like 'what quality do we aim to achieve?', 'how should quality be expressed?' and 'what are we prepared to pay to guarantee this quality?' These are very different from the kind of questions that most environmental agencies are used to dealing with.

This brings us to the question of environmental standards. The time has long passed that environmental standards were seen as setting maximum levels that one was expected to stay well below. Instead, they serve as justification for filling up all the

het welhaast onmogelijk om een samenhangende, effectieve en een gedragen visie te ontwikkelen over hoe het milieubeleid er in de toekomst uit zou kunnen zien.

In het proces van decentralisering van het milieubeleid worden op deze wijze de inhoudelijke kaders afgebroken, zonder deze te vervangen met nieuwe condities die het lokale proces op weg naar een goede leefomgeving richting geven. Er wordt ogenschijnlijk vanuitgegaan dat door schade en schande deze procescondities vanzelf boven komen drijven. Maar het getuigt op zijn minst van weinig daadkracht. En om dan het argument te gebruiken dat bij 'slecht' lokaal beleid en een slechte leefkwaliteit de lokale bestuurder wel zal worden afgerekend met verkiezingen is ronduit naïef. Want de lokale milieudiensten zijn relatief jonge organisaties, die dankzij subsidies en strenge normgeving binnen een tiental jaren een ogenschijnlijk volwaardige positie hebben weten in te nemen. Het centrale normbeleid en subsidies hebben van lokale milieudiensten echter bovenal uitvoerings- en handhavingsorganisaties gemaakt, en deze worden voornamelijk bemenst door technici en juristen. Het nieuwe beleid vraagt echter om strategische onderbouwing waarmee antwoorden kunnen worden gegeven op elementaire vragen als 'wat voor kwaliteit willen we waar bereiken', 'hoe brengen we kwaliteit tot uitdrukking' en 'welke kosten willen we maken om deze kwaliteit te kunnen garanderen'. Het zijn geheel andere vragen dan een gemiddelde milieudienst gewend is te stellen.

En dan is er nog de milieunorm. De milieunorm wordt allang niet meer gezien als een bovengrens waar je verre van moet blijven, maar als legitimatie om de ruimte die de norm biedt ook te vullen. Hoe deze te begrijpen en te hanteren is evenwel een studie op zich geworden. Voortdurend wordt regelgeving aangepast en worden series van handreikingen geschreven om de norm en de bescherming die deze zouden moeten bieden in het licht van de

veranderende regelgeving te begrijpen. De randvoorwaarden en mogelijkheden van het toepassen
van de milieunorm zijn onmogelijk nog door de
generalist te bevatten. En aldus is het na veertig jaar
milieubeleid nog steeds niet mogelijk het beleid op
routinematige wijze tot uitvoering te brengen. In het
rapport 'De basiskwaliteit voorbij...' (Spreeuwers et
al., 2008) wordt dan ook geconcludeerd dat hét
milieubeleid niet langer bestaat. Het is geïmplo-
deerd bij de zoektocht naar externe integratie, waarbij de interne integratie is vergeten.

Van tegenpolen naar complementariteit
Hoe moeten we nu verder om de leefbaarheid bij
compact-stedelijke ontwikkeling te kunnen garanderen? Er wordt veel verwacht van gebiedsgericht
werken. De Zeeuw, Puylaert en Werksma (2009) en
de VROM-Raad (2009) zien toekomst in het
gebiedsgericht werken. Het gaat erom gebiedsgericht te kunnen werken, met een anticipatiemogelijk-
heid om al dan niet tijdelijk over milieu-ruimteconflic-
ten heen te kunnen stappen, in de verwachting dat
na het afronden van alle ruimtelijke ingrepen er ook
een aanvaardbare milieukwaliteit in beeld zal komen.
Het is een wat eendimensionale oplossing die ach-
terdochtig maakt. In deze oplossing wordt het milieu
onderdeel van een groter geheel en wordt daarbinnen als afweegbare grootheid gepresenteerd ten
faveure van de ontwikkeling van dat 'grotere geheel'.
Uit het voorgaande zal echter duidelijk geworden
zijn dat er geen sprake kan zijn van één afdoende
oplossing, juist omdat deze in beginsel altijd een
keerzijde heeft met dito bezwaren. Met een
gebiedsgerichte aanpak wordt weliswaar de
gelaagde overheid bediend, maar niet de burger in
alle gevallen. En dat terwijl we hebben moeten constateren dat de lokale overheid al moeite heeft om
het reguliere beleid goed uit te voeren.
In dat 'eendimensionale denken' worden bewegingen van centraal naar decentraal, van generiek naar
specifiek, van gelijkheid naar vrijheid en van toelaten

scope they allow for. But how these standards should be interpreted and dealt with has
become a whole subject in itself. Regulations
are constantly being amended, and whole
series of guidelines are written to clarify the
standards and the protection that they are
intended to provide, in the light of the changing regulations. The enabling conditions and
the way in which the environmental standards
can be applied are beyond the comprehen-
sion of a generalist. What all this means is
that after forty years of environmental policy,
it is still impossible to implement this policy in
any routine way. The report 'De basiskwaliteit
voorbij' ('Beyond the minimum quality norm',
Spreeuwers et al. 2008) therefore concludes
that there is no longer any such thing as a
common environmental policy. It imploded
with the quest for external integration, as a
result of which *internal* integration fell by the
wayside.

From diametrical opposites to comple-
mentarity
So what is the next step to safeguard the
quality of life in compact urban development?
Many people have placed their hopes in
area-based operations. De Zeeuw, Puylaert
and Werksma (2009) and the Ministry of
Housing, Physical Planning and the Environment Council (VROM Council; 2009) see
the area-based approach as the future. The
idea is an area-based working method with
the built-in possibility of avoiding (perhaps
temporarily) conflicts that pit spatial policy
against environmental health and hygiene, in
the expectation that once all the spatial interventions have been completed, an acceptable environmental quality will also emerge.
It is rather a one-dimensional solution, which
arouses suspicion. In this solution, the
environment is part of a larger whole, and is
presented as a variable that can be balanced
against other variables, for the benefit of the
development of that 'greater whole'. It will
be clear from the above, however, that this
cannot possibly produce a single conclusive
solution, precisely because there is in princi-

ple always another side to the matter, with its own set of objections. It is true that adopting an area-based approach is good for layered government, but it will not always be good for the public good – especially when we recall that local authorities already have difficulty implementing their regular policies.

In the 'one-dimensional approach' sketched above, movements from central to decentralized, from generic to specific, from equal regulations to freedom, and from 'granting permits' to development, are seen as trends that all converge in the area-based approach. But this view does not correspond to reality. Research findings have shown (Spreeuwers et al., 2008; Association of Provincial Authorities (IPO) et al., 2005; VROM Inspectorate, 2006; Environmental Management Act Evaluation Committee (Evaluatiecommissie Wet Milieubeheer), 2001; Huberts, 2005) that the limits of decentralization is in sight, when it comes to local authorities being able and willing to implement sound environmental policy, and hence to safeguard an excellent quality of life. Almost all municipal authorities have great difficulty implementing regular policy, and are scarcely capable, if at all, of developing integrated area-based policy, tailored to specific situations. Local authorities crave simplicity, routine, and stability in environmental policy (Spreeuwers et al., 2008). In other words, the supposed clarity of the 'one-dimensional' shift to an area-based approach is a fiction, nor is it a desirable goal. The area-based approach cannot work without generic frameworks.

Not so long ago we coined a term for these generic frameworks: minimum quality norms (*basiskwaliteiten*). In this essay I urge that these minimum quality norms be accorded at least as much weight as the area-based approach. The Fourth National Environmental Plan included an interesting proposal to that effect, in which the quality norm is given a different role. The Plan proposes giving minimum quality norms a key role in the balancing act between 'guaranteeing' and 'stimulating'. On the one hand, it must be possible to

naar ontwikkelen gezien, als ontwikkelingen die samenkomen in een punt, i.c. de gebiedsgerichte aanpak. Dat is evenwel niet in overeenstemming met de werkelijkheid. Op basis van onderzoek (Spreeuwers et al., 2008; IPO et al., 2005; VROM Inspectie, 2006; Evaluatiecommissie Wet Milieubeheer, 2001; Huberts, 2005) kan worden geconstateerd dat het einde van decentralisatie in zicht is als het gaat om het bereid en bekwaam zijn van de lokale overheid om goed milieubeleid te kunnen voeren, en zo een prachtige leefkwaliteit te kunnen garanderen. Bijna alle gemeenten hebben grote moeite om het reguliere beleid uit te voeren en zijn niet of nauwelijks in staat om geïntegreerd, gebiedsgericht en situatiespecifiek beleid te ontwikkelen. Er wordt op het lokale niveau gesnakt naar eenvoud, routine en rust in het milieubeleid (Spreeuwers et al., 2008). Met andere woorden, de gesuggereerde eenduidigheid van de eendimensionale beweging naar de gebiedsgerichte aanpak bestaat niet en is onwenselijk om naar te streven. De gebiedsgerichte aanpak kan niet zonder generieke kaders.

Generieke kaders hebben we nog niet zo lang geleden een naam gegeven: de basiskwaliteit. In deze bijdrage wil ik een oproep doen die basiskwaliteit minstens zo serieus te nemen als de gebiedsgerichte aanpak. In het NMP4 is daartoe een interessant voorstel gedaan waarbij de norm opnieuw wordt gepositioneerd. De basiskwaliteit zou een sleutelrol moeten spelen in een spel van 'garanderen' en 'stimuleren'. Enerzijds moet de burger een 'basiskwaliteit' gegarandeerd kunnen worden zodat zijn gezondheid niet in het geding komt. Anderzijds moeten overheden met partners gestimuleerd worden om de basiskwaliteit zoveel als mogelijk te ontstijgen en zo een optimale leefkwaliteit te creëren. In die zin is het met behulp van eenvoudige, heldere en stabiele regels mogelijk om kaders te stellen als garanties voor een basiskwaliteit voor iedereen. En daarnaast zijn er voorwaardenscheppende condities

	Garanderen Guarantees	Stimuleren Stimulus
Generieke aanpak Generic approach		
Gebiedsgerichte aanpak Area-based approach		

Aanpak en condities van beleid die bepalend zijn voor de lokale leefkwaliteit.
Approach and policy conditions that are decisive for the local quality of life.

die een stimulans zijn voor beleid om een situatie-specifieke leefkwaliteit op een zo hoog mogelijk niveau te brengen. Dit leidt tot het volgende speelveld, uitgedrukt in een matrix:

De basiskwaliteit is hier dan meer dan enkel het milieubelang. De basiskwaliteit is feitelijk de minimaal gewenste leef- of omgevingskwaliteit, die tevens als ruimtelijk te positioneren eisen van kwaliteit kunnen worden gezien. En op dit punt komen compact-stedelijke ontwikkeling en de behoefte aan kwaliteit samen. Er is met deze voorstelling van zaken niet langer sprake van de klassieke tegenstelling tussen scheiden en verweven of tussen ontwikkelen en beschermen. De verschuiving indachtig van ruimtelijk-functionele toedeling sec naar een kwalitatieve inbedding per saldo van ruimtelijke structuren en functies, is het resultaat van een geconditioneerd perspectief voor een kwalitatief hoogwaardige inbedding van functioneel-ruimtelijke ontwikkelingen.

De grenzen van decentralisatie zijn bereikt, het belang van een goede balans tussen generiek en specifiek beleid is daarmee toegenomen. In plaats van de gebiedsgerichte aanpak leidend te maken en de bezwaren daartoe te negeren wordt hier het belang van de generieke aanpak onderstreept.

guarantee the public a minimum quality norm, so that people know that their health will not be compromised. On the other hand, public authorities and their partners must be encouraged to exceed this minimum wherever possible, hence creating an optimum quality of life. In that sense, it will be possible, using simple, clear and stable rules, to define frameworks that can serve as guarantees for a minimum quality norm for everyone. In addition, enabling conditions are set, which stimulate policy to raise the situation-specific quality of life to as high a level as possible. This produces the following playing-field, expressed in the form of a matrix:

Here, the minimum quality applies to more than environmental factors alone. It is in fact the minimum desirable quality of life, or quality of the physical environment, which can also be described as criteria relating to spatial quality. And this is where compact urban development and the demand for quality converge. This view of things no longer posits the classic antithesis between separation and interrelationship, or between development and protection. Bearing in mind the shift *from a purely spatial-functional allocation to a qualitative embedding in a balanced whole of spatial structures and functions*, the result is to provide a conditioned perspective for the high-quality embedding of functional spatial trends.

The limits of decentralization have been reached. This increases the importance of achieving a sound balance between generic and specific policy. Rather than emphasizing the area-based approach and ignoring the objections that have been raised to it, the importance of the generic approach should be stressed. The room that has been left for the area-based approach and for devising an incentives policy means that there is ample scope for subsidiarity, provided the minimum quality of the physical environment is 'ultimately' guaranteed. From this point of view, local authorities do not have to be inundated by a growing pile of responsibilities; instead, carefully weighed choices can be made, supported by strategic arguments, between generic and situation-specific policies. In the compact urban development of the future, two aspects will be of overriding importance: development and quality. From this vantage point, the classic environmental rules will be transformed into spatial criteria for the environment. This seems to hold out ways of resolving dilemmas between spatial and environmental policies, thus ending an ingrained institutional evil. If this approach is adopted, compact urban development and achieving a sound quality of the environment will have become complementary variables.

1 This article is a revised version of an essay reflecting on the legal regime for environmental health and hygiene, entitled 'Zonder Garanties geen Kwaliteit' ('No quality without guarantees'), written for the Ministry of Housing, Spatial Planning and the Environment (VROM), March 2010.

References

Bartelds, H. and G. de Roo (1995) *Dilemma's van de compacte stad: Uitdagingen voor het beleid*, VUGA, The Hague.

Bijl, R, J. Boelhouwer, E. Pommer, and P. Schyn (2009) *De sociale staat van Nederland*, Publication no. 14, Social and Cultural Planning Agency (SCP), The Hague.

De Roo, G. (2001) 'Planning per se, planning per saldo: Over conflicten, complexiteit en besluitvorming in de milieuplanning', *Reeks Planologie nr 1, 3de herziene druk*, Sdu Uitgevers, The Hague.

De Roo, G. and H. Voogd (2004) *Methodologie van planning: over processen ter beïnvloeding van de fysieke leefomgeving*, Coutinho Publishers, Bussum.

Dankzij de ruimte die er blijft voor de gebiedsgerichte aanpak en de mogelijkheid tot stimuleringsbeleid is er alle ruimte voor subsidiariteit, mits de basiskwaliteit voor de leefomgeving 'uiteindelijk' is gegarandeerd. In dit perspectief hoeven de lokale overheden niet ten onder te gaan aan toenemende verantwoordelijkheden, maar kunnen afgewogen en strategisch onderbouwde keuzen worden gemaakt tussen generiek en situatiespecifiek beleid. In de compact-stedelijke ontwikkeling van de toekomst staan die twee aspecten centraal: ontwikkelen én kwaliteit. De klassieke milieuregels worden volgens dit perspectief getransformeerd tot ruimtelijke criteria voor de leefomgeving. Daarmee lijkt het mogelijk om dilemma's tussen ruimtelijk en milieubeleid te beslechten, waarmee een eind kan komen aan een hardnekkig institutioneel kwaad. Compact-stedelijke ontwikkeling en een goede kwaliteit van de leefomgeving zijn complementaire grootheden geworden.

1 Dit artikel is een bewerking van een essay ter 'bezinning op het stelsel van omgevingsrecht', getiteld 'Zonder garanties geen kwaliteit' en geschreven in opdracht van het Ministerie van VROM, maart 2010.

Referenties

Bartelds, H., G. de Roo (1995). *Dilemma's van de compacte stad – Uitdagingen voor het beleid*, VUGA, Den Haag.

Bijl, R, J. Boelhouwer, E. Pommer & P. Schyn (2009). *De sociale staat van Nederland*, Publicatienr. 14, Sociaal Cultureel Planbureau, Den Haag.

Eijsbouts, W.T. (1996). *Subsidiariteit en Europese integratie. Een oude wijsheid in een nieuwe context, Sociaal Economische Wetgeving*; tijdschrift voor Europees en economisch recht, Vol. 9, pp.322-322.

Evaluatiecommissie Stad & Milieu (2003). Tweede tussenevaluatie Stad & Milieu; *Deel I: relatie tussen norm en kwaliteit, Eindrapport*, 30 juni 2003, IMEconsult, Den Haag.

Evaluatiecommissie Wet Milieubeheer (2001). *Het gemeentelijk milieubeleidsplan, van plan naar proces*, Den Haag.

Faludi, A., A. van der Valk (1994). *Rule and Order: Dutch planning doctrine in the twentieth century*, Kluwer Academic Press, Dordrecht.

Huberts, L.W.J.C., S. Verberk, S. Berndsen, H. van den Heuvel, A. van Montfort, W. Huisman, M. Vermeulen (2005). *Overtredende overheden, op zoek naar de omvang aan regelovertredingen door overheden*, Boom Juridische Uitgevers, Den Haag.
IPO, VROM, VNG, UvW, V&W (2005). *Eindmeting Professionalisering Milieuhandhaving*, gebaseerd op cijfers per 12 mei 2005, Ministerie van VROM, Den Haag.
Oosterhoff, H.A., G. de Roo, M.J.C. Schwartz, H. van der Wal (2000). *Omgevingsplanning in Nederland; Een stand van zaken rond sectoroverschrijdend, geïntegreerd en gebiedsgericht beleid voor de fysieke leefomgeving*, Studierapport no. 8, Rijksplanologische Dienst, Ministerie van VROM, Den Haag.
Roo, G. de (2001). *Planning per se, planning per saldo – Over conflicten, complexiteit en besluitvorming in de milieuplanning*, Reeks Planologie nr. 1, derde herziene druk, Sdu Uitgevers, Den Haag.
Roo, G. de, H. Voogd (2004). *Methodologie van planning – over processen ter beïnvloeding van de fysieke leefomgeving*, Uitgeverij Coutinho, Bussum.
Schoot, T.H.H.A. van der (2009). Nieuwe wetgeving RO, in theorie en praktijk, Berghauser Pont, Amsterdam.
Spreeuwers, W.J., Ch. Zuidema, G. de Roo (2008). *De basiskwaliteit voorbij; een zoektocht naar milieukwaliteit op lokaal niveau*, i.o.v. Ministerie van VROM, Urban Regional Studies Institute, Faculteit Ruimtelijke Wetenschappen, Rijksuniversiteit Groningen, Groningen.
VROM Inspectie (2006). *Landelijke Rapportage VROM-brede gemeenteonderzoeken 2005*, Ministerie van VROM, Den Haag.
VROM Raad (2009). *Dynamiek in gebiedsgericht milieubeleid – Ontwikkelen door herschikken*, Advies 075, juli, Den Haag.
Winsemius, P. (1986). *Gast in eigen huis – Beschouwingen over milieumanagement*, Samsom H.D. Tjeenk Willink, Alphen aan den Rijn.
Zeeuw, F. de, H. Puylaert & H. Werksma (2009). *Doorbreek de impasse – Tussen milieu en gebiedsontwikkeling*, Praktijkleerstoel gebiedsontwikkeling TU Delft, Delft.

De Zeeuw, F., H. Puylaert, and H. Werksma (2009) *Doorbreek de impasse: Tussen milieu en gebiedsontwikkeling*, Professorship of professional practice in area development, TU Delft, Delft.
Eijsbouts, W.T. (1996) 'Subsidiariteit en Europese integratie. Een oude wijsheid in een nieuwe context'. In *Sociaal Economische Wetgeving; Tijdschrift voor Europees en Economisch recht*, vol. 9, pp. 322-322.
Evaluatiecommissie Stad & Milieu (Cities and Environment Evaluation Committee; 2003), *Tweede tussenevaluatie Stad & Milieu; vol. I: relatie tussen norm en kwaliteit*, Final report, 30 June 2003, IMEconsult, The Hague.
Evaluatiecommissie Wet Milieubeheer (Environmental Management Act Evaluation Committee; 2001) *Het gemeentelijk milieubeleidsplan, van plan naar proces*, The Hague.
Faludi, A. and A. van der Valk (1994) *Rule and Order: Dutch Planning Doctrine in the Twentieth Century*, Kluwer Academic Press, Dordrecht.
Huberts, L.W.J.C., S. Verberk, S. Berndsen, H. van den Heuvel, A. van Montfort, W. Huisman, and M. Vermeulen (2005) *Overtredende overheden, Op zoek naar de omvang aan regelovertredingen door overheden*, Boom Legal Publishers, The Hague.
IPO, VROM, VNG, UvW, and V&W (2005) *Eindmeting Professionalisering Milieuhandhaving, gebaseerd op cijfers per 12 mei 2005*, Ministry of Housing, Physical Planning and the Environment (VROM), The Hague.
Oosterhoff, H.A., G. de Roo, M.J.C. Schwartz, and H. van der Wal (2000) *Omgevingsplanning in Nederland; Een stand van zaken rond sectoroverschrijdend, geïntegreerd en gebiedsgericht beleid voor de fysieke leefomgeving*, Studierapport no. 8, Rijksplanologische Dienst, Ministry of Housing, Physical Planning and the Environment (VROM), The Hague.
Spreeuwers, W.J., C. Zuidema, and G. de Roo (2008) *De basiskwaliteit voorbij...; een zoektocht naar milieukwaliteit op lokaal niveau*, commissioned by the Ministry of Housing, Physical Planning and the Environment (VROM), Urban Regional Studies Institute, Faculty of Spatial Sciences, University of Groningen, Groningen.
Van der Schoot, T.H.H.A. (2009) *Nieuwe wetgeving RO, in theorie en praktijk*, Berghauser Pont, Amsterdam.
VROM-Inspectie (Inspectorate for Housing, Spatial Planning, and the Environment; 2006) *Landelijke Rapportage VROM-brede gemeenteonderzoeken 2005*, Ministerie van VROM, The Hague.
VROM-Raad (Dutch Advisory Council for Housing, Spatial Planning, and the Environment; 2009) *Dynamiek in gebiedsgericht milieubeleid: Ontwikkelen door herschikken*, Advisory report 075, July, The Hague.
Winsemius, P. (1986) *Gast in eigen huis: Beschouwingen over milieumanagement*, Samsom H.D. Tjeenk Willink, Alphen aan den Rijn.

Compacte grondexploitatie
De uitvoerbaarheid van de stedelijke transformatieopgave

Compact land development
The feasibility of urban transformation targets

Erwin van der Krabben

Het compactestadbeleid leidt tot een grote bouw-opgave in het bestaand stedelijk gebied. De rijks-overheid heeft zich tot doel gesteld om een aanzien-lijk deel van de nieuwbouw van woningen in bestaand bebouwd gebied te realiseren. Ook andere 'rode' functies zullen meer in bestaand ste-delijk gebied gerealiseerd moeten worden. Het merendeel van die nieuwbouw zal moeten plaatsvin-den in zogenaamde transformatiegebieden. Nu het zogenoemde 'laaghangend fruit' reeds is benut, is het de vraag of dat alsnog in voldoende mate kan plaatsvinden. Extra aandacht voor een mogelijk alternatieve uitvoeringsstrategie is daarbij zeker geen overbodige luxe.

Introductie
De ambitie van het Rijk was aanvankelijk om 40% van de nieuwbouwwoningen in bestaand bebouwd

The compact city policy requires a great deal of building work in areas that are already urbanized. National government has set the goal that a significant proportion of new dwellings should be constructed within built-up areas. Other urban, or 'red', func-tions will also have to be provided for within existing urban zones. Most of that new build-ing will have to take place in what are known as transformation areas (*transformatiege-bieden*). Now that the low-hanging fruit has been picked, so to speak, it is reasonable to wonder whether this plan can still be carried out adequately. Exploring a potential alterna-tive plan of action is certainly no luxury.

Introduction
The original government target was to have 40% of new buildings constructed within already built-up areas. This percentage has now been lowered to 'between 25 and 40

percent', though without any penalties for cities that fail to meet the target (Ministry of General Affairs, 2007). Research by the Netherlands Environmental Assessment Agency (*Planbureau voor de Leefomgeving*; PBL) has shown that in the 2001-2005 period, on average, 34% of the additions to the national housing stock were built in existing urban areas (Buitelaar et al., 2008). This percentage was considerably lower in some provinces, particularly South Holland (24%) and Utrecht (28%). The expectation (partly in view of the compact city policy) is that the percentage of new construction that takes place in the city centre will have to rise much further in the decade ahead. This change will not come easily, as we can see if we examine the plans for building in existing urban areas. The PBL has calculated that only 25% of the 'red' plans relate to existing urban areas and that even those will prove difficult to implement (Buitelaar et al., 2008, p. 38).

Furthermore, building in city centres (an integral component of the compact city policy) is increasingly likely to entail the transformation of previously built-up areas, since undeveloped city centre areas have become scarce. In this article, I discuss implementation problems with building in transformation areas, performing a detailed analysis of the strategies that cities are using to meet the targets for urban transformation and exploring the potential to implement transformation projects more effectively.

Implementation problems in transformation areas

Why is it so difficult to build in existing urban areas? We can identify a few well-defined reasons, as well as a number of 'gut feelings' that are harder to substantiate.

Let us begin with the readily apparent reasons, which relate to the financial returns on area development, ownership structures, the value of real property given its current use, the costs of soil contamination, and sales risks.

gebied te realiseren. Inmiddels is dit percentage bijgesteld naar 'tussen 25 en 40 procent', zonder dat er echter sprake is van sancties voor steden die dit percentage niet halen (Ministerie AZ, 2007). Uit onderzoek van het Planbureau voor de Leefomgeving (PBL) blijkt dat in de periode 2001-2005 van de nettotoevoegingen aan de woningvoorraad gemiddeld 34% is gerealiseerd in bestaand stedelijk gebied (Buitelaar et al., 2008). Met name de provincies Zuid-Holland (24% in bestaand stedelijk gebied) en Utrecht (28% in bestaand stedelijk gebied) zitten daar ruim onder. De verwachting is dat, mede door het compactestadbeleid, het percentage binnenstedelijk bouwen in het komende decennium echter veel verder omhoog moet. Dat dit niet eenvoudig zal zijn blijkt uit de plannen voor bouwen in bestaand stedelijk gebied. Het PBL heeft becijferd dat slechts 25% van de 'rode' plannen van toepassing is op het bestaand stedelijk gebied en dat ook die nog moeilijk te realiseren zullen blijken te zijn (Buitelaar et al., 2008: p.38). Binnenstedelijk bouwen, onlosmakelijk verbonden met het compactestadbeleid, impliceert eveneens steeds vaker de transformatie van reeds eerder bebouwd gebied. Onbebouwd binnenstedelijk gebied is schaars geworden. In deze bijdrage bespreek ik de uitvoeringsproblemen die er zijn met betrekking tot het bouwen in transformatiegebieden. Er wordt een nadere analyse gemaakt van de strategieën die steden voeren voor het realiseren van de transformatieopgave en er vindt een verkenning plaats van de mogelijkheden om de uitvoering van transformatieprojecten te verbeteren.

Uitvoeringsproblematiek van transformatiegebieden

Waarom is het zo moeilijk om te bouwen in bestaand stedelijk gebied? Er zijn een paar concrete oorzaken aan te wijzen. Daarnaast is er sprake van enkele, moeilijker te bewijzen, 'onderbuikgevoelens'. We beginnen met de voor de hand liggende oorzaken. Die hangen samen met de financiële exploitatie voor de gebiedsontwikkeling, de eigendomsverhoudingen, de waarde van het vastgoed bij het huidige gebruik, kosten van bodemverontreiniging en afzetrisico's.

In de eerste plaats is de financiële exploitatie van een transformatieproject, in vergelijking met nieuwbouw op uitleglocaties, vaak problematisch doordat de 'waardesprong' onvoldoende is en bovendien voor een (groot) deel door de oorspronkelijke eigenaren van de grond wordt geïncasseerd. Met behulp van figuur 1 kunnen we dat uitleggen. Figuur 1 toont de residuele waarde van de grond in een fictieve situatie, voor en na de gebiedsontwikkeling, op uitleglocaties en in binnenstedelijke gebieden. Die residuele grondwaarde na gebiedsontwikkeling wordt berekend door de bouwkosten van het vastgoedproject af te trekken van de verwachte marktwaarde van het vastgoed (bijvoorbeeld de woningprijs). Wat overblijft is de prijs die de projectontwikkelaar maximaal voor de bouwgrond wil betalen. Als hij meer betaalt, dan zou hij verlies lijden op de ontwikkeling. Voor de uitleglocaties zien we echter dat de residuele waarde van de nieuwe bestemming (bijvoorbeeld woningbouw) veel hoger is dan de residuele waarde van de oude bestemming (bijvoorbeeld agrarisch gebruik). Het verschil tussen de 'oude' en de 'nieuwe' residuele waarde noemen we economic rent. De verwervingsprijs die de gebiedsontwikkelaar aan de oorspronkelijke eigenaar betaalt voor de agrarische grond is de uitkomst van een onderhandeling tussen die twee partijen. In uitleggebieden zit er vaak zoveel marge op de projecten dat de oorspronkelijke eigenaar een prijs voor zijn grond krijgt die hoger ligt dan de residuele waarde in het oorspronkelijke gebruik: de oorspronkelijke eigenaar eigent zich dus een stukje van de waardesprong toe. De gebiedsontwikkelaar moet vervolgens de grond bouwrijp gaan maken en verkoopt dan de bouwgrond tegen een prijs die gelijk is aan de residuele waarde in het nieuwe gebruik

Firstly, the financial rewards of a transformation project are often considerably less than those of new building in urban extensions, because the increase in value is inadequate and goes in part (often in large part) to the previous owners of the site. This can be seen with the help of Figure 1, which shows the hypothetical land residual value before and after area development, in both urban extensions and the city centre. The land residual value after area development is calculated by deducting the building costs of the property development project from the expected market value of the property (for instance, the total price of the new dwellings). The difference is the maximum price that the project developer will be prepared to pay for the site. If he pays more, then the project will be a net loss. What we see is that in urban extensions the residual value of the new land use (for example, housing) is much greater than the residual value of the old use (for example, agriculture). We refer to the difference between the old and new residual values as economic rent. The purchase price paid by the property developer to the original owner for the agricultural land is the outcome of negotiations between the two parties. In urban extensions, there is often such a wide margin for projects of this type that the original owner receives more for his land than the residual value of the original use; in other words, the original owner lays claim to a small portion of the increase in value. The area developer must then prepare the site for building and sell it to a project developer for a price equal to its residual value in its new use. The municipality uses the difference between that residual value and the purchase price to cover the costs of preparing the site for building. Often, the municipality even makes a profit on projects in urban extensions (because the costs of preparing the site for building are less than the difference between the residual value and the purchase price). In recent decades, many municipalities have had the option of using the profits from urban extensions to fund loss-making projects elsewhere; alternatively, they could add the profits to their reserves.

In transformation areas, the situation is different: the value of the property in its original use is often higher than in planned urban extension areas. That drives up the purchase price, because the original owner's minimum asking price for his land will equal its value in its current use. If we assume that the residual value of the land in the new use will be equal to its new value in urban extension areas, we encounter a financial problem (the red block in Figure 1). This is caused by the relatively high costs of demolition and of preparing the site for building and

aan een projectontwikkelaar. Met het verschil tussen die residuele waarde en de verwervingsprijs financiert de gemeente de kosten van het bouwrijp maken. Niet zelden maakt de gemeente bij die uitleglocaties ook nog winst op het project (de kosten van het bouwrijp maken zijn dan lager dan het verschil tussen de residuele waarde en de verwervingsprijs). In de afgelopen decennia zijn gemeenten hierdoor in staat geweest om met de opbrengsten van de uitleglocaties ook elders op hun grondgebied verliesgevende projecten te realiseren c.q. konden gemeenten die winst aan hun reserves toevoegen.

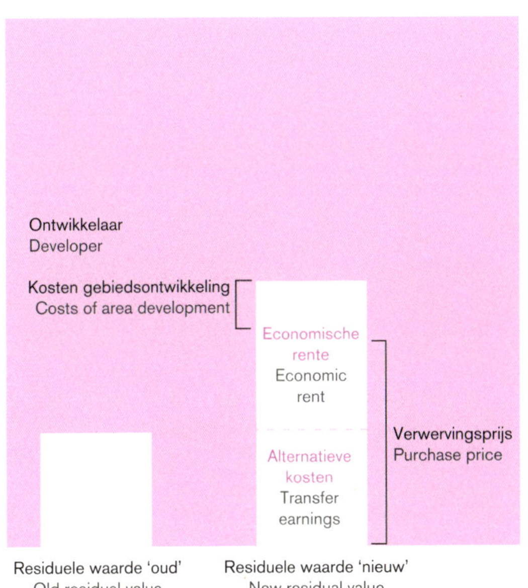

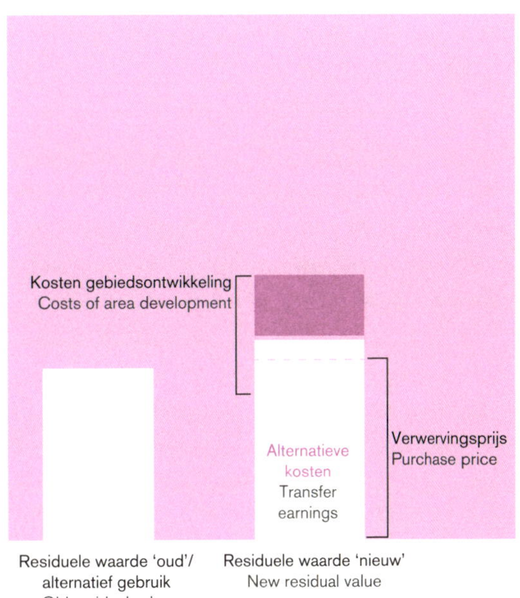

Figuur 1: Residuele waardeontwikkeling: uitleglocaties versus transformatiegebieden.
Figure 1: Change in residual value: urban extensions vs. transformation areas.

In transformatiegebieden is de situatie anders. De waarde van de grond in het oorspronkelijk gebruik is vaak hoger dan op uitleglocaties. Dat betekent dat ook een hogere verwervingsprijs moet worden betaald. De oorspronkelijke eigenaar vraagt immers minimaal een prijs voor zijn grond die gelijk is aan de waarde in het huidige gebruik. Indien we die residuele waarde van de grond in het nieuwe gebruik gelijk veronderstellen aan die waarde op een uitleglocatie ontstaat er een financieel probleem (het 'rode blok' in figuur 1). Dat wordt veroorzaakt door de relatief hoge kosten voor sloop, bouw- en woonrijp maken en door hogere plankosten. Het gevolg is dat het verschil tussen de verwervingsprijs die de gemeente moet betalen en de prijs die zij ontvangt voor de bouwgrond klein is en dat dat verschil onvoldoende is om de kosten van het bouwrijp maken te dekken. In dat geval is er een verlies op de grondexploitatie (het rode blok in de figuur).

Daarnaast is er in de tweede plaats in transformatiegebieden vaak sprake van gefragmenteerd eigendom van grond en vastgoed. Hier zijn soms wel honderden verschillende eigenaren aanwezig. In veel gevallen moeten die allemaal uitgekocht worden door de overheid. De gemeente moet bovendien met elke eigenaar afzonderlijk onderhandelen. Dat maakt het proces langdradig en soms ook duur.

In de derde plaats zien we in veel transformatiegebieden dat een deel van het vastgoed nog in gebruik is. Dat betekent dat voor de zittende eigenaren vervangende woon- of bedrijfsruimte gezocht moet worden. Zeker in het geval van verouderde binnenstedelijke bedrijventerreinen is het vaak niet eenvoudig om voor zittende bedrijven een nieuwe plek te zoeken.

In de vierde plaats kan er, zeker op verouderde bedrijventerreinen, ook nog sprake zijn van bodemverontreiniging en daarmee samenhangende kosten. Het is niet altijd duidelijk op wie die kosten te verhalen zijn.

occupation, as well as by the higher costs of planning. Consequently, the difference between the purchase price to be paid by the municipality and the price that it receives for the land is small, and insufficient to cover the costs of preparing the site for building. In such cases, the municipality incurs a net loss on the area development project (the red block in the figure).

The second obvious difficulty in transformation areas is that the ownership of land and real property is often fragmented, with as many as one hundred different owners. In many cases, all these owners have to be bought out by the municipal authorities, who generally have to negotiate with each one separately in a prolonged and potentially costly process.

Thirdly, we see in many transformation areas that some properties are still in use. In that case, alternative residential or business locations have to be found for the property owners. It is often a challenge to find new locations for existing companies, especially in the case of declining city-centre business districts.

Fourthly, soil contamination and the costs associated with it may also be an issue, especially in declining business districts. It is not always clear who is responsible for these costs.

Fifthly, there are risks associated with the ultimate redevelopment of the area. In city centres, we see a relatively high density of construction. Therefore, as time goes on, the emphasis is often coming to lie on apartment complexes. There is undeniably a market for such apartments, but as production increases, project developers are concerned that there may not be sufficient demand for all the new apartments being built.

Finally, there is less and less public funding (such as national and municipal grants) to cover shortfalls in revenue from such projects. Following questions in the lower house of the Dutch Parliament, ABF (2008) investigated the degree to which available government funding is keeping pace with government policy on spatial planning. This research showed that there is insufficient funding for the years ahead.

Suspicions of growing problems

There is reason to suspect that certain other factors also contribute to the growing difficulty of carrying out city-centre transformation projects.

For one, we might ask whether the Netherlands has not started early with the transformation of its existing urban areas, relative to some other countries. A great deal of property is often still in use in Dutch transformation areas; this leads to high costs and slows down the process. In contrast, similar areas in other countries are not transformed until they have been abandoned by almost all their residents. This is, of course, closely connected to high Dutch standards of spatial quality in urban areas. But the financial consequences are sometimes anything but trivial.

Secondly, it is conceivable that municipalities will find it more difficult in future to finance loss-making transformation projects with the local development corporation's profits from other projects. There is not much information available about the municipal development corporations' profits from land development. Research by Korthals Altes (2008) has shown that in recent years municipalities have profited substantially from land development, but with the national Vinex building programme drawing to a close and the decline in development of new urban extensions, the situation could change quite radically in the near future.

Thirdly, it is possible that the financial problems in transformation areas are partly due to the municipal strategy of integrated area development. That hypothesis is supported by price developments in the housing market between 1990 and 2008. Figure 2 shows that the average price of new-build homes has risen much more steeply than the costs of building. This means that over the past eighteen years the residual value of

In de vijfde plaats zijn er risico's verbonden aan de uiteindelijke herontwikkeling van het gebied. We zien dat er in binnenstedelijk gebied in relatief hoge dichtheden gebouwd wordt. Dat betekent dat hier vaak steeds meer de nadruk op appartementencomplexen komt te liggen. Voor dergelijke appartementen is een markt aanwezig, maar bij toenemende productie maken projectontwikkelaars zich ook zorgen of er wel voldoende vraag blijft. Tenslotte lopen de financiële middelen van de overheid (rijkssubsidies, gemeentelijke subsidies) om tekorten in de exploitaties van dit soort projecten op te vangen terug. Naar aanleiding van vragen in de Tweede kamer is door ABF (2008) onderzoek verricht naar de mate waarin de beschikbare overheidsmiddelen in de pas lopen met het ruimtelijke beleid van de overheid. Het onderzoek toont aan dat die middelen voor de komende jaren niet toereikend zijn.

Vermoedens van toenemende problemen

Daarnaast bestaat het vermoeden dat nog andere factoren verantwoordelijk zijn voor een toename van de problemen met de uitvoering van binnenstedelijke transformatieprojecten.

In de eerste plaats kunnen we ons afvragen of het initiatief voor de transformatie van bestaand stedelijk gebied in Nederland, in vergelijking met sommige andere landen, niet relatief vroeg komt. Vaak is in projecten in Nederland een groot deel van het vastgoed nog in gebruik, hetgeen hoge kosten met zich meebrengt en zorgt voor vertragingen in het proces. In andere landen daarentegen wordt vaak pas 'getransformeerd' als het gebied door (bijna) alle gebruikers is verlaten. Een en ander hangt natuurlijk samen met de hoge ruimtelijke kwaliteitseisen die we in Nederland stellen aan het stedelijk gebied. De financiële consequenties daarvan zijn soms echter niet gering.

In de tweede plaats is het niet ondenkbaar dat de mogelijkheden van gemeenten om verliesgevende transformatieprojecten te financieren met de winst die het gemeentelijk grondbedrijf maakt met andere projecten in de toekomst zullen afnemen. Veel is er niet bekend over de winsten die gemeentelijke grondbedrijven maken op grondexploitaties. Onderzoek van Korthals Altes (2008) laat zien dat gemeenten in de afgelopen jaren een ruim positief saldo hadden op hun grondexploitaties. Met het aflopen van de Vinexoperatie en de afname van de ontwikkeling van uitleglocaties zou dat in de nabije toekomst wel eens heel anders kunnen uitpakken. In de derde plaats zou het wel eens zo kunnen zijn dat de financiële problemen in transformatiegebieden deels te wijten zijn aan de door gemeenten gehanteerde strategie van integrale gebiedsontwikkeling. Om dat te onderbouwen kan worden gewezen op de prijsontwikkeling die zich tussen 1990 en 2008 jaar heeft voorgedaan op de woningmarkt (figuur 2). We zien dat de gemiddelde prijs van nieuwbouwwoningen veel sterker is gestegen dan de ontwikkeling van de bouwkosten. Dit betekent dat in achttien jaar de gemiddelde residuele waarde van de grond – het verschil tussen de verkoopprijs en de bouwkosten – aanzienlijk is toegenomen. Het verwachte gevolg daarvan zou moeten zijn dat de financiële haalbaarheid van woningbouwprojecten – op uitleglocaties én op binnenstedelijke locaties – ook toeneemt. De gemeente kan de bouwgrond tegen een veel hogere prijs verkopen aan de projectontwikkelaar en houdt in theorie meer geld over om de kosten van gebiedsontwikkeling te financieren.

Het lijkt er echter op dat zich in transformatieprojecten ook een ontwikkeling heeft voorgedaan die is weergegeven in figuur 3. Figuur 3 heeft weer betrekking op een fictieve situatie en vergelijkt de waardeontwikkeling in transformatiegebieden in 1990 en 2010. De situatie in 1990 is gelijk aan het geschetste beeld voor transformatiegebieden in figuur 1. De situatie in 2010 weerspiegelt de sterke stijging van de woningprijzen uit figuur 2. Wat is er

the land – the difference between the sale price and the building costs – has increased substantially. The expected result would be for new housing projects to become more financially feasible, whether in urban extensions or city-centre locations. This is because, in theory, municipalities can sell land to project developers for much higher prices and therefore have more money to cover the costs of area development. Yet transformation projects also seem to have undergone the shift depicted in Figure 3, which again relates to a hypothetical situation and shows the change in the value of transformation areas between 1990 and 2010. The situation in 1990 matches the picture of transformation areas sketched in Figure 1. The situation in 2010 reflects the sharp increase in housing (house and flat) prices shown in Figure 2.

What has changed here? First of all, we may assume that the residual value of the land in its original use has increased, since the building in its original use rose in value between 1990 and 2010. Figure 3 also assumes that the residual value of the land – the price for which the municipality could sell the land to a project developer – has greatly increased. Nevertheless, in many cases, land development has become more unprofitable. There are two reasons for that. First, the municipalities, in their role as area developers, paid higher purchase prices. That has to do with the residual value of the land in its old use and with the ability of the original owners to secure a larger portion of the expected increase in value. Suppose that a municipality announces its ambitious plans for the transformation of an area. Simply by becoming involved, it makes it more certain that the project will actually be carried out. Furthermore, because the municipality has announced at an early stage that it plans to redevelop the entire area and wishes to purchase all the land for this purpose, it has a weak negotiating position. In fact, the municipality's ambitious plans unintentionally increase the purchase

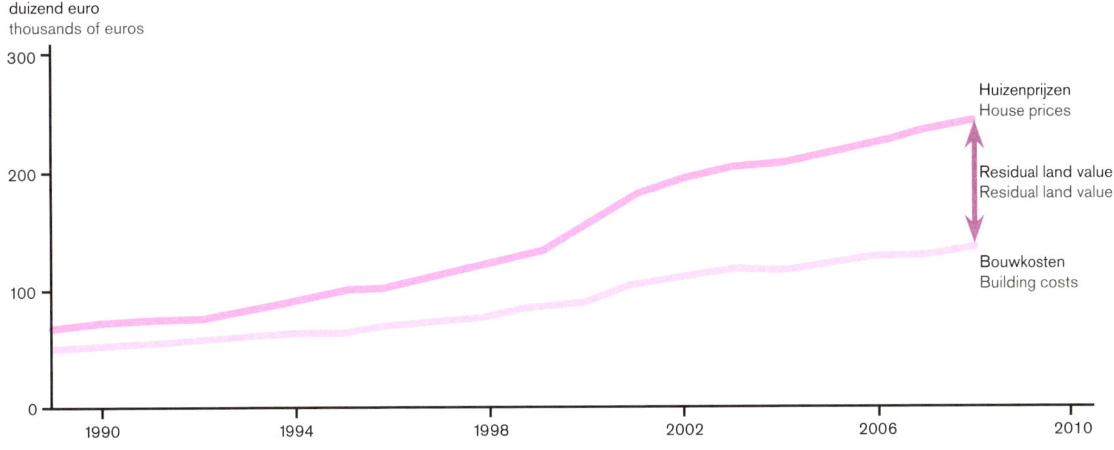

Figuur 2: Ontwikkeling prijs nieuwbouwwoningen en bouwkosten (Bron: Buitelaar et al., 2008).
Figure 2: Movements of prices for new-build dwellings and building costs (Source: Buitelaar et al. 2008).

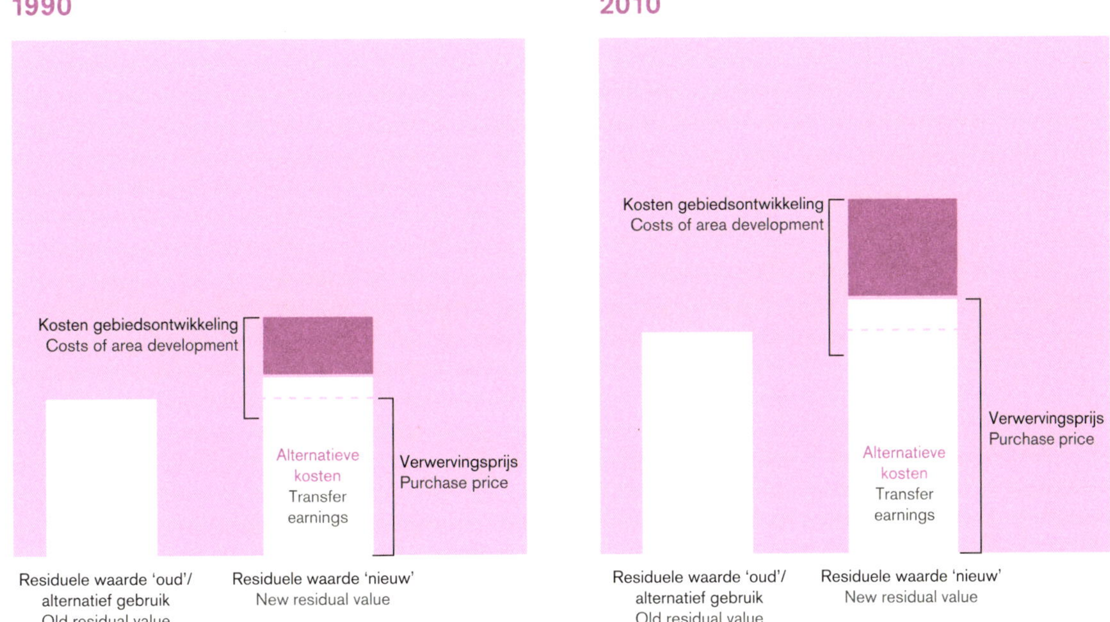

Figuur 3: Residuele waardeontwikkeling in transformatieprojecten, 1990-2010.
Figure 3: Residual value development in transformation projects, 1990-2010.

nu veranderd? Allereerst mogen we veronderstellen dat de residuele waarde van de grond in het oorspronkelijke gebruik gestegen is. Het vastgoedobject in het oorspronkelijke gebruik is tussen 1990 en 2010 immers ook in waarde gestegen. Vervolgens wordt in figuur 3 verondersteld dat de residuele waarde van de bouwgrond – de prijs waartegen de gemeente de bouwgrond aan een projectontwikkelaar kan verkopen – fors is toegenomen. En toch is het verlies op de grondexploitatie vaak gegroeid. Dat heeft twee oorzaken. Enerzijds zijn de verwervingsprijzen die de gemeente als gebiedsontwikkelaar betaalt toegenomen. Dat heeft te maken met de residuele waarde bij het oude gebruik en met het feit dat de oorspronkelijke eigenaar erin slaagt een groter deel van de (verwachte) 'waardesprong' te bemachtigen. De gemeente spreekt hoge ambities uit over de transformatie van het gebied en biedt bovendien, simpelweg door haar betrokkenheid, zekerheden dat het project daadwerkelijk wordt gerealiseerd. Omdat de gemeente vaak al in een vroeg stadium aankondigt dat zij het gebied integraal wil herontwikkelen en daarvoor ook alle gronden wenst te verwerven is de onderhandelingspositie van de gemeente slecht. De ambities van de gemeenten stuwen in feite ongewild de verwervingsprijzen op. Dat betekent dus dat de gestegen marge tussen de woningprijzen en de bouwkosten voor een deel in de zak van de oorspronkelijke eigenaar is verdwenen.

Anderzijds zijn gemeenten onder het motto van integrale gebiedsontwikkeling veel meer kosten gaan toerekenen aan de ambitieuze transformatieprojecten. Het gaat niet alleen om de kosten van bouwrijp maken, maar ook om de kosten van hoogwaardige infrastructuur, toegenomen sloopkosten en kosten van bodemsanering, kosten van sociale woningbouw, regionaal groen, etc. Dat betekent dat het verschil tussen de verkoopprijs van de bouwgrond en de verwervingsprijs voor de grond in nog sterkere mate dan voorheen tekortschiet om de kosten

prices. That makes it possible for the original owners to demand a larger share of the increased margin between the final housing prices and the building costs.

At the same time, the integrated area development approach has led municipalities to allocate many more types of costs to their ambitious transformation projects: not only the costs of preparing the site for building, but also those of high-quality infrastructure, demolition (which has grown more expensive), soil remediation, social housing, green spaces serving regional needs, and so forth. That means that, even more than in the past, the difference between the sale and purchase price of the building site is insufficient to cover the costs of area development. In many cities, we are therefore seeing urban regeneration projects with large operating deficits, despite the concurrent rise in housing prices.

Land policy and the instruments available
At this point in time, it is worth asking whether the instruments available to municipalities in the field of land policy – in particular, those provided by recent land development legislation – offer sufficient scope to address the problems mentioned above. A 2009 report by the advisory council to the Dutch planning ministry (*VROM Raad*) expresses serious doubts about this and strongly recommends further investigation of the possibility of new amendments to primary and delegated legislation that would improve the financing of area development in city centres. I will not present a full analysis of this topic here, but will briefly examine the possibilities afforded by land development legislation, and then compare them to the potential added value of another instrument: urban land readjustment.

Land development legislation
An ex ante evaluation of land development legislation carried out for, and from within, the Dutch planning ministry (Van Dinteren et al., 2009) concluded that this new legisla-

tion offers municipalities sufficient scope for performing their leading role in area development, but that this applies mainly if they do not own the land in question. In area development in city centres, likewise, the evaluators expected that the new legislation would make municipalities better able to oversee complex projects. The legislation gives municipalities useful powers, such as greater power to recover costs, as well as the power to establish different stages in the development plan.

In the ex ante evaluation, however, there was also some concern that land development legislation may not be the magic pill that will cure centre-city area development of its operating deficits. One condition for the use of the cost recovery powers is that they must not lead to a negative operating margin. Land development legislation only allows for recovery of costs (from uncooperative owners of property in the area in question) within the framework of a 'profit-making' project. In the case of a loss-making project, an instrument known as macro-equalization (*macro-aftopping*) is used. In concrete terms, if there is a negative operating margin, not all costs can be recovered from the property owners in the area to be developed. What the new legislation does provide is a clear system by means of which any costs that are recovered can be distributed among the parties involved.

Urban land readjustment
In comparison to land development legislation, another instrument may offer more scope for dealing with deficits in land development. As noted above, the acquisition of the land in the area in question, an essential step in the transformation process, can also be a time-consuming task. In the case of partial transformation, in which another section of the area is to remain unchanged, the Land Development Act (*Grondexploitatiewet*) does not give municipalities much influence over the unaffected section.

van de gebiedsontwikkeling te kunnen dekken. Inmiddels vinden we in veel steden dan ook voorbeelden van stadsvernieuwingsprojecten met aanzienlijke exploitatietekorten; dit ondanks de tegelijkertijd sterk gestegen woningprijzen.

Grondbeleid en instrumentarium
De vraag is actueel of het grondbeleidinstrumentarium van gemeenten – en met name de introductie van de grondexploitatiewetgeving – voldoende mogelijkheden biedt om de hierboven genoemde problemen het hoofd te bieden. De VROM-Raad (2009) twijfelt hier ernstig aan en pleit voor nader onderzoek naar nieuwe wijzigingen in wet- en regelgeving, om zodoende de financiering van binnenstedelijke gebiedsontwikkeling te verbeteren. Ik maak hier geen volledige analyse van, maar richt me kort op de mogelijkheden van de grondexploitatiewetgeving enerzijds, in vergelijking met de mogelijke meerwaarde van het instrument stedelijke herverkaveling anderzijds.

Grondexploitatiewetgeving
Op basis van een in opdracht van het ministerie van VROM uitgevoerde ex-ante evaluatie van de grondexploitatiewetgeving (Van Dinteren et al., 2009) is geconcludeerd dat deze nieuwe wetgeving gemeenten goede mogelijkheden biedt voor de uitvoering van haar regiefunctie bij gebiedsontwikkeling; dit echter vooral indien zij niet over de gronden beschikt. Ook bij binnenstedelijke gebiedsontwikkeling verwacht men dat gemeenten beter in staat zullen zijn de regie te voeren bij dergelijke complexe projecten. De verbeterde mogelijkheid om kosten te verhalen, maar bijvoorbeeld ook de mogelijkheid tot het maken van faseringsafspraken in het exploitatieplan, geeft gemeenten goede handvaten daarvoor. In de ex-ante evaluatie is echter ook de zorg uitgesproken dat de grondexploitatiewetgeving niet het panacee is voor de problemen van exploitatietekorten in binnenstedelijke gebiedsontwikkeling. Voor-

waarde voor toepassing van het kostenverhaal is immers dat dit niet mag leiden tot een negatief exploitatiesaldo. De grondexploitatiewetgeving biedt immers alleen binnen de randvoorwaarden van een 'winstgevende' exploitatie mogelijkheden voor kostenverhaal bij onwillige vastgoedpartijen met grondposities in het gebied. In het andere geval vindt macroaftopping plaats. Concreet betekent dit dat, in het geval van een negatief exploitatiesaldo, niet alle kosten kunnen worden verhaald op de eigenaren in het te ontwikkelen gebied. Wel is het zo dat er met de nieuwe wetgeving een heldere grondslag ontstaat voor de wijze waarop de kosten die wel verhaald kunnen worden verdeeld kunnen worden over de betrokken partijen.

Stedelijke herverkaveling

In vergelijking met de grondexploitatiewetgeving biedt een ander instrument wellicht betere mogelijkheden om het tekort in de grondexploitatie aan te pakken. Zoals gezegd is vooral de verwerving van de gronden in het gebied – noodzakelijk voor het transformatieproces – immers een tijdrovende aangelegenheid. In geval van gedeeltelijke transformatie, waarbij een ander deel van het gebied gehandhaafd blijft, biedt de Grondexploitatiewet de gemeente voor het te handhaven gebied bovendien weinig. Eigenaren in dit gebied profiteren van de investeringen door de overheid, maar kunnen niet gedwongen worden er aan mee te betalen. Het instrument van stedelijke herverkaveling, zoals dat in veel andere landen wordt toegepast, biedt in dit geval een beter alternatief (Van der Krabben & Needham, 2008, 2009). De Wolff (2003) heeft de werking van het instrument reeds eerder beschreven. Alle eigenaren in een bepaald gebied dragen hun eigendomsrechten over grond en vastgoed tegen de waarde van het huidige gebruik tijdelijk over aan de gemeente (of een wijkontwikkelingsmaatschappij). Indien eigenaren weigeren mee te werken wordt de overdracht wettelijk afgedwongen.

Property owners there benefit from public investment but cannot be made to contribute.

The instrument of urban land readjustment, already used in many other countries, is a preferable alternative in such cases (Van der Krabben & Needham, 2008, 2009). All the landowners in a given area temporarily convey their ownership rights to land and real property to the municipality (or a district development company) in return for the value of those assets in their current use. Uncooperative owners are forced to participate by statutory means. The municipality (or development company) then begins to redevelop the area. After partial or total demolition and land readjustment, ownership rights are reapportioned to the original owners, who each receive a share of the area equal in size or value to their original share. If this is no longer possible, they are compensated for their loss of ownership rights. The municipality acquires ownership of the public space. In addition, all the owners profit from the increase in values in the area, in proportion to the extent of their original ownership rights. But each owner also contributes to the costs of redevelopment, in proportion to the individual increase in value.

Urban readjustment, applied at the level of the transformation area, can be an attractive instrument when two different activities must take place (such as the demolition of one section while another is maintained in its current state), or when owners plan to return to the area after transformation. It not only has the potential to improve the implementation process, but also establishes a new basis for financing the partial or complete transformation of such areas. Moreover, if it is announced at the very start of the planning process that urban land readjustment will be used, all the existing owners will know what to expect right away, and speculative land purchases can be avoided. When owners are uncooperative, municipalities need not resort to compulsory purchase (often a time-consuming process) but can instead opt for mandatory urban land readjustment. Rather than conducting separate negotiations with each owner, the municipal authorities can determine the value of all the properties in the area at once. This makes the problem of ever-increasing purchase prices a thing of the past. Of course, objection procedures have to be built into this process. But the valuation of the properties in their current use, prior to transformation, will probably engender less debate than the current procedure. Furthermore, the transparency of the process will improve substantially. Instead of conducting separate, confidential negotiations with each individual owner, the municipality will determine the value of all the properties in the area in their current uses at the start of the process. This is their initial value; the increase in the value of the land and property in the area can then be used entirely to finance the costs of public investment. Let it be clear that such an instrument cannot be adopted lightly, especially since it would affect the rights of individual owners of land and property.

For the time being, it is hard to say whether there is a need for such an instrument. The situation is striking: great importance is attached to carrying out an increasing number of centre-city transformation projects, and there are suspicions of serious and growing problems (financial and otherwise) with those projects, yet the extent of the problem remains unclear. This makes it difficult to properly assess the desirability of potential changes in the range of land policy instruments that are available to municipalities. Nor does it strengthen the case for new national grant programmes for the transformation of major cities.

An alternative implementation strategy?
In the meantime, municipalities would be well advised to reflect on alternative strategies – perhaps less ambitious, but also less likely to drive up prices than the large-scale integrated area development approach

De gemeente (of de wijkontwikkelingsmaatschappij) gaat vervolgens aan de slag met de herontwikkeling van het gebied. Na (gedeeltelijke) sloop en herverkaveling krijgen de oorspronkelijke eigenaren weer eigendomsrechten toegewezen, in omvang of waarde gelijk aan hun oorspronkelijke aandeel in het gebied. Indien dit niet langer mogelijk is worden ze gecompenseerd voor het verlies van hun eigendomsrechten. De gemeente verwerft het eigendom van het openbare gebied. Alle eigenaren profiteren daarbij bovendien – naar rato van de omvang van hun oorspronkelijke eigendom – van de waardestijging in het gebied. Zij dragen – naar rato van de hun toekomende waardestijging – echter ook bij aan de kosten van de herontwikkeling.

Stedelijke herverkaveling toegepast op gebiedsniveau kan een aantrekkelijk instrument betekenen in transformatiegebieden waar sprake is van een gemengde opgave (sloop van het ene deel en handhaving van een ander deel van het gebied) en/of gebieden waar sprake is van eigenaren die, na transformatie, weer terugkeren in het gebied. Niet alleen zou het uitvoeringsproces kunnen verbeteren, maar er ontstaat ook een andere financieringsgrondslag voor de (gedeeltelijke) transformatie van dit soort gebieden. Als stedelijke herverkaveling direct aan het begin van het planproces wordt aangekondigd weten alle bestaande eigenaren bovendien direct waar ze aan toe zijn en worden speculatieve grondaankopen mogelijk voorkomen. In het geval van onwillige eigenaren hoeven gemeenten geen gebruik te maken van onteigening (wat vaak veel tijd vergt), maar kunnen ze stedelijke herverkaveling met een verplichtende werking inzetten. In plaats van afzonderlijke onderhandelingen met individuele eigenaren, kan nu in één klap voor alle eigendommen in het gebied de waarde worden vastgesteld. Dit impliceert dat het probleem van de steeds hogere verwervingsprijzen zich niet meer voordoet. Natuurlijk moeten daarbij wel bezwaarmogelijkheden worden ingebouwd. Maar het vaststellen van de huidige gebruikswaarde leidt waarschijnlijk tot minder discussie dan nu het geval is. De transparantie van het proces verbetert bovendien aanzienlijk. In plaats van het voeren van afzonderlijke, vertrouwelijke onderhandelingen met elke individuele eigenaar, wordt bij aanvang van het proces voor alle eigendommen in het gebied, de waarde in het huidige gebruik vastgesteld. Deze geldt als 'inbrengwaarde'. De waardestijging van de grond en het vastgoed in het gebied kan dan in zijn geheel worden benut voor de financiering van de kosten van de publieke investeringen. Het moge duidelijk zijn dat bij de invoering van dit soort instrumenten niet over één nacht ijs kan worden gegaan. Vooral ook omdat met een dergelijk instrument wordt ingegrepen op de rechten van individuele eigenaren van grond en vastgoed.

Het blijft voorlopig gissen of er een noodzaak is om dergelijke instrumenten in te voeren. Het is frappant dat er veel belang wordt gehecht aan de uitvoering en toename van binnenstedelijke transformatieprojecten, dat er vermoedens zijn van forse en toenemende (financiële) problemen met die projecten, maar dat de omvang van het probleem niet helder is. Dat maakt het moeilijk om een goede afweging te maken van de wenselijkheid van eventuele aanpassingen in het grondbeleidinstrumentarium van gemeenten. Het draagt ook niet bij aan een sterk pleidooi voor nieuwe (rijks)subsidieprogramma's voor de transformatieopgave van de grote steden.

Een andere uitvoeringsstrategie?

Gemeenten zouden er in de tussentijd wel goed aan doen om na te denken over een alternatieve, wellicht minder ambitieuze, maar ook minder prijsopdrijvende strategie dan de grootschalige, integrale gebiedsontwikkeling waarvoor thans vaak gekozen wordt. Gebiedsontwikkeling kan ook stapsgewijs plaatsvinden, zonder dat er sprake is van een integrale grondexploitatie voor het hele gebied. Een gemeente zou er voor kunnen kiezen

that is now widely used. Area development can also take place incrementally, without any need for integrated land development throughout the area in question. A municipality could opt to plan the redevelopment of the area only in rough terms, leaving it up to local project developers and property owners to make more specific plans for sections of the area (*deelgebieden*). It is not at all clear that this would lead to poorer-quality spatial outcomes. Problems with recovering costs and equalizing revenues between profit-making and loss-making areas could be forestalled through measures pursuant to land development legislation. For instance, the municipality could draw up a structural vision (*structuurvisie*) for the entire redevelopment area, stating its policy plans for that area. The structural vision could then be directly linked to means of recovering any additional, unplanned costs (*bovenplanse kosten*) in the development plans (*exploitatieplannen*) for each section of the area. This is possible because the Spatial Planning Act (*Wet Ruimtelijke Ordening*) allows for the inclusion of unplanned costs of this kind in the development budget section (*exploitatieopzet*) of a development plan through a fund contribution (*fondsbijdrage*).

For the compact city policy to be realized, the emphasis of new building projects in the decades ahead will have to shift further and further toward the transformation of existing urban areas. The PBL study cited above shows that this aim will not be easy to achieve, partly because of the aforementioned implementation problems in connection with transformation areas. Against this background, it is worthwhile to close with a comparison between the implementation of compact city policy in the Netherlands and the United Kingdom. Research by Adams et al. (2010) has shown that in England, between 2000 and 2008, more than 70% of all new dwellings were developed in city centres, a much higher figure than in the Netherlands. This may simply be a question of a time lag between developments in

Britain and the Netherlands, but there is still a long way to go before Dutch cities reach a comparable percentage.

Bibliography
ABF (2008) *Overheidsbeleid en ruimtelijke investeringen. Onderzoek naar aanleiding van de motie Van Heugten, Vermeij, Wiegman-Van Meppelen Schepping, in opdracht van Ministerie VROM.*
Adams, D., C. De Sousa, and S. Tiesdell (2010) 'Brownfield development: a comparison of North American and British approaches'. In *Urban Studies*, 47 (1), 75-104.
Buitelaar, E., A. Segeren, and P. Kronberger (2008) *Stedelijke transformatie en grondeigendom.* The Hague: PBL/Rotterdam: NAi Publishers.
De Wolff, H. (2003) 'Stedelijke herstructurering en stedelijke herverkaveling'. In *Bouwrecht*, 39, 1027-1036.
Korthals Altes, W. (2008) 'Actief grondbeleid betaalt zich terug'. In *Property NL Research Quarterly*, 7 (1), 22-27.
Ministerie van Algemene Zaken (Ministry of General Affairs of the Netherlands; 2007) *Beleidsprogramma 2007-2011; Brief minister-president ter aanbieding van het beleidsprogramma 'Samen werken, samen leven' voor de periode 2007-2011; Bijlage bij kamerstuk 31070 nr. 1, 15 juni 2007.* The Hague: Ministerie van Algemene Zaken.
Van der Krabben, E. and B. Needham (2008) 'Land readjustment for value capturing: a new planning tool for urban redevelopment'. In *Town Planning Review*, 79 (6), 651-672.
Van der Krabben, E. and B. Needham (2009) 'Stedelijke herverkaveling: nut en noodzaak van een nieuw instrument voor gemeentelijk grondbeleid'. *S&RO* (February).
Van Dinteren, J., E. van der Krabben, and J. de Kruijf (2009) *Voorbeeldprojecten gebruik grondbeleidsinstrumentarium. Deel 1: hoofdrapport.* Royal Haskoning, Radboud University Nijmegen, and Metrum, for the Ministry of Housing, Spatial Planning and the Environment of the Netherlands.
VROM Raad (Dutch Advisory Council for Housing, Spatial Planning, and the Environment; 2009) *Grond voor Kwaliteit. Voorstellen voor verbetering van overheidsregie op (binnen)stedelijke ontwikkeling.* The Hague: VROM Raad.

om alleen in grote lijnen de gewenste herontwikkeling van het gebied aan te geven en het vervolgens aan projectontwikkelaars of eigenaren in het gebied over te laten om concrete plannen te ontwikkelen voor deelgebieden. Het is maar de vraag of dat uiteindelijk tot een slechtere ruimtelijke kwaliteit zal leiden. Eventuele problemen met kostenverhaal en verevening tussen winstgevende en verliesgevende delen van het gebied kunnen alvast worden opgelost met de grondexploitatiewetgeving in de hand. De gemeente zou bijvoorbeeld een structuurvisie voor het gehele plangebied op kunnen stellen waarin de beleidsvoornemens voor het gebied zijn opgenomen. De structuurvisie kent vervolgens een directe koppeling met de verhaalmogelijkheden van zogenoemde 'bovenplanse kosten' in de exploitatieplannen voor ieder deelgebied. De Wro biedt immers de mogelijkheid om 'bovenplanse kosten' in de vorm van een fondsbijdrage in de exploitatieopzet van een exploitatieplan op te nemen.

Invulling geven aan het compactestadbeleid betekent dat de bouwopgave in de komende decennia meer en meer gericht moet zijn op transformatie van bestaand stedelijk gebied. Uit het eerder aangehaalde PBL-onderzoek blijkt dat die opgave nog niet zo eenvoudig is te realiseren, mede samenhangend met de hierboven besproken uitvoeringsproblemen met betrekking tot transformatiegebieden. In dit perspectief is tenslotte een vergelijking van de uitvoering van het compactestadbeleid in Nederland en Engeland interessant. Uit onderzoek van Adams et al. (2010) blijkt dat in Engeland in de periode 2000-2008 meer dan 70% van alle nieuwe woningen binnenstedelijk is ontwikkeld! Beduidend hoger dus dan in Nederlandse steden. Dat hangt wellicht samen met een 'faseverschil' tussen Engelse en Nederlandse steden, maar er is nog een lange weg te gaan willen we een dergelijk aandeel in Nederlandse steden realiseren.

Literatuur

ABF (2008). *Overheidsbeleid en ruimtelijke investeringen*, Onderzoek naar aanleiding van de motie Van Heugten, Vermeij, Wiegman-Van Meppelen Schepping, in opdracht van het Ministerie van VROM.

Adams, D., C. De Sousa & S. Tiesdell (2010). 'Brownfield Development: A comparison of North American and British Approaches', in: *Urban Studies*, 47 (1), pp.75-104.

Buitelaar, E., A. Segeren & P. Kronberger (2008). *Stedelijke transformatie en grondeigendom*, PBL, Den Haag/NAi Uitgevers, Rotterdam.

De Wolff, H. (2003). 'Stedelijke herstructurering en stedelijke herverkaveling', in: *Bouwrecht*, 39, pp.1027-1036.

Korthals Altes, W. (2008). 'Actief grondbeleid betaalt zich terug', in: *Property NL Research Quarterly*, 7 (1), pp.22-27.

Ministerie AZ (2007). *Beleidsprogramma 2007-2011. Brief minister-president ter aanbieding van het beleidsprogramma 'Samen werken, samen leven' voor de periode 2007-2011*, Bijlage bij kamerstuk 31070 nr.1, 15 juni 2007. Ministerie AZ, Den Haag.

Van Dinteren, J., E. van der Krabben & J. de Kruijf (2009). *Voorbeeldprojecten gebruik grondbeleidsinstrumentarium. Deel 1: hoofdrapport*, Royal Haskoning, Radboud Universiteit Nijmegen en Metrum, in opdracht van Ministerie van VROM.

Van der Krabben, E. & B. Needham (2008). 'Land readjustment for value capturing. A new planning tool for urban redevelopment' in: *Town Planning Review*, 79 (6), pp.651-672.

Van der Krabben, E. & B. Needham (2009). 'Stedelijke herverkaveling: nut en noodzaak van een nieuw instrument voor gemeentelijk grondbeleid', in *S&RO* (februari).

VROM-Raad (2009). *Grond voor Kwaliteit, Voorstellen voor verbetering van overheidsregie op (binnen)stedelijke ontwikkeling*, VROM-Raad, Den Haag.

Tussen droom en daad staat weinig regelmaat

Over de relationele setting van het compactestadbeleid

Contextual shifts twixt cup and lip

The relational setting of compact city policy

Luuk Boelens, Tejo Spit

Introductie

Sinds haar introductie, in eerste instantie met het structuurplan 'Binnen de Ruit' van de gemeente Rotterdam (1978) en het Amsterdamse Structuurplan 'De Stad Centraal' (1985), en later schoorvoetend door het Rijk met de Structuurschets Stedelijke Gebieden (1983), de Vierde Nota over de Ruimtelijke Ordening (1988) en ten laatste de Vierde Nota Extra (1990), heeft het compactestadbeleid een grote aandacht gekend. En dat niet alleen bij het (grootstedelijk) bestuur en geëngageerde (grootstedelijke) projectontwikkelaars, maar ook bij de bevolking, andere belanghebbenden, planologen, stedenbouwkundigen, architecten etc. Weliswaar typeerden Hans van der Cammen en Len de Klerk in hun historisch overzichtswerk het beleid tot stedelijke intensivering 'meer een politiek dan een ruimtelijk concept' (Van der Cammen & De Klerk, 2003: p.279), niettemin volgden de verschillende seminars, ontwerpateliers, voorbeeld- en uitwerkingsstudies elkaar vanaf het begin van de jaren negentig van de

Introduction

Compact city policy has attracted a great deal of attention ever since its earliest Dutch appearance in the Rotterdam municipal strategic plan *Binnen de Ruit* ('Within the Diamond'; 1978) and the Amsterdam strategic plan *De Stad Centraal* ('Making the City Central'; 1985), and its later, reluctant adoption by national government in the *Structuurschets stedelijke gebieden* (Strategic Concept for Urban Areas; 1983), the *Vierde Nota over de ruimtelijke ordening* (Fourth Policy Document on Spatial Planning; 1988), and, finally, the *Vierde Nota Ruimtelijke Ordening Extra* (Supplement to the Fourth Policy Document on Spatial Planning; Vinex). That attention has come not only from policymakers and engaged project developers (especially in the major cities), but also from the general public and other interested parties: the planners, urbanists, architects, etc. Although in their historical survey, Hans van der Cammen and Len de Klerk described 'urban intensification' (*stedelijke intensive-*

"

ring) as 'more of a political concept than a spatial one' (Van der Cammen & De Klerk 2003: 279), nonetheless, starting in the early 1990s, the subject inspired a flurry of seminars, design workshops, case studies, and detailed planning studies. It was a concept that sparked the imagination, and not primarily because of the related national government objective of conserving the country's nature and distinctive landscapes. Instead, its appeal derived largely from its implicit re-evaluation of urban and metropolitan life, and its association with a mixture of functions and activities, of the kind advocated by earlier authors such as Jane Jacobs (1961). At the same time, the country's urban hubs were taking on a striking new role as major economic centres in the emerging global economy (Friedmann 1986, Sassen 1991). Furthermore, the unbridled growth of mobility was provoking fresh speculation about a changing relationship between spatial development and patterns of daily life, with burgeoning new hubs of traffic and transport (Castells 1996, Spit & Bertolini 1998, Bertolini & Dijst 2000).

While the original motivation for the compact city policy had been to combat decay in the major cities, especially in the western Randstad conurbation (Dieleman et. al 1998), the arguments underlying the policy soon became much more fundamental. Alongside the above-mentioned economic argument and the wish to expand the population base for urban services and amenities, other arguments had to do with keeping rural areas relatively undeveloped and curtailing the boundless growth of automobile traffic (Richardson & Bae 2004). This complex of interrelated arguments formed a firm basis for all levels of government to collectively pursue the compact city policy. The objective was not so much to counter the negative impact of their own earlier policy of clustered dispersal (*gebundelde deconcentratie*) or to prevent 'the private sector' from building on greenfield sites, but to 'guide' the patterns of urbanization. The national compact city

vorige eeuw in sneltreinvaart op. Het concept sprak immers tot de verbeelding, en dat niet zozeer met betrekking tot het daarmee verbonden rijksstreven tot behoud van natuur en landschappelijk waardevolle gebieden in Nederland. Vooral sprak het concept aan vanwege de daarin besloten herwaardering van het (groot)stedelijk leven en mix aan functies en activiteiten zoals eerder door onder anderen Jane Jacobs (1961) bepleit. Tegelijkertijd begonnen grootstedelijke knooppunten een steeds markantere positie in te nemen als majeure economische ankerplaatsen binnen de zich ontwikkelende mondiale wereldeconomie (Friedmann, 1986; Sassen, 1991). Daarnaast gaf de ongebreidelde mobiliteitsgroei aanleiding tot nieuwe speculaties over een veranderende verhouding tussen ruimtelijke ontwikkeling en het dagelijks leefpatroon van mensen, met zich ontwikkelende nieuwe knopen van verkeer en vervoer (Castells, 1996; Spit & Bertolini, 1998; Bertolini & Dijst, 2000).

De inhoudelijke aanleiding voor het compactestadbeleid was daarmee weliswaar in eerste instantie gelegen in de wens om de verloedering van de grote steden (met name in de Randstad) tegen te gaan (Dieleman et al., 1998), maar de onderliggende argumentatie begon ook al snel veel fundamenteler te worden. Naast het voornoemde economische argument en de bevordering van het draagvlak voor voorzieningen etc., betroffen dat ook argumenten met betrekking tot het openhouden van de landelijke gebieden en de inperking van de ongebreidelde automobiliteit (Richardson & Bae, 2004). Hiermee ontstond een complex van samenhangende argumenten die tezamen een krachtige basis vormden voor alle overheden om gezamenlijk te proberen het compactestadbeleid vorm te geven. De ambitie was echter niet zozeer om de negatieve effecten van het eigen gebundeldedeconcentratiebeleid en de wens van 'de markt' om in het groen te willen bouwen te bestrijden, maar meer om de verstedelijkingspatronen te 'geleiden'. Het compactestadbeleid van de rijksoverheid weerspiegelde zich niet alleen in beleidsnota's en instrumenten, maar vooral ook in 'best practices' en voorbeeldstudies om de voordelen van de compacte stad breed te verspreiden onder de medeoverheden (i.c. provincies en gemeenten) en andere belanghebbenden.

Voorbeeldstudies

Zonder de pretentie te hebben volledig te zijn, noemen we bijvoorbeeld de voorbeeldstudies die in eerste instantie nog door het Rijk werden verzameld rond thema's als naoorlogse woonomgeving, openbare ruimte, stedelijk beheer en cascoplanning (Ministerie VROM, 1989). Het werd later ook gevolgd door specifieke studies naar 'stadhuizenmilieus' als mogelijkheid om een impuls te geven aan hogere dichtheden bij stadsuitleg en -inbreiding in de duurdere sectoren (Ministerie VROM, 1994) of naar 'gestapeld wonen in het groen', waarbij het geïntegreerd benaderen van gebouw en domein zou kunnen bijdragen aan 'de realisering van hogere dichtheden met aandacht voor omgeving en kwaliteit' (Ministerie VROM, 1995). Twee jaar later werd zelfs een Stimuleringsprogramma Intensief Ruimtegebruik (StIR) ingesteld, waarvoor gedurende vier jaar door minister De Boer 50 miljoen gulden werd gereserveerd ter ondersteuning van projecten in de fase van idee- en planvoorbereiding, tot daadwerkelijke voorbeeldprojecten op het gebied van intensief ruimtegebruik. Onderdeel van dat programma vormden de jaarlijkse nominaties van de meest inspirerende voorbeelden op dat gebied. Het bladeren door die boeken levert zicht op de rijke oogst aan inzendingen van verdichting rond stationslocaties tot inbreiding van binnenhoven en dubbel grondgebruik op sportlocaties, van menging van woning- en glastuinbouw tot drijvende woningen en zelfs intensieve woon-werkgebieden, van 'auto(matische) wegcompacte' ondergrondse parkeersystemen tot overkluizingen en dubbel gebruik van wegbermen, geluidsschermen etc. (Ministerie VROM, 1998). In aanvul-

policy was presented not only through policy documents and instruments, but, to an even larger extent, through best practices and case studies illustrating the advantages of the compact city, which were used to create widespread awareness among lower levels of government (provinces and municipalities) and other interested parties.

Case studies

Without any claim to completeness, we might mention the first set of case studies collected by the national authorities, which dealt with themes such as the postwar residential environment, public space, urban management, and the shell approach (*cascobenadering*) (VROM 1989). This was followed by more specific studies: one on 'city hall settings' as opportunities to promote higher-density urban expansion and infill in the upper segments of the market (VROM 1994), and another on 'stacked housing in green settings', which argued that an integrated approach to a building and its grounds could contribute to 'the realization of higher densities with attention to the surroundings and to quality' (VROM 1995). Two years later, a grant programme for intensive land use (*Stimuleringsprogramma Intensief Ruimtegebruik*; StIR) was established, with a budget of 50 million guilders reserved for a four-year period by the planning minister, Margreeth de Boer, to support projects from the conceptual and planning stages to fully fledged models of intensive land use. This programme involved annual nominations for the most inspiring examples in this field. Leafing through these publications, we find a rich array of submissions, ranging from densification around railway stations to infill of courtyards and mixed land use in sports locations, from combinations of housing and greenhouse horticulture to floating dwellings and even intensive combined residential and business areas, from compact automatic underground parking systems to construction over roads and waterways and mixed use of road verges, noise barriers, etc. (VROM 1998).

At the same time, architectural proponents of compact urbanization were coming up with tongue-in-cheek proposals for radically intensifying the use of locations previously considered unusable, and even so-called 'non-places' (OMA: De Rotterdam 1997, MVRDV: Pig City 1997, Monolab: Infrabodies 1998 etc.). In this context, another interesting initiative was the non-public Stichting Ontwerpen voor Nederland (Design for the Netherlands Foundation), which was supported not only by government and research institutions but also by investors and businesspeople involved in compact urbanization. Its aim was to 'give concrete shape to forward-looking ideas regarding future modes of organization', especially in the area now known as the metropolitan Amsterdam region (Metropolitane Regio van Amsterdam; OvN 1998). A few years later, the Ministry of Transport, Public Works, and Water Management even commissioned studies of the feasibility of 'motorway houses' (*The Motorway House: Living in the Fast Lane*, V&W 2002). Another, more area-based initiative was taken by Aorta in cooperation with the Municipality of Utrecht, the Fortis building fund, the property company SFB Vastgoed, and the housing association SSH. Five teams investigated the possibility of building 50,000 dwellings within the already urbanized area of the municipality (Aorta 2002). They concluded that it was by no means an impossible task, and could be reconciled with respect for the area's history and the established residents, though special attention would have to be devoted to the phasing of the project and the implementation strategy.

Another initiative, one year later, was a study carried out for Leiden's five housing associations on the possibility of mixed use housing: combined with cultural institutions, schools, and university complexes; in vacant buildings; above, below, or beside sports complexes or shops; combined with office space or health care institutions; and so forth. Both temporary and permanent arrangements

ling daarop profileerden zich de architectonische kampioenen van compacte verstedelijking, die al schetsenderwijs tot een verveelvoudiging van programma op doorgaans voor onmogelijk gehouden locaties en zelfs zogenoemde 'non-places' wisten te komen (OMA: De Rotterdam, 1997; MVRDV: Pig City, 1997; Monolab: Infrabodies, 1998). Interessant was in dit licht ook het initiatief van de meer privaat opgezette Stichting Ontwerpen voor Nederland, die naast de overheid en kennisinstellingen ook gesteund werd door investerende en ondernemende partners in compacte verstedelijking. Het had als oogmerk 'vernieuwende gedachten omtrent de toekomstige inrichting te concretiseren', met name voor een gebied dat wij thans de 'Metropolitane Regio van Amsterdam' zouden noemen (OvN, 1998). Een aantal jaren later werd het zelfs gevolgd door een initiatief van het ministerie van Verkeer en Waterstaat, die studies liet uitvoeren naar de mogelijkheid van het zogenoemde 'Snelweghuis: Living in the Fast Lane' (Ministerie Verkeer en Waterstaat, 2002). Een ander en meer gebiedsgericht initiatief was dat van Aorta in samenwerking met de gemeente Utrecht, Bouwfonds Fortis, SFB Vastgoed en de woningcorporatie SSH, om in vijf teams de mogelijkheid te onderzoeken tot de bouw van 50.000 woningen binnen het bestaand stedelijk gebied van die gemeente (Aorta, 2002). Uitkomst was dat die opgave, met aandacht voor het verleden en de zittende bevolking, zeer best mogelijk werd geacht, alhoewel daarbij wel extra aandacht nodig zou zijn voor de fasering en de te volgen strategie bij uitvoering. Een ander initiatief een jaar later betrof een studie uitgevoerd in opdracht van de vijf gezamenlijke woningcorporaties van Leiden naar de mogelijkheid van combinaties van wonen met andere functies: zoals bijvoorbeeld met culturele instellingen, scholen en universiteitscomplexen, in leegstaand vastgoed, onder, boven en naast sportcomplexen c.q. winkels, gecombineerd met werken en zorginstellingen etc. in een al dan niet periodieke of tijdelijke setting. Uitkomst van die studie was dat zonder al te ingrijpende maatregelen, extra ruimtebeslag of omvangrijke investeringen direct zo'n 5000, en op termijn zo'n 10.000 woningen binnen het stedelijk gebied van Leiden extra gerealiseerd zouden kunnen worden (Urban Unlimited, 2003a). Deze inzet, in opdracht van de provincie Zuid-Holland herhaald voor de gehele Zuidvleugel van de Randstad, toonde zelfs aan dat op basis van reeds gerealiseerde 'cross-overvoorbeelden' buiten Nederland, nagenoeg de gehele verstedelijkingsbehoefte tot 2020 binnenstedelijk zou kunnen worden gerealiseerd (Urban Unlimited, 2003b). Voorwaarde daartoe was wel een meer maatgerichte inzet van de verstedelijkingsopgave, alsmede een gepaste en op specifieke locaties en actoren geëigende aansturing en regelgeving.

Een relationele aanpak van compactheid

Het voorgaande laat zien dat het oorspronkelijke idee om het compactestadbeleid breed neer te zetten in allerlei vormen werd uitgewerkt door derden. Hiermee is het concept van compacte stedelijke ontwikkeling langzamerhand geïnternaliseerd door belangrijke (maatschappelijke) partijen. In zoverre is het recente boek van de rijksbouwmeesters *Prachtig Compact NL* (2010) niet meer dan een zoveelste ontwerpmatige studie in de reeks. Desondanks is voor alle betrokkenen ook steeds duidelijker geworden hoezeer compact bouwen, niet zozeer ontwerpmatige creativiteit, maar eerder maatwerk, specifieke allianties tussen verschillende spelers en adequate governance vereist. Het simpel ontwerpen of kopiëren van succesformules van anderen volstaat dan niet meer. Dat geldt eens temeer indien bedacht wordt dat de gemakkelijke binnenstedelijke locaties ondertussen al wel bebouwd zijn en dat de complexere locaties dus als planningsopgave resteren. Buiten het zogenoemde 'laaghangend fruit', zoals onder andere ook opgenomen in het StIR-rapport *De gelaagde stad* van 1997, blijkt dan ook (nog) weinig van deze kleine greep uit de voornoemde rijke

were considered. The main conclusion was that without drastic measures, additional space, or large investments, Leiden could build 5,000 additional dwellings in the short term and 10,000 in the long term within its built-up area (Urban Unlimited 2003a). When the Province of South Holland applied the same research model to the entire South Wing (*Zuidvleugel*) of the Randstad, it concluded that, judging by earlier 'crossover cases' outside the Netherlands, almost the entire demand for urbanization until 2020 could be met within existing urban areas (Urban Unlimited 2003b). It also found, however, that this would require a more case-by-case approach to urbanization and forms of management and regulation adapted to specific sites and actors.

A relational approach to compact development

What we have seen above is that the original idea – broad application of the compact city policy – was embraced by other actors and fleshed out in many different ways. As a result, the concept of compact urban development was gradually internalized by civil society and other major actors. Seen in this light, the Chief Government Architect's recent book *Prachtig Compact NL* ('Wonderful Compact NL'; 2010) is merely the latest in a long series of design studies on this topic. Yet over time, all parties have come to see more clearly that what is most crucial to the success of compact building is not creative design, but a case-by-case approach, specific alliances between different actors, and adequate governance. Simply designing, or copying someone else's winning formula, is no longer thought to be sufficient. This becomes even clearer when we consider that the 'easy' city-centre locations have by now already been developed, and that the remaining planning challenges are therefore more complex. Besides what has been called the 'low-hanging fruit' (see e.g. the STiR report *De gelaagde stad* ['The Layered City', 1997]), very few of the rich array of possibilities mentioned above have been realized (so far, at least). As illustrated by the last of the projects discussed above, this frequently has nothing to do costs or public opposition; evidently, there are other factors at play. It is not yet so easy to replace or supplement the entire planning system, its methodology, and its instruments, which are based on reconstruction and expansion (in short, the hardware of planning) with instruments and planning methods that are much more closely connected to changing patterns of use and management (in short, the software and orgware of planning). This shift is dependent not only on other actors and possible new complementary interests, but also on the path dependencies of the existing institutional setting (in both the formal and the informal sense). To say that these are not always conducive to successful urban intensification would be an understatement (Boelens 2009). Compact building turns out to require not only a high level of cooperation with other actors and very careful interaction with the context, but also the adaptation of existing institutional conditions, which are still largely oriented toward construction, reconstruction, growth, and expansion.

This is consistent with the latest insights in area development and the approach to spatial issues in our present-day network society. The essential thing is a relational approach to space, in at least two different senses (Massey 2005). First of all, in the current, borderless network society, space *here* is always related in one way or another to space *there*, in the sense that events *there* directly or indirectly influence the spatial developments and possibilities *here*. For instance, the problems in the US property market in the past year were directly tied to the worldwide financial and economic crises, bank failures, the record number of bankruptcies in the building sector, long-term vacancies in the commercial property sector and in office parks, and stagnating levels of mobility, as well as a reduction in environmental impact. In a more direct, physical

oogst gerealiseerd. Zoals ook de laatstgenoemde projecten laten zien, heeft dat zeker niet altijd te maken met kosten of maatschappelijke weerstand, maar blijkbaar vooral ook met andere factoren. Het blijkt nog niet zo eenvoudig om het gehele planologisch systeem, wijze van doen en instrumentarium, overwegend gestoeld op de wederopbouw en uitleg (kortom de *hardware* van de opgave), te transformeren tot of aan te vullen met instrumenten en planwijzen die veel meer te maken hebben met veranderend gebruik en beheer (kortom de *software* en *orgware* van de opgave). Naast andere actoren en mogelijk nieuwe meekoppelende belangen heeft dit ook te maken met de padafhankelijkheden van de bestaande institutionele setting (in zowel formele als informele zin). Om een understatement te gebruiken, die zijn voor de verdichtingopgave niet altijd even behulpzaam (Boelens, 2009). Het compact bouwen blijkt niet alleen een grote mate aan samenwerking met andere actoren en precieze interactie met de omgeving noodzakelijk te maken, maar ook een aanpassing van de bestaande (overwegend nog steeds op (weder)opbouw, groei en uitbreiding gerichte) institutionele condities.

Dat spoort met de nieuwste inzichten op het gebied van gebiedsontwikkeling en het benaderen van ruimtelijke vraagstukken in de actuele netwerksamenleving. Hier gaat het om de relationele benadering van ruimte, en dat op zijn minst in tweeledige zin (Massey, 2005).

Ten eerste is in de actuele, grenzeloze netwerksamenleving de ruimte alhier immers altijd ook op de een of andere wijze gerelateerd aan de ruimte daar; in die zin dat de gebeurtenissen aldaar ook direct of indirect invloed hebben op de ruimtelijke ontwikkelingen en mogelijkheden hier. Zo hebben de problemen op de vastgoedmarkt in de USA in het afgelopen jaar een directe invloed gehad op de wereldwijde financieel-economische crises, het omvallen van banken, het record aantal faillissementen, vooral ook in de bouwsector, leegstand in de kantorensector en op de bedrijfsterreinen, maar ook stagnerende mobiliteit, in combinatie met eveneens minder milieubelasting. Echter eveneens in meer directe fysieke zin ontlenen plekken – en dan niet alleen die van Schiphol, Mainport Rotterdam of Utrecht CS, maar ook andere – hun betekenis niet alleen of exclusief aan zichzelf, maar vooral ook aan hun positie in grensoverschrijdende netwerken. Dit impliceert voor het compactestadbeleid dat wil het succesvol zijn en meerdere investeringen en dito programma naar zich toetrekken, het ook altijd gerelateerd is of wordt aan andere projecten binnen en buiten Nederland, waar vaak precies hetzelfde aan de hand is. En in dit kader blinken de Nederlandse projecten nu niet echt uit op het gebied van internationale oriëntatie of een vraag- i.p.v. de gebruikelijke aanbodplanologie (Kreukels, 2005).

Ten tweede is de ruimte ook relationeel, omdat het niet iets is dat onafhankelijk buiten ons staat, maar ook door en door, door ons gemaakt, veranderd en aangepast wordt. Ruimte en plekken zijn derhalve geen enkel-, maar veelvouden, ontstaan uit en gemaakt door wisselende en verschillende (historische) sociale praktijken, politieke identificaties en economische vormen van toe-eigening. Daarmee kunnen er ook voortdurend worstelingen en gevechten ontstaan wiens lezing van de ruimte prioriteit zou moeten verdienen, of welke vormen van toe-eigening het meest dominant. De geschiedenis leert dat de uitkomsten van die worstelingen – zeker de dominante – niet zozeer of enkel bepaald worden door bestaande regels en structuren, maar eerder aanleiding geven tot nieuwe sociaal- en economisch-ruimtelijke praktijken, en daarmee ook nieuwe regels en structuren (Boelens & Taverne, 2009). De relationele geografen merken dan ook terecht dat 'the performance of social practices and the performance of space go hand in hand. The performer (for example, the social agent) and the context of performance (for example space or place) are not distinct from one another, but they are both entangled in the heteroge-

sense, too, many places – not just Schiphol Airport, the port of Rotterdam, and Utrecht's railway hub – derive their significance not solely from their own characteristics, but also from their role in cross-border networks. This implies that if the compact city policy is to be successful, attracting more investment and accomplishing more in practice, it must not overlook its established or potential connections with other projects in the Netherlands and elsewhere, which are often in exactly the same position. At present, Dutch projects do not stand out for their international outlook or their demand orientation, as opposed to the usual supply orientation (Kreukels 2005).

The second sense in which space is relational is that it is not a thing independent of us, but is thoroughly shaped, altered, and adapted by our actions. This means that space and places are not singularities, but multiplicities, emerging from and created by diverse and changing historically embedded social practices, political identities, and economic forms of appropriation. There is therefore a constant potential for struggle and conflict about whose reading of space deserves priority, or which forms of appropriation should be the most dominant. History teaches us that the outcomes of these conflicts – in particular, the dominant forces – are not primarily determined by established rules and structures, but lead the way to new social and economic spatial practices, and hence to new rules and structures (Boelens/Taverne 2009). Relational geographers have rightly noted that 'the performance of social practices and the performance of space go hand in hand. The performer (for example, the social agent) and the context of performance (for example space or place) are not distinct from one another, but they are both entangled in the heterogeneous processes of spatial "becoming"' (Murdoch 2006, p.18).

Without going too deeply into this issue here,[1] let us simply observe that a 'poststructuralist approach' of this kind comes very close to the original definition of spatial planning as the 'the best conceivable mutual adaptation of space and society, for the good of society' (see Van Veen 1973). Yet this definition is far removed from current practices in spatial planning, and particularly in compact city policy. Judging in part by the other essays in this collection, the guiding assumptions of that policy are clearly open to challenge. After all, today's context is fundamentally different from the world of twenty-five years ago. There is every reason to assign a more central role in compact city policy to the crucial actors, as well as their networks and the complementary interests formed within them, as well as the current institutional setting, in terms of both formal regulations and informal practices. Given the latest relational insights, each of these three components (actors, networks, and institutions) must always be adapted to and harmonized with the others on a case-by-case basis, if the goal is an effective, actor-oriented, and therefore more sustainable form of compact urbanization.[2]

Compact actors

Unlike in many major cities, such as New York, London, Hong Kong, and Tokyo, in the Netherlands the most decisively important actor in compact urban development over the past quarter century has been the public sector, in all its manifestations. In suburban Vinex sites, national government has been involved in development solely through voluntary agreements known as covenants (*convenanten*), and its main commitments involved furnishing public spaces and ensuring the accessibility of the area, in exchange for commitments by private parties to carry out a certain programme of construction at a specified density, including some social housing. In the city centres, in contrast, public authorities had to roll up their sleeves and get to work, not only establishing adequate frameworks, creating a positive climate for development, and making policy, but actually making investments of their own.

Take, for example, the central BaNK district of The Hague, With the exception of a few

neous processes of spatial becoming' (Murdoch, 2006: p.18).

Zonder hierop nu al te diep in te gaan[1] komt een dergelijke 'post-structuralistische benadering' o.i. zeer dicht in de buurt van de oorspronkelijke definitie van de ruimtelijk ordening als 'de best denkbare wederkerige aanpassing van ruimte en samenleving, zulks terwille van die samenleving' (Cie. Van Veen, 1973). Niettemin staat de actuele praktijk van de ruimtelijke ordening – zeker ook op het gebied van het compactestadbeleid – daarvan nog steeds zeer ver af. Gegeven ook de bijdragen elders in deze publicatie kunnen die vooronderstellingen zeker betwijfeld worden. De context thans is immers wezenlijk verschillend van die van vijfentwintig jaar geleden. Er is thans alle aanleiding de doorslaggevende actoren voor het compactestadbeleid meer centraal te stellen, alsmede hun netwerken, dan wel de daarin gevormde meekoppelende belangen, c.q. de bestaande institutionele setting, zowel naar formele regelgeving als naar de informele wijze van doen. Gegeven de nieuwste relationele inzichten dient elk van deze drie onderdelen (actoren, netwerken, instituties) immers maatgericht op elkaar aangepast en afgestemd te zijn wil men tot een slagvaardige, actorgerichte en daarmee meer duurzame[2] compacte verstedelijking komen.

Compacte actoren

De belangrijkste en meest doorslaggevende actor voor het compact stedelijk bouwen in Nederland in de afgelopen kwart eeuw was – anders dan elders, bijv. in New York, London, Hongkong, Tokyo etc. – de overheid, in al haar hoedanigheden en geledingen. Daar waar de (rijks)overheid zich op de Vinexlocaties nog kon beperken tot een convenant – waarbij het eigen bijdragen vastlegde, veelal in de vorm van ontsluiting en aankleding van de openbare ruimte, in ruil voor een afspraak met de marktpartijen om een bepaald programma in een zekere dichtheid te realiseren, ook voor de sociale sector – moest de overheid binnenstedelijk vol aan de bak. En dat beperkte zich niet alleen tot het scheppen van adequate kaders, omgevingsfactoren of het vastleggen van beleid, maar strekte zich ook uit tot daadwerkelijke investeringen. Zo is het BANK-gebied van Den Haag, met uitzondering van enkele verspreide private appartementengebouwen, nagenoeg volledig gevuld met overheidsvastgoed, van Stadhuis, (Dans)Theaters, Filmhuis, Koninklijke Bibliotheek en Rijksarchief tot tal van inmiddels geconcentreerde ministeries, desnoods ten koste van de periferie of de nabijgelegen groeikernen. Hetzelfde gebeurde op de Kop van Zuid, de eertijds nog zo gevierde sleutellocatie voor Rotterdam (College van B&W, 1987). Hier werden majeure overheidsinvesteringen in de Erasmusbrug gecombineerd met de bouw van de Rotterdamse Rechtbank in eerste aanleg, het publiek gefinancierde Luxortheater, Havenkantoor, Fotomuseum en Congrescentrum, annex International PassengerTerminal. Het wordt binnenkort gecomplementeerd met de verhuizing van het Rotterdams gemeentelijk apparaat van het Marconiplein naar het thans uiteindelijke geplande Koolhaasontwerp voor het 'Grootste Multifunctionele Gebouw van Nederland'. Het recent tot stand gekomen New Orleans, gebouwd door de ontwikkelaar van het overheidspensioenfonds ABP is een van de weinige publiek-private uitzonderingen. Eenzelfde lot dreigde oorspronkelijk ook de IJ-oevers in Amsterdam, alhoewel hier sinds het einde van de jaren tachtig uiteindelijk toch besloten werd de ontwikkeling vooral te concentreren op woningbouw en culturele instellingen, terwijl de sleutellocaties voor werken aan de beter bereikbare periferie langs de Zuidrand moesten plaatsvinden. In Utrecht City moet het allemaal nog steeds gaan gebeuren. Maar ook hier treffen we net als op de Zuidas majeure voormalig publieke of semipublieke investeerders aan zoals het Pensioenfonds ABP, de Nederlandse Spoorwegen, Bank Nederlandse Gemeenten, Schiphol Group, ING (de voormalige Rijkspostspaarbank), etc. Vergelijkbare spelers waren ook telkens weer prominent

private apartment buildings, the district is filled almost entirely with public property: City Hall, theatres, a cinema, the National Library, and the National Archives, as well as a high concentration of ministry buildings. This development has sometimes taken place at the expense of the urban fringe and nearby overspill towns (*groeikernen*). The same thing happened in the Kop van Zuid, once heralded as a key area for development in Rotterdam (College van B&W 1987). Major public investment in the Erasmusbrug was combined with the construction of the Rotterdam district court, the publicly financed Luxor Theater, the Port Authority building, the Nederlands Fotomuseum, and a conference centre/international passenger terminal. The redevelopment of this district will soon be complete, when Rotterdam's municipal offices relocate from Marconiplein to the 'Largest Multifunctional Building in the Netherlands', designed by Rem Koolhaas (and now finally in the planning stage). The New Orleans building, recently erected by the property development arm of the public-sector pension fund ABP, is one of the few public-private exceptions. There were once similar plans for the banks of the IJ in Amsterdam, but since the late 1980s, there has been a shift of emphasis toward housing and cultural institutions, with a policy of locating key business sites in the more easily accessible southern outskirts of the city (the Zuidas). The city of Utrecht is still preparing for large-scale redevelopment in the centre. There and in the Amsterdam Zuidas, we find the same types of investors: major semi-public or formerly public institutions, such as the ABP pension fund for public employees, the Dutch Railways, BNG (a publicly owned bank which provides financing for municipalities and other public or semi-public bodies), Schiphol Group (a largely publicly owned company which operates Amsterdam Airport and other Dutch airports), ING (a formerly publicly owned bank), and so forth. Similar organizations are a major presence in other top locations in city centres, such as Beatrixlaan in The Hague and the Weena in Rotterdam.

Many observers have drawn a connection between this strong public support for compact city policy and the prominent role of the social-democratic Labour Party (PvdA), which has traditionally been part of the governing coalitions in the major Dutch cities. In fact, the PvdA has also been in the national government coalition most years since the late 1980s, though since the late 1990s it has faced stiffer competition from populist and right-wing parties: Leefbaar Nederland ('Liveable Netherlands') and the local parties affiliated with it, the Pim Fortuyn electoral list, and most recently the Freedom Party (PVV). While the Christian Democrats (CDA) are seen as defenders of the quality of life in smaller towns and cities and in rural areas, and the liberal, right-wing VVD party is seen as representing the business sector, the PvdA is regarded as the party of the major cities (Frieling 1987). This dominant ideology (in combination with the dynamic world economy) was fertile ground for the above-mentioned investments in compact city policy, particularly in the 1990s, when a series of 'purple' governing coalitions of the PvdA, VVD, and the smaller liberal party D66 combined an emphasis on urban issues with the decentralization and privatization of public and semi-public services.

Today, however, the fragmentation, polarization, and volatility of voters' political preferences have made the traditional ideological pillars of compact city policy much less stable. And that is not to mention the current recession, the financial crisis, and shrinking government budgets, especially in the field of spatial planning. Furthermore, formerly public or semi-public organizations (such as the ING Bank, ABP, and the Schiphol Group) are now autonomous, internationally operating entities with global investment portfolios, and it cannot be taken for granted that they will invest in major Dutch cities to the same degree as in the past. Expected returns will be compared with those on potential investments elsewhere. What is more, it was

aanwezig op andere binnenstedelijke toplocaties als de Beatrixlaan te Den Haag en het Weena in Rotterdam.

Die majeure steun van de zijde van de overheid voor het compactestadbeleid relateren velen aan de prominente positie die de sociaaldemocraten sinds jaar en dag innemen in het bestuur van de grote gemeenten, en sinds eind jaren tachtig ook in de nationale regering, zij het vanaf eind jaren negentig met een toenemende concurrentie van de Leefbare Partijen, LPF en recent de PVV. Waar de CDA vooral zou staan voor de leefbaarheid van het kleinstedelijk en agrarisch buitengebied en de VVD zijn achterban bij ondernemend Nederland zou hebben zou de PvdA immers de partij van de grote stad zijn (Frieling, 1987). Juist ook in de jaren negentig, waar de opeenvolgende Paarse Kabinetten die stedelijke inzet paarden aan de decentralisatie en privatisering van (semi)overheidsdiensten, bleek dat (in combinatie met een voortvarende wereldeconomie) een goede voedingsbodem voor de voornoemde investeringen in het compactestadbeleid. Echter thans, onder invloed van de actuele fragmentatie, polarisatie en volatiliteit van politieke voorkeuren, blijken die traditionele (ideologische) pijlers lang zo zeker niet meer. Dit nog buiten de actuele recessie, financiële crisis en de tanende overheidsbudgetten, vooral ook op het gebied van de ruimtelijke ordening. Daarnaast zijn de toenmalige (semi)overheidsdiensten (als bijvoorbeeld de ING, ABP en Schiphol Group) inmiddels dusdanig internationaal en zelfstandig geworden, met investeringsportefeuilles over de hele wereld, dat een vergelijkbare investering in/bij de grote nationale steden als in het verleden niet zomaar vanzelfsprekend is. Het wordt afgezet tegen de revenuen van potentiële investeringen elders. Dit temeer aangezien ook al in de jaren negentig bleek dat de huur en daarmee opbrengsten op een zogenoemde binnenstedelijke toplocatie in Nederland vergelijkbaar waren aan die van de periferie of zelfs buiten de stad (Rotterdam, 1995). Het kostenniveau van het bouwen in de binnenstad was en blijft hier doorgaans evenwel aanzienlijk hoger dan die aan de periferie en in het buitengebied. Dit gekoppeld aan het feit dat men inmiddels steeds meer met het model van residuele grondwaarde is gaan rekenen, zonder daarbij ook de maatschappelijke kosten van het bouwen in het buitengebied mee te nemen (zoals bijv. de milieulasten, kosten als gevolg van toenemende congestie, etc.) maakt dat ook de voormalige investeerders en projectontwikkelaars van compact bouwen (ondanks hun mogelijk nog steeds positieve grondhouding) niet langer de vanzelfsprekende drijfveren voor een compacte ruimtelijke strategie zijn. Er zijn derhalve nieuwe actoren nodig – op het gebied van bijvoorbeeld zorg, cultuur, welzijn, midden- en kleinbedrijf, retail, eigenbouwers/klussers, etc. – die dan wel met het oog op te realiseren bezuinigingen, dan wel met het oog op strategische toekomstwaarde een nieuwe impuls kunnen geven aan het compactestadbeleid.

Compacte netwerken

Ten tweede, en zoals hiervoor eigenlijk al gezegd, is de ruimtelijke ordening en planologie voor de doorwerking van haar beleid en strategieën in veel opzichten aangewezen op beslissingen van anderen. Dit is voor de compactestadopgave al niet anders, wellicht zelfs sterker dan voor andere ruimtelijke opgaven. Het relatieve succes van het compactestadbeleid in het verleden is dan ook vooral te danken aan het voornoemde hechte complex van verschillende generieke belangen op het gebied van behoud van het (agrarisch) buitengebied, versterking van de economische knooppuntfunctie, draagvlak voor grootstedelijke voorzieningen, terugdringen van een voortgaande automobiliteit en milieubelasting, etc. Coördinatie van al die belangen werd gezien als een kerntaak van alle overheden die betrokken waren bij de ruimtelijke inrichting. Maar zoals door de WRR (1998) al eerder gesignaleerd werden er al in de loop van de jaren negentig sterke breuken zicht-

observed even in the 1990s that so-called 'top locations' in city centres had comparable rental values, and therefore brought in comparable revenue, to locations in the urban fringe or even outside the city (Rotterdam 1995). Yet the costs of building in Dutch city centres were and still are considerably higher than the costs of building in outlying areas. As a result of this situation – in combination with the increasing use of a residual land value model that does not reflect the social costs of building in less developed areas (costs such as environmental impact and the costs of increasing congestion) – the investors and project developers that have been involved in compact development in the past may no longer play this leading role in a compact spatial strategy in the future (even if they remain basically well disposed toward such a strategy). In view of the budget cuts ahead and the strategic value of compact city policy for the future, new actors must therefore be identified – in such sectors as health care, culture, wellness, small and medium-sized enterprises, retail, self-building, and DIY – who can breathe new life into compact development.

Compact networks

Secondly, as suggested above, the impact of policies and strategies for spatial development and planning is dependent in many ways on decisions made by others. This is as at least as true in compact city policy as it is in any other spatial policy field. The relative success of compact city policy in the past was due primarily to the aforementioned tight web of interests that it served: the conservation of undeveloped and agricultural areas, the reinforcement of economic hubs, the expansion of the population base for services and amenities in major cities, the reduction of automobile traffic and environmental impact, etc. Coordinating all these interests was seen as a core activity of all the public authorities involved in spatial design. But as the Advisory Council on Government Policy (WRR 1998) observed some time ago, deep fault lines emerged in the course of the 1990s between the supposedly complementary interests served by compact spatial development, especially between housing and agricultural interests. What is more, many of the centres of excellence selected for special encouragement by the Ministry of Economic Affairs under the *Pieken in de Delta* grant programme lie partly or wholly outside the major cities (EZ 2006). At the same time, numerous activities of national government have been decentralized or even privatized. This has made the development of compact city policy an increasingly complex matter. The parties involved are greater in number and more heterogeneous, and they are increasingly likely to pursue specific, situational goals rather than generic objectives or rigid targets. What is more, continuing economic stagnation or recession could even bring two locations with successful compact city policies into competition.

This means that all parties must acquire greater knowledge and expertise and coordinate their compact development activities, ensuring that they are always tailored to the circumstances and embedded in specific actor-network settings. Two general strategies are available: in-house development of this knowledge, or its acquisition from third parties (consulting or engineering firms). The result of the first option will be knowledge that is organized compactly, with little separation between the individuals concerned, so that it can be applied flexibly. In this scenario, integration into spatial development plans is relatively straightforward. The disadvantage is that this option is more expensive. The second option leads to the organization of the knowledge in question within a compact network. While this option is less expensive and can also be applied flexibly, its great disadvantage is that changes and modifications cannot be dealt with as easily. Another major disadvantage of this strategy is that it is based on the assumption that the party trying to obtain the knowledge is capable of accurately determining what knowledge

baar tussen die zogenoemde meekoppelende belangen voor een (compacte) ruimtelijke inrichting; met name op het gebied van de volkshuisvesting en landbouw. Daarnaast liggen de befaamde Pieken in de Delta volgens het ministerie van Economische Zaken al lang niet meer allemaal of even sterk in de grote stad (Ministerie EZ, 2006). Tegelijkertijd zijn inmiddels grote delen van de (nationale) overheidstaken gedecentraliseerd en soms zelfs geprivatiseerd. Het ontwikkelen van beleid voor compacte verstedelijking is daarmee een steeds complexere aangelegenheid geworden. Er zijn steeds meer wisselende en verschillende partijen aanwezig, die steeds meer specifiek en maatgericht opereren en nauwelijks meer met algemene, generieke doelstellingen of taakstellingen zijn aan te sturen. Daarnaast kan bij een voortgaande stagnatie of zelfs krimp het succesvolle compacte-stadbeleid op de ene locatie mogelijk zelfs gaan concurreren met die op een andere locatie.

Dat betekent dat daarmee ook alle betrokkenen zich steeds meer (specialistische) kennis moeten gaan toe-eigenen, alsmede hun compacte acties onderling afstemmen; telkens weer maatgericht, telkens specifiek in aangepaste actor-netwerksettingen. Hiervoor laten zich in algemene zin twee strategieën onderscheiden: het ontwikkelen van deze kennis in de eigen organisatie of het inhuren van deze kennis van derden (advies- en/of ingenieursbureaus).

De eerste optie leidt ertoe dat de kennis compact georganiseerd wordt: op korte afstand van elkaar, dus relatief flexibel inzetbaar. De integratie in ruimtelijke ontwikkelingsplannen is hier relatief eenvoudig. Daar staat tegenover dat deze optie kostbaar is.

De tweede optie leidt tot een compact netwerk waarin de kennis georganiseerd wordt. Deze optie is weliswaar goedkoper en kan ook flexibel worden ingezet, maar heeft als groot nadeel dat veranderingen of aanpassingen minder gemakkelijk verwerkt kunnen worden. Een ander groot nadeel van deze strategie is dat hieronder de veronderstelling ligt dat de kennisvragende partij in staat is om de adequate kennisvraag te stellen. Bij een snel complexer wordende planningsopgave is dat met name voor kleinere partijen (bijvoorbeeld kleinere gemeenten of projectontwikkelaars en ondernemingen) maar zeer de vraag (Spit & Zoete, 2009).

In de eerste strategie wordt de kennis compact door de betrokken actor in de eigen organisatie geïntegreerd, terwijl de tweede strategie leidt tot een compact netwerk waarin de noodzakelijke kennis rondgepompt wordt. In beide gevallen wordt gesproken van compactheid. Dit verwijst naar het intieme karakter van de relaties die in beide gevallen noodzakelijkerwijs ontstaat door de wederzijdse afhankelijkheid en de vertrouwelijkheid die nodig is om dergelijke plannen succesvol te kunnen uitvoeren.

Compacte instituties

Tenslotte de institutionele kant van de zaak. Ook hier moet geconstateerd worden dat de huidige wijze van openbaar bestuur en organisatie eerder aanstuurt op een ontmenging dan op een menging van functies. De functionele, sectorale zonering van de CIAM-gedachte blijkt institutioneel, zowel organisatorisch naar opleiding, expertise, regelgeving als beleid nog steeds sterk aanwezig. Niet alleen zijn de diverse politieke agenda's op het gebied van wonen, werken, verkeer, financiering, leefmilieu, etc. vaak over verschillende portefeuilles verdeeld. Tegelijkertijd houdt de voortschrijdende regelgeving die scheiding ook steeds sterker in stand. De milieuwetgeving bijvoorbeeld, met de aanscherpte normering op het gebied van fijnstof en/of haar generieke regels op het gebied van veiligheid, stank en geluidsoverlast, neigt eerder naar een scheiding dan naar een menging van functies. Verder wordt door Economische Zaken soms nog wel aan windowdressing gedaan op het gebied van gemengde woon-werkgebieden, maar nagenoeg alle subsidies en regelgeving zijn vaak uitsluitend op de verbetering van het vestigingsklimaat voor bedrijven en kantoren gericht (vgl. in dit verband ook PBL 2009). Omgekeerd geldt

it requires. Given the growing complexities of spatial planning, this assumption is highly questionable, especially when smaller parties are involved (such as small municipalities, project developers, or businesses). In the first strategy, the required knowledge is integrated compactly by the actor in question into his or her own organization, whereas in the second strategy, the knowledge circulates in a compact network. Both cases can be described as compact, in the sense that close relationships develop as an inevitable result of the mutual dependence and confidence required to carry out such plans successfully.

Compact institutions

Finally, there is the institutional dimension. Here too, it must be observed that the current approach to, and organization of, public administration tend to focus on separating rather than mixing different uses of space. The CIAM legacy of functional, sectoral zoning is still deeply embedded in our institutions – in organizational structures, training programmes, expertise, regulatory frameworks, and policy. Not only are different political agendas – housing, work, traffic, finance, the living environment, and so forth – the responsibilities of different institutions, but at the same time, new delegated legislation keeps reinforcing the distinctions. Environmental legislation, for instance, with its tightened standards for particulate air pollution and general rules on safety, noxious odours, and noise pollution, tends to encourage not mixed but separate uses. Moreover, while the Ministry of Economic Affairs sometimes pays lip service to the idea of mixed residential and commercial use, almost all its grant programmes and regulatory frameworks are designed (often exclusively) to improve the climate for businesses and offices (see also PBL 2009). The ministries specializing in other areas, such as housing construction or the quality of the living environment, have the same kind of tunnel vision.

Meanwhile, individual municipalities and

regions often have housing policies of their own, which are not terribly well coordinated with efforts in other fields (such as work, care, leisure, etc.), and generally run in parallel with a separate policy for business parks and office space; sometimes, even the quantitative aspects of these different policies are not coordinated adequately. For instance, the interprovincial Randstad spatial planning team calculated in 1992 that to keep pace with the robust economic growth (of more than 10%) in and around Almere, the municipality should plan for a maximum of 1,000 to 1,500 new dwellings annually. But in fact, some 3,000 dwellings a year were built, and as a result, congestion increased on the A6 motorway and elsewhere. In its recent policy letter on major projects in the Amsterdam-Almere region (*RAAM-brief*, 2009), the national government takes this lesson a bit too much to heart, announcing plans not only to build 60,000 housing units by 2030, but to create 100,000 new jobs in the same period, as though the dirigiste economic dispersal policy of the 1960s had risen from the grave. Even if it is argued that the 1960s policy was successful, it would be much harder to pursue the same course now that many government services have been privatized. But what may be a more fundamental consideration here is that municipalities rarely find ways to compensate for the low costs of land for business parks, or for loss-making measures in the fields of culture, leisure, and the quality of the living environment, with the (often relatively high) revenues from office space and new housing, and in fact rarely even draw a direct connection between these two things. One possible solution is urban land readjustment, discussed elsewhere in this collection. But another issue that deserves special attention, given the ageing of the Dutch population in the future, is the direct relationship between compact urbanization and satisfactory, affordable care in a safe and pleasant environment. Past proposals to achieve this objective through 'integrated care communities', combining

dat tevens voor de woningbouw of omgevingskwaliteit.

Voorts voeren ook afzonderlijke gemeenten en regio's vaak een eigen, matig op de andere sectoren (zoals bijv. werken, zorg, vertier, etc.) afgestemd woningbeleid, doorgaans volledig naast een specifiek bedrijfsterreinen- of kantorenbeleid; of zelfs nog zonder een adequate kwantitatieve afstemming. Zo werd door het interprovinciaal Randstadteam reeds in 1992 berekend dat om alleen al kwantitatief gelijke tred te houden met de toenmalige sterke economische groei (van meer dan 10%) in en om Almere, maximaal zo'n 1000 à 1500 woningen per jaar in de gemeente konden worden gebouwd. Het zijn ongeveer 3000 woningen per jaar geworden en dus nam de congestie op de A6 en elders sterk toe. Daarvan geleerd spreekt de RAAM-brief (2009) thans van het streven om gelijktijdig met de bouw van 60.000 woningen 100.000 nieuwe arbeidsplaatsen in de periode tot 2030 te realiseren, zo alsof we weer terug zijn in het dirigistisch economisch spreidingsbeleid van de jaren zestig. Nog buiten het mogelijk succes daarvan zal dat met de geprivatiseerde overheidsdiensten thans veel moeilijker te realiseren zijn dan toen. Maar wellicht meer fundamenteel is hier de overweging dat gemeenten doorgaans nauwelijks mogelijkheden zien om de vaak lagere grondkosten voor bedrijfsterreinen of de kostengenererende maatregelen op het gebied van cultuur, leisure en omgevingskwaliteit te compenseren met of direct te relateren aan de vaak hogere opbrengstmogelijkheden van kantoren en woningbouw. Wellicht is de elders in deze publicatie besproken 'stedelijke herverkaveling' een optie. Maar een bijzondere aandacht in relatie tot de (vergrijzende) toekomst verdient hier ook de directe relatie tussen compacte verstedelijking en de gewenste (betaalbare) zorg in een veilige en aangename omgeving. Voorstellen uit het verleden om tegen deze achtergrond te komen tot zogenoemde 'integrated care communities', waarin opleiding, zorg, ouderen- en jongerenhuisvesting met elkaar werden gecombineerd in een nieuwe stressvrije, ruimtelijke en budgettair neutrale omgeving zijn tot nu toe (nog) nauwelijks haalbaar gebleken. Tot nu toe blijkt de regelgeving op het gebied van zorg, welzijn en zorgverzekering een nagenoeg onneembare hobbel om een dergelijke maatgerichte, compacte reconstructie van bestaand stedelijk gebeid mogelijk te maken (Boelens, 2009).

Om deze lock-ins te doorbreken lijkt het zaak om naast de reguliere wet- en regelgeving gebaseerd op de representatieve democratie, voor aangewezen locaties te experimenteren met een meer integrale en crossborderregelgeving en themagericht openbaar bestuur gebaseerd op een meer directe associatieve democratie (Cohen, 1992; Bader, 2001; Hirst, 2001). Naar voorbeeld van de USA kan hier wellicht geëxperimenteerd worden met aan de Nederlandse situatie aangepaste 'special districts' die samen met betrokken partijen voor afgebakende zones specifiek geënt kunnen worden op een innovatieve menging van wonen en werken met andere functies. Dat kan niet alleen het leef- en werkmilieu, maar ook de economische performance ten goede komen.

Conclusies

De nieuwe, tweede fase van het compactestadbeleid lijkt te vragen om nieuwe, creatieve combinaties van verschillende functies, voorbij de wederopbouw en voorbij de huidige departementale organisaties en functionele indelingen. Daartoe zijn in het verleden al tal van verschillende opties en mogelijkheden geschetst. Maar deze zijn tot nu toe telkens weer gestrand op de uiteenlopendheid van de betreffende actoren, op het gemis aan adequate en slagvaardige netwerken daartussen, alsmede op het ontbreken van de daartoe ondersteunende en faciliterende institutionele settingen. Sterker nog, de huidige institutionele kaders hielden die opties en mix aan functies eerder tegen in plaats van ze te stimuleren. Juist ook hier is dan ook een belangrijke vernieuwingsslag

educational and care facilities with housing for all ages in a new, stress-free setting that would not impose any additional spatial or budgetary burden, have until now turned out to be impracticable. Regulations on care, human welfare, and care insurance have thus far formed a nearly insurmountable barrier to this type of customized, compact redevelopment of existing urban areas (Boelens 2009). To resolve this impasse, it will probably be essential – alongside the regular legislative and regulatory frameworks arising from the processes of representative democracy – to experiment in specified locations with a more integrated, interdisciplinary, thematic style of public administration based on a form of democracy that is associative and more direct (Cohen 1992, Bader 2001, Hirst 2001). Following the example of the United States, the Netherlands could experiment with special-purpose districts, modifying the concept to suit its own needs. In cooperation with the relevant parties, these districts could be transformed into innovative combinations of residential, commercial, and other uses. This would enhance not only the living and working environment, but also economic performance.

Conclusions

The new, second stage of compact city policy seems to demand new, creative combinations of land uses that go beyond the reconstruction mentality and the current organizational structures and functional divisions of national government. Numerous options and possibilities for achieving this goal have already been presented in the past, but all these initiatives have run up against the diverse nature of the actors involved, the absence of any effective, satisfactory networks to tie them together, and the lack of supporting and facilitating institutional settings. In fact, the present institutional frameworks have obstructed mixed-use development of this kind, instead of promoting it. Major reform of these frameworks is therefore necessary, focusing primarily (at least initially) on the software and orgware of the challenge rather than primarily or exclusively on the hardware. There have already been a first few sporadic experiments in city centres in which properties have been enhanced with functions that, while not highly profitable in themselves, offer crucial 'content' that sets them apart from the competition. The results have been very promising. But at the same time, it is also increasingly clear that this requires a case-by-case approach, with the participation of the relevant actors and specially designed networks operating under highly specific conditions, institutional and otherwise. This only increases the complexity of compact building in urban centres. The traditional challenge of preventing, and if necessary strictly prohibiting, any recourse to relatively straightforward, single-use options elsewhere is still an important one for planners. But at the same time, it has become clear that working with rigid targets, whether in urban zones or elsewhere, is misleading and even counterproductive, especially in residential construction (Boelens 2010a; Boelens, Hooimeijer, et al. 2010) or office space and business parks (Olden 2010). Targets should not impose prior constraints on the task at hand, but should emerge naturally from it. New courage and vision will probably be required to move away from the established practice of voluntary covenants and toward new forms of functional cross-over, which may by their very nature conflict directly with existing, generic legislation. In this context, transparency is crucial: both transparency of the reasons for departing from existing legislation and transparency of the specific development options; this will help to ensure solid democratic anchoring and the possibility of mutual comparison, and to prevent free-rider behaviour. Finally, there is also a need for a new conceptual basis, a transition toward a dynamic, flexible future for public administration that is demand-based, theme-based, and therefore actor-based (Boelens 2010b).

nodig die zich (zeker) in eerste instantie vooral focust op de soft- en orgware van de opgave in plaats van vooral en exclusief op de hardware. Eerste sporadische experimenten in het binnenstedelijk gebied waar (economisch) relatieve zwakke functies, cruciaal onderscheidende 'content' toevoegen aan vastgoed ten opzichte van concurrerend vastgoed elders, laten zien dat hier een belangrijke meerwaarde te halen is. Maar tegelijkertijd wordt daarbij ook steeds duidelijker dat dit telkens weer een nieuwe aanpak vergt, met eigen actoren en maatgericht netwerken onder specifieke (institutionele) omstandigheden. De complexiteit van het compact bouwen in binnenstedelijk gebied neemt daarmee alleen nog maar verder toe. Het (traditioneel) voorkomen en eventueel strikt uitsluiten van een 'vlucht' naar relatief enkelvoudige en simpele opties elders blijft daarmee een belangrijke planologische opgave. Maar tegelijkertijd wordt hier ook duidelijk dat het werken met (binnen- en buiten)stedelijke taakstellingen niet alleen misleidend is, maar ook nog eens contraproductief, zowel op het gebied van de woningbouw (Boelens, 2010a; Hooimeijer & Boelens, 2010), als op het gebied van kantoren- en bedrijfsterreinen (Olden, 2010). De taakstelling zou niet het begin, maar de uitkomst van de opgave moeten zijn. In plaats van de gebruikelijke convenantenpraktijk lijkt hier meer durf en visie nodig om uitvoeringsgericht te experimenteren met nieuwe vormen van functionele 'cross-overs', desnoods dwars tegen de bestaande generieke regelgeving in. Cruciaal daarbij is dan wel het garanderen van de transparantie van de gebruikte (ontheffings)argumenten en specifieke ontwikkelingsopties; dit om een verantwoorde democratische verankering en onderlinge vergelijking te garanderen c.q. 'free riders'-gedrag te voorkomen. Dat vraagt tenslotte dan ook om nieuwe uiteenzetting, om een nieuwe transitie richting een dynamische, flexibele en vraag-, thema- en daarmee actorgerichte toekomst van openbaar bestuur (Boelens, 2010b).

1 Dat is namelijk elders al in voldoende mate beargumenteerd
  (Boelens, 2009; Boelens, 2010).
2 In de brede zin van people, planet, profit.

Referenties

Bader, Veit (2001). Introduction; in: Hirst, Paul & Bader, Veit (eds.)
(2001). *Associative Dem*ocracy: The Real Third Way, Frank Cass &
Co, Abington, pp.1-14.

Bertolini, Luca & Martin Dijst (2000). Mobiliteitsmilieus, ankers voor
het vluchtende stedelijke landschap, in: Boelens, Luuk (ed.) (2000).
Nederland Netwerkenland: Een inventarisatie van de nieuwe condities van planologie en stedebouw, Nai, Rotterdam.

Boelens, Luuk (2009). *The Urban Connection: An actor-relational
approach to urban planning*, 010 Publishers, Rotterdam.

Boelens, Luuk (2010a). Mainport Rotterdam; Avoiding the next
planningdisaster, in: *Town & Planning Review* (in progress).

Boelens, Luuk (2010b). Planologie eXTended; Naar een nieuwe
toekomst van ruimtelijk openbaar bestuur, in: *WRR-Verkenning
Toekomst Openbaar Bestuur* (22 pag., forthcoming).

Boelens, Luuk & Ed Taverne (2009). Waarom steden als delta's
floreren, in: Lucassen, Leo & Wim Willems, *Waarom Mensen in de
Stad willen Wonen 1200-2010,* Bert Bakker, Amsterdam, pp.229-
258.

Boelens, Luuk & Pieter Hooimeijer et al. (2010). *Zelfbouw in reflectie*: Evaluatie SEV-experimenten (C)PO/MO, SEV, Rotterdam.

Cammen, Hans van der & Klerk, Len de (2003). *Ruimtelijke Ordening*: Van grachtengordel tot Vinex-wijk, Het Spectrum, Utrecht.

Castells, Manuel (1996). *The Rise of the Network Society*: Volume I
of The Information Age: Economy, Society and Culture, Blackwell,
Cambridge/Oxford.

Cohen, Joshua & Joel Rogers (1992). Secondary associations and
democratic governance, in: *Politics and Society* 20/4, pp.391-472.

Dieleman, Frans & Sako Musterd (1998). Voorbij de Compacte
Stad, Van Gorcum, Assen.

Friedmann, John (1986). The World City Hypothesis, in: *Development and Change,* 17: pp.69-93.

Frieling, D.H. et al. (eds.) (1987). *Nederland Nu als Ontwerp*, SDU,
Den Haag.

Hirst, Paul (2001). Democracy and Governance, in: Pierre, Jon
(eds.) (2000). *Debating Governance: Authority, Steering and
Democracy*, Oxford University Press, Oxford/New York.

Jacobs, Jane (1961).*The Death and Life of Great American Cities*,
Random House, New York.

Kreukels, Ton (2005). The Development Strategy for a New Urban
Form, in: Salet, Willem & Stan Majoor (2005). *Amsterdam Zuidas,
European Space*, 010 Publishers, Rotterdam.

Massey, Doreen (2005). *For Space*. Sage Publications, Londen.

Ministerie EZ (2006). *Pieken in de Delta,* Ministerie van Econo-

1 This argument has been presented adequately elsewhere
  (Boelens 2009, Boelens 2010).
2 Sustainable in the broad sense of 'people, planet, profit'.

References

Bader, Veit (2001) 'Introduction'. In Paul Hirst and Veit Bader
(eds.) (2001) *Associative Democracy: The Real Third Way.*
Abington: Frank Cass & Co., pp. 1-14.

Bertolini, Luca and Martin Dijst (2000) 'Mobiliteitsmilieus,
ankers voor het vluchtende stedelijke landschap'. In Luuk
Boelens (ed.) (2000), *Nederland Netwerkenland: Een
inventarisatie van de nieuwe condities van planologie en
stedebouw*, Rotterdam: NAi.

Boelens, Luuk (2009) *The Urban Connection: An Actor-
Relational Approach to Urban Planning*, Rotterdam: 010
Publishers.

Boelens, Luuk (2010a) 'Mainport Rotterdam; Avoiding the
next planning disaster'. *Town & Planning Review* (to be
published).

Boelens, Luuk (2010b) 'Planologie eXTended; Naar een
nieuwe toekomst van ruimtelijk openbaar bestuur'. In
WRR-Verkenning Toekomst Openbaar Bestuur (22 pages,
forthcoming).

Boelens, Luuk and Ed Taverne (2009) 'Waarom steden als
delta's floreren'. In Leo Lucassen and Wim Willems, *Waarom
Mensen in de Stad willen Wonen 1200-2010,* Amsterdam:
Bert Bakker, pp. 229-258.

Boelens, Luuk, Pieter Hooimeijer et al. (2010) *Zelfbouw
in reflectie: Evaluatie SEV-experimenten (C)PO/MO.*
Rotterdam: SEV.

Castells, Manuel (1996) *The Rise of the Network Society*
[vol. I of *The Information Age: Economy, Society and Culture*], Cambridge/Oxford: Blackwell.

Cohen, Joshua and Joel Rogers (1992) 'Secondary associations and democratic governance'. *Politics and Society* 20/4,
pp. 391-472.

Dieleman, Frans and Sako Musterd (1998) *Voorbij de
Compacte Stad.* Assen: Van Gorcum.

EZ (Dutch Ministry of Economic Affairs) (2006) *Pieken in de
Delta.* The Hague: EZ.

Friedmann, John (1986) 'The world city hypothesis'. *Development and Change* 17, pp. 69-93.

Frieling, D.H. et al. (eds.) (1987) *Nederland Nu als Ontwerp,*
The Hague: Sdu.

Hirst, Paul (2001) *Democracy and Governance.* In Jon Pierre
(ed.) (2000) *Debating Governance: Authority, Steering and
Democracy.* Oxford/New York: Oxford University Press.

Jacobs, Jane (1961) The Death and Life of Great American
Cities. New York: Random House.

Kreukels, Ton (2005) 'The development strategy for a new
urban form'. In Willem Salet and Stan Majoor (2005) *Amsterdam Zuidas, European Space.* Rotterdam: 010 Publishers.

Massey, Doreen (2005) *For Space.* London: Sage Publications.

Murdoch, Jonathan (2006) *Post-Structuralist Geography,*
London: Sage.

Olden, Han (2010) *Uit vooraad leverbaar, De overgewaarde
rol van bouwrijpe grond als vestigingsfator bij de planning
van bedrijventerreinen,* Utrecht: Utrecht University.

PBL (Netherlands Environmental Assessment Agency)
(2009) *Menging van wonen en werken, Achtergrondstudies,*
The Hague: PBL.

Randstad Urgent (2009) *Randstad-Besluiten: Amsterdam-Almere-Markermeer, RAAM-brief*. The Hague: Randstad Urgent.

Richardson, Harry and C.H.C. Bae (eds.) (2004) *Urban Sprawl in Western Europe and the United States*. Aldershot: Ashgate.

Rotterdam Municipal Executive (1987) *Vernieuwing van Rotterdam*. Rotterdam: Municipality of Rotterdam.

Rotterdam Municipality (1995) *The Slender City*. Rotterdam: Municipality of Rotterdam.

Sassen, Saskia (1991) *The Global City: New York, London, Tokyo*. Princeton, NJ: Princeton University Press.

Spit, Tejo and Luca Bertolini (1998) *Cities on Rails: The Redevelopment of Railway Station Areas*. London & New York: E&Fn Spon.

Spit, Tejo and Paul Zoete (2009) *Ruimtelijke ordening in Nederland: een wetenschappelijke introductie in het vakgebied*. The Hague: Sdu.

Stichting Ontwerpen voor Nederland (Design for the Netherlands Foundation; 1998) *De Vrije Ruimte, Nieuwe strategieën voor de Ruimtelijke Ordening*. Rotterdam: NAi.

Urban Unlimited (2003a) *Reisgids door een vernieuwd Leiden*, commissioned by Leiden's five housing associations. Rotterdam: Urban Unlimited.

Urban Unlimited (2003b) *Verdichting Zuidvleugel*, commissioned by the Province of South Holland. Rotterdam: Urban Unlimited.

Van der Cammen, Hans and Len de Klerk (2003) *Ruimtelijke Ordening: Van grachtengordel tot Vinex-wijk*. Utrecht: Het Spectrum.

Van der Woud, A. (1987), *Het lege land. De ruimtelijke orde van Nederland*. Amsterdam: Meulenhof.

Van Veen Commission (1973) *Rapport van de Commissie Interdepartmentale Taakverdeling en Coördinatie*. The Hague: Sdu.

VROM (Dutch Ministry of Housing, Spatial Planning, and the Environment) (1989) *Voorbeeldplannen voor de dagelijkse leefomgeving*, The Hague: Sdu.

VROM (1994) *Het stadshuizenmilieu, Verleden, heden en toekomst*. The Hague: RPD.

VROM (1995) *Gestapeld wonen in het groen*. The Hague: RPD.

VROM (1997) *De Gelaagde Stad, Stimuleringsprogramma Intensief Ruimtegebruik*. The Hague: VROM.

VROM (1998) *65x intensief ruimtegebruik, Nominaties 1998*. Rotterdam: SEV.

V&W (Dutch Ministry of Transport, Public Works, and Water Management) (2005) *The Motorway House: Living in the Fast Lane*. The Hague: V&W.

WRR (Advisory Council on Government Policy) (1998) *Ruimtelijke Ontwikkelingspolitiek*. The Hague: Sdu.

mische Zaken, Den Haag.

Ministerie VROM (1989). *Voorbeeldplannen voor de dagelijkse leefomgeving*, SDU, Den Haag.

Ministerie VROM (1994). *Het stadshuizenmilieu, Verleden, heden en toekomst*, RPD, Den Haag.

Ministerie VROM (1995). *Gestapeld wonen in het groen*, RPD, Den Haag.

Ministerie VROM (1997). *De Gelaagde Stad, Stimuleringsprogramma Intensief Ruimtegebruik*, VROM, Den Haag.

Ministerie VROM (1998). *65x intensief ruimtegebruik, Nominaties 1998*, SEV, Rotterdam.

Ministerie Verkeer en Waterstaat (2005). *Het snelweghuis, Living in a fast lane*, Ministerie V&W, Den Haag.

Murdoch, Jonathan (2006). *Post-structuralist geography*, Sage, Londen.

Olden, Han (2010). *Uit vooraad leverbaar, De overgewaarde rol van bouwrijpe grond als vestigingsfator bij de planning van bedrijventerreinen*, Universiteit Utrecht, Utrecht.

Planbureau voor de Leefomgeving (2009). *Menging van wonen en werken, Achtergrondstudies*, Planbureau voor de Leefomgeving, Den Haag.

Randstad Urgent (2009). *Randstad-Besluiten: Amsterdam-Almere-Markermeer, RAAM-brief*, Randstad Urgent, Den Haag.

Richardson, Harry & C.H.C. Bae (eds.) (2004). *Urban Sprawl in Western Europe and the United States*, Ashgate, Aldershot.

Rotterdam, College van B&W (1987). *Vernieuwing van Rotterdam*, Gemeente Rotterdam.

Rotterdam (1995). *The Slender City*, Gemeente Rotterdam.

Sassen, Saskia (1991). *The Global City*, Princeton University Press, New York, Londen, Tokyo.

Spit, Tejo & Luca Bertolini (1998). *Cities on Rails: The Redevelopment of Railway Station Areas*, E&Fn Spon, Londen/New York.

Spit, Tejo & Paul Zoete (2009). Ruimtelijke ordening in Nederland: een wetenschappelijke introductie in het vakgebied, SDU, Den Haag.

Stichting Ontwerpen voor Nederland (1998). *De Vrije Ruimte, Nieuwe strategieën voor de ruimtelijke ordening*. Rotterdam: NAI

Urban Unlimited (2003a). *Reisgids door een vernieuwd Leiden*, in opdracht van de vijf Leidse woningcorporaties, UU-publicatie, Rotterdam.

Urban Unlimited (2003b). *Verdichting Zuidvleugel*, in opdracht van de Provincie Zuid-Holland, UU-publicatie, Rotterdam.

Veen, Van Cie. (1973). *Rapport van de Commissie Interdepartmentale Taakverdeling en Coördinatie*, SDU, Den Haag.

Wetenschappelijke Raad voor het Regeringsbeleid (WRR) (1998). *Ruimtelijke Ontwikkelingspolitiek*, SDU, Den Haag.

Woud, A. van der (1987). *Het lege land. De ruimtelijke orde van Nederland*, Meulenhoff, Amsterdam.

For the time being, Amsterdam, Ferdinand Bolstraat.

Lunchroom Hannibal
Lunchroom Hannibal

De performance van de compacte stad

The performance of the compact city

Meta Berghauser Pont, Per Haupt

Het concept van de compacte stad in de Nederlandse ruimtelijke ordening is geen nieuw fenomeen. Sinds 1987 staat het concept centraal in het nationaal ruimtelijk beleid (Vierde Nota over Ruimtelijke Ordening). Op gemeentelijk niveau is het al veel eerder aan de orde, in Rotterdam vanaf 1978. Echter, de trend van deconcentratie en stedelijke expansie is ook na die tijd gestaag verder gegaan. De afgelopen honderd jaar is de *urban footprint*[1] in een stad als Amsterdam bijna vertienvoudigd. Had de gemiddelde Amsterdammer in 1880 nog geen 18m^2 stad tot zijn of haar beschikking, honderd jaar later is dit toegenomen tot bijna 160m^2 (2000). Een stad als Amsterdam is in de afgelopen honderd jaar aldus sterk verdund. In 1880 was de inwonersdichtheid nog 570 inwoners per hectare stedelijk gebied[2] (inclusief infrastructuur, parken, sportvelden, volkstuinen en begraafplaatsen), in 2000 was

The compact city is not a new concept in Dutch spatial planning. Since 1987, it has been central to national spatial policy (see the Fourth Policy Document on Spatial Planning; *Vierde Nota over Ruimtelijke Ordening*). At the municipal level, it became a topic of discussion much earlier, first cropping up in Rotterdam in 1978. Yet even after that year, the trend toward the dispersal and expansion of Dutch cities continued at a steady pace. Over the past hundred years, the urban footprint in the city of Amsterdam, for instance, has increased by a factor of almost fourteen.[1] While the average Amsterdam resident had less than 18 square metres of the city at his or her disposal in 1880, a century later (in 2000) this figure had increased to almost 160 square metres.

In other words, cities such as Amsterdam have become much more sparsely populated over the past hundred years or so. In 1880,

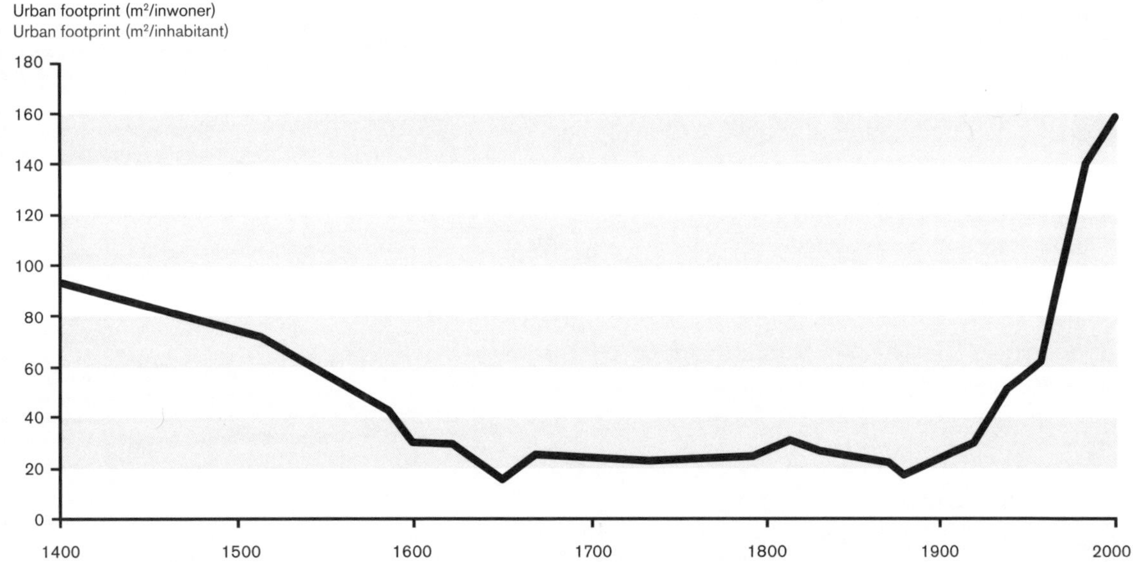

Figuur 1: Ontwikkeling van de urban footprint in Amsterdam van 1400 tot 2000 (Berghauser Pont & Haupt 2010: p. 32).
Figure 1: The urban footprint in Amsterdam from 1400 to 2000 (Berghauser Pont & Haupt 2010, p. 32).

Figuur 2: Ontwikkeling van de dichtheid in Amsterdam van 1400 tot 2000 (Berghauser Pont & Haupt 2010: p. 32).
Figure 2: Urban density in Amsterdam from 1400 to 2000 (Berghauser Pont & Haupt 2010, p. 32).

dit nog maar 65 inwoners per hectare.

Een dergelijke extreme stedelijke expansie en verdunning is moeilijk te rijmen met de toenemende schaarste aan natuurlijke grondstoffen. Deze schaarste en het probleem van klimaatverandering vragen om een respons vanuit de ruimtelijke ordening. Ondermeer door het Rijk wordt die oplossing gezocht in het compactestadbeleid. Om het begrip van de compacte stad van inhoud te voorzien is het echter cruciaal deze te koppelen aan de performance ervan. Hoe presteren verschillende varianten van de 'compacte stad' op het gebied van bijvoorbeeld transport en energiegebruik? De methode Spacematrix (Berghauser Pont & Haupt, 2010) kan hierbij waardevol zijn en de compacte stad meetbaar en toetsbaar maken.

Van verdunning naar verdichting

Aan het begin van de twintigste eeuw was de problematiek rond gezondheid en welstand in de overbevolkte geïndustrialiseerde steden de belangrijkste reden om meer lucht en ruimte in de stad te realiseren. De compacte stad was aan verdunning toe. Deze verdunning van de stad werd later nog versterkt door factoren zoals zonering (na de Tweede Wereldoorlog), de toename van het autoverkeer (na 1960 en vooral sinds 1970 toen Den Uyl iedere arbeider het recht op een auto had beloofd) en daaraan gekoppeld de populariteit van eengezinswoning (vooral vanaf 1970).

Mensen zijn in de loop van de twintigste eeuw op deze wijze in steeds kleinere gezinnen[3], in steeds grotere huizen[4], op een grotere afstand van elkaar en hun werk gaan wonen, met als gevolg dat de stedelijke footprint enorm is toegenomen. Daarbij dient opgemerkt te worden dat zelfs in een periode waar de Amsterdamse bevolking kromp (met name tussen 1970 en 1984), de oppervlakte van de stad bleef stijgen. De toename in welvaart van de inwoners van een stad heeft in het verleden dus een grotere invloed gehad op de stedelijke footprint, dan

the population density was 570 residents per hectare of urban space (including infrastructure, parks, playing fields, allotment gardens, and cemeteries).[2] By 2000, it was only 65 residents per hectare.

This extreme process of urban expansion and dispersal is difficult to reconcile with the growing scarcity of natural resources. The problems of resource scarcity and climate change demand a response from the planning professions. Some actors, such as the national authorities in the Netherlands, are turning to compact city policy for the solution. To make the idea of the compact city more meaningful, it is important to link it to issues of performance. How do different variations on the compact city perform in areas such as transport and energy use? The Spacematrix method (Berghauser Pont & Haupt 2010) can be a valuable tool for making the compact city a measurable, testable concept.

From dispersal to densification

At the dawn of the twentieth century, issues of health and material well-being in the overpopulated industrialized cities were the main reasons for bringing more light and space into the city. The compact city had to be thinned out. This process of thinning-out, or dispersal, was later reinforced by factors such as zoning (after the Second World War), increased motor traffic (from 1960 onward, but especially after 1970, when Prime Minister Den Uyl pledged that every worker had the right to a car), and the concomitant increase in the popularity of single-family homes (again, especially after 1970).

As the twentieth century went on, eversmaller households[3] occupied ever-larger dwellings[4] at growing distances from one another and from their places of work. This was what led to the enormous urban footprint we see today. Even when the population of Amsterdam was shrinking (as it was between 1970 and 1984), the area of the city continued to increase. We can conclude that, in the past, increasing prosperity among a city's residents has had a more powerful influence

on the urban footprint than the prevailing
demographic trends.

If the urban footprint continues growing
at the same rate in the twenty-first century,
and we take Amsterdam to be characteristic
of developments throughout the Randstad,
then by 2050, 50% of the Randstad will be
urbanized, compared to 19% in 2000.[5]

A century ago, the dispersal of the
congested cities was a solution to problems
of health and material well-being. Now, one
hundred years later, the dispersed, expanded city appears to be the cause of many
present-day problems.

Climate change and consumption of space
Despite all the debate about the causes
and consequences of this trend, scholars
and other experts have now reached a
consensus that suburbia, motor traffic, and
high energy use go hand in hand. Newman

de voorkomende demografische ontwikkelingen.
Als de trend van een stijgende stedelijke footprint
doorgetrokken wordt in de eenentwintigste eeuw,
en Amsterdam als referentie wordt genomen voor
ontwikkelingen in de Randstad, dan zal 50% van de
Randstad in 2050 verstedelijkt zijn in vergelijking
met 19% in 2000.[5]
Een eeuw geleden was de verdunning van de over-
volle stad dus een oplossing voor de problematiek
rond gezondheid en welstand. Nu, honderd jaar
later, blijkt juist de uitgedunde geëxpandeerde stad
de bron te zijn van veel van de huidige problemen.

Klimaatverandering en ruimteconsumptie
Ondanks het feit dat er veel debat is over de oorzaken en gevolgen van deze ontwikkeling is er onder
academici en experts consensus over het feit dat
suburbia, automobiliteit en een hoog energiever-

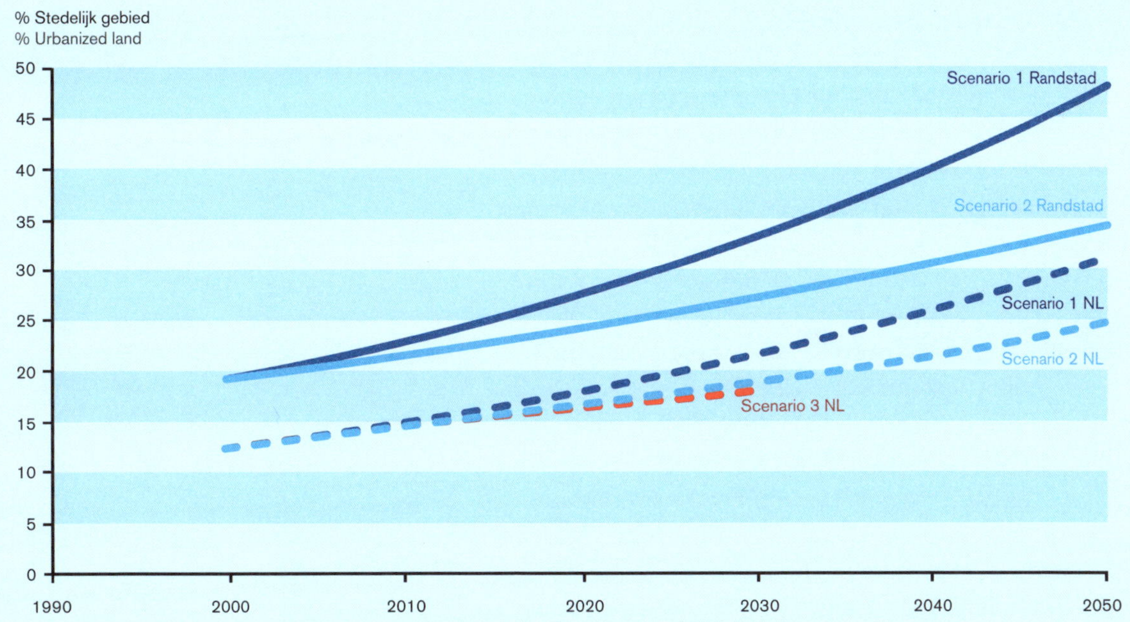

Figuur 3: Scenario's voor het percentage verstedelijkt gebied in de Randstad en Nederland in 2050.
Scenario 1 is gebruikt voor dit artikel (Berghauser Pont & Haupt 2009: p. 64).
Figure 3: Scenarios for the percentage of urbanized land in the Randstad and the Netherlands in 2050.
Scenario 1 was used for this article (Berghauser Pont & Haupt 2009, p. 64).

bruik hand in hand gaan. Newman en Kenworthy (1999) hebben aangetoond dat in Amerikaanse steden die gekenmerkt worden door hun extreem lage dichtheden het energiegebruik per capita voor transport veel hoger is dan in de meeste Europese steden – en nog meer in vergelijking met Japanse steden, die veelal gekenmerkt worden door een nog veel hogere dichtheid.

Lage dichtheden in een gespreid verstedelijkingspatroon dragen dus substantieel bij aan een hoge CO_2-productie en klimaatverandering. Vooral in het licht hiervan wordt het steeds belangrijker om onze ruimteconsumptie te heroverwegen. Dit is geen gemakkelijke opgave, omdat het offers vraagt van de consument. James Howard Kunstler (2005) verwoordt dit in een reactie op het pro-sprawlboek van Bruegmann (2005) heel mooi. Hij poneert de stelling dat de hedendaagse drive-inconcepten van de stedenbouwkundige menukaart zullen verdwijnen. En dit kan naar onze mening niet zonder een sterke overheid die alternatieven biedt in de vorm van bijvoorbeeld stedelijke woonvormen met goed openbaar vervoer. Echter, hoge dichtheden betekenen natuurlijk niet automatisch dat de auto aan de kant wordt gezet. Ook de afstand tussen de woon- en werkplek, de sociaal-culturele context, regelgeving en fiscale politiek hebben een zeer grote invloed op het gebruik van de auto. Maar zonder hoge dichtheden kan de keuze voor openbaar vervoer in ieder geval niet gemaakt worden als we onze huidige levenswijze in stand willen houden (Neuman, 2005). De vraag is natuurlijk welke dichtheid dan hoog genoeg is. Daartoe wordt vaak afhankelijk van het type openbaar vervoer en de ruimtelijke structuur van de stationsomgeving het bereik van een station of halte bepaald. In combinatie met de benodigde hoeveelheid potentiële reizigers kan vervolgens de dichtheid berekend worden. Compacte kleine kernen met voldoende dichtheid kunnen daarmee net zo efficiënt voorzien worden van goed openbaar vervoer als een grote stad met dezelfde dichtheid.

and Kenworthy (1999) have shown that in American cities characterized by extremely low densities, per-capita energy consumption for transport is greater than in most European cities. This contrast is even more striking when these American cities are compared to Japanese cities, which typically have even higher densities than European ones. This suggests that low-density development in a dispersed pattern of urbanization makes a substantial contribution to high levels of CO_2 production and to climate change. This is a particularly and increasingly important reason to rethink our use of space – no easy task, since consumers will be required to make sacrifices. James Howard Kunstler (2005) expresses this vividly in his response to a pro-sprawl book by Bruegmann (2005); as Kunstler puts it, the 'drive-in utopia' of today's suburbs will inevitably 'come off the menu' of urban development. In our opinion, this shift will not be possible without a strong public sector that provides alternatives, such as urban housing in combination with good public transport. But high densities do not necessarily mean that cars will be abandoned. Distances between home and work, the social and cultural context, and legal and tax regimes will also strongly influence automobile use. What is certain is that public transport will only be feasible if we opt for higher-density development (Neuman 2005). The question is what density is adequate.

To answer this question, planners often calculate the area served by one station or stop, keeping in mind the type of public transport and the spatial organization of the surrounding area. This information, in combination with the required number of potential travellers, can be used to calculate the required density. This method reveals that good public transport is just as feasible in small, compact town centres with sufficiently high densities as it is in big cities with the same densities. By contrast, a patchwork of low-density single-family homes is difficult to reconcile with any form of public transport whatsoever.

This article does not seek to provide a magic formula for the dimensions, compactness, and density of a sustainable city, but it does clarify the concept of the compact city in relation to density. Two factors are crucial. The first is grasping the relationship between quality and quantity at the micro level, where density has to be linked to potential urban forms and structural types. The second is the tare space, or area not used for construction,

Een tapijt van eengezinswoningen in lage dichtheid is echter moeilijk te rijmen met welke vorm van collectief vervoer dan ook. In deze bijdrage wordt niet dé oplossing gegeven voor maat, compactheid en dichtheid van een duurzame stad, maar wordt het concept compacte stad in relatie tot dichtheid verhelderd. Twee aspecten zijn hierbij cruciaal. De eerste gaat over het inzicht in de relatie tussen kwaliteit

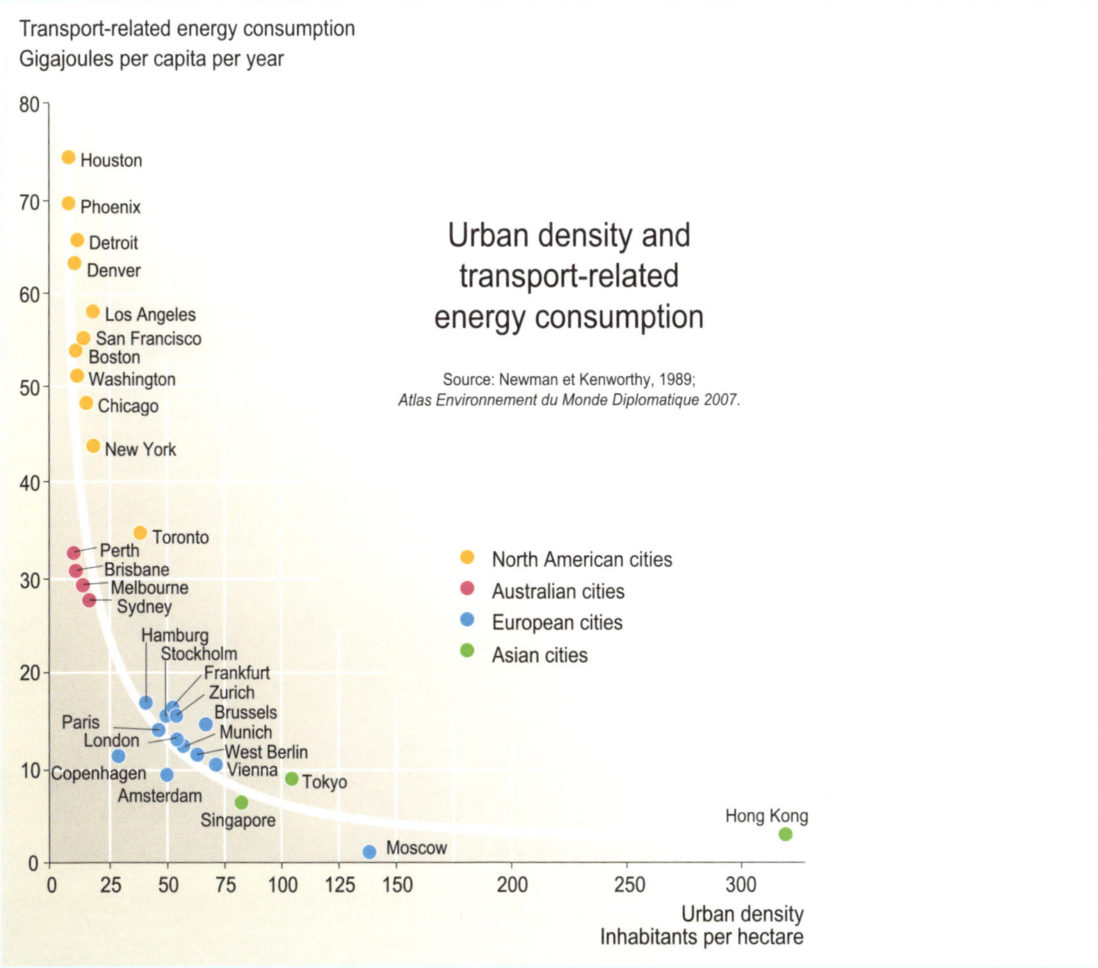

Figuur 4: Relatie tussen stedelijke dichtheid en transportgerelateerde energieconsumptie in verschillende steden.
Figure 4: The relationship between urban density and transport-related energy consumption in various cities.

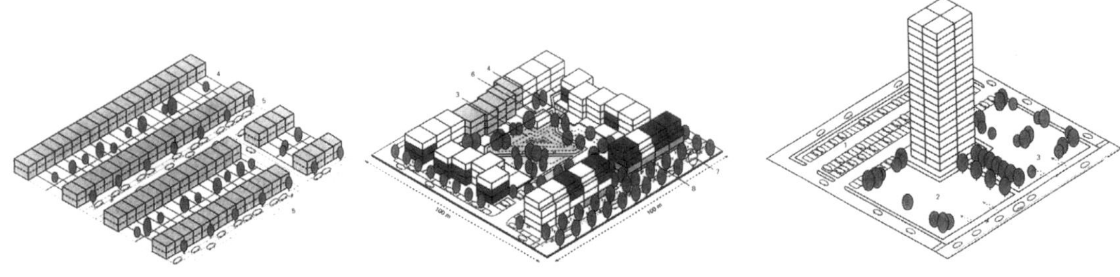

Figuur 5: Drie gebieden met een identieke dichtheid van 75 woningen per hectare
(Fernandez Per & Mozas 2004: pp. 206-207).
Figure 5: Three areas with the same density: 75 dwellings per hectare (Fernandez Per & Mozas 2004, pp. 206-207).

en kwantiteit op microniveau, waarbij dichtheid gerelateerd moet kunnen worden aan mogelijke stadsvormen en bebouwingstypes. De tweede betreft de tarra of onbebouwde ruimte die steeds toegevoegd wordt als je het verschil in dichtheid meet op twee schaalniveaus. Bij de laagste schaalniveaus van gebouw en kavel is de tarra meestal de tuin. Op hogere schaalniveaus bestaat tarra uit parken, pleinen, wegen en water, etc.

Spacematrix in de compacte stad

De Spacematrix is een methode om op beide aspecten een beter zicht te krijgen. Op de schaal van het stadsweefsel is het met de methode mogelijk om stadsvorm en bebouwingstypes te koppelen aan dichtheid en hoeveelheid open ruimte. Om dit mogelijk te maken wordt dichtheid als een multivariabel fenomeen benaderd en gedefinieerd met drie indicatoren en niet, zoals gebruikelijk is, met slechts één indicator (zoals het aantal woningen per hectare). Kwantificering van dichtheid op deze beperkte eendimensionale wijze heeft namelijk een aantal nadelen: bebouwing met een andere programmatische invulling, zoals kantoren en winkels, wordt buiten beschouwing gelaten, evenals de grootte van de woningen. Mede hierdoor is het onmogelijk om

which must always be added when measuring the difference in density at two different scales. At the smallest scale, the building and its plot, the tare space is usually the garden. At larger scales, tare space includes parks, squares, roads, water features, etc.

The Spacematrix in the compact city

The Spacematrix is a method for obtaining a clear picture of both these factors. At the level of the urban fabric, this method makes it possible to link the urban form and structural types to density and the amount of open space. To make this possible, the Spacematrix treats density as a multivariate phenomenon, approaching and defining it in terms of three indicators, in contrast with the usual practice of using a single indicator, such as the number of dwellings per hectare. This one-dimensional method for quantifying density has a number of disadvantages; it disregards non-residential buildings, such as offices and shops, and does not take into account the size of the dwellings. Partly for that reason, this method is incapable of drawing a link between density and urban form, as illustrated in figure 5.

To describe density in a way that relates it to urban form and structural types, we need a definition that involves compactness, the amount of open space, and the height of the building. The chosen indicator of building intensity is the Floor Space Index (FSI). The FSI is the ratio between the gross floor area and the area of the plot of land. It roughly indicates the density of an area but provides no information about the distribution of building mass. For that purpose, the Ground Space Index (GSI) is used. This is the ratio between the built-up surface area (the footprint) and the area of the plot. These two indicators can be used to derive the average building height (L) and the Open Space Ratio (OSR), a measure of the intensity of use of the non-built-up areas. The third indicator is network density (N), which describes the dimensions of the urban fabric. For the purposes of this article, we will leave aside the N variable. The relationship between these indicators (except for N) will be represented using the Space-mate graphing method. The advantages of this multivariate approach to density will be illustrated by three parts of Amsterdam that have the same FSI but contrasting urban fabrics: the Bijlmermeer, Zuidwest Kwadrant in Osdorp, and Nieuw Sloten.

Figures 6 and 7 show that an FSI of 0.75 can be achieved with high-rise buildings and plots with a great deal of open space, but the same FSI can be attained through five-storey buildings with a fair amount of open space, or with two or three-storey terraced housing. The compactness or GSI of these three urban areas is very different, however. The Bijlmermeer's GSI is very low, while Nieuw Sloten's is high. In the first case, the target FSI was achieved by building higher to leave as much open space as possible between the buildings. In Nieuw Sloten, in contrast, the buildings are spread out over the entire area, in the most low-rise mode of development possible. The result is much less open space between the buildings.

If we postulate uniform dwelling sizes and an even mix of residential and non-residential uses, ten hectares (2.5 acres) of any one of these three urban fabrics contains ten dwellings. To build the same number of dwellings within a smaller area and thus obtain

dichtheid aan stadsvorm te koppelen zoals geïllustreerd wordt in figuur 5.

Om dichtheid zo te beschrijven dat er wel een relatie gelegd kan worden met stadsvorm en bebouwingstypes moet ook de compactheid, de hoeveelheid open ruimte en de hoogte van de bebouwing worden meegenomen in de definitie. Als indicator voor bebouwingsintensiteit wordt de Floor Space Index (FSI) gebruikt. De FSI is de ratio tussen bruto vloeroppervlak en grondoppervlak. Deze parameter geeft een grove indicatie van de dichtheid van het gebied, maar geeft nog geen informatie over de distributie van de bouwmassa. Als indicator hiervoor wordt de Ground Space Index (GSI) gebruikt. GSI is de ratio tussen bebouwd oppervlak (footprint) en grondoppervlak. Afgeleid van deze twee indicatoren kan de gemiddelde bebouwingshoogte (L) en de druk op de open ruimte (OSR) worden beschreven. De derde indicator is netwerkdichtheid (N) die de maatvoering van het stadsweefsel beschrijft. In het kader van deze bijdrage wordt N buiten beschouwing gelaten. De relatie tussen de verschillende indicatoren (behalve N) wordt in beeld gebracht in de Spacemategrafiek. Drie stadsweefsels in Amsterdam met eenzelfde FSI worden gebruikt om te illustreren wat het voordeel is van deze multivariabele benadering van dichtheid: De Bijlmer, Zuidwest Kwadrant in Osdorp en Nieuw Sloten.

In de figuren 6 en 7 is te zien dat een FSI van 0,75 gerealiseerd kan worden met hoogbouw in een verkaveling met veel open ruimte, maar ook kan deze FSI gehaald worden met een open verkaveling van vijf bouwlagen of rijtjeshuizen van twee tot drie bouwlagen. De compactheid of GSI van deze drie stadsweefsels is echter zeer verschillend. De Bijlmer heeft een zeer lage GSI terwijl Nieuw Sloten een hoge GSI heeft. In het eerste geval is de beoogde FSI gerealiseerd door de vloeren te stapelen om zo veel open ruimte tussen de gebouwen te kunnen realiseren. In Nieuw Sloten is juist alle bebouwing uitgespreid over het gebied om een zo

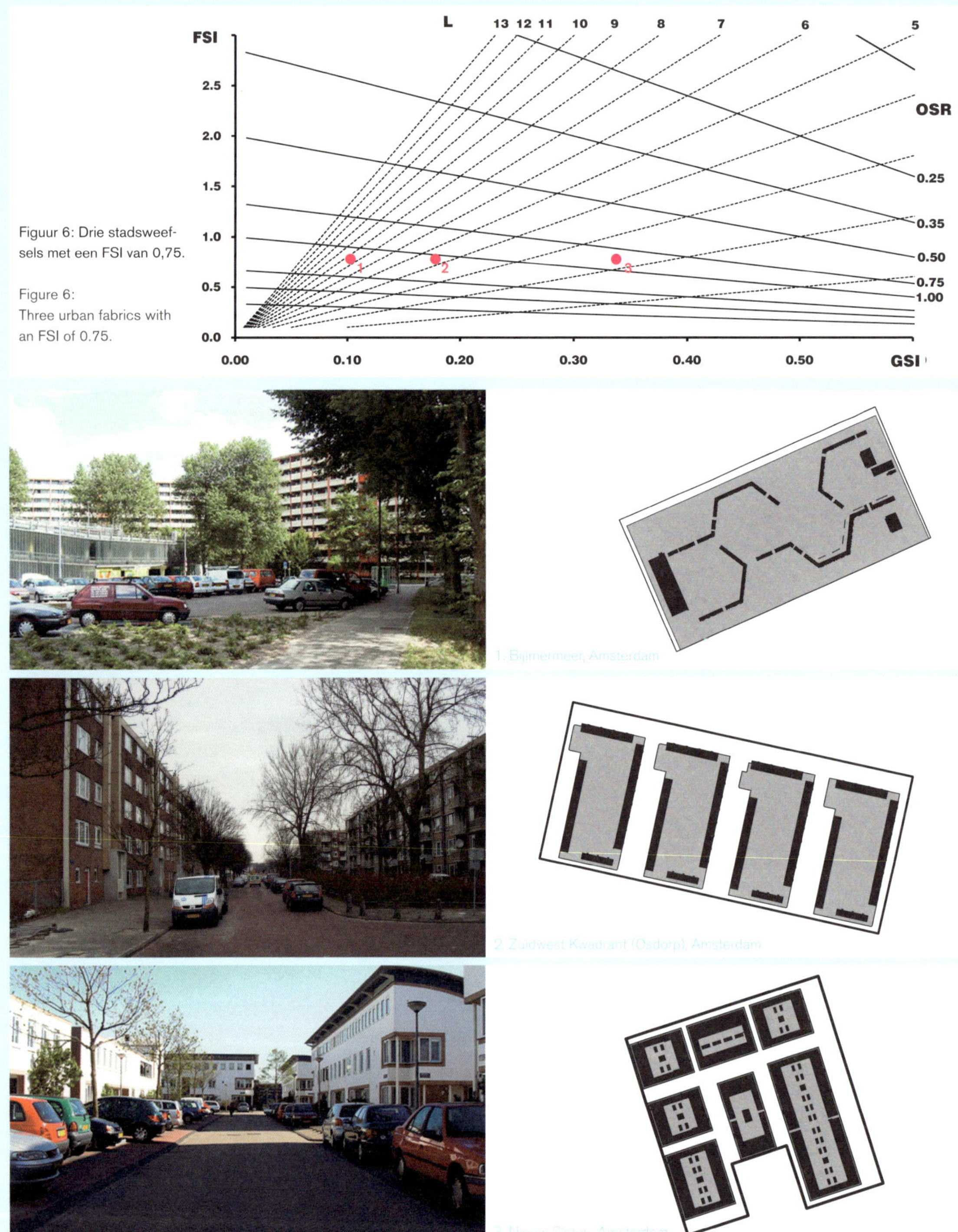

Figuur 6: Drie stadsweef-
sels met een FSI van 0,75.

Figure 6:
Three urban fabrics with
an FSI of 0.75.

Figuur 7: Drie stadsweefsels met een FSI van 0,75.
Figure 7: Three urban fabrics with an FSI of 0.75.

a more compact city, one must use other urban fabrics, with a higher FSI. With half of the plot area available, the FSI should be 1.5 or more. Again, various approaches are possible, as figures 8 and 9 show: parallel strips in Osdorp (Langswater), Noordereiland in Rotterdam with its four to five-storey perimeter blocks, and Oude Boteringe in Groningen with its very compact, fully built-up blocks and an average of 2.7 storeys. Oude Boteringe exemplifies the upper limit of density in a low-rise environment. Higher densities are inevitably the result of taller buildings and therefore of other dwelling types, without individual street-level entrances.

Which of these urban fabrics deserves to be called the most compact? It depends on the scale at which we examine the urban fabric. If compactness refers to the amount of built-up space relative to open space on a small scale (the micro level), then Oude Boteringe is the most compact. But on a somewhat larger scale (the meso level), the answer may be entirely different. If the more compact urban fabric is surrounded by parks and playing fields for recreation, while the high-rise approach can accommodate these functions within the same area as the housing, then the high-rises may be more compact in a different sense. In any case, an integrated approach of this kind makes it possible to fit more dwellings into a given area, because no tare space is needed at the meso level.

Along with these quantifiable factors, qualitative factors should always be considered. The advantages of a low-rise setting, such as one's own garden and a front door on the street, are sacrificed in a high-rise approach that achieves the same degree of density. On the other hand, low-rise development does not leave room for communal green spaces for recreation. Space thus has to be set aside for this purpose elsewhere, and fewer dwellings can therefore be accommodated in the living environment as a whole. High-rise development offers the advantages of communal open space and retains its density

laag mogelijke bebouwing te kunnen realiseren. Het gevolg is dat er veel minder open ruimte tussen de bebouwing overblijft.

Tien hectare van een van deze drie stadsweefsels levert, uitgaande van identieke woninggroottes en een gelijke mix van functies, evenveel woningen op. Om dezelfde hoeveelheid woningen op een kleiner oppervlak te realiseren en dus een compactere stad mogelijk te maken zijn andere stadsweefsels nodig met een hogere FSI. Bij een halvering van het grondgebied is een FSI nodig van minimaal 1,50. Ook hier zijn weer verschillende oplossingen mogelijk zoals te zien is in de figuren 8 en 9: de stroken verkaveling in Osdorp (Langswater) in Amsterdam, het Noordereiland in Rotterdam met gesloten bouwblokken van vier tot vijf bouwlagen en Oude Boteringe in Groningen met zeer compacte dichtbebouwde blokken van gemiddeld 2,7 bouwlaag. Met dit laatste voorbeeld is de grens wat betreft dichtheid van een laagbouwmilieu bereikt. Hogere dichtheden zullen altijd gepaard gaan met hogere bebouwing en dus met andere woningtypes dan de grondgebonden woning.

Welke van deze stadsweefsels de meest compacte genoemd kan worden hangt af van het schaalniveau waarop naar het weefsel gekeken wordt. Als compactheid de hoeveelheid bebouwde versus open ruimte op microniveau betreft dan is Oude Boteringe de meest compacte. Echter op een hoger schaalniveau, de mesoschaal, kan het beeld geheel anders zijn. Als het compactestadsweefsel omgeven wordt door parken en sportvelden om te kunnen recreëren, terwijl de hoogbouwoplossing deze functies binnen het weefsel zelf kan oplossen, dan is hoogbouw misschien wel compacter te noemen. In ieder geval kunnen er in een dergelijke geïntegreerde oplossing meer woningen gerealiseerd worden omdat tarra op de mesoschaal niet nodig is. Naast deze kwantitatieve afweging dient ook elke keer een kwalitatieve afweging gemaakt te worden. De kwaliteiten van een laagbouwmilieu, zoals een

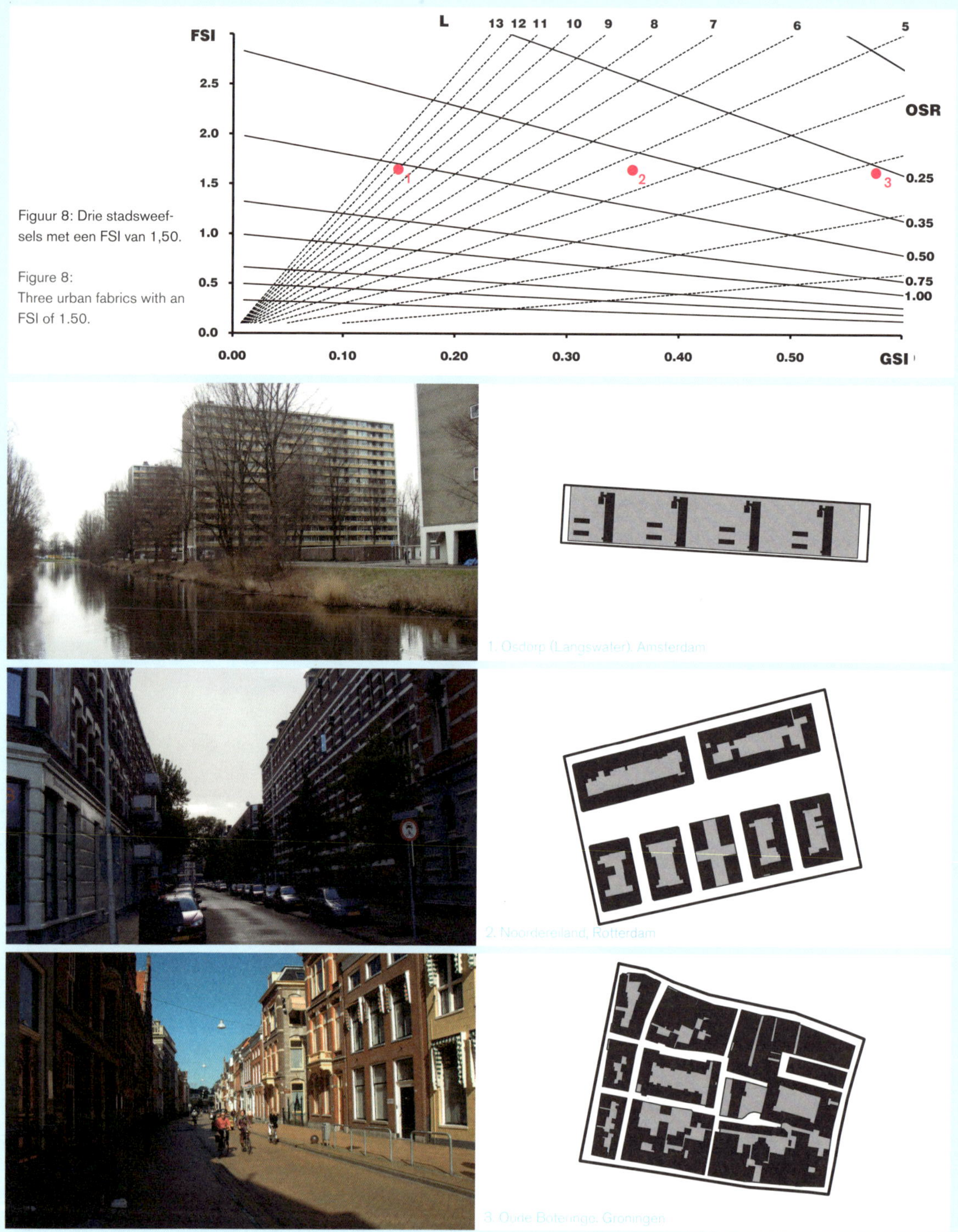

Figuur 8: Drie stadsweefsels met een FSI van 1,50.

Figure 8:
Three urban fabrics with an FSI of 1.50.

Figuur 9: Drie stadsweefsels met een FSI van circa 1,50.
Figure 9. Three urban fabrics with an FSI of approximately 1.50

even at larger scales. When this type of decision is being made, the Spacematrix makes it
easier to factor in density, building type, the
amount of open space, and the intensity of
use of open space.

The compact city and the sustainable city
The densification of existing urban areas,
one of the central themes of compact city
policy, has to be defined clearly on two fronts
before we can determine the effectiveness
of this policy. First, existing urban areas must
be sharply delineated. In many cases, the
manipulation of city limits is a simple though
false solution to the problem of densification.
Second, we must clarify the programmatic
and spatial objectives of urban infill plans at
every scale (micro, meso, and macro levels).
How many additional dwellings are needed at
each level? Which building types are preferable at micro level, and how much communal
open space is needed at each level? Conflicts
between objectives can be brought to light
fairly easily with the help of the Spacematrix
and Geographic Information System (GIS)
techniques.[6] The performance of a given
option can also be calculated in the areas of
transport and energy use. This draws a connection between discussion of the sustainable
city and of the compact city. If this is done at
an early stage, objectives can, if necessary,
be adjusted in the light of one of these factors
before they are finalized.

Once a project has been built, the same
plot of land cannot be used for something
else. This makes it critically important to
develop a method that goes over and above
individual projects, forging connections
between them and calculating their energy
performance before the first bricks are laid.
A comparison between two European cities,
Amsterdam and Stockholm, shows what
choices can and must be made at each scale.
Amsterdam and Stockholm have similar densities at city level, but they offer city-dwellers
very different advantages. Stockholm has
three times as much open space at city level
as Amsterdam, because its urban fabrics

eigen tuin en een voordeur aan de straat, worden bij
een oplossing met hoogbouw in dezelfde dichtheid
opgegeven. Daar staat tegenover dat de laagbouw-
verkaveling geen ruimte biedt voor collectieve
groene ruimte voor recreatie. Deze moet dus apart
toegevoegd worden en daarmee levert dit leefmilieu
uiteindelijk minder woningen op. Hoogbouw biedt
de kwaliteiten van collectieve open ruimte wel en
behoudt zijn dichtheid ook op het hogere schaalniveau. Met behulp van de Spacematrix wordt deze
afweging tussen dichtheid, bebouwingstype, hoeveelheid open ruimte en druk op die open ruimte
inzichtelijker.

De compacte stad en de duurzame stad
Het verdichten van bestaand stedelijk gebied, een
van de speerpunten bij het compactestadbeleid,
moet op twee fronten duidelijk gedefinieerd worden
om de effectiviteit van het beleid te kunnen toetsen.
Ten eerste moet het bestaande stedelijk gebied helder afgebakend worden. Want in veel gevallen is het
oprekken van de stadsgrenzen een eenvoudige
(schijn)oplossing voor verdichting. Ten tweede dient
duidelijk gemaakt te worden wat de programmatische en ruimtelijke ambities zijn bij inbreidingsplan-
nen. Dit moet zowel op de micro-, meso- als macro-
schaal gebeuren: hoeveel woningen moeten op
macro- of stadsniveau toegevoegd worden, welke
bebouwingstypes zijn op microniveau gewenst en
hoeveel collectieve open ruimte is nodig op de verschillende schaalniveaus. Tegenstrijdigheden kunnen met behulp van Spacematrix en Geografische
Informatie Systeem (GIS)-technieken[6] redelijk eenvoudig aan het licht komen. Daarnaast kan de pres-
tatie van deze keuze ook op het gebied van transport en energiegebruik berekend worden. Daarmee
wordt de discussie over de duurzame stad gekoppeld aan die van de compacte stad. Als dit in een
vroeg stadium gebeurt, kunnen ambities vast- en
eventueel bijgesteld worden op een van de
genoemde factoren. Als een project eenmaal gerea-

liseerd is kan diezelfde grond niet nog een keer gebruikt worden. Het is dus van groot belang een methode te ontwikkelen die de individuele projecten overstijgt, deze met elkaar in verband brengt en hun energieprestatie doorrekent voordat er stenen worden gestapeld. Een vergelijking tussen twee Europese steden, Amsterdam en Stockholm, laat zien welke keuze op de verschillende schaalniveaus gemaakt kunnen en moeten worden. Amsterdam en Stockholm hebben een vergelijkbare dichtheid op stadsniveau, maar bieden de stedeling zeer verschillende kwaliteiten. In Stockholm heb je op stadsniveau drie keer zoveel open ruimte tot je beschikking dan in Amsterdam doordat de dichtheid van de stadsweefsels hoger is. Amsterdam heeft lagere dichtheden op microniveau en biedt de stedeling in vergelijking met Stockholm dus wellicht meer eengezinswoningen, maar minder open ruimte op mesoniveau. Echter, Stockholm heeft een hogere transportgerelateerde energieconsumptie dan Amsterdam (vergelijk ook figuur 4). Bij de compacte stad gaat het dus om een keuze voor een gewenste bebouwingsintensiteit, openheid en compactheid, gerelateerd aan de energieconsumptie en bekeken op verschillende schaalniveaus. Deze complexe afweging kan beter gemaakt worden met de Spacematrix, omdat de verschillende kwaliteiten van dichtheid hiermee simultaan kunnen worden bekeken.

1 Met urban footprint wordt bedoeld: de totale oppervlakte stedelijk gebied (binnen een gemeente) die gebruikt wordt voor wonen en werken inclusief infrastructuur, parken, sportvelden, volkstuinen en begraafplaatsen, gedeeld door het totaal aantal inwoners binnen dat stedelijke gebied. Deze definitie wijkt af van de ecologische footprint waarbij ook de oppervlaktes worden meegerekend die nodig zijn om aan onze vraag naar energie, voedsel en andere grondstoffen te voldoen (Rees, 1992).
2 Met stedelijk gebied wordt bedoeld: de totale oppervlakte van een stad die gebruikt wordt voor wonen en werken, inclusief infrastructuur, parken, sportvelden, volkstuinen en begraafplaatsen, maar exclusief agrarische gebieden, snelwegen en grote open wateren.

are higher in density. Amsterdam has lower densities at micro level and, in comparison with Stockholm, more single-family dwellings, but it has less open space at meso level. Stockholm, however, has a higher level of transport-related energy consumption than Amsterdam (see fig. 4). Clearly, the creation of a compact city involves making choices about the desired intensity of development, amount of open space, and degree of compactness, relating these choices to energy consumption, and considering multiple scales. The Spacematrix facilitates this complex decision-making process, by making it possible to look at the different dimensions of density simultaneously.

1 'Urban footprint' is defined as the total urban surface area (within a municipality) used for work and housing, including infrastructure, parks, playing fields, allotments, and cemeteries, divided by the total number of residents of that urban area. This is distinct from the concept of an ecological footprint, which also takes into account the space required to meet our demand for energy, food, and other resources. See Rees 1992.
2 'Urban space' is defined as the total surface area of a city used for work and housing, including infrastructure, parks, playing fields, and cemeteries, but excluding agricultural areas, highways, and large, open bodies of water or waterways.
3 The average number of residents per dwelling in Amsterdam in 1900 was 4.37; in 2000 it was 1.98. See Wintershoven 2000.
4 The number of rooms per dwelling can serve as an indicator of dwelling size. In 1899, 75 percent of Dutch dwellings had fewer than three rooms. In 1989, only 12 percent of dwellings had fewer than three rooms. See Centraal Bureau voor de Statistiek 2008.
5 Residential and business areas plus infrastructure. Based on Van der Schuit et al. 2006. This calculation does not take population growth into consideration.
6 A geographic information system (GIS) or geospatial information system is a set of tools that captures, stores, analyzes, manages, and presents data that are linked to location(s). In the simplest terms, GIS is the merging of cartography, statistical analysis, and database technology. Definition adapted from Wikipedia 2010.

References
Berghauser Pont, M. and P. Haupt (2010) *Spacematrix: Space, Density and Urban Form*, Rotterdam: NAi Publishers.
Bruegmann, R. (2005) *Sprawl: A Compact History*, Chicago: University of Chicago Press.
Centraal Bureau voor de Statistiek (Statistics Netherlands; 2008) *Historie bouwnijverheid vanaf 1899*, The Hague: CBS Nederland.
Fernandez Per, A. and J. Mozas (2004) *Densidad/Density*, Vitoria-Gasteiz: a+t ediciones.

Kunstler, J. (2005) 'Review of Sprawl: A Compact History', *Salmagundi* 152, pp. 175-183.
Neuman, M. (2005) 'The Compact City Fallacy', *Journal of Planning Education and Research 25*, pp. 11-26.
Newman, P. and J. Kenworthy (1999) *Sustainability and Cities: Overcoming Automobile Dependence*, Chicago: University of Chicago Press.
Nozzi, D. (2003) *Road to Ruin: An Introduction to Sprawl and How to Cure It*, Westport: Praeger Publishers.
Rees, W.(1992) 'Ecological Footprints and Appropriated Carrying Capacity: What Urban Economics Leaves Out', *Environment and Urbanisation* 4 (2) 1992, pp. 121-130.
Van der Schuit, J. et al. (2006) *Ruimte in cijfers 2006*, The Hague: Ruimtelijk Planbureau.'
Wikipedia (2010) 'Geographic information system', Wikimedia Foundation. Last consulted on 25 October 2010.
Wintershoven, L. (2000) *Demografisch eeuwboek Amsterdam: Ontwikkelingen tussen 1900 en 2000*, Amsterdam: Dienst Ruimtelijke Ordening.

3 De woningbezetting in Amsterdam in 1900 was 4,37 personen per woning, in 2000 was dit 1,98 (Wintershoven, 2000).

4 De hoeveelheid kamers per woning kan dienen als een indicator voor woninggrootte. In 1899 had 75 procent van de woningen in Nederland minder dan drie kamers. In 1989 had slechts 12 procent van de woningen minder dan drie kamers (Centraal Bureau voor de Statistiek, 2008).

5 Woon- en werkgebieden en infrastructuur. Gebaseerd op Van der Schuit et al., 2006. Deze berekening gaat ervan uit dat er geen bevolkingsgroei is.

6 Een Geografisch Informatie Systeem (meestal afgekort tot GIS) is een informatiesysteem waarmee (ruimtelijke) gegevens of informatie over geografische objecten, zogeheten geo-informatie kan worden opgeslagen, beheerd, bewerkt, geanalyseerd, geïntegreerd en gepresenteerd. Definitie overgenomen van Wikipedia, 2010.

Referenties

Berghauser Pont, M. & P. Haupt (2010). *Spacematrix. Space, Density and Urban Form*, NAi Uitgevers, Rotterdam.
Bruegmann, R. (2005). *Sprawl: A Compact History*, University of Chicago Press, Chicago.
Centraal Bureau voor de Statistiek (2008). *Historie bouwnijverheid vanaf 1899*, CBS, Den Haag.
Fernandez Per, A., & J. Mozas (2004). *Densidad/Density*, Vitoria-Gasteiz, in: *a+t ediciones*.
Kunstler, J. (2005). 'Review of Sprawl: A Compact History', in: *Salmagundi*, 152, pp.175-183.
Neuman, M. (2005). 'The Compact City Fallacy', in: *Journal of Planning Education and Research,* 25, pp.11-26.
Newman, P. & J. Kenworthy (1999). *Sustainability and Cities: Overcoming Automobile Dependence*, University of Chicago Press, Chicago.
Nozzi, D. (2003). *Road to Ruin: An Introduction to Sprawl and How to Cure It*, Praeger Publishers, Westport.
Rees, W. (1992). 'Ecological Footprints and Appropriated Carrying Capacity: What Urban Economics Leaves Out', in: *Environment and Urbanisation,* 4 (2), pp.121-130.
Van der Schuit, J., et al. (2006). *Ruimte in cijfers 2006*, Ruimtelijk Planbureau, Den Haag.
Wintershoven, L. (2000). *Demografisch eeuwboek Amsterdam: Ontwikkelingen tussen 1900 en 2000*, dRO, Amsterdam.

Citius, altius, fortius
Mythes over hoogbouw

Citius, altius, fortius
Myths about high-rises

Daan Zandbelt

Hoogbouw wordt vaak neergezet als hét instrument voor de verdichting van onze steden. Als de redding van de compacte stad. De hoogste tijd om dat eens kritisch te bekijken.[1]

Toen de Taipei 101 Tower in Taiwan eind 2004 werd geopend was de ruim vijfhonderd meter hoge toren de hoogste ter wereld. Het overtrof de Petronas Towers in Kuala Lumpur (452 m.) en de Sears Tower in Chicago (442 m.). Slechts zes torens waren hoger dan vierhonderd meter. Tot vorig jaar de Burj Khalifa werd opgeleverd. Lange tijd was haar exacte hoogte geheim. Duidelijk is nu dat de Burj met 828 meter alle andere torens heeft 'gedwarft'. Tsja, wat is hoog?

Tussen de veertig grootste skylines ter wereld staat slechts een stad uit de Europese Unie, Parijs. Met 112 gebouwen die hoger zijn dan negentig meter. Rotterdam staat als enige Nederlandse stad in de

High-rises are often portrayed as the most effective instrument for the densification of our cities, with the power to save the compact city approach. It is high time for a critical look at this notion.[1]

In late 2004, when the Taipei 101 tower opened in Taiwan, it was the world's tallest building, at 500 metres. It overshadowed the Petronas Towers in Kuala Lumpur (452 m) and the Sears Tower in Chicago (442 m). Only six towers were taller than 400 metres. That remained so until last year, when the Burj Khalifa was completed. For a long time, its exact height was a secret. But now we know that, at 828 metres, the Burj dwarfs all other skyscrapers. How high is 'high', anyway?

The world's forty largest skylines include only one in the European Union, in Paris. With 112 buildings more than ninety metres high, Rotterdam is the only Dutch city in

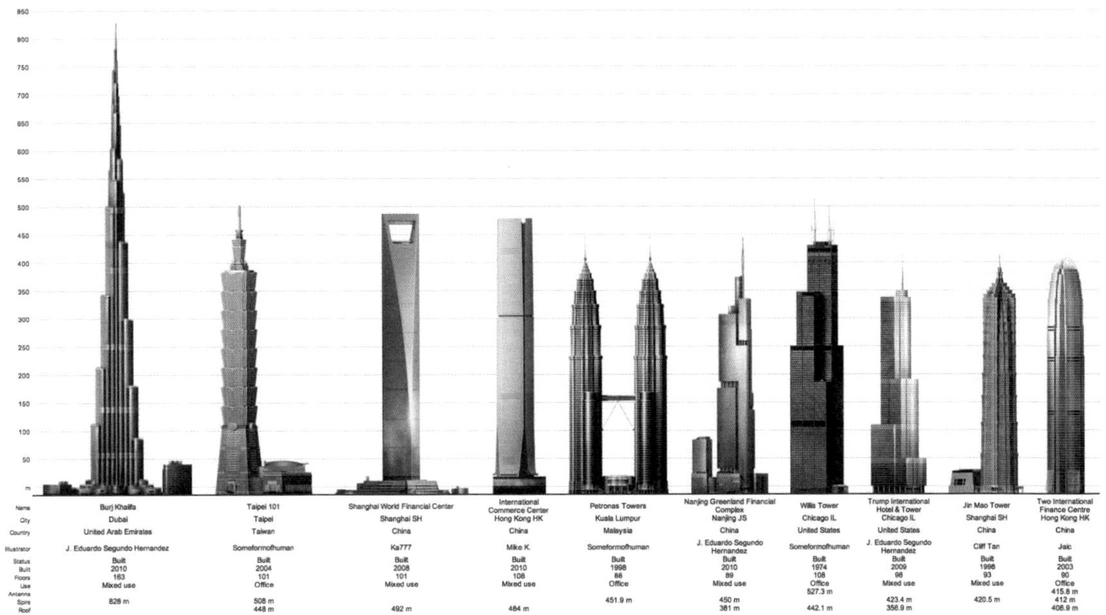

Name	Burj Khalifa	Taipei 101	Shanghai World Financial Center	International Commerce Center	Petronas Towers	Nanjing Greenland Financial Complex	Willis Tower	Trump International Hotel & Tower	Jin Mao Tower	Two International Finance Centre
City	Dubai	Taipei	Shanghai SH	Hong Kong HK	Kuala Lumpur	Nanjing JS	Chicago IL	Chicago IL	Shanghai SH	Hong Kong HK
Country	United Arab Emirates	Taiwan	China	China	Malaysia	China	United States	United States	China	China
Illustrator	J. Eduardo Segundo Hernandez	Someformofhuman	Ka777	Mike K.	Someformofhuman	J. Eduardo Segundo Hernandez	Someformofhuman	J. Eduardo Segundo Hernandez	Cliff Tan	Jaic
Status	Built	Built	Built	Built	Built	Built	Built	Built	Built	Built
Built	2010	2004	2008	2010	1998	2010	1974	2009	1998	2003
Floors	163	101	101	108	88	89	108	98	93	90
Use	Mixed use	Office	Mixed use	Mixed use	Office	Mixed use	Office	Mixed use	Mixed use	Office
Antenna							527.3 m			415.8 m
Spire	828 m	508 m			451.9 m	450 m		423.4 m	420.5 m	412 m
Roof		448 m	492 m	484 m		381 m	442.1 m	356.9 m		406.9 m

the European top ten, in fifth place, trailing
Benidorm. That says enough. By international
standards, the towers on Rotterdam's Wilhelminapier, which include the three tallest in
the Netherlands, are not so much 'high-rises'
as 'mid-rises'.

How high is 'high'?

Even in the Netherlands, 'high' is a relative
term. Various legal standards govern what
is defined as high. In buildings with five or
more storeys, it is mandatory to install a lift.
Above seventy metres, the national Buildings
Decree (*Bouwbesluit*) requires special safety
features such as a sprinkler system.

Furthermore, for about fifteen years now,
almost every large municipality has had a
policy or strategy on high-rise buildings that
specifies how tall they can be, and where
they can be built. In The Hague, for instance,
any building taller than fifty metres is a
high-rise. In Utrecht and Zwolle, the boundary is thirty metres, and in Tilburg fifteen.
Other standards are less abstract: no higher
than the Dom tower (in Utrecht), the Veluwe
massif, or the 'tree line', though the trees in

Europese top 10, op plaats vijf net achter
Benidorm. Dat zegt genoeg. De hoogbouw op de
Rotterdamse Wilhelminapier, met de drie hoogste
van Nederland, is internationaal gezien eigenlijk
geen 'high-rise' maar 'mid-rise'.

Wat is hoog?

Ook binnen Nederland is 'hoog' een relatief begrip.
Verschillende wettelijke normen dicteren wat hoog
is. Bij meer dan vier verdiepingen is een lift ver-
plicht. Boven de zeventig meter stelt het Bouwbesluit bijzondere voorzieningen zoals een sprinklerin-
stallatie als eis.

Daarnaast heeft sinds een jaar of vijftien bijna iedere
grote gemeente een 'hoogbouwparagraaf' of hoog-
bouwvisie geformuleerd. Daarin staat waar en hoe
hoog torens mogen. Zo is in Den Haag bepaald dat
gebouwen boven de vijftig meter hoogbouw zijn. In
Utrecht en Zwolle is dat dertig meter en in Tilburg
vijftien meter. Er worden ook minder abstracte normen gehanteerd. Niet hoger dan de Dom (Utrecht),
het Veluwemassief (Arnhem) of niet hoger dan de

'boomgrens'. Al zijn de bomen in Nijmegen (25 m.) kennelijk langer dan in Wageningen (18 m.). Hoogbouw, of beter hoog, is dus een relatief begrip. Wat laag is voor de een is (te) hoog voor een ander. Wat in Rotterdam laag is, is in Wageningen hoog. En wat in Rotterdam hoog is, is laag in Shanghai of Chicago. Rondom hoogbouw bestaan er heel wat mythes en misverstanden. Het gaat niet alleen om de sterke verhalen (wie heeft de langste?). Al draait het vaak om meer, meer, meer, meer. Citius, altius, fortius. Enkele *mythbusters* op een rijtje.

Verdichtingsmachine?

Hoogbouw staat symbool voor hoge dichtheid. Maar al te vaak wordt dit letterlijk genomen. Als enige oplossing voor hogere dichtheden. Zo werd naar aanleiding van de Structuurvisie Randstad 2040 door ministers Cramer, Eurlings en Verburg hoogbouw uitgeroepen tot het panacee voor de stedelijke verdichting van de Randstad: 'Omdat de ruimte beperkt is moet de woningbouw de lucht in.'[2] Hoger blijkt echter niet per se dichter.
Hoge gebouwen hebben vaak platvoeten. Op de (begane) grond zijn veel voorzieningen nodig om het grote (en hoge) gebouw te faciliteren. Denk aan parkeren, leidingen, entrees en ruimte voor distributie. 'What goes up must come down'. Zo wordt de voet van de toren veel groter dan de toren (of schijf) die er bovenop staat.
Ter illustratie de Bergpolderflat in het Oude Noorden van Rotterdam. Dit is de eerste galerijflat, een Nederlandse uitvinding naar ontwerp van Van Tijen. De flat staat in een vooroorlogse buurt met gesloten bouwblokken van vijf lagen hoog. Het complex steekt daar bovenuit, maar bezet slechts een klein deel van het stadsblok. Het blok van de Bergpolderflat heeft een lagere Floor Space Index (een maat voor dichtheid) dan de omringende traditionele bouwblokken. De kavel rondom de flat is vrij ruim in verband met bezonning en windhinder.

Nijmegen (at 25 m) are apparently taller than those in Wageningen (at 18 m).

In short, 'high-rise' – or, more fundamentally, 'high' – is a relative term. One person's 'low' is another person's 'high', or even 'too high'. What is low in Rotterdam is high in Wageningen. And what is high in Rotterdam is low in Shanghai or Chicago. There are many myths and misunderstandings about high-rises. And that is quite apart from the tall stories (whose is biggest?), though admittedly, the theme is often 'more, more, more'. *Citius, altius, fortius.* Time to bust a few high-rise myths.

A densification machine?

High-rise construction is emblematic of high density. But all too often, the emblem is confused with the reality and high-rises are seen as the only way to achieve higher densities. For instance, the strategic plan for the Randstad in 2040 (*Structuurvisie Randstad 2040*), developed under the ministers Cramer, Eurlings, and Verburg, has fostered a belief that high-rises are the royal road to urban densification in the Randstad. 'Because space is limited, housing must rise to new heights.'[2] But height does not necessarily entail density.

High towers often have flat feet. At ground level, a large, tall building requires many additional facilities, such as parking, pipes, cables, lobbies, and space for circulation and distribution. Because what goes up must come down, the base of the building must be much larger than the tower (or slab) on top of it.

One illustration is the Bergpolderflat in Rotterdam's Oude Noorden district. This is the first gallery flat building (*galerijflat*), a Dutch housing type invented by Willem van Tijen. The complex is in a prewar district with perimeter blocks that are five storeys high. It towers above these surroundings, but takes up only a small part of the block. The block that includes the Bergpolderflat in fact has a lower Floor Space Index (a metric of density) than the traditional perimeter blocks around it. There is a fairly large open space around the building, because of sunlight and wind issues.

This is characteristic of high-rises in general. Only true high-rise environments with many towers close together, such as Chelsea in Manhattan, have a degree of density like that of pre-Second World War cities. We do not have such environments in the Netherlands (at least, not yet).

In many other cases, high-rises have proved incapable of turning the dream of high density into a reality. Take the Montevideo building in Rotterdam, which until recently was the tallest residential tower in the Netherlands. This 152-metre tower rests on a

Dit geldt voor hoogbouw in het algemeen. Alleen in een echt hoogbouwmilieu met torens dicht bij elkaar, zoals in Chelsea op Manhattan, is de dichtheid vergelijkbaar met die van de vooroorlogse stad. Dit type milieus hebben we in Nederland (nog) niet. In veel andere gevallen blijkt hoogbouw de droom van een hoge dichtheid niet waar te maken. Neem Montevideo, tot voor kort de hoogste woontoren van Nederland. Deze toren van 152 meter staat op een voet die bijna vijf keer zo veel ruimte inneemt als de toren zelf. Zou je de toren op de laagbouw leggen, dan ontstaat een veel lager gebouw. Met hetzelfde volume en dezelfde voetprint heb je een lager gebouw.

Bergpolderflat
Bergpolderflat

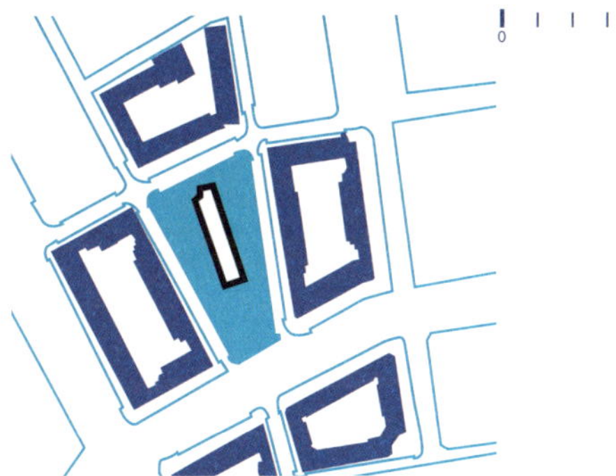

Bergpolderflat, Rotterdam
Footprint ca. 600m² (9 lagen)
Plangebied ca. 4250m²
FSI 1,3

Bergpolderflat, Rotterdam
Footprint c. 600m² (9 levels)
Development area c. 4250m²
FSI 1.3

Hoek Schieweg-Bergselaan
Corner of Schieweg-Bergselaan

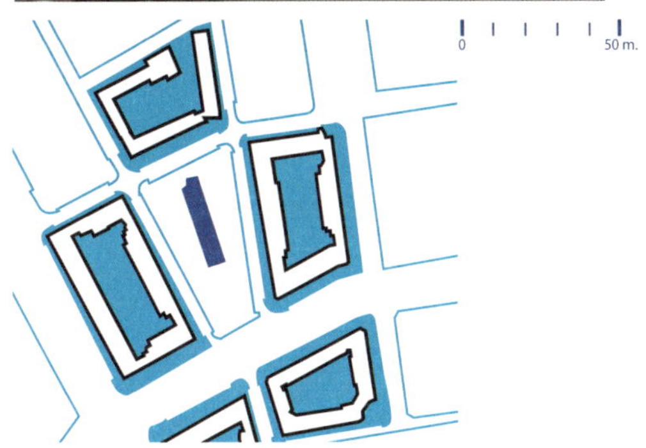

Gesloten bouwblok,
Bergpolder, Rotterdam
Footprint ca. 3000m² (5 lagen)
Plangebied ca. 7500m²
(voorbeeldblok)
FSI 2,0

Closed perimeter blocks,
Bergpolder, Rotterdam
Footprint c. 3000m² (5 levels)
Development area c. 7500m²
(sample block)
FSI 2.0

Geldmachine?

Met een hoog gebouw wordt een hoge grondprijs terugverdiend, zo wordt vaak gedacht. De skyline is een driedimensionale grafiek van de grondwaarde. Daar waar de hoogste gebouwen staan is de grond het duurste. Er moet simpelweg meer en 'dus' hoger gebouwd worden om de aankoop van de grond terug te verdienen.
Deze vlieger gaat in ieder geval in Nederland niet op. Hier wordt gerekend met een residuele grondwaarde, een complex instrument (zie de bijdrage van Van der Krabben elders in dit boek). Het komt erop neer dat de hoogte van de grondprijs (en gemeentelijke afdracht) 'in overleg' wordt bepaald, op basis van het bouwvolume op een kavel, de functie en de waarde van het te ontwikkelen vastgoed. Hoe meer je bouwt hoe duurder de grond. Aan een Amerikaan kreeg ik het niet uitgelegd. Bovendien is hoog bouwen ook duurder dan traditionele lagere bouwvormen. Nederlandse hoogbouw wordt vaak financieel mogelijk gemaakt door een combinatie met laagbouw. Met de winst van de laagbouw wordt de hoge toren gesubsidieerd.

Succes?

Hoge gebouwen zijn grote gebouwen. Dat wordt weleens vergeten door de initiatiefnemers. Dat beperkt sterk de realisatie en het succes van het project. Natuurlijk is het uitzicht bovenop spectaculair. Die 'meters' worden als eerste verkocht, net als de voet. De romp blijft vaak lang leegstaan. Ten opzichte van laagbouwontwikkeling zijn wolkenkrabbers moeilijk faseerbaar. Een toren in twee fases, ik heb het nog niet gezien. En het aangeboden vastgoed is meestal vrij eenzijdig: één functie, van een beperkte typologie. Zo is de markt snel verzadigd en duurt het lang voor alles is verkocht of verhuurd. Een zware (rente)last voor de investeerder.
Mixed-use gebouwen worden nauwelijks gemaakt; die zijn nog complexer dan een monofunctionele toren. Dat komt door gescheiden (en daardoor

base that takes up almost five times as much space as the tower itself. If you lay down the tower on the low-rise base, you would have a much lower building with the same volume and the same footprint.

A money machine?

It is often thought that tall buildings make it possible to recoup high land prices. If this is true, then the skyline is a three-dimensional graph of land values: the tallest buildings stand on the most expensive plots. More construction is necessary to earn back the purchase price of the land, and therefore, the reasoning goes, taller buildings are a must.

But this argument does not get off the ground (at least, not in the Netherlands). Here, we work with land residual value, a complex technique (see Van der Krabben's contribution to this volume). The long and short of it is that the price of the land (and municipal fees) are determined 'in consultation', according to the cubic content of the structures to be developed, their purpose, and their value. The more you build, the more expensive the land is. I once tried to explain it to an American, but failed. Moreover, high-rise construction is more expensive than traditional low-rise methods. Dutch high-rises are often made financially feasible by combining them with low-rises. The profit from the low-rises subsidizes the tall tower.

A success story?

Tall buildings are large buildings, a fact which developers sometimes forget. This places severe limits on the implementation and success of high-rise projects. The view from the top is, of course, spectacular; those 'metres' are the first to be sold, along with the base. The middle of the building often remains vacant for quite a while. Compared to low-rise developments, skyscrapers are difficult to phase in. I have never yet seen a tower built in two stages. And the property developed is usually rather homogeneous, with a single function and little typological diversity. The market is quickly saturated,

Montevideo, Rotterdam.

extra) liften en complexe eigendomsverhoudingen, enz. De Rotterdam van Rem Koolhaas op de Wilhelminapier is de bevestigende uitzondering. Het duurde twaalf jaar voor de bouw begon. En na oplevering zullen de drie gemeentetorens aan het Marconiplein leegstaan. Alle ambtenaren hebben Rotterdam West verruild voor de Wilhelminapier. Alleen door groot commitment van de gemeente kan De Rotterdam worden gerealiseerd.

Stedelijk?

Behalve hoge dichtheid symboliseren torens ook stedelijkheid. Daarom willen steden hoogbouw, het is een prima visitekaartje om je als grote stad te presenteren. Toch gaat het in middelgrote Nederlandse steden bij woontorens niet goed. Kopers van zo'n appartement kunnen voor hetzelfde geld ook een (semi)vrijstaand huis met ruime tuin en garage kopen. Dichtbij de stad. Mensen die zo'n hoogbouwappartement kopen kiezen bewust voor dat stedelijke milieu en de dito levensstijl. Ze verwachten daarbij een keur aan bijzondere restaurants, interessante festivals, unieke winkels en voorzieningen. Maar dat hebben die middelgrote steden helemaal niet te bieden.

Zorg dat het goed is

Alle klassieke 'harde' argumenten voor hoogbouw in Nederland blijken bij nadere inspectie boterzacht. Hoger is niet per definitie dichter of stedelijker. Veel geld wordt er al helemaal niet mee verdiend, laat staan dat het voorziet in een grote behoefte.
Dat wil helemaal niet zeggen dat je niet hoog moet bouwen. Integendeel, maar gebruik de juiste argumenten. Subjectieve criteria, die meer een kwestie van smaak zijn, snijden meer hout.
Een toren is mooi, geeft een fantastisch uitzicht, houdt een belangrijke werkgever in de stad, staat symbool voor een nieuwe fase in de stadsontwikkeling of vergroot de leesbaarheid en oriëntatie van de stad als geheel. Hoge gebouwen zijn in ieder geval

and it takes a long time before everything is sold or rented. This places a heavy financial burden on the investor.

Mixed-use towers are hardly ever constructed, because they are even more complex than single-use ones. This is because they require separate (and therefore more) lifts and involve complex ownership structures, etc. Rem Koolhaas's project on the Wilhelminapier, 'De Rotterdam', is the exception that proves the rule. It took twelve years before construction even began. And after delivery, the three municipal office towers on the Marconiplein will stand vacant, because all city officials are to move out of them and into the Wilhelminapier development. In other words, De Rotterdam depends on a major municipal commitment.

An urban icon?

Towers symbolize not only high density but also city life. This is why cities want high-rises; they are the icons of a self-respecting metropolis. Nevertheless, in medium-sized Dutch cities, tower blocks do not do well. For the same price, buyers can purchase detached or semi-detached houses, close to town, with large gardens and garages. Those who buy high-rise apartments are deliberately opting for an urban setting and lifestyle. They expect a range of exceptional restaurants, interesting festivals, special boutiques, services, and facilities. But medium-sized cities simply do not offer all that.

Quality is the key

All the traditional, supposedly iron-clad arguments for high-rises in the Netherlands do not hold up under scrutiny. Greater height does not necessarily mean greater density, or more urban character. These buildings do not even make a lot of money, let alone meet a major demand.

This is not to say that high-rises should never be built. On the contrary, they should be built, but for the right reasons. Subjective criteria, questions of taste, are what matter most.

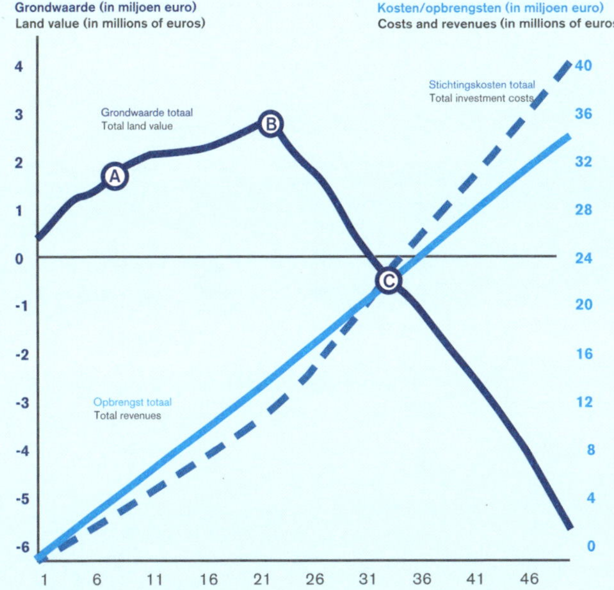

Aantal verdiepingen / Number of storeys

Kosten versus opbrengsten per woning in hoogbouw (Daalhuisen, 2005).
Costs vs. revenues per dwelling in high-rises (Daalhuisen, 2005).

Hoger is ook duurder

Deze grafiek toont de verhouding kosten-opbrengsten uitgezet tegen het aantal verdiepingen voor een woontoren in een gemiddelde Nederlandse situatie (2005). Kosten van parkeren zijn hierin niet opgenomen, per stad kan de kostenopbrengstenverhouding verschillen.

In deze grafiek is:

A grondwaarde bij traditioneel (laagbouw-) alternatief

B maximaal mogelijke grondwaarde

C laagst acceptabele grondwaarde

De grondprijs wordt in Nederland bepaald volgens de methode van de residuele grondwaarde. De prijs van de grond wordt hierin bepaald aan de hand van het aantal te ontwikkelen vierkante meters en de (verwachte) waarde van het vastgoed.

Taller means more expensive

This graph plots the ratio of costs to revenues against the number of storeys in a tower block, in an average Dutch situation (2005). The costs of parking are not included, and the ratio of costs to revenues is different in each city. This graph shows:

A. land value for a traditional (low-rise) alternative

B. maximum possible land value

C. minimum acceptable land value

In the Netherlands, the price of the land is calculated according to the residual land value method, based on the number of square metres to be developed and the expected value of the property.

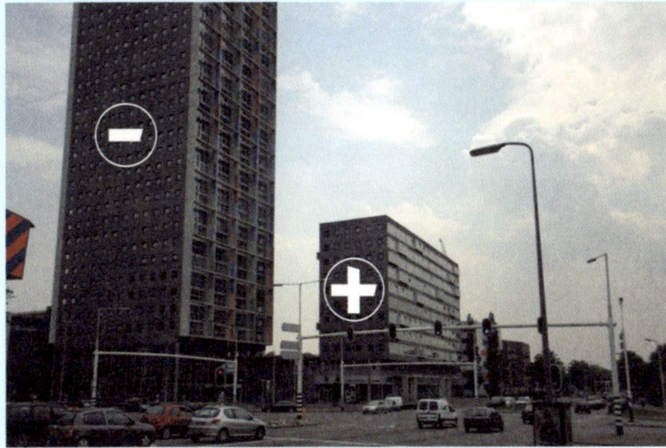

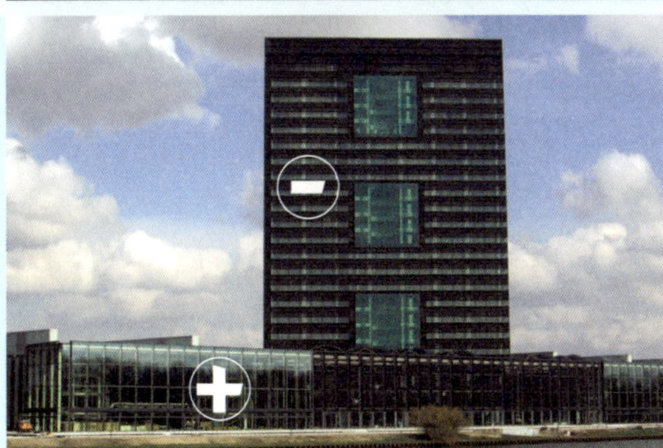

Laagbouw subsidieert hoogbouw.
Low-rises subsidize high-rises.

opvallende gebouwen. Ze zijn vanaf grote afstand zichtbaar en krijgen veel aandacht. Zorg daarom dat ze goed zijn. Als het budget al duidelijk maakt dat het niet bijzonder goed kan worden, begin er niet aan. Middelmatige seniorenflats aan de rand van een buitenwijk, wie schiet daar iets mee op? Zet het uit je hoofd en bedenk iets anders (lagers). Hoogbouw voor de compacte stad is een kans, geen must.

1 Dit artikel is gebaseerd op onderzoek dat Zandbelt&vandenBerg uitvoerde in opdracht van de Stichting Hoogbouw. Naar aanleiding van het onderzoek verscheen de publicatie *Hoogbouw, een studie naar Nederlandse hoogbouwcultuur* (2008). De publicatie is gratis op te vragen bij de stichting.
2 Bron: NOS, 'Meer hoogbouw in de Randstad', woensdag 18 november 2009

Towers can be beautiful, provide fantastic views, keep major employers from relocating, symbolize a new stage in urban development, or enhance the legibility or cohesion of the city as a whole. In any event, tall buildings are striking buildings. They can be seen from far away and attract a great deal of attention. This is all the more reason to invest in quality. If it is clear that the budget will not permit an especially impressive building, why bother? Mediocre tower blocks for seniors on the outskirts of the city – what is the good of that? Put it out of your mind and set your sights lower. In the compact city, high-rises are an opportunity, not a necessity.

1. This article is based on research carried out by Zandbelt&vandenBerg for the Dutch Council on Tall Buildings (Stichting Hoogbouw). This research led to the publication of a book about high-rise culture in the Netherlands, *Hoogbouw, een studie naar Nederlandse hoogbouwcultuur* (2008), which is available free of charge from the Council.
2. Source: Nederlandse Omroep Stichting (NOS), 'Meer hoogbouw in de Randstad', Wednesday 18 November 2009.

Pseudostedelijk of suburbaan voor dezelfde prijs.
Pseudo-urban or suburban for the same price.

Kop en voet verkopen altijd wel, maar de romp is een opgave.
The base and top are always popular, but it's hard to sell the levels in between.

For the time being, Amsterdam, Hartenstraat.

SNELDRUKKERIJ
PURNA
INDIAN·TANDOORI
RESTAURANT

Overheid

Government

25 jaar compactestadbeleid
Context, impact en perspectief

Twenty-five years of compact city policy
Context, impact, and outlook

Bert van Delden

Waar moet dat heen, hoe zal dat gaan, waar komt die rotzooi toch vandaan? Prangende vragen, meeslepend bezongen door de alleen nog bij de ouderen onder ons bekende Barend Servet. Aan het eind van het eerste decennium van deze eeuw kan het desalniettemin geen kwaad deze vragen opnieuw te stellen. Ook niet als deze vraagstelling, zoals de initiatiefnemers van deze publicatie bedacht hebben, betrekking heeft op het vijfentwintig jaar geleden in ons land ingezette compactestadbeleid. In dat licht schets ik hierna desgevraagd de maatschappelijke en beleidscontext waarbinnen het compactestadbeleid de afgelopen vijfentwintig jaar is ontwikkeld en probeer ik de impact en het toekomstperspectief van dit beleid te duiden.

Waar komt die rotzooi toch vandaan?
In de periode tussen 1970 en 1985 ging het, door

A well-known Dutch comic song from the 1970s pokes fun at modern society and architecture, asking, 'What are we headed for, and how . . . and what's this rubbish doing here now?' At the close of the first decade of a new century, there can be no harm in returning to these questions, or in asking them – as the editors of this book intended – about the compact city policy established in the Netherlands some twenty-five years ago. At their invitation, I would like to outline the social context and policy framework within which the Dutch compact city approach has developed over the past twenty-five years, and to investigate the impact of this approach and the outlook for the future.

What's this rubbish doing here now?
From 1970 to 1985, the Netherlands went through a painful period, caused by a disastrous combination of economic and

demographic tendencies. This period was especially painful for Dutch cities. After decades of continuous economic growth, the national economy – especially the manufacturing sector – was hit hard by the first and second oil crises (in 1973 and 1979). At the same time, the population swelled from 13 to 14.5 million, and the ongoing social trend of individualization led to a disproportionate increase in the number of households, from 4 to 5.1 million. The labour force grew from 4.8 to 5.8 million, and the Netherlands became a destination for many immigrants: more than 240,000 between 1975 and 1980. Two-thirds of those immigrants settled in the west of the country, and almost 50% in the four major cities (Amsterdam, The Hague, Rotterdam, and Utrecht).

The combination of these tendencies had far-reaching consequences: explosive growth of the number of economically inactive persons of working age, from 1.6 to 2.9 million, along with a constant demand for new housing. Partly as a result of the government response to these issues, social spending rose to 60% of national income, even as public investment in spatial development – including infrastructure and public housing – went into steep decline. The effects of these trends were most visible in the cities, which were also suffering from several other ills. First of all, they were confronted with the consequences of the policy (introduced in 1958) of clustered dispersal, a form of decentralization. In the 1970s, young families left the older districts developed before the Second World War, which were plagued by 'deterioration, decay, demographic ageing, and impoverishment', for single-family homes in new districts. The most popular destinations were new towns (*groeikernen*) such as Purmerend, Lelystad, Spijkenisse, and Zoetermeer. Although these families were partly replaced by young people and immigrants from Turkey, Morocco, and the Dutch overseas territories, the urban population plummeted in this period, by more than 500,000 in Amsterdam, Rotterdam, The

een ellendige combinatie van economische en demografische ontwikkelingen, beroerd met ons land. En nog beroerder met onze steden. Na decennia van voortdurende economische groei kreeg de Nederlandse economie, met name de industrie, met de eerste en tweede oliecrisis (in 1973 en 1979) harde klappen. Tegelijkertijd groeide de bevolking van 13 tot 14,5 miljoen zielen. Als gevolg van de voortschrijdende individualisering nam het aantal huishoudens toe van 4 tot 5,1 miljoen. De beroepsbevolking groeide van 4,8 tot 5,8 miljoen personen. Bovendien werd Nederland een immigratieland. Van 1975 tot 1980 bedroeg het immigratiesaldo ruim 240.000 personen. Van de immigranten streek tweederde neer in het westen van ons land; bijna 50% in de vier grote steden.

De combinatie van deze ontwikkelingen had verstrekkende consequenties: een explosieve groei van het aantal niet-actieven van 1,6 tot 2,9 miljoen personen en tegelijkertijd een voortdurende behoefte aan uitbreiding van de woningvoorraad. Mede door het ter zake gevoerde beleid groeide het beslag van collectieve voorzieningen op ons nationaal inkomen tot ruim 60%, terwijl de publieke, ruimtelijke investeringen – waaronder de investeringen op het gebied van infrastructuur en de volkshuisvesting – juist fors terugliepen. De effecten daarvan manifesteerden zich bovenal in de steden. Daar kwamen voor de steden nog een paar ongemakken bij. Allereerst werden ze geconfronteerd met de consequenties van het in 1958 geïnitieerde beleid van spreiding i.c. gebundelde deconcentratie. Jonge gezinnen vertrokken in de jaren zeventig uit de oude vooroorlogse wijken, die leden onder 'verpaupering, verkrotting, vergrijzing en verarming' naar eengezinswoningen in nieuwe wijken. Vooral in groeikernen als Purmerend, Lelystad, Spijkenisse, Zoetermeer, etc. Hoewel jongeren, rijksgenoten, Turken en Marokkanen hun plaats innamen, liep het inwonertal van de steden in deze periode sterk terug: in Amsterdam, Rotterdam, Den Haag en Utrecht in totaal met meer dan 500.000 inwoners. Bovendien zaten de steden in deze periode niet alleen opgescheept met het nodige achterstallig onderhoud, maar ook met de restanten van vaak onvoltooide in de jaren zestig gestarte megalomane 'city-projecten'. Stadsbestuurders en andere betrokkenen beseften al snel dat de steden in een crisis verkeerden. In eerste instantie leidde dit besef, onder aanvoering van wethouders als Jan van der Ploeg en Jan Schaefer, tot de veelbesproken stadsvernieuwings-aanpak. Onder het motto 'bouwen voor de buurt' werden in de jaren zeventig in de oude wijken huisjesmelkers als Fennis uitgekocht en werd grootschalig en betaalbaar (met huren van circa 200 gulden per maand) gerenoveerd en nieuw gebouwd. Aan het eind van de jaren zeventig werd echter duidelijk dat deze aanpak van de steden onvoldoende soelaas bood. De stadsvernieuwing werd daarom vanaf het begin van de jaren tachtig in verschillende opzichten verbreed tot stedelijke vernieuwing. Afgezien van de ondersteuning van de stadsvernieuwing en de uitbouw van de huursubsidie liet de rijksoverheid zich in eerste aanleg weinig gelegen liggen aan de crisis waarin de steden verkeerden. Dat was niet zo verwonderlijk als bedacht wordt dat het groeikernenbeleid net goed op gang was gekomen. Ook de rijksoverheid ontkwam uiteindelijk echter niet aan een beleidscorrectie. Mede door het steeds luidruchtiger alarm vanuit de steden leidde dit in 1983 tot de Structuurschets Stedelijke Gebieden. Mensen met een (boven)modaal inkomen terug naar de stad, bestrijding van de enorme werkloosheid in de steden en herstel van het draagvlak voor stedelijke voorzieningen werden vanaf dat moment hoofddoelstellingen van het nationale ruimtelijk beleid. Daarbij zou het zowel moeten gaan om volkshuisvesting als om economische bedrijvigheid en culturele activiteiten. Onder de noemer 'stedelijke verdichting' werd hiermee het al eerder door de steden ingezette compactestadbeleid ook op rijksniveau geïntroduceerd.

Hague, and Utrecht collectively. Furthermore, in the 1970s, the cities had not only fallen behind on the maintenance of older districts, but also had to deal with the remains of the megalomaniacal 'city projects' that had begun in the 1960s and often remained unfinished.

Municipal office-holders and others soon realized that the cities were in crisis. The earliest response to this realization, led by members of municipal executives (such as Jan van der Ploeg and Jan Schaefer), was the much-debated urban renewal (*stadsvernieuwing*) approach. The battle-cry was 'building for neighbourhoods', and in the course of the 1970s, slumlords in prewar districts (such as J.J.P. Fennis) were bought out, so that large-scale, low-rent housing (for about 200 guilders/month) could be created through renovation and new construction. In the late 1970s, however, it became clear that this approach to urban development was insufficient, and starting in the 1980s, it was broadened in several respects, and became known as urban regeneration (*stedelijke vernieuwing*).

Apart from supporting urban renewal programmes and larger rent subsidies, the national authorities initially felt little need to engage with the crisis in the cities. This is not all that surprising, considering that the programme of new town construction had only recently got fully under way. Yet in the end, national government was compelled to change its stance, partly by escalating alarm signals from the cities. The outcome was the Strategic Concept for Urban Areas (*Structuurschets stedelijke gebieden*; 1983). From that point on, the main objectives of national spatial policy included encouraging people with median or above-median incomes to move back into the cities, combating the sky-high urban unemployment levels, and restoring the tax base for city services and facilities. Attention was to be devoted to housing, economic vitality, and cultural activity. The term 'urban densification' (*stedelijke verdichting*) was introduced at national level to describe the compact city approach that municipal authorities had already been pursuing.

National policy from 1985 onward: major budget cuts, more room for market forces, and a smaller role for the public sector

The 1980s also brought another, more fundamental change of perspective in national government, with farther-reaching consequences. The national austerity programme Bestek '81 was the first step toward putting the national finances in order after the wild excesses of the 1970s. The underlying neoliberal philosophy prescribed large budget cuts in combination with 'more market, less government' (particularly, but not only, less national government). 'More market' meant autonomizing and privatizing public services and harnessing market forces, while 'less government' meant deregulation, fewer national subsidies and investment programmes, lower taxes, and decentralization with budget cuts.

In the field of housing, this package of measures had a powerful effect. National budgets for urban regeneration (*Investeringsbudget Stedelijke Vernieuwing*; ISV) and new construction (*Besluit Locatiegebonden Subsidies*; BLS) were substantially reduced and (as part of the Major Cities Policy, *Grotestedenbeleid*) decentralized. Another, even more radical step was taken in the mid-1990s: the autonomization of the housing associations. In what was called the 'grossing-up operation' (*bruterings-operatie*), government loans were cancelled out against present and future subsidies, and the relationship between national government and the housing associations changed fundamentally. Before this operation, housing associations had essentially been arms of national government. After the operation, they could continue their work in relative freedom as 'hybrid organizations', unconstrained either by democratic oversight and regulation or by market discipline. The legal framework developed by national

Rijksbeleid vanaf 1985: forse bezuinigingen, meer markt, minder (rijks)overheid

In de jaren tachtig was er in Den Haag tegelijkertijd sprake van een andere, bredere omslag met verstrekkende(r) consequenties. Met 'Bestek 81' werd een begin gemaakt met het op orde brengen van het in de jaren zeventig volledig uit het lood geslagen huishoudboekje van de rijksoverheid. Het toen gekozen neoliberale recept behelsde forse bezuinigen in combinatie met 'meer markt, minder (rijks)overheid'. Meer markt betekende daarbij verzelfstandiging, privatisering en marktwerking; minder (rijks)overheid betekende deregulering, minder rijkssubsidies en rijksinvesteringen, belastingverlaging en decentralisatie met efficiencykorting.

Op het gebied van de volkshuisvesting heeft dit recept zijn uitwerking niet gemist. Allereerst zijn de rijksbudgetten ten behoeve van de stedelijke vernieuwing (ISV) en nieuwbouw (BLS) inmiddels flink gekort en – als onderdeel van het grotestedenbeleid – gedecentraliseerd. Nog ingrijpender was de in het midden van de jaren negentig doorgevoerde verzelfstandiging van de corporaties. In het kader van de zogenoemde 'brutering' werden niet alleen rijksleningen weggestreept tegen (toekomstige) subsidies, maar veranderde ook de relatie tussen de (rijks)overheid en de corporaties ten principale. Voor de brutering werkten corporaties feitelijk nog als door (rijks)overheid aangestuurde uitvoeringsorganisaties. Na de brutering konden de corporaties in relatief grote vrijheid, niet gehinderd door democratische sturing en controle of tucht van de markt, als 'hybride organisaties' verder werken. Het door de rijksoverheid ontwikkelde wettelijk kader bevatte nauwelijks effectieve prestatieprikkels maar vooral voorzieningen om faillissementen te voorkomen. Geholpen door de forse waardeontwikkeling van het vastgoed, een ruim huurbeleid en een lage rente slaagden bijna alle corporaties er na de brutering al snel in forse positieve kasstromen en meer dan solide vermogensposities op te bouwen. Mede daardoor hebben corporaties de afgelopen jaren op het gebied van de kwaliteitsverbetering van de bestaande woningvoorraad, de uitbreidingsnieuwbouw en de betaalbaarheid van het wonen veel goede werken kunnen verrichten. Ondanks de tegelijkertijd geventileerde kritiek naar aanleiding van – ook bij hun eigen voornemens – achterblijvende prestaties en zogenoemde 'incidenten' zijn de corporaties er daarbij tot op heden in geslaagd hun relatief grote vrijheid te behouden. Hoewel met name door ministers Winsemius, Vogelaar en Van der Laan veel tijd en energie is gestoken in de wijkenaanpak en minister Van der Laan het corporatiebestel ingrijpend wilde vernieuwen heeft dit niet geleid tot een ombuiging van de in de jaren tachtig en negentig ingezette ontwikkeling. Dat wordt ook geïllustreerd door de decimering van het aantal op het gebied van de volkshuisvesting werkzame rijksambtenaren (van meer dan 2500 naar minder dan 200). Alleen de wet- en regelgeving met betrekking tot de bouw, de huren en de huurbescherming alsmede de huurtoeslag (thans circa €2 miljard per jaar) en de fiscale behandeling van eigenwoningbezit (thans circa €14 miljard per jaar) zijn vooralsnog goeddeels intact gebleven.

Ook de nationale ruimtelijke ordening, die in de jaren zeventig al was veranderd van blauwdrukplanning in strategische procesplanning, is inmiddels stevig van kleur verschoten. Van een sterk door de volkshuisvesting gedomineerde ruimtelijke beleidsagenda, via het compactestadbeleid uit het Structuurschets Stedelijke Gebieden, de internationale oriëntatie van de Vierde Nota, de grootschalige Vinexwoningbouwprogramma's, de Nieuwe Sleutelprojecten, de Nota Ruimte ('decentraal wat kan, centraal wat moet') naar de nota Randstad 2040. Met het gegeven dat er op het gebied van de ruimtelijke ordening na 2013 geen afzonderlijk rijksbudget meer is gereserveerd kan geconcludeerd worden dat ook op dit terrein het recept 'fors bezuinigen en meer markt, minder (rijks)overheid' zijn uit-

government contained few incentives for good performance, instead consisting largely of provisions for avoiding legal insolvency. In the wake of the grossing-up operation, rocketing property prices, comfortably high rents, and a low interest rate made it possible for almost all housing associations to realize positive cash flows and develop extremely solid financial positions. In the years since then, this auspicious start has allowed them to accomplish many good things, such as improving the quality of the existing housing stock, building new homes, and making housing more affordable. Though they have also drawn criticism for sometimes failing to meet performance targets (even their own) and for specific incidents, they have so far managed to retain a relatively high degree of freedom. Although some housing ministers, particularly Pieter Winsemius, Ella Vogelaar, and Eberhart van der Laan, put a great deal of time and energy into the district approach (*wijkenaanpak*), and Van der Laan planned drastic reform of the housing association system, the trends that began in the 1980s and 90s have basically continued. This is illustrated by the radical reduction in the number of national officials responsible for housing, from more than 2,500 to fewer than 200. The only aspects of housing policy that have remained more or less intact are primary and delegated legislation on construction; rents, rent control, and rent allowances (now amounting to some €2 billion/year); and tax advantages for homeowners (now totalling some €14 billion/year).

National spatial planning, which shifted in the 1970s from blueprint planning (with a predetermined outcome) to strategic process planning, is now just a pale shadow of its former self. What began as a spatial policy agenda heavily dominated by the housing ministry has been profoundly altered by the compact city policy in the Strategic Concept for Urban Areas, the international outlook of the Fourth Policy Document on Spatial Planning, the National Spatial Strategy 2006 (with its principle of "decentralized where possible, centralized where necessary'), and the Randstad 2040 strategy. Considering that after 2013 there will no longer even be a separate national budget for spatial planning, we may conclude that in this area too, budget cuts and the 'more market, less government' approach have made a tremendous impact.

At first sight, therefore, the compact city policy initiated by the national government in 1983 has been swimming against the tide. At the same time, it must be acknowledged that national government has in no way lost sight of the original objectives of this policy. On the contrary, these objectives have been reaffirmed many times over the past twenty-five years, in national policy statements on all sorts of topics. This is despite, or perhaps because of, the absence of major policy documents on the compact city. Compact development principles have been upheld not only in national spatial policy (with its view of cities as economic powerhouses, key projects in major cities, and a restrictive policy on rural areas) and housing policy (with a target of 25-40% of new building within urban areas and measures to improve deprived urban districts), but also in more general national policies (such as the revised criteria for allotting funds to municipalities and the Major Cities Policy).

Local and regional urban policy since 1985: public-private urban regeneration

Against this shifting background of national policy, other parties, such as municipal authorities, housing associations, and private-sector organizations, have worked hard since the 1980s to revitalize Dutch cities and urban regions in concrete ways. Their efforts have been directed at combating social and material decay and at realizing the cities' social, economic, and cultural potential.

In almost all cities, public-private urban regeneration of the built environment has focused on: deprived districts 'repurposed' sites in city centres such as dilapidated former docklands and industrial zones existing and new city centres and urban exten-

werking niet gemist heeft.

Op het eerste gezicht heeft het door de rijksoverheid in 1983 ingezette compactestadbeleid hiermee het tij niet mee gehad. Tegelijkertijd kan worden vastgesteld dat de oorspronkelijke doelstellingen van dit beleid op rijksniveau geenszins buiten beeld zijn geraakt. Integendeel. Ondanks, of misschien wel dankzij het ontbreken van 'grote nota's' m.b.t. het compactestadbeleid komen deze doelstellingen terug op een aanzienlijk aantal terreinen waarop de rijksoverheid de afgelopen vijfentwintig jaar beleid heeft gevoerd. Dat geldt niet alleen voor het rijksbeleid op het gebied van de ruimtelijke ordening (uitgangspunt: steden zijn motoren van onze economie, sleutelprojecten, restrictief beleid buitengebieden) en de volkshuisvesting (25-40% nieuwbouw binnen stedelijke gebieden, aanpak achterstandswijken in steden) als voor het rijksbeleid in meer algemene zin (aanpassing verdeelsleutel gemeentefonds, grotestedenbeleid, etc.).

Lokaal/regionaal stedelijk beleid vanaf 1985: publiek-private stedelijke vernieuwing

Tegen de achtergrond van dit verschuivende rijksdecor is vanaf de jaren tachtig, mede door stadsbesturen, corporaties en marktpartijen, de afgelopen kwart eeuw hard gewerkt aan de concrete revitalisering van onze steden en stedelijke regio's. Een inspanning zowel gericht op de bestrijding van de sociale en materiële verpaupering, als op de benutting van de sociaaleconomische en culturele potenties van de steden.

Wat betreft de gebouwde omgeving richtte de publiek-private aanpak van de stedelijke vernieuwing zich in nagenoeg alle steden op de vernieuwing/ontwikkeling van: achterstandswijken, binnenstedelijke 'functieveranderingslocaties' zoals verouderde haven- en industrieterreinen, bestaande en nieuwe stadscentra en uitbreidingslocaties aan en buiten de stad, waaronder vinexwijken, kantorenparken en bedrijventerreinen.

Naast deze overeenkomsten bij de aanpak van de revitalisering van de steden is er ook sprake van de nodige verschillen. Die verschillen vloeiden niet alleen voort uit de uiteenlopende visies, daadkracht en zittingsduur van 'kernspelers' (waaronder wethouders), maar bovenal uit de uiteenlopende economische en demografische karakteristieken van de steden. Zo dienden steden als Rotterdam, Dordrecht, Zaanstad, Tilburg en Enschede in te spelen op belangrijke veranderingen op het gebied van de in die steden dominante haven-, respectievelijk industriële economie, terwijl steden als Amsterdam, Utrecht en Amersfoort door hun meer gemengde economieën eenvoudiger konden meeliften met de explosieve groei van de zakelijke dienstverlening.

Rotzooi?

Of een en ander, in de woorden van Barend Servet, rotzooi heeft opgeleverd staat te bezien. Op de golf van de vanaf het midden van de jaren negentig weer aangetrokken economische groei, de forse stijging van huishoudinkomens, de opkomst van de young urban professionals, de ruime financieringsmogelijkheden (inclusief lage rente) en de explosieve waardestijging van onroerend goed, zijn de steden er vanaf de jaren negentig weer aardig bovenop gekomen. De stedelijke economieën en het aantal inwoners groeiden weer. De werkloosheid en inactiviteit zijn fors gedaald. Daarbij staat de stedelijke woningvoorraad er ook in internationaal opzicht (o.a. per persoon beschikbare oppervlakte, technische staat, woonlasten) goed op. Circa 90% van de bewoners is dan ook tevreden over zijn woning en zijn woonomgeving. Ook in de achterstandswijken gaat het volgens de 'leefbaarometer' allengs de goede kant op. Van ruimtelijke segregatie is, ook in internationaal perspectief, nog steeds slechts in beperkte mate sprake.
Tegelijkertijd is het, wat betreft het herstel van de Nederlandse economie en de revitalisering van de steden, de vraag of er zowel kwalitatief als in tempo

sions adjacent to and outside of cities, such as Vinex districts, office parks, and industrial estates.

Along with these common threads in the approach to urban revitalization, there are also some differences. These differences result not only from the wide range of perspectives, different levels of determination, and varying terms of office of some key actors (such as members of municipal executives), but above all from the very different economic and demographic characteristics of different cities. Cities such as Rotterdam, Dordrecht, Zaanstad, Tilburg, and Enschede have had to adjust to major changes in the economics of the port industry and other industries on which they depend, while others, such as Amsterdam, Utrecht, and Amersfoort, have been able to ride the growing wave of business service provision with their more varied economies.

Rubbish?

Whether all this has resulted in rubbish, as the comic song suggests, remains to be seen. For more than a decade, Dutch cities have been in reasonable health, thanks to the wave of renewed economic growth that began in the mid-1990s, a substantial increase in household incomes, the rise of young urban professionals, plenty of sources of financing (at low interest rates), and the explosive growth of property prices. The populations and economies of the cities have risen again. Unemployment and inactivity have declined sharply. Moreover, the Dutch urban housing stock rates well on international criteria (such as floor space per person, material condition, and housing costs). About 90% of occupants are satisfied with their homes and their residential environments. Even relatively deprived districts are slowly moving in the right direction, according to the Leefbarometer, a government instrument for measuring quality of life. Spatial segregation remains limited, again by international standards.

At the same time, it is reasonable to ask

whether opportunities were missed in the recovery of the Dutch economy and the revitalization of the cities, in terms of both speed and quality. Not only did economic recovery come to the Netherlands later than to many other European countries, but some urban economies remain vulnerable, such as the South Wing of the Randstad (part of the province of South Holland) and some more peripheral regions. Furthermore, approximately 10% of occupants (some 1.5 million people) are still dissatisfied with their homes and residential environments. Most of these dissatisfied individuals are concentrated in some 140 deprived urban districts. In addition, it is becoming virtually impossible to enter the housing market, especially for outsiders. And finally, while 30 to 40% of new construction in the past twenty-five years took place in cities, that means that 60 to 70% took place elsewhere. This has left the Netherlands a 'cluttered' country, according to some observers. In short, the big picture is mixed, with large and growing differences between different Dutch cities and urban regions.

Experts disagree about the extent to which government policy (both national and subnational) has made a positive contribution to revitalizing Dutch cities. What is clear is that the development of Dutch cities over the past decade has been determined largely by economic and demographic trends. To the extent that government policy has played a role, municipal policies and national government's general financial and economic recovery policy have had the greatest influence. Over the past years, national policy on spatial planning and housing has gradually been marginalized, in a largely intentional process. Accordingly, the impact of this policy on urban development has slowly diminished.

On the surface, the impact of national compact city policy may seem just equally modest. On further reflection, however, the significance of the broader national approach to urban development cannot be entirely dismissed. Though it is sometimes argued

geen kansen gemist zijn. Niet alleen heeft het economisch herstel in Nederland ten opzichte van andere Europese landen relatief lang op zich laten wachten. Ook blijken sommige stedelijke economieën, zoals in de Zuidvleugel en meer perifere regio's, nog steeds kwetsbaar. Bovendien is op dit moment nog steeds zo'n 10% van de bewoners (ruim 1,5 miljoen zielen) niet tevreden met hun woning en woonomgeving. Die onvrede concentreert zich in zo'n 140 achterstandswijken in de steden. Hiernaast zit de woningmarkt, zeker voor outsiders, steeds meer op slot. Waar tenslotte de afgelopen kwart eeuw 30 à 40% van de nieuwbouw in of aan de steden is gerealiseerd, is tegelijk dus zo'n 60 à 70% daarbuiten gebouwd. Daarmee is ons land volgens sommige waarnemers flink 'verrommeld'. Kortom, een gemengd beeld, waarbij overigens de verschillen tussen steden/stedelijke regio's aanzienlijk zijn en toenemen.

Deskundigen verschillen van mening over het antwoord op de vraag in hoeverre het gevoerde beleid – centraal en decentraal – een positieve bijdrage heeft geleverd aan de revitalisering van onze steden. Vast staat dat de ontwikkeling van de steden in ons land de afgelopen decennia bovenal bepaald is door economische en demografische trends. Voor zover beleid van invloed is geweest, betreft dit met name het beleid van stedelijke overheden en het door de rijksoverheid gevoerde algemene (financieel-economisch) 'herstelbeleid'. Het rijksbeleid op het gebied van de ruimtelijke ordening en de volkshuisvesting is in de afgelopen periode – goeddeels bewust – langzamerhand gemarginaliseerd. Daarmee is de impact van dit beleid op de ontwikkeling van de steden ook allengs beperkter geworden. Deze relativering geldt op het eerste gezicht ook voor het door de rijksoverheid gevoerde compacte-stadbeleid. Bij nader inzien kan de betekenis van het bredere rijksbeleid met betrekking tot de ontwikkeling van de steden echter niet helemaal worden uitgevlakt. Hoewel de rijksoverheid volgens sommige betrokkenen scherper had moeten inzetten op grootstedelijke ontwikkelingen lijkt het rijksbeleid – al dan niet onder de noemer compactestadbeleid – de afgelopen vijfentwintig jaar de revitalisering van onze steden wel degelijk gefaciliteerd en op een aantal aspecten zelfs gestimuleerd te hebben. Daarbij is het compactestadbeleid de afgelopen vijfentwintig jaar aangepast aan gewijzigde omstandigheden. Waar dit beleid oorspronkelijk gericht was op de aanpak van de crisis waarin de steden verkeerden, richt het zich allengs meer op zowel het accommoderen van de vraag naar binnenstedelijke huisvesting van mensen en organisaties als op het zuinig(er) omgaan met de open ruimten binnen en rond onze steden. Mede daardoor bestaat er – onder meer bij de steden – nog steeds het nodige draagvlak voor dit beleid. Binnenstedelijk bouwen lijkt daarbij overigens voor sommigen inmiddels een geloofsartikel te zijn geworden, waarbij niet alleen de wensen van bewoners en organisaties maar ook de financiële haalbaarheid uit het oog verloren dreigen te raken. Een en ander roept de vraag op of, en zo ja hoe, het verder moet met het compactestadbeleid.

Schuivende panelen

De ontwikkeling van de steden en het daarop gerichte beleid voltrekken zich tegen de achtergrond van een algemener nationaal en internationaal decor. In dit decor is een aantal belangrijke panelen aan het verschuiven. Hiervoor is in dit verband al gewezen op het belang van economie en demografie. Inmiddels horen ook ecologie en milieu steeds nadrukkelijker in dit rijtje.

Economie

Dat de Nederlandse economie tegelijkertijd steeds internationaler en regionaler wordt en dat er de komende jaren grenzen zijn aan onze economische (productiviteits)groei wisten we al. Maar dat onze economie zo hard geraakt zou worden door de

that the national authorities should have put more energy into the development of the major cities, national policy – whether or not it has been called compact city policy – has certainly facilitated the revitalization of Dutch cities over the past twenty-five years and has even encouraged some positive trends. Moreover, compact city policy has adapted to changing circumstances over the past twenty-five years. While it was originally intended as part of the solution to the crisis facing the cities, the emphasis has gradually shifted towards meeting the demand for accommodation in the city centre, for both individuals and organizations, and making more sparing use of the open spaces in and around Dutch cities. This is part of the reason that there is still adequate support for Dutch compact city policy, in the cities and elsewhere. Admittedly, building in existing urban areas seems to have become an article of faith for some people, overriding not only the wishes of occupants and organizations but also issues of financial viability. All this raises the question of whether compact city policy should be continued, and if so, how.

Shifting Scenery

Dutch urban development and the related government policies should be viewed against a more general national and international backdrop. Some important parts of this backdrop are now shifting. The importance of economics and demographics was mentioned above, and ecological and environmental issues are also part of the changing scenery.

Economics

It had been clear for some time that the Dutch economy was becoming both more internationally and more regionally oriented, and that there would be limits to its productivity and growth in the years ahead. But almost no one anticipated that it would be so hard hit by the crash in the financial sector. In the understanding that this is an international crisis and that national policy initiatives can have only

a limited impact, the outgoing Balkenende
government has launched a five-pronged
response:
- consultation and coordination (at national
  and international levels)
- bailout of the financial sector
- use of automatic stabilizers (no immediate
  budget cuts)
- temporary measures, including the Crisis
  and Recovery Act and the use of sectoral
  and other special-purpose crisis budgets
- preparations for budget cuts and the development of a new outlook (partly based on a
  fundamental review of the public sector).
Whether these measures will have the
desired effect is still largely unclear. Without
suggesting that the government could
have responded much differently, one can
observe that the national authorities are
paying much of the hefty bill for both public
and private mismanagement in the financial
sector. Obviously, they must ultimately find
the funds to pay this bill elsewhere. It would
be cruelly ironic if the price were ultimately
paid by the worst-off members of Dutch
society. The question is to what extent this
can be avoided. Answering this question – in
combination with developing a new outlook,
as proposed by the government – will (as a
management consultant might put it) present
an impressive challenge. This challenge is all
the more impressive as the Netherlands faces
the prospect of demographic ageing, the
depletion of its natural gas reserves, a lean
decade in the public sector (at all levels), and
an end, once and for all, to 'overleverage' in
the private sector.

Demographics

After decades of continual growth in the
population and the number of households, the
Netherlands is now in a transitional period. A
net increase of some 500,000 households
is anticipated between now and 2020. After
that, the growth rate will decelerate further.
If political leaders decide to accommodate
the additional housing demand that this
implies, then they will not only have to take

crash van de financiële sector had bijna niemand
voorzien. In het besef dat het gaat om een internationale crisis, met alle beperkingen voor nationale
beleidsinitiatieven van dien, heeft het toenmalige
kabinet langs vijf lijnen op de actuele economische
crisis gereageerd:
- overleg en afstemming (internationaal en nationaal);
- redding financiële sector;
- benutting automatische stabilisatoren (vooralsnog
  geen bezuinigingen);
- tijdelijke maatregelen, waaronder de crisis- en
  herstelwet en de inzet van (sector)specifieke
  crisisbudgetten;
- voorbereiding bezuinigingen en ontwikkeling
  nieuw perspectief (mede op basis van de uitkomsten van een heroverwegingsoperatie).
Of deze maatregelen het gewenste effect zullen
sorteren is nog goeddeels ongewis. Zonder te sug-
gereren dat het kabinet veel anders had kunnen
reageren staat wel vast dat hiermee een flink deel
van de omvangrijke rekening van privaat èn publiek
mismanagement in de financiële sector bij de rijksoverheid terecht is gekomen. Bovendien staat vast
dat die rekening daar niet kan blijven liggen. Het
zou tenminste wrang zijn als deze rekening uiteindelijk terecht zou komen bij mensen die in ons land
'achteraan in de rij staan'. In hoeverre dit kan worden voorkomen is de vraag. In combinatie met de
door het kabinet beoogde ontwikkeling van een
nieuw perspectief stelt de beantwoording van deze
vraag de politiek – in goed managementjargon –
voor een stevige uitdaging. Zeker als bedacht wordt
dat de vergrijzing toeslaat, ons aardgas opraakt, bij
overheden (zowel centraal als decentraal) het
komende decennium schraalhans keukenmeester
zal zijn en de 'overleveraged-inzet' van private
ondernemingen definitief voorbij is.

Demografie

Na decennia van voortdurende groei van onze

bevolking en het aantal huishoudens is Nederland in een overgangsperiode beland. Tot 2020 komen er naar verwachting nog zo'n 500.000 huishoudens bij. Daarna vlakt de huishoudensgroei verder af. Als de politieke keuze wordt gemaakt de hieruit voortvloeiende huisvestingsvraag te accommoderen, impliceert dit – naast de noodzakelijke kwalitatieve verbetering van de bestaande woningvoorraad – een nog steeds substantiële nieuwbouwopgave. Tegelijkertijd nemen ook op dit punt de verschillen tussen stedelijke regio's snel toe. Allereerst zijn er regio's waar het aantal huishoudens en de economie naar verwachting de komende periode nog onverkort zullen groeien (zoals Amsterdam, Utrecht en Leiden e.o.). In deze regio's zijn nog maar weinig makkelijke of goedkope bouwlocaties beschikbaar. Daarnaast zijn er regio's (zoals Parkstad Limburg en Noord-Oost Groningen) waar een daling van het aantal huishoudens samenloopt met een kwetsbare economic. In deze regio's dreigt niet alleen sociaal-economische, maar tengevolge van toenemende leegstand ook fysieke verpaupering. Sommige stedelijke regio's (zoals Rotterdam en Twente) zitten ergens tussen deze twee uitersten in.
Daarnaast worden regio's ook in verschillende mate geconfronteerd met de zich in ons land aftekenende vergrijzing van de bevolking. Daarbij geldt dat regio's waar het aantal huishoudens niet meer substantieel groeit vaak ook (sterk) vergrijzen. Hoewel onderzoek uitwijst dat ouderen bij voorkeur zo lang mogelijk in hun eigen huis willen blijven wonen, stelt de vergrijzing hoe dan ook andere eisen aan de woningvoorraad. Steden en stedelijke regio's zullen ook hierop met maatwerk moeten anticiperen.

Ecologie en milieu

De waterspiegel stijgt terwijl de bodem in onze rivierdelta daalt. Als we niets doen loopt een flink deel van ons land onder water. Ondanks de vraagtekens die hierbij geplaatst kunnen worden, is deze boodschap inmiddels goed doorgekomen. Tegelij-

steps (necessary in any case) to improve the existing housing stock, but will also have to provide for the construction of a great deal of new housing. At the same time, the differences between urban regions in this respect are growing rapidly. For one thing, there are regions in which the number of households and the economy are expected to keep growing in the period ahead (such as Amsterdam, Utrecht, and Leiden). In these regions, few construction sites remain that are convenient or inexpensive. There are also regions (such as southeastern Limburg and northeastern Groningen) where a declining number of households will be combined with a fragile economy. These regions face the threat not only of social and economic impoverishment but also of physical decay as a result of increasing vacancies. Finally, some urban regions, such as Rotterdam and Twente, will lie somewhere between these two extremes.

Though demographic ageing will occur throughout the Netherlands, this too will affect different regions to different degrees. Many regions where the number of households does not grow substantially will have a rapidly ageing population. Although research has shown that the elderly generally prefer to remain in their own homes as long as possible, demographic ageing will inevitably place new demands on the Dutch housing stock. Cities and urban regions will have to stay ahead of this trend with measures designed for their specific circumstances.

Ecological and environmental issues

The water level is rising, even as the ground level in the Dutch river delta subsides. We are told that if we do nothing much of our country will end up underwater. Though questions could be raised about this narrative, the message is clear. Furthermore, we are just beginning to address the issue (in compact city policy as in other fields). True, there are all sorts of optimistic administrative agreements about conserving energy in the built environment; many organizations pay lip service to the cradle-to-cradle design approach; elder statesmen such as Clinton, Gore, and former Dutch prime minister Ruud Lubbers have been invited to spread the gospel of sustainability in the Netherlands; and some Dutch cities present themselves as present or future sustainability champions. But as long as real innovation remains limited to new buildings and a few forward-looking idealists, and the existing housing stock remains unaltered, systematic, sustainable development at the level of buildings, regions, and cities will be no more than an illusion. Can we go on this way? To ask the question is to recognize the answer.

What are we headed for, and how?
This ultimately brings us to the question of how to keep our cities liveable and in step with the times. More than twenty-five years after the introduction of compact city policy, Dutch cities are in much better condition than in the 1980s, by measures such as employment levels and the quality of the built environment. Nevertheless, there are broad similarities between the two periods. For one thing, both private and public organizations must once again put their finances in order. At the same time, the shifting scenery described above will once again present them with daunting challenges (financial and otherwise). It will be absolutely crucial – partly in view of the changing national and international economic scene – for cities to invest sufficiently in priorities such as the business climate and attracting new businesses, accessibility, innovation and knowledge infrastructure, and cultural facilities. In addition to and in connection with these efforts, cities will have to find answers to such questions as:
- How can we keep cities, and especially deprived districts, liveable; in other words, how can we maintain the quality and affordability of the urban housing stock at a reasonable level?
- How can we make sure that, in growth regions, enough new decent, affordable housing is constructed for police officers, nurses, and teachers, while avoiding

kertijd staan we – ook op het punt van het compactestadbeleid – nog maar aan het begin van de aanpak van de opgaven die daaruit voortvloeien. Weliswaar worden blijmoedig convenanten gesloten gericht op energiebesparing in de gebouwde omgeving, wordt over een breed front lippendienst bewezen aan het 'cradle-to-cradleprincipe', worden de senioren Clinton, Gore en Lubbers uitgenodigd de duurzaamheidsboodschap te verkondigen en afficheren sommige steden zich als (toekomstige) duurzaamheidskampioenen. Zolang daadwerkelijke innovatie beperkt blijft tot de nieuwbouw en tot een gering aantal idealistische koplopers en de bestaande gebouwenvoorraad buiten schot blijft, zal een structureel duurzame ontwikkeling op het niveau van gebouwen, gebieden en steden vooralsnog een illusie blijken te zijn. De vraag of we ons dit nog langer kunnen permitteren, stellen is hem beantwoorden.

Waar moet dat heen, hoe zal dat gaan?
Daarmee komen we uiteindelijk bij de vraag hoe we onze steden bij de tijd en leefbaar houden. Ruim vijfentwintig jaar na de introductie van het compactestadbeleid staan onze steden er, onder meer wat betreft de werkloosheid en de kwaliteit van de gebouwde omgeving, aanmerkelijk beter voor dan in de jaren tachtig. Toch zijn er in algemene zin ook de nodige overeenkomsten tussen beide periodes. Allereerst zullen zowel de private als de publieke partijen hun huishoudboekjes weer op orde moeten brengen. Tegelijkertijd staan deze partijen, in het licht van de geschetste schuivende panelen, opnieuw voor ingrijpende (investerings)opgaven. Mede gelet op de internationaal en nationaal verschuivende economische verhoudingen is het voor de steden van groot belang dat voldoende wordt geïnvesteerd in zaken als ondernemings- en vestigingsklimaat, bereikbaarheid, innovatie- en kennisinfrastructuur, culturele voorzieningen, etc. Hiernaast, maar niet los hiervan, zullen steden ook

een antwoord moeten vinden op vragen als:
- Hoe houden we de steden – met name de achterstandswijken – leefbaar c.q. de kwaliteit en betaalbaarheid van de stedelijke woningvoorraad op een fatsoenlijk niveau?
- Hoe zorgen we ervoor dat er in groeiregio's ook voor agenten, verpleegsters en onderwijzers voldoende goede en betaalbare huizen worden bijgebouwd, terwijl in ontspannen en krimpregio's leegstand, met alle leefbaarheidsconsequenties van dien, wordt voorkomen?
- Hoe kunnen we – mede met het oog op de oplopende energienota's – minder vrijblijvend werk maken van de verduurzaming van nieuwe en bestaande huizen, wijken en steden?
- Hoe kunnen we minder fundamentalistisch en tegelijkertijd zorgvuldiger en creatiever omgaan met de nog resterende open ruimten binnen en om de steden?

Een en ander roept de vraag op wat private en publieke partijen op korte en langere termijn met betrekking tot deze dubbelopgave – investeren èn bezuinigen – te doen staat. Voor de beantwoording van deze vraag dienen zich tenminste vijf aangrijpingspunten aan.

1. Vol inzetten op investeringsherstel

In 2008 werd in Nederland volgens het CBS circa €50 miljard geïnvesteerd in de fysieke omgeving: ruwweg €13 miljard in de grond-, weg- en waterbouw (gww), €15 miljard in kantoren, overige bedrijfsgebouwen, scholen, ziekenhuizen, etc. (utiliteitsbouw) en €22 miljard in woningen (€8 miljard in de uitbreidingsnieuwbouw en €14 miljard in onderhoud/renovatie). Het aandeel van de rijksoverheid in al deze investeringen beliep in totaal zo'n €11 miljard, vooral in de gww-sector (zo'n €7 miljard). Professionele voorspellers (CPB, EIB, TNO) voorzien dat – waar die gww-sector de dans vooralsnog lijkt te ontspringen – de investeringen in de utiliteits- en woningbouw (mede) ten gevolge

vacancies (and their impact on liveability) in regions with stagnating or shrinking numbers of households?
- How can we set to work more seriously on making both new and existing houses, districts, and cities more sustainable (partly in view of the rising costs of energy)?
- How can we approach the remaining open spaces in and outside cities less rigidly, and more conscientiously and creatively?

All this raises the question of what private and public parties can do about this double challenge – investment and spending reductions – in the short and the long term. There are at least five ways to begin answering this question.

1. Full commitment to renewed investment

In 2008, according to Statistics Netherlands (*Centraal Bureau voor de Statistiek*; CBS), approximately €50 billion was invested in the Dutch physical environment: roughly €13 billion in civil and hydraulic engineering; €15 billion in offices, other business structures, schools, hospitals, etc. (non-residential buildings); and €22 billion in homes (€8 billion in construction of new buildings and €14 billion in maintenance and refurbishment). National government's share in this investment was about €11 billion in total, mostly in civil and hydraulic engineering (€7 billion). Dutch forecasting agencies (CPB, EIB, and TNO) predict that, while civil and hydraulic engineering will not be seriously affected for the time being, investment in non-residential buildings and housing will plummet, partly as a result of the crisis. Recent figures support this prediction. To the extent that this is related to systematic excess capacity (as it is in the non-residential sector), it can be seen as a useful correction. But the situation in housing construction is different, especially in growth regions. It now appears that investment in housing will undergo a substantial, though temporary, decline, especially in the owner-occupied sector. This temporary decline is not only expected to lead to substantial loss of employment in the short term and a shortage of qualified professionals in the long term, but may also stand in the way of achieving our sustainability objectives and have far-reaching consequences for housing occupants, especially the residents of deprived districts and areas with shrinking populations, as well as outsiders, new entrants, and re-entrants to the housing market.

Against this background, it is crucial for urban development at least to keep the short-term decline in housing investment to a minimum and to do everything possible to restore investment to the necessary level as quickly as possible. In the longer term, there is also a need for ongoing adequate investment in urban housing to at least maintain liveability at current levels, further improve sustainability, and enhance quality where necessary. The brunt of investment will have to shift from the construction of new urban extensions to the maintenance and improvement of the existing urban housing stock.

The key factor in the housing sector is the demand side, the parties who invest in homes and are engaged for periods of many years with the development of the cities: owner-occupiers, landlords, and tenants. Fast, reliable decisions about spending cuts and reform measures, including any changes to the tax regime for homeowners, will (alongside good economic prospects) be critical for restoring confidence and willingness to invest among owner-occupiers. Finding new opportunities for selling existing housing stock (to pension funds, for instance) and relaxing policy on rental can promote the recovery of investment by housing associations and other landlords.

But renewed investment will probably not be possible without systematic reform of the building sector, the supply side of the housing market. In both the short and the longer term, there will have to be much more emphasis than in the past on the wishes of owner-occupiers, landlords, and tenants; a decent price-quality ratio; small-scale work; an integrated perspective (with attention to accessibility and sustainability); region-specific approaches; and sustained commitment

van de crisis fors zullen terugvallen. Recente cijfers bevestigen dit beeld. Voor zover dit zoals in de utiliteitsbouw te maken heeft met structurele overcapaciteit is dat te beschouwen als een nuttige correctie. Voor de woningbouw ligt dat, zeker in groeiregio's, anders. Naar het zich thans laat aanzien is er, met name in de koopsector, sprake van een substantiële, maar tijdelijke terugval van de investeringen. Deze tijdelijke terugval zal naar verwachting niet alleen leiden tot fors werkgelegenheidsverlies op korte termijn en een tekort aan vakmensen op langere termijn, maar kan ook duurzaamheidsambities onder druk zetten en ingrijpende consequenties hebben voor met name bewoners in achterstandswijken en krimpgebieden en voor outsiders/(her)starters op de woningmarkt.

Tegen deze achtergrond is het voor de ontwikkeling van de steden van groot belang dat op korte termijn in ieder geval de terugval van de investeringen in de woningbouw zoveel mogelijk wordt beperkt en dat al het mogelijke wordt gedaan om die investeringen zo snel mogelijk weer op het noodzakelijke niveau te brengen. Op langere termijn is het nodig dat (ook) op het gebied van de volkshuisvesting steeds voldoende wordt geïnvesteerd om de leefbaarheid van steden tenminste op peil te houden, de duurzaamheid verder te verbeteren en waar nodig kwaliteit toe te voegen. Daarbij zal de investeringsinzet moeten verschuiven van uitbreidingsnieuwbouw naar onderhoud en kwaliteitsverbetering van de bestaande woningvoorraad in de steden.

Het belangrijkste aangrijpingspunt voor een en ander ligt bij de vraagkant van de woningbouw. Bij de partijen die investeren in woningen en daarmee langjarig betrokken zijn bij de ontwikkeling van de steden: eigenaar-bewoners en (ver)huurders. Snelle èn bestendige besluitvorming over bezuinigings- en hervormingsmaatregelen (o.a. hypotheekrenteaftrek) zijn daarbij, naast economische vooruitzichten, van groot belang voor vertrouwens- en investeringsherstel bij eigenaar-bewoners. Vergroting van verkoopmogelijkheden van bestaand bezit (bijvoorbeeld aan pensioenfondsen) en verruiming van het huurbeleid kunnen investeringsherstel bij verhuurders stimuleren.

Investeringsherstel lijkt daarbij niet goed mogelijk zonder een structurele vernieuwing van het (woning)bouwbedrijfsleven c.q. aan de aanbodkant van de woningbouw. Zowel op korte als op de langere termijn zal het veel meer dan voorheen moeten gaan om de wensen van eigenaar-bewoners en (ver)huurders, een fatsoenlijke prijs-kwaliteitsverhouding, kleinschaligheid, integraliteit (bereikbaarheid, duurzaamheid), regionaal maatwerk en langjarige betrokkenheid. De tijd van de grootschalige, aanbodgerichte 'hit and run'-aanpak lijkt definitief voorbij. Dit zal naar verwachting overigens ruimte bieden voor nieuwe vormen van (collectief) particulier opdrachtgeverschap en nieuwe 'verdienmodellen'.

2. Bevorderen gunstig investeringsklimaat: faciliteren en stimuleren

Tegen deze achtergrond zou de (rijks)overheid prioriteit moeten geven aan het creëren van een gunstig investeringsklimaat. Een investeringsklimaat dat ondernemingsrisico's zoveel mogelijk bij (semi) private partijen laat, maar hen faciliteert èn stimuleert/prikkelt om binnen publieke kaders weer stevig te investeren. Bij faciliteren gaat het daarbij onder andere om een goed functionerende arbeidsmarkt, een stabiel fiscaal klimaat, een adequate (kennis)infrastructuur, voldoende beschikbaarheid van bankfinanciering en een ontwikkelingsgerichte ruimtelijke ordening. Bij stimuleren/prikkelen gaat het om het met een scherp oog voor publiek belang en trefzekerheid uitlokken van private investeringen. Dat kan onder andere door publieke investeringen, fiscale prikkels, deelgaranties, etc. In dit licht is het de vraag of het opnieuw toepassen van het eerder beproefde neoliberale

over many years. The large-scale, supply-side, hit-and-run approach appears to have had its day. This will presumably open the way for new forms of commissioning by private individuals, both singly and collectively, as well as for new business models.

2. Promoting a favourable investment climate: facilitation and incentives

Against this background, the national authorities (and other levels of government) should give priority to creating a favourable climate for investment, one in which private and semi-private parties assume the greatest risks, while the public sector facilitates and provides incentives to resume substantial investment within public frameworks. This facilitation should involve a smoothly functioning labour market, a stable fiscal climate, a suitable knowledge infrastructure (and physical infrastructure), sufficient availability of bank financing, and a development-oriented spatial planning regime. The goal of incentives is to encourage private investment, with a keen eye for the public interest and the skill to channel that investment productively. Possibilities include public investment, fiscal stimuli, and partial guarantees. In this light, the question is whether the renewed application of the familiar neoliberal formula – deep cuts in combination with 'more market, less government' – will offer sufficient relief in the current situation.

3. Spending cuts with an eye to the future

The potential for private and public parties to renew their investment and create a favourable investment climate (with a positive impact on compact city policy) will, of course, depend substantially on whether they can reform their out-of-control finances quickly enough to facilitate such investment. While this will not be easy for private parties, it will confront the national authorities (and other levels of government) with even greater problems. To prepare for the sweeping reforms of public finance that will be necessary, the Dutch government recently launched a fundamental review (*heroverwegingsoperatie*). In numerous policy fields, official working groups were charged with submitting proposals by 1 April 2010 that, from 2015 onwards, can reduce total national government spending by 20 percent (using 2010 as a baseline). In the field of spatial planning, this operation will yield no savings whatsoever, because the national budget for spatial planning was already quite limited in 2010 and has been eliminated entirely for the years ahead. It does appear, however, that great efficiency gains are possible through the amendment of spatial planning rules; for instance, the duration of procedures can be greatly reduced. Housing policy is another matter entirely. The official working group in this field submitted proposals that would represent savings for national government of at least €2.5 billion from 2015 onwards, while also fundamentally improving the operation of the housing market. The proposals are for cohesive packages of measures in three areas: the tax status of home ownership, rental policy and rent subsidies, and landlords (chiefly housing associations).

Political decisions about what measures to take will be based in large part on the anticipated impact on the affordability of housing for groups of stakeholders such as owner-occupiers and tenants, and for different income groups. Given experiences in the 1980s and 90s, it will also be very important to think carefully about how the planned measures related to the objective of renewed growth and investment. As in the past, there is a risk that spending cuts which initially seem bold and resolute will later prove to have been counterproductive. At the same time, the sense of urgency stemming from the current crisis should be used to bring about much-needed policy reform in a number of fields. All this suggests that decision-making on spending cuts should be based on a political vision of the future development of the Netherlands. Experts in housing and spatial planning should seize the opportunity to contribute to this vision, considering that

recept – fors bezuinigen in combinatie met 'meer markt, minder (rijks)overheid' – in de huidige omstandigheden voldoende soelaas biedt.

3. Bezuinigen met perspectief

De mogelijkheden van private en publieke partijen m.b.t. investeringsherstel en het creëren van een gunstig investeringsklimaat (o.a. ten behoeve van het compactestadbeleid) worden uiteraard sterk bepaald door de mate waarin zij erin slagen hun uit het lood geslagen huishoudboekjes in een op het noodzakelijke investeringsherstel afgestemd tempo weer op orde te brengen. Waar dit voor private partijen al geen sinecure is, stelt dit de (rijks)overheid zo mogelijk nog voor grotere problemen. Met het oog op die noodzakelijke sanering van de financiële huishouding van de (rijks)overheid heeft het kabinet een heroverwegingsoperatie in gang gezet. In dat kader zijn op tal van terreinen ambtelijke werkgroepen aan het werk gezet met de opdracht voor 1 april 2010 voorstellen te ontwikkelen die vanaf 2015 de rijksoverheid op de desbetreffende terreinen t.o.v. 2010 per saldo een besparing van 20% kunnen opleveren. Op het gebied van de ruimtelijke ordening kunnen de mogelijke budgettaire opbrengsten van deze exercitie slechts nihil zijn. In 2010 was immers het rijksbudget op dit terrein al beperkt en voor de komende periode is in het geheel geen budget gereserveerd. Wel lijkt op dit terrein een forse verbetering van de doelmatigheid van regels te kunnen worden gerealiseerd, waardoor onder andere proceduretijden sterk kunnen worden bekort. Op het gebied van de volkshuisvesting liggen de zaken anders. Op dit terrein heeft een ambtelijke werkgroep voorstellen ontwikkeld die in 2015 de rijksoverheid op jaarbasis een besparing opleveren van tenminste €2,5 miljard en tegelijkertijd tot een structurele verbetering van het functioneren van de woningmarkt kunnen leiden. Daarbij gaat het om samenhangende combinaties van maatregelen in

de driehoek 'fiscale behandeling eigenwoningbezit', 'huurbeleid en huurtoeslag' en 'verhuurders'
(met name corporaties).

Bij de politieke keuze van ter zake te treffen maatregelen zullen allereerst de consequenties van
deze maatregelen voor de betaalbaarheid van het
wonen voor groepen van betrokkenen (eigenwo-
ningbezitters, huurders, hoge-, midden- en lagein-
komensgroepen) een belangrijke rol spelen. Gelet
op de ervaringen die in de jaren tachtig en negentig zijn opgedaan is het bovendien van groot
belang dat de relatie tussen de te treffen maatregelen en het noodzakelijke groei- en investeringsherstel scherp in het oog wordt gehouden. Ook nu
bestaat het risico dat op het eerste gezicht kordate bezuinigingsmaatregelen na verloop van tijd
contraproductief blijken te zijn. Tegelijkertijd zou
het huidige (crisis)momentum moeten worden
benut om 'vastgelopen' beleid op een aantal terreinen weer vlot te trekken. Een en ander betekent
overigens dat bij de besluitvorming over te treffen
bezuinigingsmaatregelen een politieke visie op de
ontwikkeling van ons land en onze steden slecht
kan worden gemist. Aangezien de te treffen maatregelen naar verwachting zeker betrekking zullen
hebben op de volkshuisvesting zou het tenminste
een gemiste kans zijn als vanuit de ruimtelijke
ordening en de volkshuisvesting geen bijdrage aan
zo'n visie zou worden geleverd.

4. Vernieuwen rijksbeleid m.b.t. ruimtelijke ordening en volkshuisvesting

Economische en demografische ontwikkelingen,
de concrete publiek-private aanpak van de stedelijke vernieuwing en het neoliberale recept zijn de
afgelopen periode bepalender geweest voor de
ontwikkeling van onze steden dan het door de
rijksoverheid gevoerde ruimtelijke en volkshuisves-
tingbeleid. Toch lijkt dit onvoldoende aanleiding te
zijn om de rol van de rijksoverheid op deze terreinen verder te beperken tot systeemverantwoor-

some of the planned measures will almost
certainly relate to housing.

4. Reforming national policy on spatial planning and housing

Economic and demographic trends, the
practically-minded public-private approach to
urban regeneration, and the neoliberal formula
have had a more decisive influence on urban
development in recent times than national
spatial and housing policies. Nevertheless,
this does not seem like a satisfactory rationale
for limiting the role of national government in
these areas to central oversight (*systeemver-
antwoordelijkheid*, or 'system responsibility', in
official Dutch parlance). On the contrary, the
double challenge mentioned above – facilitating and providing incentives for renewed
investment, in combination with major budget
cuts – necessitates the development of a
new national vision and new national policies,
without delay.

In the field of national spatial planning, the
following points of departure seem appropriate:
- developing strategic visions, while keeping in
  mind the changing national and international
  scenery; this can begin with a vision of the
  future spatial and economic development
  of our country and our cities, adapted
  into a selective national investment agenda
  that can be harmonized with municipal
  and regional development strategies and
  investment agendas as part of the Multi-
  year Programme for Infrastructure, Spatial
  Planning, and Transport (*Meerjarenpro-
  gramma Infrastructuur, Ruimte en Transport*;
  MIRT)
- a more differentiated set of regional
  frameworks; regions with a stagnating or
  shrinking population seem to require more
  rigorous frameworks to prevent unnecessary vacancies, while in growth regions,
  looser frameworks can pave the way for
  essential expansion projects in and outside
  existing urban areas
- integration and streamlining of legal regimes
  in spatial development, in the interest of

faster, more conscientious decision-making and implementation.

In the housing field, the much-needed reform of national policy might involve the following:

- developing an investment, retrenchment, and reform agenda for housing, with a selection of measures that will not only cut expenditure but also focus public investment on priority housing objectives, such as liveability in deprived districts and areas with a shrinking population, the construction of new housing in growth areas, and greater sustainability of the existing housing stock, without ever losing sight of cost-effectiveness
- reform (within this framework) of primary and delegated legislation, especially with regard to the tax status of home ownership, rental, housing associations, and sustainability
- the development and use of a housing investment facility that could help to facilitate crucial public investment in deprived districts, areas with a shrinking population, and new housing construction when the public and private resources at regional level are demonstrably insufficient.

5. Continuing to work seriously on liveable, sustainable, and compact cities.

In view of the tendencies described above, one might well ask whether compact city policy should be continued, and if so how. This depends on the direction of future policy development and on the parties who take the initiative. In the current situation, there is little point in the continued pursuit of very broadly formulated objectives for building in existing urban areas. It will be much more important to determine, both from a national perspective and with regard to specific regions, what is desirable and feasible, and to link construction in already built-up areas more emphatically to liveability and sustainability objectives. This can best be accomplished, within the framework of a national strategic vision of the development of our country and our cities, by public and private parties

delijkheid. Integendeel. De hiervoor geschetste dubbelopgave – faciliteren en stimuleren van investeringsherstel in combinatie met ingrijpende bezuinigingen – vraagt juist nu om visieontwikkeling en beleidsvernieuwing op rijksniveau.

Op het gebied van de nationale ruimtelijke ordening kan hierop langs de volgende lijnen worden ingespeeld:

- Visieontwikkeling, waarbij – rekeninghoudend met internationaal en nationaal schuivende panelen – een toekomstvisie op de ruimtelijk-economische ontwikkeling van ons land en onze steden wordt vertaald in een selectieve nationale investeringsagenda, die in het kader van het MIRT wordt afgestemd op stedelijke/regionale ontwikkelingsvisies en investeringsagenda's;
- (Regionaal) gedifferentieerder kaderstelling, waarbij in ontspannen en krimpregio's stringenter kaderstelling nodig lijkt, teneinde onnodige leegstand te voorkomen, en in groeiregio's juist ruimere kaderstelling, teneinde noodzakelijke uitbreiding binnen en buiten steden mogelijk te maken;
- Integratie en stroomlijning van ruimtelijk-juridische stelsels, teneinde zorgvuldiger en snellere besluitvorming en uitvoering te bevorderen.

Op het gebied van de volkshuisvesting kan de noodzakelijke vernieuwing van het rijksbeleid langs de volgende lijnen worden ingevuld:

- Agendavorming in de vorm van een 'investerings-, bezuinigings- en hervormingsagenda voor de volkshuisvesting', waarin te treffen maatregelen zodanig zijn gekozen dat ze – naast de te realiseren bezuinigingen – het investeren in prioriteiten op het gebied van de volkshuisvesting – zoals de leefbaarheid in achterstandswijken en krimpgebieden, uitbreidingsnieuwbouw in groeigebieden en verduurzaming van de woningvoorraad – met oog voor de betaalbaarheid zoveel mogelijk faciliteren/stimuleren;
- Vernieuwing/aanpassing (in dit kader) van wet- en regelgeving, met name op het gebied van de fis-

cale behandeling van eigenwoningbezit, huren,
corporaties en duurzaamheid;
- Ontwikkeling en inzet van een 'volkshuisvestings-
investeringsfaciliteit' met behulp waarvan de nood
zakelijke publieke investeringen in achterstandswijken, krimpgebieden en uitbreidingsnieuwbouw, die
de publieke en private draagkracht binnen regio's
aantoonbaar te boven gaat, kunnen worden ondersteund.

5. Nuchter verder werken aan leefbare, duurzame en compacte steden

Naar aanleiding van de hiervoor gepresenteerde
ontwikkelingen kan de vraag worden gesteld of, en
zo ja, hoe het verder moet met het compactestadbeleid. Dat hangt er maar net vanaf in welke richting
en door wie dit beleid verder wordt ontwikkeld.
Zeker in de huidige omstandigheden zal het blijven
nastreven van generieke doelstellingen m.b.t. binnenstedelijk bouwen een doodlopende weg blijken
te zijn. Het zal er veeleer om gaan tegelijkertijd
zowel vanuit nationaal perspectief als regiospecifiek
te bepalen wat wenselijk en haalbaar is en daarbij
binnenstedelijk bouwen nadrukkelijker te koppelen
aan ambities met betrekking tot leefbaarheid en
duurzaamheid. Dat kan, binnen een nationale visie
op de ontwikkeling van ons land en onze steden,
het beste gebeuren door publieke en private partijen (inclusief burgers) die hier op stedelijk/regio-
naal niveau direct bij betrokken zijn. Een en ander
noopt tot zowel de benutting van regiospecifieke
kennis als een 'adaptiever' beleid op het gebied van
ruimtelijke ordening en volkshuisvesting dat voldoende ruimte biedt voor regionale differentiatie. De
rijksoverheid kan dit langs de hiervoor geschetste
lijnen faciliteren en stimuleren. Als het compactestadbeleid op die wijze verder wordt ontwikkeld kan
het nog wel even mee.

(including individual citizens) who are directly
involved at the municipal and regional levels.
In the process, it will be essential to use
region-specific knowledge for more 'adaptive'
forms of spatial policy and to make adequate
allowance for regional differentiation in the
housing field. The national authorities can
facilitate and provide incentives for these
developments in the ways described above. If
compact city policy can be further developed
along these lines, then it still has some life
left in it.

Compact Gelderland
De verkenning van een nieuwe agenda voor de Gelderse steden

Compact Gelderland
Exploring a new agenda for the province's cities

Co Verdaas, Theo Peters[1]

Binnen de eigen specifieke regionale context heeft ook Gelderland de afgelopen vijfentwintig jaar ingezet op bundeling van verstedelijking. Daarbij is niet alleen ingezet op ruimtelijke bundeling, maar – zeker de laatste jaren – ook actief geïnvesteerd in de fysieke, culturele en sociale opgaven in de steden zelf. Dit gebeurde onder meer door als provincie zogenaamde regiocontracten te sluiten en in te zetten op regionale samenwerkingsprogramma's. De verschillende dimesies worden daarbij op regionale schaal in samenhang bekeken. Resumerend durven wij te stellen dat de Gelderse steden er op dit moment relatief goed voorstaan. Nieuwe opgaven in combinatie met teruglopende middelen werpen echter hun schaduw vooruit. In deze bijdrage willen we daarom vooral de agenda voor Gelderse steden voor de toekomst verkennen. De korte terugblik en beknopte schets van de stand van

Over the past twenty-five years, the province of Gelderland has followed the national trend of endeavouring to cluster urban development, though within its own specific regional context. Its objectives have included not only spatial clustering, but also – especially in recent years – active investment to address physical, cultural, and social challenges in its cities. Two instruments that the province has used for this purpose are 'regional contracts' (*regiocontracten*) and regional partnership programmes. In the process, the different dimensions of these challenges are viewed in connection with one another and at the regional level. In brief, we can confidently say that the cities of Gelderland are in a relatively good position at the moment. Yet new challenges, in combination with funding cuts, suggest difficult times ahead. The primary goal of this essay is therefore to explore the agenda for Gelderland's cities for the future.

The following brief overview of the historical context and present situation in the province should be seen primarily in that light.

The historical context in brief

Gelderland is best known for the variety and beauty of its landscape. Many people associate the province primarily with the forested Veluwe region, but equal attention should be given to Gelderland's river landscape, its many castles and country estates, the small-scale, stream-dissected landscape of the Achterhoek, and the large-scale landscape of Arkemheen and Eemland. It is important to mention this because, when considering issues of spatial planning, one of the province's fundamental principles is always to cherish its diverse range of landscapes. Gelderland's history and identity is literally embodied in its landscapes, often in ways that are still visible today. Examples include the *limes*, the Roman boundary line in the south of Gelderland, the late nineteenth-century New Dutch Inundation Line (*Nieuwe Hollandse Waterlinie*), the Grebbe Line, and perhaps even the 'Bridge Too Far' at Arnhem, a reminder not only of the Second World War but also of the major rivers that traverse the province's landscape. The Veluwe, wild and unsuited to agriculture, is the green heart of the province. For many years, it was an inhospitable place to live; today, it is of national importance for that very reason. In other words, Gelderland's history is inseparable from its landscapes.

It should be added that Gelderland's cities tend to be modest in size, especially compared to those in the Randstad, the urbanized west of the Netherlands. Gelderland has four cities of more than 100,000: Arnhem, Nijmegen, Ede, and Apeldoorn. With a total of 2 million inhabitants, Gelderland clearly has a majority living outside its main cities. To be sure, Tiel, Harderwijk, Zutphen, and Doetinchem can also be described as cities with specific urban issues of their own, but they are on a different scale from the major cities in the Randstad. Historically, Geld-

zaken moeten dan ook vooral in dat perspectief worden geplaatst.

Een korte terugblik

Gelderland staat vooral bekend om zijn gevarieerde en fraaie landschap. De meeste mensen zullen daarbij allereerst denken aan de Veluwe, maar vergeet evenmin het rivierenlandschap, de vele landgoederen, het kleinschalige door beken doorsneden Achterhoekse landschap en het grootschalige landschap van Arkemheen en Eemland. Het is van belang om dit op te merken, omdat het koesteren van de vele gevarieerde landschappen in Gelderland een voortdurende onderliggende leidraad is waar het gaat om ruimtelijke vraagstukken. De Gelderse geschiedenis en identiteit is letterlijk verweven met het landschap en vaak is dit ook nog zichtbaar. Denk aan de Limes, de Romeinse grenslinie in het zuiden van Gelderland, de Nieuwe Hollandse Waterlinie van het einde van de negentiende eeuw, de Grebbelinie en wellicht zelfs 'De Brug' bij Arnhem die niet alleen herinnert aan de Tweede Wereldoorlog, maar ook benadrukt dat Grote Rivieren het Gelders landschap doorsnijden. De Veluwe, met zijn woeste onvruchtbare grond, is het Groene Hart van de provincie. Lange tijd een onaantrekkelijke plek om te wonen, tegenwoordig om diezelfde reden juist van nationale betekenis. Anders gezegd: de Gelderse geschiedenis is nauw verweven met zijn landschappen.

Overigens kent Gelderland maar weinig echt grote steden, zeker niet als de vergelijking met de Randstad wordt gemaakt. Gelderland heeft vier 100.000 plus steden: Arnhem, Nijmegen, Ede en Apeldoorn. Op een totaal van ongeveer 2 miljoen inwoners zou je dus kunnen stellen dat het merendeel van de Gelderlanders niet in een grote stad woont. Natuurlijk, ook Tiel, Harderwijk, Zutphen en Doetinchem zijn te typeren als steden met hun eigen specifieke stedelijke vraagstukken, maar ze zijn van een andere schaal dan die van de grote steden in de

Randstad. Desondanks heeft het Gelders ruimtelijk beleid op hoofdlijnen het nationaal ruimtelijk beleid gevolgd, juist ook gegeven de voornoemde landelijke waarden. Wel heeft het Gelderse beleid ten aanzien van de steden zich door de jaren heen gaandeweg verdiept en verbreed tot een specifiek eigen agenda. Zo zou je het beleid in eerste instantie nog vooral kunnen typeren als een puur ruimtelijk en op kwantiteiten gericht beleid, een insteek die niet uniek was voor Gelderland. Het voorkomen van 'urban sprawl' waarbij het Gelders landschap zou worden aangetast was landelijk en ook in Gelderland leidend in de planningdoctrine. De grote stedelijke uitbreidingen dienden vooral gepland te worden in directe aansluiting op bestaand stedelijk gebied. Het functioneren van de steden zelf bleef in die tijd logischerwijs ietwat onderbelicht. Alle aandacht ging naar de nieuwe uitleglocaties. Gaandeweg heeft deze insteek zich echter ontwikkeld in een meer kwalitatieve en gebiedsgerichte aanpak. Een eenduidige verklaring is daarvoor niet te geven. Het heeft te maken met personen en politieke accenten, het feit dat er wat te investeren viel in Gelderland, maar ook met de omvang van de provincie. Anno 2010 kent de provincie nog 56 gemeenten. Dat vergroot het draagvlak om afspraken op regionaal niveau te maken in plaats van met individuele gemeenten. Deze focus leidde als vanzelf tot de vraag hoe de regio functioneerde, dan wel hoe steden in relatie tot hun omgeving stonden. Daarbij ontstond ook aandacht voor de specifieke kwaliteiten van de afzonderlijke steden, de kwalitatieve aspecten van het woonprogramma, de regionale en stedelijke bereikbaarheid, opgaven aangaande de binnenstedelijke transformatie, de identiteit van de afzonderlijke steden, etc. Beleidsmatig vertaalde dit zich in het Gelderse stedenbeleid (voor grote èn kleine steden), de regiocontracten, kwalitatieve woonprogramma's en een aantal Gelderse sleutelprojecten. Los van de financiële en beleidsmatige impulsen, door deze provinciale

erland's spatial policy nevertheless largely conformed to national spatial policy, partly because of the province's rural qualities. Yet through the years, Gelderland's policy on its cities gradually grew more complex and substantial, becoming a well-defined agenda in its own right. A rough initial characterization of this policy might be that it was purely spatial and quantitative, an approach that has not been unique to Gelderland. Preventing urban sprawl that would mar the landscape was a key doctrine at the national level and in Gelderland as well. Major city extensions were planned in areas contiguous to existing urban zones. Understandably, little thought was given to the functioning of the existing cities in this period; all the attention went to the new extensions.

In time, this perspective developed into a more qualitative, area-specific approach. This change cannot be attributed to any one factor, but has to do with individuals and political emphases, the fact that Gelderland was ripe for investment, and the size of the province. In 2010, the province still had fifty-six municipalities. That meant that there was relatively broad support for arrangements at regional level rather than with individual municipalities. That naturally raised the question of how the regions worked; that is to say, how the cities interacted with their surroundings. At the same time, there was new interest in the unique characteristics and identities of individual cities, qualitative aspects of housing plans, the accessibility of cities and the region, the challenges of inner-city transformation, and so forth. These developments shaped Gelderland's urban policy (for both its larger and its smaller cities), helping to inspire its regional contracts, its high-quality housing programmes, and a number of its key projects. Aside from financial and policymaking support, this added value of this provincial approach lies mainly in the way it 'tempts' individual cities, corporations, and other investors to begin seeing themselves in their regional context and to adapt their policies to this new perspective.

What is the situation now?

Since we have been among those directly responsible for Gelderland's efforts in this field in recent years, it would be inappropriate for us to draw definite conclusions about the success of those efforts. But we can and will answer the question, what is the situation now? Not to pat ourselves on the back, but to gain clearer insight into the questions for the future and translate those questions into political and policymaking tasks.

Right now, it is safe to say that the cities of Gelderland are in a relatively good position.[2] Of course, every city in Gelderland faces specific issues, but those issues are easier to manage than the problems of the Randstad, in terms of both scale and severity. The recession raised the unemployment rate in the province, as it did elsewhere, and led to the suspension of a number of projects, but Gelderland's social fabric has proved resilient. One illustration is the 'green deal' forged by public authorities, businesses, and civil society organizations in the Achterhoek region, a contract between these three groups to invest in a sustainable economy that will set Gelderland apart.

At the same time, recent investigation has shown that, when it comes to planning, Gelderland's municipalities have done their homework:[3] the province's spatial policy is accurately reflected in municipal zoning (or land-use) plans (*bestemmingsplannen*). This means that concepts identified as important to the province in the Regional Plan 2005 (*Streekplan 2005*) – such as the National Ecological Network (*Ecologische Hoofdstructuur*; EHS), highly valued landscapes (*waardevolle landschappen*), and 'search zones' (*zoekzones*) where new housing and business space can be developed – have been appropriately adapted into zoning plans. In relation to the compact city policy, this means that (at least in spatial terms) the municipalities have respected the province's wish to physically cluster 'red' urban functions. At the same time, the cities of Gelderland have done more to develop distinct

insteek is de meerwaarde vooral gelegen in de 'verleiding' voor individuele gemeenten, corporaties en andere investeerders om zichzelf ook in hun regionale context te gaan zien en hun beleid daarop af te stemmen.

Waar staan we nu?

Het zou ongepast zijn om als direct verantwoordelijken al te expliciete oordelen te geven over de successen van de Gelderse inzet in de voorbije jaren. Wel kunnen en willen wij de vraag beantwoorden: waar staan we nu? Niet zozeer om onszelf op de borst te kloppen, maar vooral ook om de vragen voor de toekomst scherp te krijgen en die te vertalen in politieke en beleidsmatige taken.

Op dit moment durven wij te stellen dat de Gelderse steden er relatief goed voor staan.[2] Natuurlijk heeft elke Gelderse stad zijn eigen specifieke vraagstukken, maar in vergelijking met de Randstad zijn de problemen nog te behappen in termen van schaalgrootte en ingrijpendheid. De recessie heeft ook in Gelderland voor meer werkloosheid gezorgd en de voortgang van een aantal projecten getemporiseerd, maar de Gelderse samenleving is ook veerkrachtig gebleken. Denk aan de wijze waarop overheden, bedrijfsleven en maatschappelijke partners in de Achterhoek aan een 'green deal' hebben gewerkt. Een 'contract' tussen overheden, bedrijven en instellingen om juist nu te investeren in een duurzame economie die onderscheidend is.

Tegelijkertijd blijkt uit een recente inventarisatie[3] dat de Gelderse gemeenten hun planologische huiswerk goed op orde hebben: het provinciaal ruimtelijk beleid is goed vertaald in de bestemmingsplannen. Dat betekent dat zaken die in het Streekplan 2005 als provinciaal belang zijn geïdentificeerd (EHS, waardevolle landschappen, zoekzones wonen en werken, etc.) planologisch een juiste vertaling hebben gekregen in bestemmingsplannen. Voor het compactestadbeleid betekent dit dat er – ruimtelijk in ieder geval – een goede vertaling is

gegeven aan de provinciale wens tot ruimtelijke bundeling van rode functies. Tevens hebben de Gelderse steden meer werk gemaakt van hun eigen identiteit en zijn ze op een bovenregionaal schaalniveau meer aanvullend op elkaar geworden. Zo presenteert Arnhem zich steeds meer als creatieve modestad, is Nijmegen met de Radboud Universiteit het centrum van 'health valley', is Apeldoorn de centraal gelegen groene woonstad met unieke landschappelijke kwaliteiten, heeft Wageningen zijn internationale uitstraling dankzij de WUR, etc.
Er komen echter thans ook weer nieuwe vragen op, vragen die weliswaar niet alleen met de huidige recessie samenhangen, maar die zich door de recessie wel versneld en met meer urgentie aandienen.

Nieuwe vragen in tijden van transformatie
Zong Bob Dylan al 'The Times they are a-Changin', de veranderingen van de jaren zestig lijken kinderspel bij de veranderingen van de afgelopen jaren en de veranderingen die nog komen gaan. Denk dan aan trends als informatisering, mondialisering, indi-

identities and complement one another on a supraregional scale. For instance, Arnhem is developing into a creative hub of fashion; Nijmegen, with its Radboud University, is the heart of a 'health valley'; Apeldoorn is a centrally located, green residential city with unique landscape features; and Wageningen has earned an international reputation thanks to its University and Research Centre (WUR). But there are also new issues on the horizon – some that are directly related to the current recession, and others that have arisen sooner and more urgently than expected because of that recession.

New questions in times of transformation
Bob Dylan may have sung 'The Times they are a-Changin'', but the changes of the 1960s look like child's play compared to the changes of recent years and those that are still to come. Consider trends such as computerization, globalization, individualization, multiculturalization, etc. The tricky thing about this observation is that, according to great thinkers such as Kuhn (1974), it is logically impossible to be part of such a transformation and, at the same time, to

analyze and interpret it. The Dutch philosopher Lolle Nauta (1992) and the French postmodernist Jean-François Lyotard (1987) have also pondered this dilemma. You have to be involved in such transformations to understand them, but being too close to them can cloud your perception. Still, we will not let that stop us, and I will present a tentative analysis here, if only because there is no alternative, and it is not a serious option simply to let the future happen to us instead of shaping it ourselves. I will limit myself, however, to the issues relevant to the future of Gelderland's cities and the question of what this implies for spatial policy.

Cities: an international perspective
Increasingly, cities compete at national and international level. Of course, cities will always compete at regional level as well when it comes to attracting businesses, events, and services, but national and international competition between regions and cities is becoming ever more intense. For the time being, the percentage of the economy involved is still negligible, but even so, those who wish to remain in competition have to think about how businesses and other organizations (including international ones) choose their locations. One striking fact is that, alongside traditional factors such as the accessibility of the location and the availability of a qualified workforce, such choices increasingly hinge on the living environment in a broad sense: cultural activities and services, recreational facilities, the landscape, education, health care, etc.

It should be kept in mind that the very concept of 'region' is defined differently at the national and international levels. For instance, the French food group Danone was recently searching for a location for its research department, with hundreds of jobs for highly trained workers and an international team of employees. The candidate cities were Paris, Wageningen and Utrecht; at least, this is how it looked from a national perspective. From an international perspective, you

vidualisering, interculturalisering, etc. Het lastige van zo'n constatering is dat het volgens een grote denker als Kuhn (1974) logischerwijze onmogelijk is gelijktijdig onderdeel te zijn van zo'n transformatie en deze ook nog eens volledig te analyseren en te duiden. Ook de Nederlandse filosoof Lolle Nauta (1992) en de Franse postmodernist Lyotard (1987) hebben zich verdiept in dit dilemma. Je moet betrokken zijn om de transformaties te kunnen snappen, maar te weinig distantie kan de waarneming vertroebelen. Toch laten wij ons daar niet door weerhouden en wagen wij hier een voorzichtige poging, al is het maar omdat we niet anders kunnen en het hoe dan ook geen optie is de toekomst gelaten over je heen te laten komen in plaats van zelf inhoud te geven. We beperken ons hier echter met name op de zaken die relevant zijn voor de toekomst van de Gelderse steden en op de vraag wat dit beleidsmatig betekent.

Steden in internationaal perspectief
Steden zijn steeds vaker met elkaar in (inter)nationale concurrentie. Natuurlijk, ook op regionale schaal zullen steden altijd in concurrentie blijven als het gaat om het aantrekken van bedrijven, het binnenhalen van evenementen of voorzieningen, maar de (inter)nationale concurrentie tussen regio's of steden wordt steeds heftiger. Op het totaal van de economie zal het nu nog om verwaarloosbare percentages gaan, maar toch, wie mee wil blijven doen kan zich niet onttrekken aan de vraag waarop bedrijven en instellingen – ook internationaal – hun keuzes baseren. Wat daarbij opvalt is dat naast klassieke vestigingsplaatsfactoren als bereikbaarheid en een gekwalificeerde beroepsbevolking ook steeds vaker het leefklimaat in brede zin als belangrijke randvoorwaarde wordt genoemd. Het gaat daarbij om culturele voorzieningen, recreatiemogelijkheden, landschap, onderwijs, gezondheidszorg, etc.
Overigens is 'de regio' in internationaal perspectief

een andere grootheid dan op nationale schaal. Zo zocht het Franse Danone onlangs naar een locatie voor zijn researchafdeling. Het gaat in dit geval om honderden hoog gekwalificeerde arbeidsplaatsen en een internationaal werknemersbestand. De strijd ging tussen Parijs en Wageningen en Utrecht. Althans, bezien vanuit een nationaal perspectief ging het om deze drie locaties. Vanuit een internationaal perspectief zou je ook kunnen zeggen dat de strijd ging tussen Midden-Nederland met onder andere de WUR en de UU als belangrijke pluspunten en Parijs waar het hoofdkantoor van Danone al gevestigd was. Uiteindelijk is gekozen voor Midden-Nederland, Utrecht in dit geval. Natuurlijk was dat vanuit een Gelders perspectief even slikken, maar het grotere internationale perspectief leidt tot een andere conclusie. De agglomeratie Parijs is groter dan Utrecht en 'de Vallei' samen. De les is vooral dat de komst naar Nederland van een hogere orde is dan de vraag of Wageningen of Utrecht de slag wint. De les is vooral dat de beste inzet vroegtijdige en innige samenwerking tussen Utrecht en Wageningen had moeten zijn om de concurrentie van Parijs het hoofd te bieden.

Gelukkig vertaalt dit voorbeeld zich in de recente praktijk al in een verdere verdieping van de samenwerking tussen de beide provincies en de Utrechtse en Gelderse gemeenten rondom het concept van Food Valley. Daarmee zijn niet alle vragen voor de toekomst van een antwoord voorzien, maar het illustreert wel dat – wil je internationaal concurrerend kunnen zijn – regionale samenwerking meer dan ooit noodzakelijk is om overeind te blijven op een meer internationaal georiënteerd toneel. Het laat ook zien dat per vraagstuk de regio specifiek gedefinieerd zal moeten worden. Voor een regionale zakelijke dienstverlener is de A2 tussen Utrecht en Den Bosch 'dé regio', voor Danone is alles tussen Amsterdam, Amersfoort, Rotterdam en Den Bosch 'dé regio', etc. De les die we hieruit kunnen trekken is dat we per keer en per opgave

might instead say that the competition was between the central Netherlands, with the WUR and Utrecht University as major draws, and Paris, where the Danone headquarters were already established. Danone ultimately chose the central Netherlands, specifically Utrecht. Of course, that struck Gelderland as something of a disappointment, but a broader international perspective suggests a different conclusion. The Paris agglomeration is larger than Utrecht and the Gelderland Valley region combined. The main lesson is that the company's choice of the Netherlands is more important than whether Wageningen or Utrecht won the competition. The best strategy would therefore have been for Utrecht and Wageningen to work together from an early stage to meet the stiff competition from Paris.

Fortunately, recent practical experiences suggest that this lesson has been learned. The two provinces of Utrecht and Gelderland and their municipalities are now working together more closely than ever on the Food Valley concept. This is not the answer to all our questions about the future, but it does illustrate that if you want to compete successfully at international level, regional cooperation is more crucial than ever. It also shows that the region will have to be defined differently in relation to each issue that arises. For a regional provider of business services, the region is the A2 motorway between Utrecht and 's-Hertogenbosch; for Danone, the region is the entire area ringed by Amsterdam, Amersfoort, Rotterdam, and 's-Hertogenbosch; and so forth. The lesson of all this is that every time we face a new challenge, we must return to the question of how to define the region – not by redrawing the boundaries every time, but by making the challenge central to our thinking. Whether the objective is to make choices in spatial policy or attract a company to the area, the nature of the challenge should always determine the measures that we take.

Shrinkage

Along with international competition, a critical factor in the future of Gelderland's cities, the phenomenon of demographic ageing and shrinkage cannot go unmentioned. This theme is attracting more and more attention not only at the national, Dutch level, but also at European level in Brussels, and that brings us back to the international dimension. But for the moment, let us focus exclusively on the regional issues implicit in this theme.

In the regions where shrinkage will take place earliest, particularly eastern Gelderland, the issue is already on many people's minds. It is slowly becoming clear that, even now, new construction is mainly a response to the decreasing size of the average household, and that contraction is the inevitable long-term trend. This will be a profound change, not only in policy terms but also mentally and emotionally, and not just for policymakers but also for businesses and civil society. For decades, our plans, projects, and investments have been based on the assumption of growth. That is about to change, though the precise implications are difficult or impossible to apprehend at this time. Fortunately, the denial stage ended some time ago, but the stage of acknowledgement and acceptance has not yet arrived for everyone. Many people are still focused on competition with other regions or neighbouring municipalities. In our eyes, this is an unsustainable path that will only waste energy and collective resources.

Shrinkage – it may be preferable simply to speak of demographic change – affects much more than the numbers and types of homes to be built and the question of who will carry out what part of the programme. The European Union is right to identify demographic change as a central theme, along with climate change and innovation. Demographic change affects the demand for business parks, developments in the labour market, social and cultural issues, planning for services and facilities, accessibility, the availability of care, etc. Various responses are possible; for instance, in Zeeuws-Vlaanderen, the

moeten bekijken hoe we de regio definiëren. Niet door elke keer nieuwe grenzen te trekken, maar door de opgave centraal te stellen. Of het nu gaat om het maken van ruimtelijke keuzen, het binnenhalen van een bedrijf, steeds moet de opgave waar we voor staan uitgangspunt voor ons handelen zijn.

Krimp

Naast de dimensie van de internationale concurrentie, die direct raakt aan de toekomst van de Gelderse steden, kan het fenomeen van krimp en vergrijzing natuurlijk evenmin onbenoemd blijven. Een thema dat niet alleen in Den Haag maar ook in Brussel steeds meer aandacht krijgt en daarmee ook van een internationale dimensie is voorzien. Laten we ons in eerste instantie echter beperken tot de regionale vragen die achter dit thema schuilgaan.

In de regio's waar krimp zich als eerste manifesteert, met name in Oost-Gelderland, werpt het thema nu al zijn schaduw vooruit. Langzaam dringt het besef door dat we nu al vooral bouwen voor de verdere verdunning van huishoudens en dat structurele krimp op termijn onvermijdelijk is. Niet alleen beleidsmatig, maar ook mentaal en emotioneel is dit een ingrijpende verandering. Niet alleen voor bestuurders, maar ook voor bedrijven en instellingen. Tientallen jaren zijn plannen, projecten en de bijbehorende investeringen gebaseerd op het uitgangspunt van groei. Dat gaat dus veranderen, al zijn de precieze consequenties op dit moment nog niet of nauwelijks te overzien. Waar we de fase van de ontkenning gelukkig al enige tijd voorbij zijn is de fase van de erkenning en acceptatie nog lang niet voor iedereen aangebroken. Zo wil menigeen nog de concurrentie met andere regio's of buurgemeenten aangaan. Een in onze ogen weinig duurzame weg die enkel leidt tot verspilling van energie en collectieve middelen.

Krimp, of wellicht beter, demografische verandering, gaat echter over veel meer dan aantallen en typen woningen en de vraag wie nog welk deel van het programma mag realiseren. Niet voor niets heeft ook de Europese Unie de demografische ontwikkeling naast klimaat en innovatie tot centraal thema verheven. Het raakt ook aan de vraag naar bedrijfsterreinen, ontwikkelingen op de arbeidsmarkt, sociaal-culturele vraagstukken, de planning van voorzieningen, bereikbaarheid, de toegankelijkheid van zorg, etc. Er zijn ook verschillende oplossingsrichtingen mogelijk: zo accepteert men in Zeeuws Vlaanderen de ontvolking en zet men vooral zijn kaarten op het bereikbaar houden van de nog resterende voorzieningen.

Een aantal dilemma's behoeft in onze ogen nog veel meer doordenking. Vooral de vraag hoe je kunt blijven inzetten op compacte en vitale steden, terwijl op een afstand van nog geen halfuur wellicht gelijktijdig leegstand optreedt, is nog lang niet van een sluitend antwoord voorzien. Over de wens van vitale en hechte steden met een evenwichtige bevolkingsopbouw en groot draagvlak voor voorzieningen zijn we het waarschijnlijk wel eens. Maar we mogen daarbij de ogen niet sluiten voor onder andere de financiële offers die dit vraagt. De ruimtelijk meest gewenste oplossingen zijn immers niet per definitie de meest voordelige.

Meer concreet: de kosten voor binnenstedelijke transformaties en herstructurering zullen steeds minder vaak opgebracht kunnen worden door gronduitgifte voor grootschalige nieuwbouw. De kosten blijven dus gelijk of nemen toe, terwijl de inkomsten eerder minder zullen worden. Dat vraagt om heldere keuzes over wat je waar realiseert en een stevige bovenlokale regie. Daar waar gemeenten onderling gaan concurreren op een steeds kleiner wordend programma is uiteindelijk iedereen slechter af.

Interessant is in dit verband ook het pleidooi van het College van Rijksadviseurs (zie ook BB, 29 januari 2010). Zij spreekt over 'de sluipmoord op de groene ruimte' als niet juist nu nog meer dan

far south of the island province of Zeeland, depopulation has been accepted and efforts are focused on maintaining the accessibility of the remaining facilities and services.

In our view, there are several dilemmas that require a great deal more thought. In particular, there is the question (which we are still very far from answering) of how long you can keep aiming for compact, vital cities while buildings are going unoccupied less than half an hour away. We probably agree about the desirability of vital cities with a dense urban fabric, a balanced demographic makeup, and a large enough population to sustain facilities and services. But we must not close our eyes to the sacrifices, financial and otherwise, that this requires. The best spatial solutions are not by definition the most affordable ones. More concretely, it will not be possible nearly as often to cover the costs of city-centre transformations and redevelopment through new, large-scale building projects. Revenue will therefore decline, as costs remain stable or rise. This will compel us to make clear choices about what to build where, and to manage the process actively at a supralocal level. If municipalities start competing with each other for a dwindling set of new housing projects, everyone will suffer in the end. In this context, it is interesting to consider the case made by the Board of Government Advisors (*College van Rijksadviseurs*; see *Binnenlands Bestuur*, 29 January 2010). They warn of the 'assassination of green space' unless renewed energy is put into infill and redevelopment. This means that the social costs and benefits will have to be calculated in a new way. In terms of the initial investment, redevelopment and transformation will always look less attractive than new building outside the built-up area. But at the same time that we face these issues, we can also seek new sources of funding for landscape preservation. With the plans to transform agricultural funds into a fund for rural development, there will be increasing scope to link production and income support to non-soil-bound rural activities.

Cooperation, trust, management, resources, and individual preferences

We do not have definitive answers to the questions that we have raised – and we probably never will. The idea of managing the entire process centrally is long outdated, of course, and may never have reflected the situation in practice. Instead, we would like to reflect on a number of factors that should, in combination, lead to the desired result: vital, livable cities with high-quality services and facilities in a beautiful natural setting.

Cooperation

Cooperation among municipalities, as well as municipal cooperation with provinces and national authorities, is an absolute necessity. In times of tight budgets and regional shrinkage, municipalities that go it alone may gain short-term benefits, but will make life more difficult for many other actors. Cooperation involves agreeing on a common objective and then determining how each party can and should contribute. In crude, concrete terms, if one municipality starts fighting for the last new housing and hectares of business space, its neighbours will start to act the same way, and society as a whole will feel the adverse impact. Businesses and civil society organizations will also have to recognize this reality, and they should also be invited to work together with the public sector. But those types of partnerships will only be constructive if all the public authorities involved share a common perspective.

Trust

Cooperation only works if people trust one another. The partner that has to sacrifice its individual interests to the greater good will only be prepared to do that if that sacrifice is duly acknowledged. This means participants must to be willing to communicate openly about questions and uncertainties, and to share the risks. Only then can they achieve an optimal result. One illustration of this point is the Regional Business Park (*Regionale Bedrijven Terrein*; RBT) in the Achterhoek;

voorheen wordt ingezet op verdichting en herstructurering. Dat betekent dat de maatschappelijke kosten en baten anders bepaald zullen moeten worden. Als enkel naar de initiële investeringen wordt gekeken legt herstructurering en transformatie het immers altijd af tegen nieuwbouw in het buitengebied. Overigens neemt dit niet weg dat gelijktijdig wel degelijk ook naar nieuwe economische dragers voor de landschappen kan worden gezocht. Zeker nu de landbouwfondsen naar verwachting tot een fonds voor plattelandsontwikkeling worden omgebouwd zal productie- en inkomenssteun steeds meer gekoppeld kunnen worden aan niet-grondgebonden activiteiten in het buitengebied.

Samenwerking, vertrouwen, regie, middelen en individuele wensen

Sluitende antwoorden op de vragen die we zelf opwerpen hebben we (nog) niet. Waarschijnlijk komen die antwoorden ook nooit. Het idee dat vanuit een centraal punt 'de zaak' geregeld kan worden is natuurlijk allang achterhaald, voor zover dit ooit al praktijk is geweest. Liever staan wij stil bij een aantal zaken die in onderlinge samenhang tot het gewenste resultaat moeten leiden: vitale en leefbare steden met een goed voorzieningenniveau in een mooi landschap.

Samenwerking

Samenwerking tussen gemeenten onderling, met de provincie en het Rijk is een keiharde randvoorwaarde. Wie in tijden van krapte en – regionale – krimp voor zichzelf gaat, regelt het op korte termijn wellicht beter voor zichzelf, maar verpest het voor vele anderen. Dat vergt wel dat men elkaar op de gewenste inzet weet te vinden en vandaaruit beredeneert wie welke bijdrage kan en moet leveren. Concreet en ongenuanceerd gesproken: als een gemeente de concurrentie aangaat om de laatste woningen en hectares bedrijfsterrein zal dat bij de buren leiden tot hetzelfde gedrag met aan de eind-

streep een maatschappelijk ongewenst resultaat.
Ook bij bedrijven en instellingen zal dit besef moeten doordringen. Ook daar zal dus de samenwerking mee gezocht moeten worden. Echter, dat is
pas zinvol als de betrokken overheden hetzelfde
perspectief delen.

Vertrouwen

Samenwerking lukt alleen als men elkaar vertrouwt.
De partner die voor het hogere belang zijn 'individuele' belang moet inleveren zal alleen bereid zijn dat
te doen als onderkend wordt dat hiervoor ook een
prijs wordt betaald. Dat betekent dat men vragen,
onzekerheden en risico's met elkaar moet willen
delen. Alleen dan kan een optimaal resultaat tot
stand worden gebracht. Een voorbeeld hiervan is
het Regionale Bedrijven Terrein (RBT) in de Achterhoek, waarbij vier gemeenten samenwerken aan de
ontwikkeling van het regionale bedrijventerrein in de
gemeente Doetinchem. Het individuele gemeente-
belang is letterlijk ondergeschikt gemaakt aan het
grotere regionale belang. Risico's en opbrengsten
worden met elkaar gedeeld. Eventuele opbrengsten
van het RBT worden dus ook voor herstructurering
van bedrijfsterreinen buiten Doetinchem ingezet.

Goede wil

Zonder goede wil is ook regie van het Rijk of de provincie gedoemd te mislukken. Politieke en juridische
conflicten tussen overheden onderling leiden zelden
tot goed resultaat. Toch leert de ervaring dat samenwerking kan gedijen omdat een 'hogere' overheid
ook heldere doelstellingen definieert. Dat is geen
centralisme, maar op het juiste niveau de juiste verantwoordelijkheid beleggen. Natuurlijk gaan Rijk
noch provincie zelf woningbouwlocaties of bedrijfsterreinen ontwikkelen en exploiteren, maar het toe-
zien op het juist gebruik van de SER-ladder of het
bouwen op de juiste plekken kan de samenwerking
ten goede komen. Sterker nog, het is een publiek
geheim dat menig lokaal bestuurder geholpen is als

four municipalities are working together to
develop this regional business park in the
municipality of Doetinchem. Each individual
participant has genuinely subordinated its
narrow interests to the larger interests of the
region. Risks and revenue are shared; in other
words, revenue from the RBT will be used in
part for the redevelopment of business parks
outside Doetinchem.

Goodwill

Without goodwill, national and provincial
supervision are doomed to fail. Political and
legal conflict between different levels of
government rarely yields satisfactory results.
Yet experience has taught us that cooperation is easier when higher levels of government set clear objectives. This does not
mean central planning, but recognizing the
special responsibilities of each level. Obviously, national and provincial authorities are
not going to develop and manage their own
housing estates or business parks, but they
can make a beneficial contribution through
supervision, making sure that national criteria
(such as the *SER-ladder* for the sites of
business parks) are applied correctly and that
new building takes place in suitable locations. In fact, it is an open secret that many
local politicians find it helpful when they can
refer their constituents to objectives set at a
higher level of government. A recent doctoral
thesis by Han Olden (2010) speaks to this
point, demonstrating that far too much space
has been set aside for new business parks as
a result of poor coordination. This particular
problem, it should be added, is also present
in Gelderland, and painful choices will have
to be made.

Resources

Urban infill and redevelopment are more
expensive than the continuing takeover of
open space — at least, if you look only at the
initial investment. But if the long-term social
costs are translated into economic terms,
then the calculation can lead to different
conclusions. Changing the standard method

of social cost-benefit analysis is a thorny political issue, however. So for the time being, what is called for is partly the intelligent use of the available resources, and this means more than just money. Without cooperation and clear goals, money cannot be put to work effectively, and the only result will be divestments. We should also investigate how the budgets for different sectoral goals can reinforce one another. Would it not be a good idea to make funds for climate-proof cities, and for green spaces in and around the cities, available for urban infill and redevelopment, without losing sight of the sectoral goals? After all, redevelopment projects must take account of ecological and climate-change objectives. In the long run, though, it will be necessary to fundamentally rethink sectoral policy and the related budgets.

Individual preferences

One factor that should not be passed over lightly is the individual preferences of today's and tomorrow's citizens, in so far as we can determine what they are. It is easy enough to pay lip service to these preferences, but extremely challenging to use them as the basis for a collective approach. If we ignore them, we will undermine the vitality of our cities from the inside out. We must acknowledge that urban environments cannot be the only option; there should always be the possibility of living in a 'greener' setting – not by abandoning the clustering policy, but through inventive design or by creating green spaces in the city.

Conclusion

We stand on the brink of profound changes, both in the challenges that confront society and in government policy at every level. Though we have learned a few lessons from previous experiences, it would be arrogant to claim that we know exactly what the agenda for the future is, let alone that we know all the answers. Nevertheless, in Gelderland we are working with the regions, through regional surveys, to identify the central issues for the

hij zijn achterban kan wijzen op doelen die door een andere overheid gegeven zijn. Interessant is in dit verband ook het proefschrift van Han Olden (2010), waaruit blijkt dat de planningsopgave voor bedrijfsterreinen door een gebrekkige afstemming fors overschat is. Een probleem dat zich overigens ook in Gelderland voordoet en tot pijnlijke keuzes noopt.

Middelen

Verdichting en herstructurering zijn duurder dan het steeds opnieuw opslokken van open ruimte, althans, als je enkel naar de initiële investeringen kijkt. Als ook de maatschappelijke kosten op de langere termijn gekapitaliseerd worden kan de rekensom tot andere inzichten leiden. Het veranderen van de gebruikelijke MKBA (Maatschappelijke Kosten en Baten) is echter een taaie politieke kwestie. Het is voorlopig dus ook een kwestie van het slim inzetten van de beschikbare middelen, al gaat het niet alleen om het geld. Zonder samenwerking en heldere doelen kan het geld immers niet 'werken'. Dan zal het enkel tot desinvesteringen leiden. Ook moeten we kijken hoe de verschillende potten met hun eigen sectorale doelen elkaar kunnen versterken. We werpen hier de vraag op of geld voor klimaatbestendige steden of groen in en om de stad niet ook voor verdichting en herstructurering ingezet moet kunnen worden, zonder de sectorale doelen uit het oog te verliezen. Bij herstructurering moeten immers ook 'groene wensen' en klimaatdoelstellingen worden meegenomen. Op termijn lijkt een fundamentele herziening van het sectorale beleid en de bijbehorende potten geld echter geboden.

Individuele wensen

Een dimensie die niet onderbelicht mag blijven zijn de woonwensen van de burgers van morgen en overmorgen, voor zover die gekend kunnen worden natuurlijk. Dat is makkelijker gezegd dan gedaan, maar het is een forse uitdaging om de individuele wensen te vertalen in een collectieve aanpak. Gaan we hier lichtvoetig aan voorbij, dan ondergraven we van binnenuit de vitaliteit van onze steden. Naast hoogstedelijke milieus moet ook onderkend worden dat er tevens ruimte moet zijn en blijven voor 'wonen in het groen'. Niet door het bundelingbeleid los te laten, maar ook door slimme ontwerpen of groen naar de stad toe te brengen.

Tot slot

We staan voor ingrijpende veranderingen, zowel waar het de maatschappelijke opgaven zelf betreft, als de mogelijke inzet van de verschillende overheden. Ook al bieden de opgedane ervaringen enig houvast, het zou arrogant zijn te beweren dat we weten wat de exacte agenda voor de toekomst is, laat staan dat we alle antwoorden weten. Toch proberen we in Gelderland met de regio's door middel van regioverkenningen de centrale vraagstukken voor de toekomst te identificeren. Dat vertaalt zich niet direct in beleidsmatige blauwdrukken, maar in een gezamenlijke kansenagenda die helpt te focussen. Het Gelders bestuur neemt daarbij de verschillen tussen regio's als vertrekpunt, waarbij erkend wordt dat generiek beleid wellicht te weinig recht doet aan die verschillen.

Het laatste waar we overigens op zitten te wachten is een ingrijpende herziening van het Openbaar Bestuur. Zoals we hebben kunnen zien zijn maatschappelijke opgaven niet meer eenduidig te begrenzen. Wij zien veel meer in verdergaande samenwerking (ook tussen provincies), het helder beleggen van verantwoordelijkheden, slimme investeringsstrategieën, etc. Niet omdat we als provincies niet zouden willen veranderen, maar omdat zo'n bestuurlijk organisatorische verandering de uitkomst moet zijn van een organisch en inhoudelijk proces en niet van een op voorhand gegeven blauwdruk. De opgaven waar we voor staan vragen om een overheid die aan de ene kant vasthoudend is waar het zijn doelstellingen betreft, maar aan de

future. This does not lead directly to blueprints for policy, but to a collectively endorsed list of opportunities on which to focus. The Gelderland authorities take it for granted that there are significant differences between regions, acknowledging that generic policies may not do justice to those differences.

Finally, we should mention that the last thing we are hoping for is a sweeping reform of public administration. As we have seen, the challenges facing society can no longer be delineated in any straightforward way. A much more promising approach would involve far-reaching cooperation (including cooperation between provinces), the clear devolution of responsibilities, smart investment strategies, etc. Not because the provinces do not wish to change, but because changes in the structure of public administration should be the outcome of an organic and issue-based process, rather than a predetermined blueprint. The challenges we face demand a public sector that pursues its goals with determination, but they also demand a responsive public sector that picks up on new signals from society, remains in dialogue with other actors, and stays open to flexible arrangements. We are doing our part to make that happen.

1 The author would like to thank Gerard Slag of the Province of Gelderland for his input in the writing of this chapter.
2 The *Atlas voor gemeenten* (2008) shows that the four largest cities in Gelderland (Nijmegen, Arnhem, Apeldoorn, and Ede) score relatively well, in comparison with other cities in the southern and eastern Netherlands, on the attractiveness of housing, the socio-economic index, the number of creatives, the relatively high house prices, etc. Arnhem and Nijmegen have five of the forty urban districts identified by national government as problem areas (*Vogelaarwijken*). Their weak points include relatively high levels of social rental housing, unemployment, and a sense of being unsafe. Cities such as Amersfoort, Haarlem, and Amstelveen score better in these respects.
3 See e.g. the Province of Gelderland's Spatial Quality Action Programme 2008-2011.

andere kant een overheid die responsief is en nieuwe signalen oppikt, in dialoog is met zijn omgeving en openstaat voor flexibele arrangementen. Aan ons zal het niet liggen.

1 De auteurs bedanken Gerard Slag van de provincie Gelderland voor zijn input bij het schrijven van dit hoofdstuk.
2 Uit de *Atlas voor gemeenten* (2008) blijkt dat de vier grootste Gelderse steden (Nijmegen, Arnhem, Apeldoorn en Ede) in vergelijking met andere steden in Zuid- of Oost-Nederland relatief gunstig scoren op woonaantrekkelijkheid, de sociaal-economische index, het aandeel creatievelingen, relatief hoge huizenprijzen voor de koopwoningen, etc. Arnhem en Nijmegen hebben vijf (van de veertig) Vogelaarwijken. Mindere punten zijn het relatief hoge aandeel sociale huurwoningen, werkloosheid en het gevoel van onveiligheid. Daar scoren steden als Amersfoort, Haarlem en Amstelveen beter.
3 Zie onder meer het actieprogramma Ruimtelijke Kwaliteit 2008-2011, provincie Gelderland.

De Case Rotterdam
De sociale lift in de compacte stad

The Case of Rotterdam
Social uplift in the compact city

Hamit Karakus, Pieter Bol

Ondanks dat het compactestadbeleid feitelijk met het structuurplan 'Binnen de Ruit' (1977) is begonnen is Rotterdam nog geen compacte stad. Met een bevolkingsdichtheid van 2.883 inwoners per km² is Rotterdam van de grote steden in Nederland één van de minst dichtbevolkte. Met aansprekende binnenstedelijke projecten als Weena, Waterstad, Museumkwartier, Kop van Zuid, etc. lag de aandacht naast woningbouw vooral ook op de versterking van werkfuncties, cultuur, etc. Daarmee zijn krachtige slagen gemaakt, maar tegelijkertijd kampt de stad wellicht mede daardoor met een zogenaamde negatieve selectieve migratie.[1] De belangrijkste uitleggebieden (Barendrecht, Bergschenhoek, Berkel en Rodenrijs, etc.) werden immers buiten de stad gerealiseerd. Door deze zaken nu veel nadrukkelijker in kwalitatieve zin met elkaar te verbinden kunnen meerdere vliegen in een klap worden geslagen.

Even though compact city policy actually had its origins in the Rotterdam strategic plan *Binnen de Ruit* ('Within the Diamond'; 1978), Rotterdam is not yet a compact city. With a population density of 2,883 inhabitants per square metre, Rotterdam is one of the most thinly populated of the major Dutch cities. High-profile projects in the city centre – such as Waterstad ('Water City'), the Weena, the Museum District, and Kop van Zuid – did not just involve residential construction, but in fact emphasized the improvement of business and cultural facilities and the like. These were major steps forward, but at the same time, they may be part of the reason that the city is facing what is referred to as 'negative selective migration'.[1] The main urban extensions, such as Barendrecht, Bergschenhoek, and Berkel en Rodenrijs, were built outside the city proper. By creating much stronger, high-quality connections between all these new developments, we can solve a number of problems at once.

Introduction

Rotterdam is a modern city, with a skyline recognizable from a great distance. An international, dynamic city, the centre of a large logistical and industrial complex and one of the primary drivers of the Dutch economy. A city where there is always something to do, a city of young people, sports, and events. A city where people go to study or work, entering the property market as couples or one-person households and perhaps moving on later to family dwellings. Rotterdam wishes to hold onto its residents, especially those who are moving up in the world – the social climbers, as we call them. So far, it has not been as successful as we would like, though the situation has improved over the past four years.[2]

At the same time, Rotterdam is the focus of national and international attention because of spectacular, unique developments taking place here, such as the Kop van Zuid, Müllerpier, Lloydpier, and Central District. Special attention will be devoted to the creation of attractive residential settings, to the realization of new facilities and services, and to modern, appealing architecture. In the city centre, Rotterdam is working hard to develop a high-quality cultural scene, a complete range of services and amenities, and an urban quality of life. The port, one of the engines of the Dutch economy, will have enough space to grow for some time to come, thanks to the Maasvlakte 2 project. The relocation of port activities will also, in the long run, open up what by Dutch standards is an unparalleled expanse of space for future development, in a central part of the city: the Stadshavens area.

But in the meantime, there is plenty of other work to be done. The emphasis in the short and medium term will be on strengthening Rotterdam as a compact city. After years of careful preparation, Rotterdam has now reached a turning point, the start of a self-sustaining transformation into a vibrant, compact city with the services that matter most to its residents and visitors located

Inleiding

Rotterdam is een moderne stad, met een al van verre te herkennen skyline. Een internationale, dynamische stad, middelpunt van een omvangrijk logistiek en industrieel complex, een van de belangrijkste motoren van de Nederlandse economie. Een stad waar altijd wat te doen is, jongerenstad, sportstad en evenementenstad. Een stad ook waar mensen naartoe komen om een opleiding te volgen, of een baan te vinden. En waar ze de eerste stappen op de woningmarkt zetten, als starter en daarna als doorstromer naar een gezinswoning. Rotterdam wil haar inwoners, met name de 'sociale stijgers' onder hen, graag voor langere tijd vasthouden. Dit lukt nog onvoldoende. De laatste vier jaar zijn op dit vlak overigens wel verbeteringen te constateren.[2]

Want tegelijkertijd trekt Rotterdam nationale en internationale aandacht vanwege spectaculaire ontwikkelingen die juist hier plaatsvinden: Kop van Zuid, Müllerpier, Lloydpier, Central District, etc. Speciale aandacht wordt besteed aan de ontwikkeling van aantrekkelijke woonmilieus, de realisatie van nieuwe voorzieningen en moderne, aansprekende architectuur. In de binnenstad wordt hard gewerkt aan een hoogwaardig cultureel aanbod, een compleet voorzieningenpakket en een stedelijke 'quality of life'. De activiteiten van de haven als motor van de Nederlandse economie worden de komende tijd mede geaccommodeerd door de realisatie van de Tweede Maasvlakte. Hierdoor ontstaat ook bij de stad een uitgestrekt gebied dat op lange termijn een voor Nederlandse begrippen ongekende (binnenstedelijke) ruimte kan bieden voor verdere ontwikkeling: de Stadshavens.

Maar zover is het nog niet. De nadruk op korte en middellange termijn ligt juist op de versterking van Rotterdam als compacte stad. Na jaren van goed voorwerk staat Rotterdam momenteel op een omslagpunt naar een zichzelf versterkende beweging in de richting van een vitale, compacte stad, waarin alle voor bewoners en bezoekers belangrijke voorzieningen dicht bij elkaar te vinden zijn, te voet, met de fiets of snel bereikbaar via het openbaar vervoer. De bevolking kan de mogelijkheden van een dergelijke stad ten volle benutten. Sleutelwoorden hierbij zijn: aanbrengen van focus bij de uitvoering van de stadsvisie én een slagvaardige bestuurlijke wil om kwaliteit vóór kwantiteit te zetten. Zo'n stad kan volgens het stadsbestuur binnen de huidige grenzen van Rotterdam gerealiseerd worden. Rotterdam voldoet aan alle voorwaarden om in die zin een vitale, complete stad te worden. Hoe kunnen we dat doel bereiken? Voordat we die vraag kunnen beantwoorden, eerst een korte terugblik en een schets van de huidige stand van zaken.

Waar komen we vandaan?
De basis voor de vitale, compacte stad wordt in Rotterdam nog steeds mede bepaald door het bombardement van 10 mei 1940 en de periode van de wederopbouw direct daarna. De stedelijke structuur die in de binnenstad werd neergezet was in hoge mate op de groei ontworpen: veel ruimte in de straatprofielen en voor toekomstige ontwikkelingen. Er werden aanvankelijk ook betrekkelijk weinig woningen teruggebouwd in de binnenstad. Tot op de dag van vandaag staan er in vergelijking met andere Nederlandse binnensteden weinig woningen en is er nog volop ruimte voor verdichting aanwezig. Daar waar andere Europese steden in het algemeen moeite hebben om de huidige functies in de binnenstad een plaats te kunnen geven, ligt de kracht van Rotterdam juist in de ruimte die in de binnenstad aanwezig is om de verdichting en de vernieuwde integrale stedenbouwkundige opzet te realiseren. In het derde kwart van de vorige eeuw werden in steeds wijdere cirkels rondom de oude stad in een rap tempo nieuwe woonwijken uit de grond gestampt. De woningnood was volksvijand nummer één. De Zuidelijke Tuinsteden (Pendrecht, Zuidwijk, Lombardijen en IJsselmonde), de naoorlogse wijken

close together and accessible by foot, bicycle, and public transport. The population can reap the full benefits of a city of this kind. The key concepts include achieving focused implementation of the Rotterdam Urban Vision (*Stadsvisie*), the city's spatial strategy for 2030, and showing a firm will, on the part of the city authorities, to put quality before quantity. The municipal executive believes that this type of city can be created within Rotterdam's present boundaries. Rotterdam meets all the criteria for transformation into this kind of vibrant, complete city. How can we reach that goal? To answer that question, we must begin with some historical background and an overview of the situation today.

Where are we coming from?
In Rotterdam, the path toward a vibrant, compact city goes all the way back to the bombardment of 10 May 1940 and the period of reconstruction that followed. The new city centre, as it emerged during reconstruction, was designed for substantial future growth, with a great deal of space in the street profiles for future development. Furthermore, in the initial phase of reconstruction, fairly little new housing was built in the centre. To this day, Rotterdam has less housing in the centre than other Dutch cities, and there is plenty of room for intensification. While other European cities generally have difficulty finding places for all the functions already located in the city centre, Rotterdam's great advantage is that it already has enough space in the centre for intensification and the realization of a new, integrated urban system.

In the third quarter of the twentieth century, new residential districts were built around the old city at a rapid pace. The housing shortage was regarded as public enemy number one. The Zuidelijke Tuinsteden ('Southern Garden Cities') of Pendrecht, Zuidwijk, Lombardijen, and IJsselmonde, the postwar districts in North Rotterdam (Overschie, Schiebroek, 110-Morgen, Lage Land, and Ommoord), and the satellite town of Hoogvliet were all built in a low-density semi-urban style for families from the city who wanted more space and greenery and better-quality housing. For the same target group, but at higher densities, came the 'cauliflower districts' (*bloemkool-wijken*, so called for their twisty street layout in a home zone style) of the 1970s and 80s (Oosterflank, Zevenkamp, and Beverwaard) and the Vinex suburbs (1995-present) of Rotterdam and its neighbouring municipalities (Nesselande, Carnisselande, Portland, Bergschenhoek, Berkel, and Rodenrijs). During the Vinex period, urban expansion also took place in the city centre for the first time, in several areas: Kop van Zuid, Nieuw Terbregge, Veranda, and the Lloydkwartier.

Between 1974 and 2000, the poor housing stock in the old urban districts around the centre (the first, second, and third rings, as they are known) was the object of a major urban regeneration programme. Much of it was refurbished (38,000 units) and an almost equally large share was replaced with new buildings (32,000). In total, about a quarter of the housing stock was demolished. 'Building for neighbourhoods' was the basic principle of the urban regeneration programme. This meant that both renovation and replacement with new buildings were aimed at preserving the same types of housing (multi-storey and low-rent) and the same residential climate (including the density level). In the same period, the city centre was altered substantially by the development of the Kop van Zuid, and the development of the Müllerpier and the Lloydpier marked the beginning of the transformation of the areas on the banks of the Maas (Maasoevergebieden). This, in combination with a continuing policy of high-rise construction, gave the city the distinctive and attractive skyline it has today.

Nevertheless, there are still fairly large non-built-up zones between the old city and the postwar extension districts. Some are part of the core structure of the city, such as Zuiderpark and the Kralingse Bos Others are less clearly defined transitional zones, with potential for future development.

in Rotterdam-Noord (Overschie, Schiebroek, 110-morgen, Lage Land en Ommoord) en de satellietwijk Hoogvliet werden alle in laagstedelijke dichtheden aangelegd voor de stedelijke gezinnen, die meer ruimte en groen en een betere woning wensten te bedienen.

Daarna kwamen voor dezelfde doelgroep, maar wel in hogere dichtheden, de bloemkoolwijken van de jaren zeventig en tachtig (Oosterflank, Zevenkamp, Beverwaard) en de buitenstedelijke Vinexwijken (1995-heden) in Rotterdam en de randgemeenten (Nesselande, Carnisselande, Portland, Bergschenhoek en Berkel en Rodenrijs). In de Vinextijd werd voor het eerst ook op binnenstedelijke uitbreidingslocaties gebouwd: Kop van Zuid, Nieuw Terbregge, Veranda en het Lloydkwartier.

Tussen 1974 en 2000 is de slechte woningvoorraad in de oude stadswijken rondom het centrum (eerste, tweede en derde ring) met een grootscheepse stadsvernieuwingsoperatie aangepakt. Een groot deel is verbeterd (38.000 woningen) en een bijna net zo groot deel is vervangen door nieuwbouw (32.000). In totaal ging ongeveer een kwart van de woningvoorraad op de schop. Bij de stadsvernieuwingsoperatie was het 'bouwen voor de buurt' uitgangspunt. Dit had tot gevolg dat in principe dezelfde woningtypes (gestapeld, goedkope huur) en woonmilieus (ook naar dichtheden) werden teruggebouwd door middel van renovatie of sloop en vervangende nieuwbouw. Hiernaast maakte het stadscentrum in deze periode met de ontwikkeling van de Kop van Zuid de 'sprong naar Zuid' en zette de ontwikkeling van de Müllerpier en de Lloydpier de metamorfose van de Maasoevergebieden in. Samen met het doorzetten van het hoogbouwbeleid kreeg de stad de huidige onmiskenbare en aantrekkelijke skyline.

Desalniettemin liggen tussen de oude stad en de naoorlogse uitbreidingswijken nog behoorlijk omvangrijke niet-bebouwde zones. Soms maken deze deel uit van de hoofdstructuur van de stad, zoals het Zuiderpark en het Kralingse Bos. Soms zijn het minder duidelijk bepaalde tussengebieden, die verdere mogelijkheden bieden voor toekomstige ontwikkelingen.

Waar staan we nu?

Rotterdam heeft een relatief jonge bevolking en het ziet ernaar uit dat dit in de toekomst zo blijft. Volgens de laatste prognose groeit de Rotterdamse bevolking naar 610.000 inwoners in 2025.[3] De gezinsverdunning zal de komende jaren doorgaan en de moderne stadsbewoner wil een ruimer woonoppervlak per persoon dan nu in de bestaande voorraad gevonden kan worden. De woningvoorraad moet dus naar verhouding meer groeien dan de bevolking. Zoals hiervoor al is aangegeven heeft Rotterdam echter voldoende ruimte binnen de eigen grenzen om aan deze kwantitatieve ruimtevraag te voldoen. Meer dan dat, die ruimte maakt het ook mogelijk om beslissend in te grijpen in de ruimtelijke structuur en de maatschappelijke dynamiek binnen de stad. En dat sluit precies aan op wat Rotterdam wil: naast een economisch sterke stad ook een aantrekkelijke woonstad zijn, waarbinnen Rotterdammers met plezier kunnen wonen, talenten zich kunnen ontwikkelen en sociale stijgers kunnen worden vastgehouden.
Daarvoor heeft de stad vooral meer kwaliteit nodig. Om de huidige en toekomstige Rotterdammers voor de stad te behouden moeten, naast aantrekkelijke woonmilieus, ook excellente onderwijs-, sport- en culturele voorzieningen worden aangeboden. Dit betekent dat hoge investeringen in kwaliteit en samenstelling van de woningvoorraad, het voorzieningenpakket en de openbare ruimte nodig blijven. Alleen dan kan Rotterdam haar inwoners voldoende bieden om de concurrentie met zijn directe omgeving en met andere stedelijke regio's ook op langere termijn aan te kunnen gaan.
Het huidige gemeentebestuur heeft bij zijn aantreden nadrukkelijk het vertrouwen uitgesproken in de

What is the situation now?

Rotterdam has a relatively young population, and it does not seem as if that will change in the near future. According to the latest forecast, the city's population will grow to 610,000 in 2025.[3] The trend away from nuclear-family households will continue in the years ahead, and modern city-dwellers will demand more floor area per person than is available in the current housing stock. That stock will therefore have to grow by a larger factor than the population.

As mentioned above, however, Rotterdam has enough space within its city limits to meet this quantitative demand. Moreover, that space also offers the potential to intervene in fundamental ways in the spatial structure and social dynamics of the city. And that potential is precisely what Rotterdam needs, as it pursues its objective of becoming not only an economically sound city but also an attractive, pleasant place for people to live and develop their abilities, and a city that can retain its social climbers.

To accomplish that, what the city needs most is higher-quality development. To convince Rotterdam's present and future residents to stay, the city will have to offer both attractive residential environments and excellent educational, cultural, and sports facilities. That will require a continuing, substantial investment in the quality of the housing stock, the range of facilities and services, and public spaces. Only then will Rotterdam have so much to offer its residents that it can compete with its immediate surroundings and with other urban regions in the long term.

When the present municipal executive took office, it emphasized its confidence in the power of the city as it is today to serve as an engine of development. To quote from the municipal coalition agreement:[4]
Rotterdam is the city of the future. A city for everyone. Each day, it offers fresh opportunities to many of its residents, including some who are new to the city and others whose families have lived here for many generations. In Rotterdam, we look to the future together,

and we embrace it, full of pride in our city and its port, profoundly engaged with our neighbourhoods. That is more true than ever in these troubled economic times. As a coalition, we have confidence in the good sense, the power, the skills, and the solidarity of all Rotterdammers.

Rotterdam is a true emancipation machine, and that sets it apart from the other major Dutch cities. My colleague Jantien Kriens once quipped that in Amsterdam there are people from all over the country, and all over the country there are people from Rotterdam. Those ex-Rotterdammers often speak with some pride of having lived in the city and how they benefited from the time they spent there.

Alongside the Urban Vision for 2030,[5] the Social Strategy (*Sociale Strategie*) for 2020 is now one of the main framework documents for the city's further development.[6] It describes the municipality's ambitions, the ways that it intends to improve the social quality of Rotterdam and promote the social advancement of Rotterdammers between now and 2020. These ambitions can be summarized as skills development, participation, connection, and personal independence. For those with a strong social status, the core strategy is to keep them in Rotterdam, while attracting more such people to the city. For the socially vulnerable, the key concepts are social uplift, support, and new opportunities. And for those who are just barely getting by, the strategies are to keep the situation manageable and help them move into an upward spiral. As we see it, the needs of Rotterdammers are central to the spatial development of the city.

Rotterdam's area development projects, at various scales, are geared toward the ongoing construction of a compact, future-ready city. It has been observed that much of the housing stock will have insufficient future value. This leads to the crucial question of what parts of the existing stock can be refurbished, and what parts should be demolished and replaced. In the coming years, we will have to find an answer.

In the 2005-2020 period, Rotterdam plans

kracht van de bestaande stad als motor van ontwikkeling. Een citaat uit het Coalitieakkoord[4]: 'Rotterdam is de stad van de toekomst. Een stad voor iedereen. Ze biedt elke dag nieuwe kansen voor vele Rotterdammers, waarvan sommigen nieuw zijn in de stad en anderen al vele generaties aan de stad zijn verbonden. In Rotterdam kijken we samen vooruit naar de toekomst en grijpen die met beide handen aan. Trots als wij zijn op onze stad en haar haven. Betrokken als wij zijn bij onze wijken. Dat geldt juist in deze economisch minder goede tijden. Als coalitie hebben wij vertrouwen in de nuchterheid, de kracht, het talent en de verbondenheid van alle Rotterdammers.'

Rotterdam is een echte emancipatiemachine en daarin verschilt Rotterdam wel van de andere grote Nederlandse steden. Mijn collega Jantien Kriens zegt wel eens gekscherend: in Amsterdam wonen mensen uit heel Nederland; in heel Nederland wonen mensen uit Rotterdam. Waarbij de oud-Rotterdammers vaak met enige trots vertellen over hun periode in deze stad. Over hoe zij profijt hebben gehad van de tijd die ze in Rotterdam doorbrachten.'

Naast de Stadsvisie 2030[5] is de Sociale Strategie 2020[6] op dit moment een van de belangrijkste kaderstellende documenten voor de verdere ontwikkeling van de stad. Hierin hebben wij de ambities geschetst om in de periode tot 2020 de sociale kwaliteit van de stad te versterken en de sociale stijging van Rotterdammers te bevorderen. De ambities zijn: talentontwikkeling, participatie, (ver)binding en zelfredzaamheid. Voor de 'sociaal sterken' is de kernstrategie: vasthouden en aantrekken. Voor de 'sociaal kwetsbaren': sociale stijging, ondersteunen en kansen creëren. Voor de 'overlevers/afglijders': beheersbaar houden, opwaartse spiraal vinden en aanpakken. De behoeften van de Rotterdammers staan in onze optiek ook centraal in de ruimtelijke ontwikkeling van de stad.

Bij de Rotterdamse gebiedsontwikkelingen op verschillende schaalniveaus is het verder bouwen aan een compacte, toekomstvaste stad nadrukkelijk uitgangspunt. Daarbij is geconstateerd dat grote delen van de woningvoorraad onvoldoende toekomstwaarde hebben. Dit leidt tot de uiterst belangrijke vraag welke delen van de bestaande voorraad geschikt zijn voor transformatie en welke delen moeten worden gesloopt en vervangen. Die vraag zal de komende tijd beantwoord moeten worden.

Van 2005 tot 2020 wil Rotterdam 56.000 woningen bouwen (o.a. in Nieuw Crooswijk, Parkstad, Binnenstad en Wilhelminapier) en 28.000 woningen slopen, dus dat betekent een uitbreiding van de woningvoorraad met 28.000 woningen. Uit inventarisatie is gebleken dat er binnenstedelijk ruim voldoende locaties beschikbaar zijn om deze woningen in deze periode te kunnen bouwen. Door de huidige economische crisis is het tempo van de woningbouw wel omlaag gegaan en zal het vermoedelijk een paar jaar langer duren voordat het aantal van 56.000 gebouwde woningen gehaald is, maar het doel blijft recht overeind.

Investeren in de binnenstad als visitekaartje van de stad is ook van strategisch belang voor de versterking van het imago van Rotterdam, letterlijk in het hart van de stad. De realisatie van het nieuwe HSL-station en de ontwikkelingen in de directe omgeving daarvan, het Central District, zijn belangrijk voor de hele stad. Een ander voorbeeld zijn de ontwikkelingen bij de Coolhaven, waar de aanwezige internationale trekkers in het gebied (Erasmus Medisch Centrum, NAi, Museum Boijmans Van Beuningen) de potenties van het gebied ten volle gaan benutten.

Nieuwe koers voor de toekomst?

Met het duidelijk worden van de gevolgen van de economische crisis is het ook helder dat zich op korte termijn geen nieuwe grootschalige ruimtelijke ontwikkelingen zullen gaan aandienen. Focus aanbrengen in de aandacht, de krachten van de verschillende stakeholders bundelen en de synergie tussen partijen (corporaties, ontwikkelaars, bewo-

to build 56,000 housing units (in areas that include Nieuw Crooswijk, Parkstad, Binnenstad, and Wilhelminapier) and to demolish 28,000, for a net increase of 28,000. A preliminary survey has shown that there are more than enough sites available in central areas of the city to build these homes. The present economic crisis has lowered the pace of residential construction, and it will probably take a few extra years to reach 56,000 new dwellings, but the goal remains unchanged.

The city centre is Rotterdam's calling card, and investment in it is strategically important in enhancing Rotterdam's image, literally in the heart of the city. The construction of the new high-speed railway station and the developments in that area, the Central District, will have a considerable effect on the city as a whole. And in the central Coolhaven developments, the local institutions with the greatest international appeal (Erasmus Medical, the NAi, and Museum Boijmans Van Beuningen) will bring out the area's fullest potential.

Charting a new course for the future?
Now that the impact of the economic crisis is being felt, it is clear that no new large-scale spatial development projects will be launched in the near future. Under these circumstances, it seems to me that we can achieve the best possible results by focusing our attention, pooling the strengths of the many different stakeholders, and improving synergy between parties (housing associations, property developers, residents, and business owners). We must try to achieve a kind of critical mass in crucial places, so that we can move in a new direction. Katendrecht and Nieuw Crooswijk are cases in point. At the same time, we will create spatial connections between different areas, such as the districts in the city centre (the Laurenskwartier, Lijnbaankwartier, and Central District) and Oude Westen.

In view of the decision to allocate a central role to the wishes and needs of Rotterdam's current residents, social challenges will form a primary factor in the plans for the city. By working toward a structure for the city that weaves together business, home life, education, and recreation in the best possible way, physical development can support the achievement of social objectives. An inspiring range of cultural, leisure, and sports activities will form another very important factor in the quality of Rotterdam life, perhaps even a decisive one in convincing people to move to the city, or to remain here.

Adequate opportunities to move up the property ladder will also be essential if the city is to win the loyalty of social climbers. City housing policy is based on a strategic plan called the Housing Vision (*Woonvisie*).[7] This plan is linked to an implementation programme for the 2010-2014 period, aimed at 'forging a bond between Rotterdammers and their city by using all available means to work toward an attractive urban residential environment'. To achieve this mission within that period, we must focus on the following primary goals:

1. Building residential environments that counter selective migration
It should be emphasized that this will require a combination of new construction and renovation of existing buildings. We must attend more closely than ever to the wishes of housing consumers (whom we wish to keep in the city). For instance, we should build more ground-level homes in the city's green urban residential environments and offer more quiet neighbourhoods in the urban districts around the centre. In addition to the development of attractive new residential environments, this will involve the partial or total regeneration of existing residential areas that are too monotonous. The result should be greater quality and diversity in the city's residential settings.

2. Establishing a strong, socially satisfying residential and living environment
Good housing at fair prices and a good physical living environment are not enough

ners, ondernemers) versterken, zie ik als de beste weg om onder de huidige omstandigheden maximale resultaten te bereiken. Voldoende (kritische) massa moet worden gezocht op cruciale plekken, die een echte trendbreuk/kanteling kunnen maken. Katendrecht en Nieuw Crooswijk zijn hier goede voorbeelden van. Hiernaast gaan we verschillende gebieden ruimtelijk aan elkaar verbinden, o.a. de verschillende kwartieren in de binnenstad (Laurenskwartier, Lijnbaankwartier, Central District) en het Oude Westen.

In het verlengde van de gemaakte keuze om de wensen en behoeften van de huidige Rotterdammers centraal te stellen, is de sociale opgave tegelijkertijd een van de belangrijkste bepalende factoren voor de opgave van de stad. Door te werken aan een (infra)structuur van de stad waarin werken, wonen, leren en recreëren optimaal met elkaar verweven zijn, ondersteunt de fysieke sector het bereiken van die sociale doelen. Een inspirerende invulling van vrije tijd/cultuur/sport is daarbij bijvoorbeeld een zeer belangrijke factor voor de kwaliteit van het leven in de stad en daarmee mogelijk ook een doorslaggevende bindings- of vestigingsfactor.

Daarnaast is de wooncarrière die in de stad kan worden afgelegd van essentieel belang voor het binden van sociale stijgers aan de stad. Uitgangspunt voor het woonbeleid is de vigerende Woonvisie.[7] Hieraan gekoppeld is een uitvoeringsprogramma voor de periode 2010-2014, waarin we 'de Rotterdammers aan de stad willen binden door met inzet van alle beschikbare middelen te werken aan de aantrekkelijke woonstad'. Willen we deze missie kunnen volbrengen, dan moeten we ons in de periode 2010-2014 richten op onderstaande hoofddoelen:

1. Realiseren van woonmilieus die selectieve migratie tegengaan
Het gaat hierbij nadrukkelijk om een combinatie van nieuwbouw en aanpak van de bestaande voorraad.

We moeten nog meer dan voorheen luisteren naar de wensen van de (vast te houden) wooncomsumenten. Dit betekent bijvoorbeeld de bouw van meer grondgebonden woningen in de groenstedelijke woonmilieus van de stad. En het aanbieden van meer plekken voor rustig stedelijk wonen in de stadswijken rondom het centrum. Naast het ontwikkelen van aantrekkelijke nieuwe woonmilieus gaat het ook om het (deels) transformeren van zwakke of eenvormige bestaande woonmilieus. Meer kwaliteit en diversiteit in woonmilieus moet het resultaat zijn.

2. Realiseren van een goed sociaal woon- en leefklimaat

Om tegemoet te komen aan de wensen van de consument zijn een goede woning tegen een redelijke prijs en een goede fysieke woonomgeving niet voldoende. Ook de sociale woonomgeving moet in orde zijn. Alleen dan zullen mensen daadwerkelijk besluiten de woning te betrekken. De sociale woonomgeving wordt door vele factoren bepaald, zoals de toegang tot voorzieningen, de omgang met medebewoners en de veiligheid in de buurt. Maar ook de aanpak van woonoverlast en zorgvuldige huisvesting van mensen die zorg en/of begeleiding nodig hebben spelen een belangrijke rol. Al dan niet accorderende leefstijlen[8], wijkbinding en bewonersparticipatie zijn belangrijke thema's. Het Coalitieakkoord zet zwaar in op het handhaven van veilig, schoon en heel als prioriteit en staat daarbij voor een cultuur van samen doen.

3. Bieden van meer mogelijkheden voor een wooncarrière in de stad

Naast het bieden van de gewenste woningen en woonmilieus moeten we de wooncoonsumenten ook in staat stellen om daadwerkelijk de stap te maken naar de door hen gezochte woningen en woonmilieus. Het bieden van mogelijkheden voor een wooncarrière in de stad is extra belangrijk omdat niet alle doelgroepen bediend kunnen worden met een

to meet the consumers' wishes. The living environment must also be socially satisfactory. Only then will people actually decide to move to the area in question. Many factors go into making the residential environment socially satisfying; these include access to services, contact with neighbours, and neighbourhood safety. Measures to prevent nuisance around the home, as well as appropriate housing for people with special needs for care or assistance, also play an important role. Similarities and contrasts in lifestyle, and in degrees of community-mindedness and participation, are also important themes.[8] The coalition agreement strongly emphasizes that keeping the city safe, clean, and undamaged should be a high priority and that to make that happen, we all must pitch in.

3. Offering greater opportunities for climbing the property ladder within the city

Besides offering the types of homes and neighbourhoods that housing consumers prefer, we should also make it possible for them to make the transition into those homes and neighbourhoods. It is especially important to help people move up the property ladder because not all target groups will be in the market for a new dwelling in a thoroughly redeveloped residential environment. Encouraging mobility within the local housing market will also create opportunities for target groups who can only afford an inexpensive home in the current housing stock. Improving the functioning of the housing market is therefore one major goal of the implementation programme. This applies to both the rental and the owner-occupied sectors, to sales of both new-build homes and rental units, and to both the upper and the lower segments of the housing market. Because not only the home itself is important, but also the neighbourhood, we must find a way to take the lifestyles of the target groups into consideration.

4. Strengthening our image

Rotterdam should have a higher profile as
a place to live for people with jobs, good
educations, and medium to high incomes.
The targets of the campaign should definitely
include the current residents of Rotterdam,
who are often not aware of the full range of
possibilities available in the city. The primary
goal is to enhance the city's image among
those whom we wish to convince to remain
here.

The result: a vibrant, compact city

How will Rotterdam look in 2030? The Urban
Vision describes what we may be saying
then: The well-known Rotterdam mentality
of 'taking care of business' has led to the
metamorphosis of many urban districts
in a period of just twenty-five years. After
many years of transformation, Rotterdam
has fully developed its residential side, with
an appropriate range of safe and secure,
high-quality housing for all ages, tastes, and
incomes. Many first-time home buyers and
senior citizens decide to live in the city centre
because of the attractive, luxurious options
there, with many services and amenities as
well as good public transport nearby. The
urban districts around the centre each have
their own personality, partly owing to their
past and present locations and functions
in the city. They offer peaceful, high-quality,
diversified living and working environments
for all segments of the population. The
garden districts just outside the city are also
pleasant residential settings, with good basic
services. They are especially well liked by
families; children can play in the streets and
learn to ride bicycles there. Attractive outdoor
areas and plenty of water features make
these neighbourhoods very popular.

The vibrant, compact city will build on the
strong points of today's city. In Rotterdam,
there is plenty of room in the city (and along
the river) for further intensification. The
challenge is to take advantage of these new
opportunities to enhance the city's urban
character.

nieuwbouwwoning in een volledig vernieuwd woonmilieu. Door het op gang krijgen van de doorstro-
ming op de woningmarkt ontstaan ook mogelijkheden voor de doelgroepen die aangewezen zijn op
een betaalbare woning in de bestaande voorraad.
Verbetering van de werking van de woningmarkt is
dus een belangrijk doel van het uitvoeringsprogramma. Dit betreft zowel de huursector als de
koopsector, zowel de afzet van nieuwbouwwoningen
als de verkoop van huurwoningen en zowel de
hogere als de lagere segmenten van de woningmarkt. Omdat het hierbij niet alleen om de woning
gaat, maar ook om het woonmilieu, moet er ook een
manier gevonden worden om hierin de leefstijlen van
doelgroepen mee te laten wegen.

4. Versterken imago

Rotterdam moet meer geprofileerd worden als
woonstad voor mensen met werk, een goede opleiding en een midden- of hoger inkomen. De campagne moet nadrukkelijk ook gericht worden op de
huidige inwoners van Rotterdam. Vaak weten zij niet
of onvoldoende wat de werkelijke mogelijkheden in
de stad zijn. Doel is met name om de beeldvorming
bij de vast te houden doelgroepen positief te beïnvloeden.

De vitale, compacte stad als resultaat

Hoe ziet Rotterdam er in 2030 uit? Een citaat uit de
Stadsvisie, over het Rotterdam van 2030: 'De
befaamde Rotterdamse mentaliteit van 'aanpakken'
heeft er toe geleid dat in een periode van slechts
vijfentwintig jaar veel stadswijken een metamorfose
hebben ondergaan. Na een jarenlang veranderings-
proces is Rotterdam uitgegroeid tot een echte
woonstad. Voor elke leeftijd, smaak en portemonnee
is er een geschikte keuze aan woningen die geborgenheid en kwaliteit biedt. Wonen in het stadscentrum is zeer populair bij starters en senioren, dankzij
de aantrekkelijke en luxe woonmogelijkheden, met
vele voorzieningen en goed openbaar vervoer nabij.

De stadswijken rondom het centrum hebben allemaal een eigen karakter, mede door hun (historische) ligging en functie. Zij bieden een rustige, kwalitatief goede en afwisselende woon- en werkomgeving voor alle bevolkingslagen. De tuinwijken aan de buitenzijde van de stad bieden een fijne woonomgeving, met goede basisvoorzieningen, waarin vooral gezinnen zich thuis voelen en kinderen op straat spelen en leren fietsen. Een aantrekkelijke buitenruimte en de waterrijke buurten maken deze buurten zeer gewild.'

De vitale, compacte stad borduurt voort op de sterke punten in de huidige stad. In de Rotterdamse situatie is er volop ruimte in de stad (en aan de rivier) voor verdere verdichting. Het is dan de kunst om met die nieuwe mogelijkheden de stedelijkheid van de stad te versterken.

De aanwezige waarden van de verschillende stadsgebieden spelen hier een belangrijke rol. De in de gebieden aanwezige stedenbouwkundige en landschappelijke kwaliteiten en het water zijn een uitstekende basis om bij te dragen aan de identiteit van bestaande en nieuwe buurten. De interactie met toekomstbestendige, vernieuwende woningtypes, goed ingerichte openbare ruimtes, uitstekend vormgegeven scholen, winkelcentra, sportvoorzieningen, maatschappelijke en culturele accommodaties levert krachtige en aantrekkelijke, compacte stedelijke gebieden. Voorbeelden hiervan zijn o.a. de Kop van Zuid, Nieuw Crooswijk en het RDM in een voormalige havengebied.

De vitale, compacte stad blijft investeren in versterking van de binnenstad. Het toevoegen van verschillende typen woningen is belangrijk, maar ook het investeren in de kwaliteit van de openbare ruimte, de programmering van de plinten en het creëren van introverte gebieden, waarin gezinnen met kinderen veilig hun eigen plek weten te vinden (o.a. in het Oude Westen en het Laurenskwartier).

Waar mogelijk blijft de vitale, compacte stad verdichten met hoogbouw, maar met zorg voor de ont-

The current characteristics of the city's individual districts will play an important role in this effort. The urban design and landscape characteristics of these areas and their relationship to the water are key elements in the identity of existing and new neighbourhoods. As these characteristics interact with innovative, future-ready housing types, well-organized and well-equipped public spaces, outstandingly designed schools, shopping centres, sports facilities, social services, and cultural venues, the result will be strong, attractive, compact urban areas. Examples include the Kop van Zuid, Nieuw Crooswijk, and the RDM Campus, located in the former shipyard and buildings of a dry dock company.

The vibrant, compact city will continue investing in strengthening the city centre. Adding different types of housing is important, but so is investing in the quality of public space, managing the street wall at ground level, and creating inward-looking areas where families with children can find safe places of their own (such as Oude Westen and the Laurenskwartier).

Where possible, the vibrant, compact city will be filled in with high-rise buildings, but with an eye to the experience at street level and to potential problems with sunlight and wind. The compact city centre will also be enhanced with more activities and buildings in the leisure and culture sectors. New, direct trans-European connections to Paris and London from the HSL station in the heart of the city are expected to draw more visitors. The Central District immediately surrounding the new Central Station (currently under construction) is already becoming an attractive location for organizations with an international presence.

Let me close with a familiar observation. The city of Rotterdam is always in motion, always unfinished. That quality appeals to me, and I am fully confident that in the years ahead we will build the dynamic Compact City 2.0.

1 In other words, the socioeconomic and demographic characteristics of those who move to the city, and of those who move away from it, lead to a negative trend with respect to the present population.

2 *Komen en Gaan, selectieve migratie in Rotterdam in 2009*, Centrum voor Onderzoek en Statistiek (COS), City of Rotterdam, February 2010.

3 Excluding the population of Rozenburg, the formerly independent municipality that became part of Rotterdam in 2010. Source: *Bevolkingsprognose Rotterdam 2010-2025* ('Demographic projections, Rotterdam, 2010-2025'), Centrum voor Onderzoek en Statistiek (COS), City of Rotterdam, October 2009.

4 *Ruimte voor Talent en Ondernemen* ('Opportunities for Talent and for Business'), coalition agreement, 2010-2014, 29 April 2010.

5 *Stadsvisie Rotterdam, Ruimtelijke Ontwikkelingsstrategie 2030*, adopted by the Rotterdam municipal council on 29 November 2007.

6 *De Kracht van Rotterdam, Sociale Strategie 2020*, adopted by the municipal executive for the 2006-2010 term on 9 November 2009 and presented to the municipal council for the 2010-2014 term for discussion.

7 *Wonen in Rotterdam, geactualiseerde woonvisie 2007-2010*, adopted by the Rotterdam municipal council on 11 October 2007.

8 See the results of the *Grote Woontest* ('Big Housing Test'), presented in the report *Woonbeleving Regio Rotterdam 2008*, Smart Agent Company, October 2008.

moeting met de straat en voor hinder van zon en wind. De compacte binnenstad zoekt ook de versterking van de functies en de bebouwing, direct gerelateerd aan 'leisure' en culturele voorzieningen. Met de komst van de Europese directe verbinding met Parijs en Londen, door middel van het HSL-station midden in de binnenstad, worden meer bezoekers verwacht. De directe omgeving van het in aanbouw zijnde nieuwe Centraal Station (Central District) is nu al aantrekkelijk aan het worden voor internationaal opererende partijen.

Ik sluit af met het bekende gezegde: Rotterdam, die stad is altijd in beweging, die stad is nooit klaar. Dat spreekt mij aan en ik heb er alle vertrouwen in dat we die dynamische Compacte Stad 2.0 in de komende jaren gaan realiseren.

1 De sociaaleconomische en demografische kenmerken van vestigers in en vertrekkers uit de stad wijken in negatieve zin af van de kenmerken van de zittende bevolking.

2 'Komen en Gaan, selectieve migratie in Rotterdam in 2009', Centrum voor Onderzoek en Statistiek, februari 2010.

3 Exclusief de bevolking van Rozenburg, de voormalige zelfstandige gemeente die in 2010 een deelgemeente van Rotterdam is geworden. Bron: Bevolkingsprognose Rotterdam 2010-2025, Centrum voor Onderzoek en Statistiek, oktober 2009.

4 Ruimte voor Talent en Ondernemen, Coalitieakkoord 2010-2014, 29 april 2010.

5 Stadsvisie Rotterdam, Ruimtelijke Ontwikkelingsstrategie 2030, vastgesteld door de Rotterdamse gemeenteraad op 29 november 2007.

6 De Kracht van Rotterdam, Sociale Strategie 2020, door het college van Burgemeester en Wethouders 2006-2010 op 9 november 2009 vastgesteld en aan de gemeenteraad 2010-2014 ter behandeling aangeboden.

7 Wonen in Rotterdam, geactualiseerde woonvisie 2007-2010, vastgesteld door de Rotterdamse gemeenteraad op 11 oktober 2007.

8 Zie de resultaten van de Grote Woontest, zoals weergegeven in het rapport Woonbeleving Regio Rotterdam 2008, Smart Agent Company, oktober 2008.

Hoe compact is Groningen?
Compacte creativiteit in het noorden van Nederland

How compact is Groningen?
Compact creativity in the northern Netherlands

Frank de Vries

Al jaren is het streven naar compactheid een leidend thema in de Groninger stadsontwikkeling. De stad is daarmee een prominente compacte stad van Nederland geworden. Als vanouds ligt zij als een rode vlek midden in het groen. Een breed scala aan projecten illustreert het ideaal van compactheid. Dat blijkt mede uit de diverse architectuurfestivals van de afgelopen twintig jaar die deel uitmaken van die traditie: van Stadsmarkeringen (1990) en A Star is Born (1996) tot De Intense Stad (2003) en Intense Laagbouw (2009).

De compacte traditie
Groningen profileert zich al sinds het begin van de vorige eeuw als een stad die doordacht, en vooral eigenzinnig omgaat met haar ruimtelijke ontwikkeling. In de eerste helft van de twintigste eeuw kwam dat onder meer tot uitdrukking in de plannen die

For some years now, striving for compactness has been a major theme in the development of the city of Groningen. This has made Groningen one of the country's leading compact cities. On the map, it still has its traditional appearance: a patch of red surrounded by green. The compact city ideal is reflected in a wide range of projects, as well as in the many architecture festivals that the city has hosted in the past 20 years, from 'City Markers' (*Stadsmarkeringen*; 1990) and 'A Star is Born' (1996) to 'The Intense City' (*De Intense Stad*; 2003) and 'Intense Low-Rises' (*Intense Laagbouw*; 2009).

The compact tradition
Since early in the twentieth century, the city of Groningen has taken pride in thinking carefully about spatial development and pursuing its own unique course. In the first half

of the twentieth century, this tendency found expression in the plans created for the city by the elderly H.P. Berlage, in collaboration with the former engineering corps officer H.P.J. Schut, then director of Groningen's municipal works department. Various versions of these plans served as the basis for urban expansion from 1928 until well after the Second World War. As a result, despite the rise of the functional city concept, Groningen remained focused on such themes as the closed perimeter block, the aesthetics of the street, and the compact, concentrically expanding city. The result of this approach, especially in the early postwar districts, was a cityscape peculiar to Groningen: postwar architecture within prewar urban development frameworks. Moreover, Groningen did not follow the example of many other medium-sized cities and engage the services of large, nationally operating firms, but kept its urban development firmly in the hands of its own municipal department.

Nonetheless, even Groningen could not escape 'progress'. In the early 1960s, according to the projections of the Central Planning Office (*Centraal Planbureau*; CPB), Groningen was set to develop into 'the metropolis of the north', with an estimated population in the year 2000 of 265,000 to as high as 500,000. This growth spurt required new strategic plans, a clean break with Berlagian principles, and the embrace of the modern functional city. Three new districts were thrown up in the north of the city: Selwerd, Paddepoel, and Vinkhuizen. In the meantime, plans were being made for the new urban district of Noorddijk to the east, and the city centre was the subject of ambitious schemes for aggressive, modernizing urban renewal (known as *cityvorming*).

This period of functionalist planning did not last long in Groningen, however. Just as in a number of other Dutch cities, there was resistance to the quantitative, functionalist growth pattern of the 1960s. In Groningen, this coincided with the rise of a new generation of young politicians, including

H.P. Berlage in zijn nadagen met oud-genieofficier H.P.J. Schut – de toenmalige directeur van de Groninger gemeentewerken – voor de stad maakte. In verschillende versies dienden ze van 1928 tot ver na de Tweede Wereldoorlog als basis voor de stedelijke uitleg. Terwijl de functionele stad sterk in opkomst was bleef Groningen zodoende inzetten op thema's als het gesloten bouwblok, de esthetiek van de straat, het stadsbeeld en het idee van een compacte, concentrisch groeiende stad. Zeker na de oorlog, bij de vroege naoorlogse wijken, leverde dit een typerend Gronings beeld op: naoorlogse architectuur binnen vooroorlogse stedenbouwkundige kaders. Daarnaast werden niet, zoals in veel andere (middelgrote) steden, grote nationaal opererende bureaus binnengehaald, maar hield men de stedenbouw stevig binnen de eigen gemeentelijke dienst.

Toch ontkwam ook Groningen niet aan 'de vooruitgang'. Aan het begin van de jaren zestig van de vorige eeuw zou de stad volgens CPB-berekeningen uitgroeien tot 'de metropool van het noorden' met geschatte inwoneraantallen van 265.000 tot zelfs 500.000 in het jaar 2000. Daar hoorden grote nieuwe structuurplannen bij die definitief afstand namen van Berlagiaanse principes en de moderne functionele stad omarmden. In hoog tempo werden drie nieuwe wijken gebouwd in het noorden van de stad: Selwerd, Paddepoel en Vinkhuizen. Ondertussen werd volop getekend aan het nieuwe stadsdeel Noorddijk dat ten oosten van de stad zou moeten verrijzen en ontkwam ook de binnenstad niet aan ambitieuze plannen met betrekking tot cityvorming. Deze functioneel planologische periode was in Groningen echter maar van korte duur. Net als in enkele andere steden van Nederland ontstond verzet tegen de kwantitatieve, functionele groei van de jaren zestig. Dit viel in Groningen bovendien samen met het aantreden van een nieuwe generatie jonge politici, waaronder Jacques Wallage en Max van den Berg en de komst van een groot aantal jonge ambitieuze ambtenaren binnen de gemeentelijke dienst ruimtelijke ordening. Het verzet concentreerde zich in eerste instantie op de ontwikkelingen in de binnenstad en de in de structuurplannen van 1961 en 1969 voorgestelde 'sanering' van binnenstedelijke buurten. In reactie hierop wordt in 1972 op initiatief van het nieuwe college van B&W – met Max van den Berg als wethouder van Cultuur, Monumentenzorg, Verkeer, Openbare Werken, Openbaar Vervoer, Volkshuisvesting en Stadsontwikkeling – de Doelstellingennota geformuleerd. Deze kan beschouwd worden als een rigoureuze omslag in het denken over de stedelijke ontwikkeling. Het structuurplan 1969 ging grotendeels van tafel. De nadruk verschoof van een functionalistische scheiding naar een menging van functies en het behoud van de bestaande ruimtelijke structuren, zeker in de binnenstad. De stadsvernieuwing deed z'n intrede; 'saneringsplannen' werden teruggedraaid, het plan Noorddijk werd gereduceerd tot de aanleg van slechts twee nieuwe wijken, en geplande verkeersdoorbraken gingen van tafel. In plaats daarvan verscheen in 1975 een revolutionair verkeerscirculatieplan dat het doorgaande verkeer weerde uit het centrum en voetgangers en fietsers alle ruimte gaf.

Met al deze wijzigingen in het ruimtelijk beleid keerde Groningen na ruim tien jaar terug naar de eigenzinnige traditie van weleer. Dit keer niet als een stad die standvastig vasthield aan traditionele uitgangspunten, maar juist als voorloper en pleitbezorger van wat later de compacte stad zou gaan heten. Zo vormden de Doelstellingennota van 1972, het daaruit voortkomende Verkeerscirculatieplan van 1975 en het Bestemmingsplan Binnenstad van 1976 de feitelijke opmaat voor vernieuwende projecten als de wijk Hoornse Meer, diverse investeringen in de Groninger binnenstad en de openbare ruimte. Dit werd later tevens gemarkeerd met invloedrijke architectuurfestivals als What a Wonderful World (1989), Stadsmarkeringen

Jacques Wallage and Max van den Berg, and a large influx of young, ambitious civil servants into the municipal spatial planning department. The resistance initially focused on developments in the city centre and the proposal in the 1961 and 1969 strategic plans for the 'clearance' (*sanering*) of central neighbourhoods. In response to these protests, the new municipal executive – with Max van den Berg as the portfolio holder for culture, heritage, traffic, public works, public transport, housing, and urban development – took the initiative to draft a Statement of Objectives (*Doelstellingennota*; 1972). This document marked a complete turnaround in the city's approach to urban development. The 1969 strategic plan was largely relegated to the scrap heap, as the emphasis shifted from functionalist separation of uses toward mixed use and the conservation of spatial structures, especially in the city centre. Postwar urban renewal made way for urban revitalization; 'clearance plans' were abandoned; the Noorddijk plan was pared down to just two new districts; and planned demolition for traffic purposes was cancelled. Instead, a revolutionary traffic circulation plan was produced in 1975, which kept through-traffic out of the centre and left plenty of space for pedestrians and cyclists.

All these changes in spatial policy were a return, after a more than ten-year hiatus, to Groningen's tradition independent-minded tradition. But this time it was not clinging steadfastly to time-honoured approaches, but looking ahead boldly and paving the way for what would later be known as the compact city. Three policy papers – the Statement of Objectives (1972), the Traffic Circulation Plan (*Verkeerscirculatieplan*; 1975) to which it gave rise, and the City Centre Zoning Plan (*Bestemmingsplan Binnenstad*; 1976) – led directly to innovative projects such as the Hoornse Meer district, as well as a variety of investments in Groningen's city centre and in public space. This conceptual shift was later marked by influential architecture festivals such as What a Wonderful World (1989), City Markers (1990), and A Star is Born (1996). These events were the public face of the compact city, which (in Groningen, in any case) was characterized by the close interweaving of policies on urban development, architecture, and social and cultural issues. Groningen exuded confidence in the benefits of a traditional city with a distinctive approach to spatial planning.

Intense City

Without appreciating the above history, it is actually impossible to comprehend Groningen as it is today. Sometimes mistakenly dismissed as peripheral by Randstad-centric thinkers, Groningen is in many ways pervaded with the compact city idiom, but in a spacious setting. That much can be seen by anyone who moves through the city or examines its relatively compact city plan. For instance, Groningen's built-up area is comparable in size to Arnhem's, but the city's population exceeds Arnhem's by more than 40,000. City policy still encourages and seeks to build on this compact quality. Successive strategic plans show a consistent line of compact development; this includes the latest one, *Stad op Scherp* ('City at the Ready'; 2009), in which all new developments are within a five to seven kilometre radius of the city's heart.

This consistency is also evident in other elements of what might be called the Groningen tradition. For instance, the above-mentioned architectural festivals of the 1990s inspired the initiative 'The Intense City' (*De Intense Stad*), aimed at finding space for 10,000 new housing units within the city's current boundaries. This was not a reaction against traditional urban expansion, but an effort to promote infill and intensification. The Intense City was to be based on the strengths of the existing city and the further enrichment of its urban culture, focusing on the prewar and postwar rings around the centre. This emphasis was

(1990) en A Star is Born (1996). De festivals waren het (publieke) uithangbord van het compactestadideaal dat zeker in Groningen gekenmerkt wordt door een sterke verweving van stedenbouwkundige, architectonische en sociaal-culturele ingrepen. Het straalt een groot geloof uit in de weldaad van de klassieke, zich in ruimtelijk opzicht onderscheidende stad.

De Intense Stad

Zonder bovenstaande geschiedenis is het Groningen van nu eigenlijk niet goed te begrijpen. De stad, die door 'Randstaddenkers' wel eens foutief als perifeer wordt bestempeld, ademt in veel opzichten het idioom van compactheid in een ruime omgeving. Dat is merkbaar voor eenieder die zich door de stad beweegt, maar ook zichtbaar aan de relatief compacte stadsplattegrond. Zo kent Groningen een vergelijkbaar bebouwd oppervlak als Arnhem, met dat verschil dat er ruim 40.000 mensen meer wonen. Die compactheid, en het verder uitbouwen daarvan, wordt nog steeds gestimuleerd. Achtereenvolgende structuurplannen laten dat in een consequente lijn zien; net als het nieuwste structuurplan – 'Stad op Scherp' (2009) – waarbij alle nieuwe ontwikkelingen binnen een straal van vijf tot zeven kilometer vanaf het stadshart worden gepositioneerd.

Die doorzetting straalt ook uit op andere elementen van wat een typische Groningse traditie genoemd kan worden. Geïnspireerd op de voornoemde architectuurmanifestaties van de jaren negentig startte in 2003 bijvoorbeeld de manifestatie 'De Intense Stad', met als doel om binnen de contouren van de bestaande stad ruimte te vinden voor 10.000 nieuwe woningen. Overigens niet als een verzet tegen de traditionele stadsuitbreiding, maar juist als een stimulering van de inbreiding. Uitgangspunt waren de bestaande kwaliteiten van de stad en het verder verrijken van die stedelijke cultuur. De Intense Stad concentreerde zich daarbij op de voor-en naoorlogse ringen rond het centrum. Niet voor niets, want juist hier erodeerde – net als op veel andere plekken in Nederland – het draagvlak voor voorzieningen en collectieve functies sterk. Functies verdwenen, stedelijke kwaliteiten vervaagden, en dat terwijl aan beide veel waarde wordt gehecht, zowel door stedelingen als door mensen van buiten. Deze afkalving had onder meer plaats als gevolg van de dalende woningbezettingsgraad en de toegenomen ruimtebehoefte per persoon. Waar voorheen een heel gezin woonde, wonen nu nog slechts een of twee personen. Bovendien was er in veel naoorlogse wijken sprake van een eenzijdig woningaanbod, hetgeen natuurlijk directe gevolgen had en heeft voor de bevolkingsopbouw.

Op initiatief van de gemeente Groningen werden voor 'De Intense Stad' 33 locaties geselecteerd waar nagedacht kon worden over dubbel ruimtegebruik, stapeling, herprogrammering en invulling. Uitgangspunt was dat op iedere plek een kwaliteitsslag gemaakt moest worden, zowel ruimtelijk als programmatisch. Het ging niet om het volbouwen van lege plekken of het van kleur laten verschieten van locaties met een voormalige industrie- of bedrijfsbestemming. De aandacht richtte zich op locaties waar teveel ruimte aan te weinig programma verloren was gegaan; 'verrommelde' plekken zonder ruimtelijke kwaliteit; plekken met slecht gehuisveste programma's, vaak 'enkellaags', waaronder oude (tijdelijke) schoolgebouwen en wijkvoorzieningen. De opgave richtte zich op het 'bijeenvegen' van deze platte, eendimensionaal gehuisveste programma's tot een nieuw stedelijk, multifunctioneel ensemble.

De Intense Stad was niet alleen bijzonder omdat het als de zoveelste heruitvinding van het compactestadideaal aansprak. Ook de aanpak was bijzonder. Bewust van de veranderende rol van de gemeentelijke overheid ten aanzien van de ruimtelijke ordening was 'De Intense Stad' niet alleen een

motivated by the erosion of the population base for services and collective facilities, a trend seen in many parts of the Netherlands. Facilities and services were disappearing and the city's strengths were fading, despite the great importance attached to them by both Groningen residents and visitors. This decay was brought about partly by a decline in household size and a demand for more space per person. A dwelling once occupied by an entire family had come to house just one or two people. Furthermore, many postwar districts had an unbalanced housing stock, a situation which directly affected (and still affects) the demographics there.

On the initiative of the City of Groningen, thirty-three locations were selected for The Intense City, where participants could ponder the potential for dual land use, stacking, repurposing, and infill. The guiding principle was that every location had to make a qualitative leap forward, in both spatial and programmatic terms. The goal was not to fill empty spaces or to hide the colourful histories of former industrial and commercial sites. Attention was focused on places where too much space had been devoted to too narrow a purpose, as well as on cluttered locations lacking in spatial quality, and on places with a poor fit between programme and structure, including many single-storey premises such as old or temporary school buildings and community centres. The challenge was to bundle these flat, one-dimensionally realized programmes into a new, multifunctional urban ensemble.

The Intense City was a remarkable initiative, not simply in that it aspired to reinvent the compact city ideal once again, but also in its approach. Conscious of the changing role of the municipal authorities in spatial planning, The Intense City did not just explore the potential of the existing city. To an equal extent, it was an experiment with a new role for the municipality, no longer wielding 'total control' but, much more often, provoking, supporting, encouraging,

and challenging others. The success of the
campaign thus depended in large part on the
cooperative ties between the municipality,
housing associations, project developers,
and architects, all invited to participate as
equal partners in The Intense City project
and to work toward the compact ideal. This
inspired many real-world projects, some of
which have now been completed, such as
De Palladiumflat in the postwar district of
Vinkhuizen (designed by Johannes Kappler
Architekten and developed by the housing
association Patrimonium) and De Rokade
on the fringes of the postwar districts of
Corpus den Hoorn and Hoornse Meer
(designed by the architecture firm of Arons
and Gelauff and developed by the housing
association De Huismeesters). Both of these
projects were exceptional, and not just in
that they enriched the city in both spatial and
programmatic terms. What is equally striking
is how swiftly they were completed, and the
almost exact correspondence between the
original plans and the final products. This
was clearly due in part to the enthusiasm of
all the participants. The Intense City initiative
also sparked an exceptional and diverse
array of spin-off building projects outside
the thirty-three selected sites, generating
considerable investment in the established
spatial structure and urban fabric in and
around the city centre.

Intense Low-Rises

While The Intense City focused on mixed
use and high-rise construction, its general
aim of promoting judicious use of space was
also central to the follow-up initiative 'Intense
Low-Rises' (*Intense Laagbouw*; 2008). This
initiative took a similar approach, with close
collaboration between architects, housing
associations, and developers to answer the
central questions: Is there still space for
low-rise construction within the city's present
boundaries? How can we make better use
of the space in the city? Are we still making
the most of unused spaces? And within the
city, how can we develop new, "low-urban"

zoektocht naar de mogelijkheden van de bestaande
stad. Evenzeer was het een experiment op het vlak
van een nieuwe gemeentelijke rol: niet langer 'alles-
bepalend', maar veel meer initiërend, stimulerend,
enthousiasmerend en uitdagend. Het succes van
de campagne hing dan ook in belangrijke mate af
van de samenwerking tussen gemeente, corporaties, ontwikkelaars en architecten. Zij werden dan
ook als gelijkwaardige partners uitgenodigd om
onder de paraplu van 'De Intense Stad' mee te werken aan de compacte ambitie. Dit heeft inmiddels
geleid tot een groot aantal concrete en deels ook al
gerealiseerde projecten, waaronder De Palladiumflat in de naoorlogse wijk Vinkhuizen (een ontwerp
van Johannes Kappler Architekten met de Christe-
lijke Woningstichting Patrimonium als ontwikkelaar)
en De Rokade op de rand van de naoorlogse wijken
Corpus den Hoorn en Hoornse Meer (een ontwerp
van Arons en Gelauff Architecten met woningcorporatie De Huismeesters als ontwikkelaar). Beide projecten zijn niet alleen bijzonder omdat zij inderdaad
hebben gezorgd voor een ruimtelijke en programmatische verrijking. Ook de snelheid waarmee ze
zijn gerealiseerd en de bijna een-op-eenvertaling
van het oorspronkelijke plan is opmerkelijk. Het
gedeelde enthousiasme heeft hierbij duidelijk een
rol gespeeld. Bijzonder is ook dat de manifestatie
voor de nodige spin-off heeft gezorgd, met als
gevolg dat buiten de 33 geselecteerde locaties het
ideeëngoed van de Intense Stad is geland in
diverse bouwprojecten. Samen hebben zij rond het
centrum gezorgd voor een investering in de
bestaande ruimtelijke structuur en het stedelijk programma.

Intense Laagbouw

Waar bij 'De Intense Stad' functiestapeling en
hoogbouw centraal stonden, kreeg het streven naar
zorgvuldig ruimtegebruik in 2008 een vervolg met
de manifestatie 'Intense Laagbouw'. Conform een
vergelijkbare receptuur werd opnieuw de nauwe

samenwerking gezocht met architecten, woningcorporaties en ontwikkelaars met als centrale vraag: is er binnen de huidige grenzen van de stad nog ruimte voor laagbouw in hoge dichtheden? Hoe maken we beter gebruik van de ruimte in de stad? Benutten we (nog) lege plekken? En hoe ontwikkelen we daarbinnen nieuwe typologieën voor wonen en openbare ruimte in een nieuwe lagere stedelijke variant? Met Intense Laagbouw werd niet alleen het compactestadbeleid van (nogmaals) een nieuwe impuls voorzien. Ook werd aansluiting gezocht bij het mede door het Rijk uitgedragen streven om de komende jaren 25 tot 40% van alle nieuwe woningen, winkels en kantoren binnen bestaand stedelijk gebied te realiseren. Een richtpercentage dat overigens vanuit Gronings perspectief als bescheiden kan worden bestempeld en best opgekrikt kan worden naar 60 tot misschien wel 80%.

Keus voor compact: de nieuwe opgaven

De Doelstellingennota, het Verkeerscirculatieplan, Stadsmarkeringen, De Intense Stad en Intense Laagbouw zijn markante momenten van het Groningse streven naar compactheid. Toch is er ook een andere kant. Ook Groningen kan zich niet onttrekken aan de golf van nieuwe uitbreidingen die vanaf het begin van de jaren negentig van de vorige eeuw vorm kregen. Ze dragen hier namen als De Held, Ter Borch, Kranenburg en Reitdiep. Hoewel de meningen verdeeld zijn over deze uitbreidingen, zijn het wijken met een eigen karakter, die andere woonmilieus en woningtypen bieden dan de bestaande stad. Toch is het maar zeer de vraag in hoeverre we door moeten gaan met dit 'tweestromenbeleid'. Veel wijst erop dat de tijd van traditionele uitbreidingen, zeker in stedelijke gebieden of regio's, voorbij is. De focus zal overal in Nederland steeds meer komen te liggen op herontwikkeling, op herbestemming, op het verder verdichten van de stad en het versterken van bestaand stedelijk

typologies of housing and public space? Intense Low-Rises breathed new life (once again) into compact city policy, and beyond that, it sought to support the national government target of building 25 to 40 percent of all new homes, shops, and offices in the coming period within existing urban areas. From the Groningen point of view, this target is actually quite modest, and could realistically be raised to 60 or perhaps even 80 percent.

Choosing compact development: the challenges ahead

The Statement of Objectives, the Traffic Circulation Plan, The Intense City, and Intense Low-Rises were milestones in Groningen's quest for compactness. But there is another side to the story. Groningen could not escape the wave of urban expansion that began in the early 1990s. Its new districts have names such as De Held, Ter Borch, Kranenburg, and Reitdiep Although these districts are not universally loved, they have distinctive personalities and offer residential environments and housing types unlike those in the existing city. Yet it is highly questionable whether Groningen will go on pursuing this two-pronged policy. There are numerous signs that traditional extensions have had their day, especially in urban areas and regions. Throughout the Netherlands, there will be a growing emphasis on redevelopment, rezoning, the further consolidation of the city, and the enhancement of the existing urban area. This is not only because we cannot go on churning out new residential districts forever, but also because we desire a proper balance between green spaces and built-up areas. This approach also presents the possibility of deriving maximum benefit from established strengths. It will allow Groningen to remain a true city, while the villages in the region can focus on their standout qualities.

For Groningen, moving ahead with compact city policy is the obvious choice. At the same time, it will be important to promote fresh thinking and innovative ideas in urban development, and to continually encourage the creative use of the existing city. There are new challenges at regional level. For one, the city of Groningen is surrounded by numerous non-urban residential settings. Even though these are not within city limits, they are within the city's sphere of influence. This means that the housing stock of municipalities such as Leek, Winsum, Assen, Tynaarlo, and Hoogezand-Sappemeer forms an asset for Groningen. Surrounded by a range of landscapes and inviting, non-urban living environments, the city has all the more reason to enhance its own urban qualities. The variety of residential settings will add spice to life in the Groningen-Assen region.

Another priority issue is how to make the city more appealing to a diverse range of demographic groups. In a city like Groningen, with a high percentage of young residents, there is every incentive to provide suitable locations for families, locations that do not detract from the city's character – in other words, an urban alternative, or complement, to the traditional residential settings in city extensions and the surrounding municipalities. In that light, it is worth reflecting on whether, in the years ahead, we can heighten Groningen's urban character even further. This will require continued investment in the ring around the city centre, in a concentric pattern, with the accent on the places where the prewar and the postwar city converge. This zone presents major opportunities for new urban residential environments: a relaxed lifestyle, but with the amenities and facilities of the city literally around the corner – in short, life in the pleasant shade of the city.

Groningen intends to remain a testing ground for spatial development in the next stage of compact city policy. Initiatives such as The Intense City and Intense Low-Rises have shown that there is still plenty of untapped potential. What demands a sharper focus is our methods of construction and development. As the emphasis shifts, bit by bit, from large numbers of urban exten-

gebied. Niet alleen omdat we niet eeuwig door kunnen gaan met het uitrollen van nieuwe woonwijken, maar ook om te komen tot een goed evenwicht tussen groen en bebouwing. Dat schept bovendien de mogelijkheid om volop te profiteren van bestaande kwaliteiten. Daarmee kan de stad echt stad blijven, maar kunnen ook de dorpen zich onderscheiden op grond van hun specifieke kwaliteiten.

Voor Groningen ligt een continuering van het compactestadbeleid voor de hand. Daarbij blijft het van belang het denkproces en de ideevorming over programmatische vernieuwingen van de stad te bevorderen. Ook zullen we het gebruik van de bestaande stad continu van nieuwe impulsen moeten voorzien. Nieuwe uitdagingen liggen in de regionale context. Zo wordt de stad Groningen omringd door talloze niet-stedelijke woonmilieus. Deze liggen misschien niet binnen de gemeentegrens, maar wel binnen de invloedssfeer van de stad. Daarmee is ook het woningaanbod in de gemeente Leek, de gemeente Winsum of de gemeenten Assen, Tynaarlo of Hoogezand-Sappemeer een verrijking voor de stad. Omgeven door diverse landschapstypen en rijke (niet-stedelijke) woonmilieus is er daarmee reden temeer om juist de stedelijke kwaliteiten van de stad verder te vergroten. Dat zorgt voor nog meer 'smakelijke verschillen' in de (stads)regio Groningen-Assen.

Een ander belangrijk aandachtspunt is de vraag hoe we de stad nog aantrekkelijker kunnen maken voor diverse bevolkingsgroepen. Zeker in een stad als Groningen, beschikkend over een hoog percentage jongeren, ligt er een interessante opgave om ook gezinnen, met behoud van het stedelijk karakter, een passende plek te kunnen bieden. Kortom, het stedelijk alternatief voor en in aanvulling op de traditionele woonmilieus in uitleglocaties of in de omringende gemeenten. In dat licht is het interessant om na te denken of we Groningen de komende jaren letterlijk nog meer stad kunnen maken. Verder investeren in de ring rond het centrum: concentrisch, met aandacht voor die plekken waar de naoorlogse stad en de vooroorlogse stad elkaar ontmoeten. Daar liggen grote kansen voor nieuwe stedelijke woonmilieus. Ontspannen wonen, maar met stedelijke kwaliteiten en stedelijke voorzieningen letterlijk om de hoek. Kortom, wonen in een 'stedelijke luwte'. Groningen wil ook in die volgende fase van het compactestadbeleid een laboratorium zijn voor ruimtelijke ontwikkelingen. Manifestaties als 'De Intense Stad' en 'Intense Laagbouw' hebben laten zien dat er nog tal van mogelijkheden zijn. Waar we ons nog in kunnen scherpen is de wijze waarop we bouwen en ontwikkelen. Wanneer de focus hoe langer hoe meer verschuift van uitleglocaties in grote aantallen naar invullingen, aanvullingen en het aanhaken op en versterken van bestaande kwaliteiten in de niches van de markt, dan vergt dit een andere manier van nadenken over onze ruimtelijke inrichting. Daarnaast is het essentieel verdichting en compactheid te blijven beschouwen binnen de bredere context van mobiliteit en bereikbaarheid. Wellicht kan zelfs een nieuwe kijk op mobiliteit in en door de stad daartoe een nieuwe aanzet zijn. Landelijk groeit bovendien de aandacht voor zogenaamde 'multimodale knooppunten' waaronder spoorzones als het gebied rond het Groninger hoofdstation. Dit zijn interessante gebieden, vanwege de bereikbaarheid en de ruimte die ze bieden voor diverse stedelijke woon- en werkmilieus. Een nieuwe fase compactestadbeleid is echter wel gebaat bij een aantal heldere keuzes. Binnenstedelijk bouwen verdient een duidelijke regie. Het is van belang goed in te vullen wat centraal moet en wat decentraal kan. Door op rijksniveau heldere en duidelijke keuzes te maken aangaande het 'waar wel en waar niet' kan ook op provinciaal en gemeentelijk niveau voldoende basis en slagkracht ontstaan om de ambities op het vlak van compactheid ook daadwerkelijk te realiseren. Met een heldere regie kan bovendien voorkomen worden dat verdichtingsopgaven in steden en dorpen in een onnodige harde

sions to urban infill and intensification, and to capitalizing and building on established strengths in specific market niches, we must adjust to a new way of thinking about spatial planning. At the same time, densification and compact development should be seen within the wider context of mobility and accessibility. One way to begin may even be with a new look at mobility in and through the city. At national level, there is growing interest in 'multimodal transport hubs' (*multimodale knooppunten*), including railway zones such as the area around Groningen's Central Station. These areas deserve attention because of their accessibility and the space they offer for a variety of urban residential and working environments.

Yet the new stage in compact city policy will also benefit from a few clear choices. Building in the city centre is an activity that merits careful coordination. It is important to determine what *must* be done at national level and what *can* be done at subnational level. Clear, firm decisions at national level about what responsibilities can reasonably be devolved to provinces and municipalities will lay a strong basis for putting compact development plans into action. Clear coordination can also forestall unnecessarily fierce competition between urban intensification projects (in cities, towns, or villages) and nearby urban extensions. We will also need to devote attention to financing procedures and to gain more experience with a case-by-case method, because that is clearly what is needed in this new stage of compact city policy. Each city and region deserves an individually tailored, integrated approach, with attention to issues of housing, landscape aesthetics, and infrastructure. Differentiation and specificity are crucial. We need to be creative – to think differently.

There is a great deal of scope for all this within the current rules. But we must have the courage to go beyond established frameworks in search of alternatives. Where is the good in demolishing old buildings and constructing new ones, if a less aggressive form of revitalization is possible? Why invest in double glazing when a house can sustainably produce its own energy? Why separate different land uses when combining them can promote vitality and diversity? In taking on these questions and tasks, Groningen will carry on its proud tradition, finding intelligent solutions to new problems and challenges while remaining engaged with the city and its unique strengths.

concurrentiestrijd terechtkomen met uitbreidingswijken in de nabijheid. Daarnaast vraagt ook de financieringsmethodiek aandacht en zullen we ons verder moeten trainen in maatwerk. Want als iets duidelijk is, dan is het dat een nieuwe fase compactestadbeleid juist daarom vraagt. Per stad en per gebied verdient het een andere uitwerking; integraal met aandacht voor wonen, landschap en infrastructuur. Differentiatie en specificiteit zijn van belang. Creativiteit is nodig. Anders denken.
Binnen de regels is daarvoor al heel veel mogelijk. Maar we moeten het dan wel durven. Durven om buiten de bestaande kaders te denken en op zoek te gaan naar alternatieven. Waarom sloop en nieuwbouw wanneer herontwikkeling ook mogelijk is? Waarom investeren in dubbel glas wanneer een huis ook op een duurzame wijze z'n eigen energie kan opbrengen? Waarom functies scheiden terwijl dit juist ook de basis kan zijn voor levendigheid en diversiteit? Groningen zal aan de hand van deze vragen en uitdagingen de traditie hooghouden en met nieuwe opgaven en uitdaging intelligent blijven sleutelen aan de stad en haar specifieke kwaliteiten.

For the time being, Amsterdam, IJburg Haven.

Een proeve van grond-gebonden bouwen binnen de ruit van Rotterdam

Ground-access buildings within the Rotterdam ring road: some examples

Adriaan Geuze, Edzo Bindels, Riëtte Bosch

Lommerrijke singels, lanen en verborgen tuinen; dat zijn Rotterdamse kwaliteiten van enkele woonwijken rond het centrum van de stad zoals delen van het Oude Westen, Blijdorp en Kralingen-Crooswijk. Het zijn wijken waar het prettig wonen is met de supermarkt op de hoek en een goede school op loopafstand. Het zijn echter ook zeldzame en geïsoleerde kwaliteiten geworden door ingrijpende ruimtelijke en programmatische veranderingen in de afgelopen decennia.

Na de vernietiging van de binnenstad in de Tweede Wereldoorlog waarbij 25.000 woningen en 11.000 overige gebouwen verloren gaan kiest men voor wederopbouw volgens het rigoureuze Basisplan van Van Traa. De oude structuur van de stad maar ook de verbindingen met het landschap zijn niet langer relevant. De Schie en diverse grachten worden met puin gedempt en wat nog aan gebouwen

Leafy canals, lanes, and concealed gardens: these are qualities typical of Rotterdam in a number of residential areas around the city centre, such as part of the Old West district, Blijdorp, and Kralingen-Crooswijk. They are all pleasant areas to live in, with supermarkets just round the corner and good schools within walking distance. Regrettably, such qualities are now rare and isolated, following decades of drastic spatial and programmatic changes.

After the destruction of the city centre in the Second World War, with the loss of over 25,000 dwellings and 11,000 other buildings, the city opted for the rigorous master plan designed by Cornelis van Traa (the *Basisplan*). This plan rode roughshod over the city's old structure and its links with the landscape. The Schie and several other canals were filled in with rubble and what few buildings had been left standing were demolished. The street plan was modernized to accommodate the steadily growing stream of car traffic, and functions such as living, working, shopping, and culture were separated. To alleviate the housing shortage, new housing developments were rapidly created, such as Pendrecht, Zuidwijk, and Lombardijen, which are alien to the underlying landscape and existing patterns of development.

Van Traa's master plan determined all the subsequent developments up until 1970. But then the exclusive focus on reconstruction came to an end. The old urban neighbourhoods were inhabited by different population groups, and the houses no longer met the demands of the modern age. Those who could afford to leave did so, moving to the suburbs or still further afield.

The policy on suburban towns of the 1970s and 1980s, followed by the Vinex policy of the 1990s, virtually eradicated the last vestiges of Rotterdam's relationship with the landscape. Whereas Amsterdam has actually consolidated its 'green lungs' and the river Amstel is still a vital lifeline, Rotterdam has degenerated into an amorphous entity: places such as Barendrecht, IJsselmonde, Carnisselande, Zevenkamp, Prinsenland, and Capelle have become intertwined in an anonymous, inward-looking world.

While suburban 'overspill' towns were being created to provide for people moving out of the city centre, a start was made on redevelopment. Shallow blocks such as those in the Old West district were fitted with synthetic window and door frames and Trespa structures. New buildings were generic, experimental, or patronizing, without any attempt to resonate with the wider picture of urban development or the landscape framework. As time passed, the whole city centre filled up with cheap buildings possessing the trademark soullessness of innumerable urban redevelopment experiments and declining standards of amenity.

Despite the many ambitious interventions of the 1980s, such as the approval of high-rise projects and the construction of the Erasmus

staat wordt alsnog gesloopt. Het stratenpatroon wordt aangepast aan de opkomst van de auto. Functies als wonen, werken, winkelen en cultuur worden gescheiden. Voor het oplossen van de woningnood realiseerde de gemeente in hoog tempo nieuwe wijken zoals Pendrecht, Zuidwijk en Lombardijen, die fantoom zijn aan het onderliggende landschap en de bestaande bebouwingspatronen.

Het Basisplan is bepalend geweest voor de ontwikkelingen tot 1970. Daarna is de tijd van uitsluitend werken aan de wederopbouw voorbij. Binnen de oude stadswijken begint de bevolkingssamenstelling te veranderen. De huizen voldoen niet langer aan de eisen van de moderne tijd. Zij die het betalen kunnen, vertrekken naar de randgemeenten of verder weg.

Met de uitvoering van het Groeikernenbeleid in de jaren zeventig en tachtig en het Vinexbeleid in de jaren negentig heeft Rotterdam haar relatie met het landschap vrijwel definitief verloren. Waar Amsterdam juist haar groene longen heeft geconsolideerd en onder andere de Amstel nog steeds een vitale levensader is, is Rotterdam verworden tot een amorf geheel: Barendrecht, IJsselmonde, Carnisselande, Zevenkamp, Prinsenland, Capelle, etc. zijn aan elkaar gegroeid tot een anonieme naar binnen gekeerde wereld.

Parallel met het realiseren van de groeikernen wordt in de binnenstad van Rotterdam begonnen met herstructurering. Ondiepe bouwblokken zoals in het Oude Westen worden voorzien van kunststof kozijnen en opbouwen van Trespa. Nieuwbouw was generiek, experimenteel of betuttelend, zonder oriëntatie op het grotere stedenbouwkundig of landschappelijk verband. Na verloop van tijd zijn in de binnenstad uitsluitend goedkope woningen te vinden met de ziellooscheid van allerhande stedelijke vernieuwingsexperimenten en een afglijdend voorzieningenniveau.

Ondanks de ambitieuze ingrepen vanaf de jaren

Overzicht mogelijke parkmilieus binnen de ruit van Rotterdam.
Overview of potential park settings within the Rotterdam ring road.

Bridge, the exodus of the city's population, especially families, continued unabated. People simply could not find the houses they wanted, with gardens or some other outdoor space. For many years, the only alternative was to move to the surrounding 'green' municipalities, such as Barendrecht, Rhoon, or Bleiswijk. Besides fragmenting the dwindling expanse of open pasture landscape, this has had the effect of undermining the housing stock in Rotterdam city centre. Although Rotterdam is now focusing on construction in the inner city, work still needs to be done on differentiating the housing stock in terms of typologies and connections with the landscape.

Existing qualities as a basis for new developments

West8 has carried out a number of studies with a view to finding an effective approach to the problems outlined above. The umbrella strategy is based on the ripple effect – that is, taking existing and proven qualities as a basis for new developments, so as to create benefits for all parties. These existing qualities, those of the city's 'gold coast' neighbourhoods, involve human dimensions and readily identifiable addresses. The houses overlook – or are just round the corner from – one of the superb canals, or the Park, or are situated close to the river Maas, and the surrounding area is accessible by way of transparent routes. The continuity of the urban fabric is more or less intact, as is the corresponding level of amenities such as shops and schools. Most of these districts are the remains of the city as it existed in the nineteenth or early twentieth century, with buildings just three to five storeys high, but they also include the Kop van Zuid neighbourhood, for instance. We believe it is by building on these qualities, consolidating and expanding them, that the city as a whole can be strengthened from within.

In 2005 a capacity study was carried out to identify new locations for ground-access dwellings within the Rotterdam ring road.[1]

tachtig, zoals groen licht voor hoogbouw en de bouw van de Erasmusbrug, gaat de uittocht van bewoners, met name kapitaalkrachtige gezinnen, voort. Zij vinden niet de woning die zij zoeken met een tuin of een andere vorm van toegankelijke buitenruimte. Het alternatief lag lange tijd in de omringende 'groene' gemeenten als Barendrecht, Rhoon of Bleiswijk. Behalve het versnipperen van het schaarse open weidelandschap heeft dit geleid tot uitholling van de woningvoorraad in de Rotterdamse binnenstad en een verschraling van het voorzieningenniveau. Alhoewel Rotterdam inzet op binnenstedelijk bouwen moet er nog gewerkt worden aan de nuancering van de te bouwen woningvoorraad wat betreft typologieën en de verbindingen met het landschap.

Bestaande kwaliteiten als basis voor nieuwe ontwikkelingen

West8 heeft een aantal studies gedaan die op de bovenstaande problematiek een perspectief proberen te bieden. De overkoepelende strategie hierbij is gebaseerd op het 'olievlekprincipe'; uitgaan van bestaande en bewezen kwaliteiten als basis voor nieuwe ontwikkeling opdat er wederzijds profijt ontstaat.

Deze bestaande kwaliteiten, de goudkusten van de stad, zijn plekken waar de stad nog een menselijke maat kent en een helder te duiden adres. Men woont er aan of om de hoek van die prachtige singel, het Park, binnen de sfeer van de Maas, en het ommeland is bereikbaar via logische routes. De continuïteit van het stedelijk weefsel is tot bepaalde hoogte intact, evenals de bijbehorende voorzieningenstructuur van winkels en scholen. Veelal betreft het restanten van de negentiende- of vroegtwintigste-eeuwse stad met bouwhoogten van drie tot vijf lagen, maar ook bijvoorbeeld de Kop van Zuid. Door aan te haken aan deze kwaliteiten en ze te versterken en uit te breiden wordt de stad als geheel van binnenuit gesterkt. De bewijslast is de laatste jaren geleverd met de herstructureringsopgaven van Katendrecht volgens dit recept.

In 2005 is een capaciteitsonderzoek gedaan naar nieuwe locaties voor grondgebonden woningen binnen de ruit van Rotterdam.[1] Het resultaat is een kaart met een aantal concrete voorstellen die een alternatief biedt aan de huidige praktijk van bouwen in het weiland. De conclusie is dat er ongeveer 20.000 huizen kunnen worden gebouwd binnen de ruit van snelwegen, met uitzondering van de binnenstad en de zuidelijke tuinsteden. De locaties variëren van acupuncturale ingrepen tot grootschalige nieuwbouwlocaties die in omvang maar vooral in kwaliteit kunnen concurreren met Vinexlocaties. Het is met name in het bieden van binnenstedelijke alternatieven voor deze laatste categorie waar winst valt te behalen voor de stad.

Omdat de vraagstelling voortkomt uit een bredere stedelijke problematiek waarin bijvoorbeeld ook onderwijs, cultuur en ondernemerschap een rol spelen heeft een groep representatieve maatschappelijk betrokken Rotterdammers als klankbord gefungeerd tijdens het project.[2] Vanuit verschillende invalshoeken hebben zij een visie ingebracht en geconcludeerd dat het belangrijk is om voort te bouwen op bestaande kwaliteiten. Het weefsel van de stad is met precisie bekeken om niet alleen de feitelijke bouwruimte te inventariseren maar vooral ook de bijdrage die het kan leveren aan een verbindende structuur van de publieke ruimte.

In een later stadium zijn voor verschillende opdrachtgevers eveneens studies gedaan naar het stedelijke weefsel van de centrumruit[3] en de zuidelijke tuinsteden[4]. Uit de laatstgenoemde studie voor Zuidwijk en Lombardijen blijkt hoe invulling van de wateropgave kan bijdragen aan de transformatie van bestaand, veelal eentonig woningaanbod naar gewilde grondgebonden woonmilieus met veel mogelijkheden voor particulier opdrachtgeverschap. Deze projecten hebben bijgedragen aan een verschuiving in de focus van het gemeentelijk bouwbe-

The result is a map with a number of specific proposals that offer an alternative to the current practice of building on meadowland. The conclusion is that some 20,000 houses can be built within the diamond-shaped highway network, with the exception of the city centre and the southern post-war housing blocks. The locations range from acupuncture-like interventions to large-scale new development projects that can compete in terms of size, and, more importantly, in terms of quality, with Vinex locations. It is above all the creation of inner-city alternatives to Vinex estates that will yield the greatest benefits for the city.

Since the housing issue stems from a wider-ranging set of problems involving factors as diverse as education, culture, and entrepreneurship, a focus group was formed, consisting of representative, socially engaged residents of Rotterdam, to provide feedback during the project.[2] From their diverse viewpoints, they presented their own visions and concluded that it was important to retain and build on existing qualities. The fabric of the city was examined meticulously, the aim being not only to take stock of the actual space for construction, but more importantly to determine how building can help to provide the public space with a more cohesive structure.

Subsequent studies, carried out for diverse clients, analyzed the urban fabric of the central diamond-shaped area[3] and the southern suburbs. The latter study, which focused on Zuidwijk and Lombardijen, showed how solutions devised to deal with the extra water anticipated in a given area can help to transform existing, largely monotonous housing stock into desirable residential areas with ground-access dwellings and numerous opportunities for private commissions. These projects helped to shift the focus of the city's construction policy. The Spatial Development Strategy 2030 (*Stadsvisie 2030*), published in November 2007, announced plans to embark on a compact building programme in existing urban areas, to counter selective migration, and to transform residential areas in decline. That these efforts are worthwhile is clear from a recent study conducted by the Netherlands Environmental Assessment Agency (*Planbureau voor de Leefomgeving*) of the effects of new development projects on the composition of the local population. Rotterdam is going in the right direction, but it is not entirely clear whether the huge effort that is needed can actually be made, and whether it will be prioritized over other developments.

leid. Rotterdam heeft in de Stadsvisie 2030 van november 2007 gekozen om compact te bouwen in bestaand stedelijk gebied, selectieve migratie tegen te gaan en zwakke woonmilieus te transformeren. Dat dit streven de moeite waard is blijkt uit recent onderzoek van het Planbureau voor de Leefomgeving naar de effecten van nieuwbouw op de bevolkingssamenstelling.[5] Rotterdam is op de juiste weg maar de vraag is of de grote inspanning die nodig is daadwerkelijk geleverd kan worden en voorrang krijgt ten opzichte van andere ontwikkelingen.

1 'Ground-access' (*grondgebonden*) refers to buildings with a ground-level entrance. The area within the Rotterdam ring road system is the diamond-shaped area known in Dutch as the 'Rotterdamse ruit'. *Rotterdam Grondgebonden*, a study commissioned by Rotterdam Development Company (OBR) and the Urban Development and Housing Agency (dS+V) (2005).

2 Meeting held on 10 May 2005 with G. Romkes (School of Economics and Business transfer desk; *transferpunt HES*), A. van Westrenen (Atta estate agents), M. van der Linden (Club Math), C. van Vliet (Small and Medium-sized Enterprises Desk; *MKB Loket*), G. Muller (neighbourhood development company (*Wijk Ontwikkelings Maatschappij*; WOM)), G. Andela (architectural historian), and A. Aartsen (South Holland Landscape Foundation; *Zuid-Hollands Landschap*).

3 *Rotterdams Goud*, report commissioned by CityCorp (2006).

4 'Plantage Zuid, wateropgave en stedelijke vernieuwing van de Zuidelijke Tuinsteden' , study commissioned by the municipal Urban Development and Housing Agency (dS+V) and the Ministry of Housing, Spatial Planning, and the Environment (VROM; 2009).

5 *Nieuwbouw, verhuizingen en segregatie: Effecten van nieuwbouw op de bevolkingssamenstelling van stadswijken*, Netherlands Environmental Assessment Agency (PBL) in conjunction with the Faculty of Geosciences, Utrecht University, and the Netherlands Interdisciplinary Demographic Institute (NIDI), August 2010. This study shows that new housing developments and urban regeneration affect the composition of neighbourhood populations. Urban redevelopment projects can serve as instruments to prevent segregation, while new housing estates are shown to exacerbate segregation. The type of dwellings that are built and the project's location are the decisive factors. New single-family dwellings in relatively poor, existing urban neighbourhoods, attract families with high and middle incomes. But if these same dwellings are built in suburban districts, the effect is to induce families to leave the existing city.

1 Studie 'Rotterdam Grondgebonden', in opdracht van het OBR en de dS+V (2005).

2 Bijeenkomst op 10 mei 2005 met G. Romkes (transferpunt HES), A. van Westrenen (Atta makelaars), M. van der Linden (Club Math), C. van Vliet (MKB Loket), G. Muller (Wijk Ontwikkelings Maatschappij), G. Andela (architectuurhistorica), A. Aartsen (Zuid-Hollands Landschap).

3 'Rotterdams Goud', in opdracht van CityCorp (2006).

4 Plantage Zuid, wateropgave en stedelijke vernieuwing van de Zuidelijke Tuinsteden, in opdracht van dS+V en VROM (2009).

5 *Nieuwbouw, verhuizingen en segregatie, Effecten van nieuwbouw op de bevolkingssamenstelling van stadswijken*, Planbureau voor de Leefomgeving i.s.m. faculteit Geowetenschappen, Universiteit Utrecht en het NIDI, augustus 2010. Uit deze studie blijkt dat nieuwbouw en herstructurering van invloed zijn op de bevolkingssamenstelling van woonwijken. Herstructureringsprojecten zijn daarbij een instrument dat segregatie kan tegengaan, terwijl nieuwbouwwijken de segregatie blijken te versterken. Het type woning dat wordt gebouwd en de locatie van het project zijn daarbij van doorslaggevend belang. Nieuwe eengezinswoningen in de bestaande, armere stadswijken trekken gezinnen aan met hoge en middeninkomens. Dezelfde woningen in uitbreidingswijken aan de rand van de stad leiden er juist toe dat die gezinnen uit de bestaande stad vertrekken.

Voor de **Maas- en Rijnhaven** is in opdracht van Proper Stok, Amvest, Ballast Nedam en Dura Vermeer nader onderzocht wat de potenties zijn van deze havengebieden als woonlocaties. De havenbekkens hebben een zeer royale maat en verhinderen dat er samenhang ontstaat tussen de Kop van Zuid, de Wilhelminapier en Katendrecht. Rotterdam-Zuid ligt bovendien afgekeerd van de Maas door de strook bedrijvigheid langs de haven. Het plan is gebaseerd op verbinding en volume. Verbinden om de olievlekwerking vanuit de Wilhelminapier, de Kop van Zuid en inmiddels ook Katendrecht op gang te brengen richting Tarwewijk en Charlois tot het Zuiderpark. Volume om het nu nog wankele programmatische evenwicht verder uit te bouwen tot een duurzame ontwikkeling, waarbij het toevoegen van een grondgebonden lommerrijk milieu versterkend zal werken op de reeds gerealiseerde projecten. Het plan is gebaseerd op een landfill met een sluis tussen de omringende gracht en het fluctuerende Maaswater. Door te werken met een landfill kan substantieel monumentaal groen worden toegevoegd dat in dit deel van de stad zeer schaars is. Alle woningen zijn georiënteerd op het water en of de centrale groene laan. In de Rijnhaven en grachten liggen diverse boten en vinden vele vormen van waterwonen plaats.

Proper Stok, Amvest, Ballast Nedam, and Dura Vermeer commissioned a study to explore the potential of the **Maashaven and Rijnhaven** harbour areas for conversion into residential locations. The harbour basins are very extensive, and make it impossible to make the Kop van Zuid, Wilhelminapier and Katendrecht into a cohesive whole. What is more, southern Rotterdam is cut off from the river Maas by of the industrial zone along the dockside area. The plan is based on creating connections and volume: connections, by triggering a ripple effect from the Wilhelminapier and Kop van Zuid neighbourhoods, and by bringing the city's southern park (*Zuiderpark*) closer; volume, by establishing the now still precarious programmatic balance into a sustainable development, with a new ground-level, leafy environment that will help to consolidate completed projects. The plan is based on a landfill with a lock linking the surrounding canal to the fluctuating water of the river Maas. A new landfill will make it possible to add greenery on a grand scale, a very scarce commodity in this part of the city. All the dwellings will face the water or the central tree-lined avenue. The Rhinehaven harbour and the canals abound with boats and diverse types of water-based dwellings.

Voor het plan **Nieuw Kralingen** ten westen van de Kralingse Plas is een nadere uitwerking gemaakt in opdracht van Proper Stok en het OBR. Kenmerkend aan het plan zijn de directe oriëntatie op de Kralingse Plas, de verbinding met de binnenstad en de Rotte en het voorstel voor de bouw van een nieuw treinstation waarvan niet alleen Kralingen-Crooswijk maar ook Nesselande en Nieuw Terbregge zullen profiteren.

Proper Stok and Rotterdam Development Company (OBR) commissioned detailed plans for the **Nieuw Kralingen** area to the west of the Kralingse Plas park. Characteristic features of the plans include the new district's orientation directly towards the Kralingse Plas, the connections with the city centre and the river Rotte, and the proposal to build a new train station which will benefit not only Kralingen-Crooswijk but the suburbs Nesselande and Nieuw Terbregge as well.

De informele stad
Het compacte leefbaar maken

The Informal City
Making the compact liveable

Alfredo Brillembourg, Hubert Klumpner

De meest compacte steden vind je niet in Nederland, West-Europa of zelfs in de mondiale zakendis-
tricten van de grote eerste- en tweedewereldsteden
van Azië. Waar ze zich wel ontwikkelen is in de economische, sociale en politieke marges van megaste-
den, met name in Afrika en Zuid-Amerika. Momenteel wonen meer dan een miljard mensen in deze
sloppenwijken. Ze zijn het domein van stedelijke
pioniers en vertonen grote veerkracht. Ze produce-
ren aanzienlijk minder afval, verbruiken minder hulp-
bronnen en energie en hebben blijk gegeven van
een sterke sociale cohesie. Dit alles staat lijnrecht
tegenover de moderne stedenbouwkundige planning in de naoorlogse stedelijke gebieden van West-
Europa en Azië. Misschien zullen toekomstige generaties dit stedelijke model wel beoordelen als een
voorbeeld van een betaalbare, kwalitatief hoog-
staande stedelijke omgeving, een tegenhanger van

The most compact cities are not in the
Netherlands, Western Europe, or even
the global business districts of Asia's first
and second-world megalopolises. Instead
they have developed on the economic,
social, and political fringes of the world's
megacities, especially in Africa and South
America. Today more than a billion people
live in these slums. They are home to
urban pioneers and have a high degree of
resilience. They produce considerably less
trash than other urban forms, consume less
energy and other resources, and have demonstrated strong social cohesion. All of this
is the antithesis of modern city planning in
the postwar urban areas of Western Europe
and Asia. Future generations may regard
these informal compact cities as a model
for affordable, high-quality urban environments, challenging the suburban-sprawl and
rational industrial models of urban design.

It is in the South that the city is being reinvented for the twenty-first century.

Compact cities need urban acupuncture

Nevertheless, slums are in need of better living conditions. At the moment, they are in-between places, places that you plan to leave as soon as you have reached the next rung on the social ladder. The next sustainable, compact project should therefore be slum improvement. Thus far, however, no large-scale reforms or interventions have resulted in a more durable and just city model than the one that has produced the asymmetries of the cities of the global South. Approaches that involve large-scale, rapid change, the razing of slums, relocation of populations, and infusions of money for major public works have generally failed. A complex system, such as a city, cannot absorb so much change at once. Moreover, the challenge of change is not so much a function of available funds or technical feasibility as it is a challenge of philosophical and cultural change, a change in lifestyle and in expectations.

We conceive this challenge as a means of shifting the emphasis of contemporary architecture from the form-driven to the purpose-oriented. We want to reduce the disconnection between a design and its social impact. Rather than having a purely artistic objective, we want to create buildings from more efficient, locally produced, industrial materials, assembled into a kit of parts. We envision a viable, acupuncture-based urban architecture that provides life support for the ever-changing city, to the benefit of all cities and cultures in urgent need of solutions. It is an activist architecture with the potential to be a major force for positive urban change.

Compact cities need thoughtfully planned access

One defining characteristic of informal urban areas is the lack of infrastructure. The small alleyways of the barrio support

de modellen met uitdijende buitenwijken en rationele, industrieel gebouwde steden. In het zuiden, daar wordt de stad van de eenentwintigste eeuw heruitgevonden.

Een compacte stad vereist stedelijke acupunctuur

Wel zijn in de sloppenwijken betere leefomstandigheden nodig. Op dit moment zijn het 'doorgangsplekken': plekken waar je weg wilt vanaf het moment dat je de volgende trede van de maatschappelijke ladder hebt bereikt. Het eerstvolgende duurzame compacte project zou dus verbetering van sloppenwijken kunnen zijn. Van alle grootschalige hervormingen en interventies die tot dusver hebben plaatsgevonden heeft er echter niet een geleid tot een stedelijk model dat duurzamer en rechtvaardiger is dan het model dat de ongelijkheden in de steden op het zuidelijk halfrond heeft gecreëerd. Benaderingen waarbij sprake is van grootschalige en snelle veranderingen, waarbij sloppenwijken met de grond gelijk worden gemaakt, bevolkingsgroepen worden gerehuisvest of financiële injecties worden gedaan voor grote publieke werken, zijn meestal op niets uitgelopen. Zo veel verandering in een keer kan een complex systeem als een stad niet verwerken. Bovendien ligt het probleem bij een ingrijpende verandering niet zozeer in de beschikbare gelden of de technische mogelijkheden, maar in een filosofische en culturele ommezwaai, in een verandering van levensstijl en in een ander verwachtingspatroon.

We vatten deze opgave op als een manier om de nadruk van de hedendaagse architectuur te verleggen van het vormbepaalde naar het doelgeoriënteerde. We willen het gebrek aan verbondenheid tussen een ontwerp en zijn maatschappelijke impact terugdringen. In plaats van te werken vanuit een zuiver 'artistieke' doelstelling willen we gebouwen creëren met efficiëntere, lokaal geproduceerde, industriële materialen, samengesteld als een pakket onderdelen. We stellen ons een levensvatbare, acupunctuurachtige stedelijke architectuur voor die een

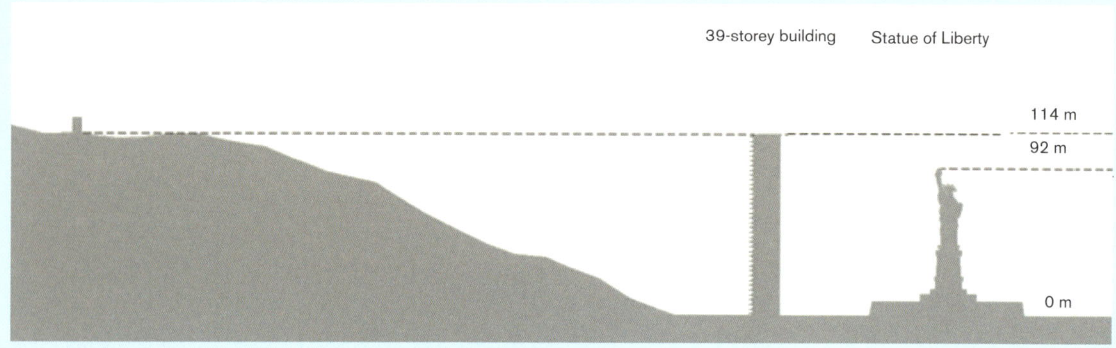

Er was geen formele infrastructuur om de 144 meter hoge heuvel op te gaan.
There was no formal infrastructure for ascending the 144-metre hillside.

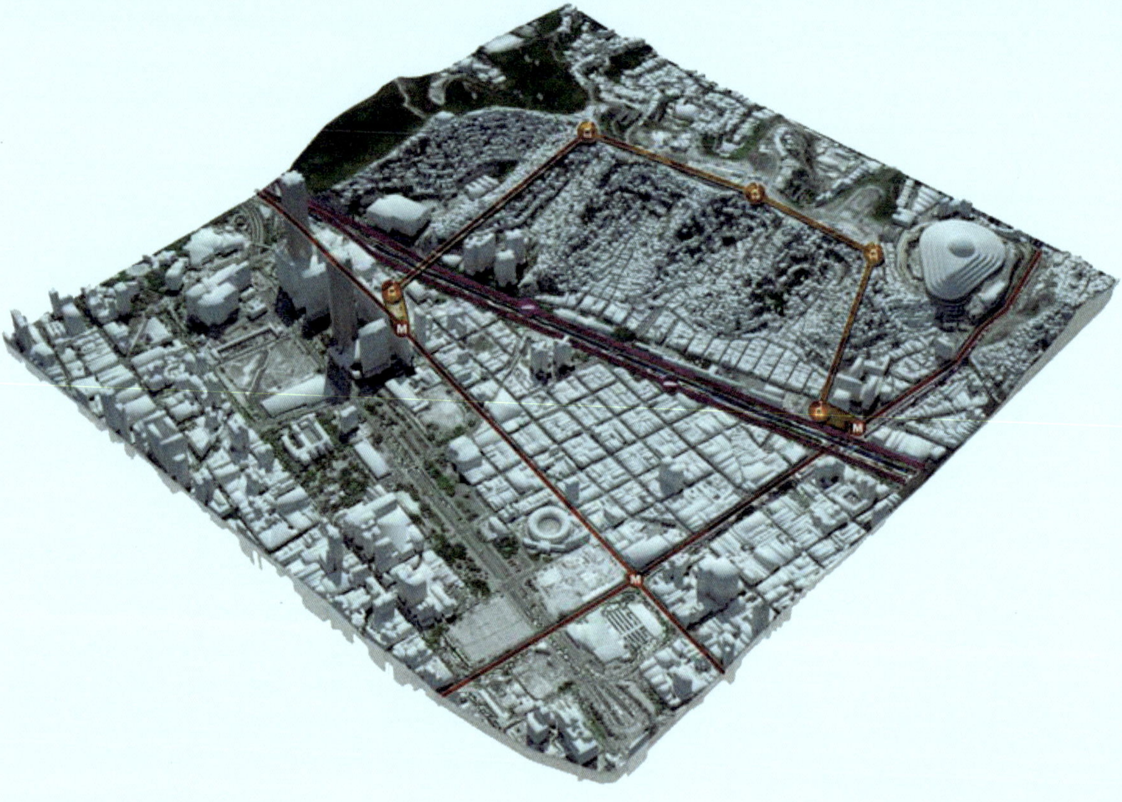

Metrocable en ondergrondse metrolijnen.
Metrocable network and underground metro lines.

a diverse street life and pedestrian circulation, but are often not wide enough to be
used for public or private transport. The
resulting lack of access to inter-urban
transit systems deprives the residents
of basic services, including emergency
response, and makes it difficult to network
the slum into the greater urban fabric. A
decentralized infrastructure, built on the
barrio's innate resourcefulness, is often
more appropriate than typical centralized
systems. The Urban Cable Car in Caracas
was seen as an appropriate intervention
in this informal city. Though even this kind
of infrastructure could not be constructed
without the demolition of some existing
buildings, thoughtful planning could create
new, small communities organized around
the new infrastructure, which layered roads,
public space, pre-fabricated housing, social
facilities, and a new circulation system in
a gradient of public/private relationships.
Whereas existing bus networks connected
the barrio only to the city, reinforcing its
fragmentation, the Metrocable in Caracas
links topographically distant points with
minimal disturbance to the existing fabric.
It links three hillsides, not only connecting
to the existing metro line in the valley, but,
more importantly, connecting parts of the
barrio internally and making the upper
reaches of the barrio, previously difficult
to access, newly appealing. Moreover, the
system has only a small ecological footprint,
while significantly improving mobility.

Compact cities need rapid verticals
The informal city grows according to
self-interest. It is a competition for space
with limited resources, making public space
an almost unaffordable luxury. As a result,
there are no safe places for children to play.
At night, small playgrounds become the
battlefields of gang wars. The Vertical Gym
is the answer to the lack of sports facilities
in dense slum areas. Here we designed a
vertical solution, comparable to the favela
shacks themselves. With the Vertical Gym

levensondersteunende functie heeft voor de voortdurend veranderende stad, tot profijt van alle steden
en culturen die dringend om oplossingen verlegen
zitten. Het is een activistische architectuur die het in
zich heeft een belangrijke kracht te worden voor
stedelijke verandering ten goede.

Compact moet op een doordachte manier toegankelijk zijn

Een wezenskenmerk van informele stedelijke gebieden is hun gebrek aan infrastructuur. De smalle
steegjes van de barrio bieden ruimte aan een afwisselend straatleven en aan intensief voetgangersver-
keer, maar zijn vaak niet breed genoeg voor openbaar of particulier vervoer. Dat betekent dat ze niet
zijn aangesloten op de interlokale vervoerssystemen,
zodat de bewoners verstoken blijven van primaire
diensten, waaronder hulp in noodsituaties, en dat de
sloppenwijken moeilijk in te passen zijn in het stedelijk weefsel als geheel. Een gedecentraliseerde infrastructuur, gebaseerd op de inventiviteit die de barrio
eigen is, werkt vaak beter dan de bekende centrale
systemen. Metrocable in Caracas, een stelsel van
kabelbanen, geldt als een van de meer geslaagde
injecties in deze informele stad. Voor de aanleg van
dit type infrastructuur moesten enkele bestaande
gebouwen worden gesloopt, maar dankzij een door-
dachte planning konden nieuwe, kleine gemeenschappen ontstaan, georganiseerd rond de nieuwe
infrastructuur waarin wegen, publieke ruimte, gepre-
fabriceerde woningen, sociale voorzieningen en
nieuwe verkeersstromen de afzonderlijke lagen
vormden van een reeks relaties tussen publiek en
privé. Terwijl de bestaande buslijnen louter zorgen
voor verbindingen tussen de stad en de barrio, wat
de versnippering van de laatste alleen maar versterkt, verbindt Metrocable in Caracas topografisch
ver uiteen liggende plekken met elkaar, met mini-
male verstoring van het bestaande stedelijke weefsel. Het stelsel verbindt niet alleen drie hellingen
met de bestaande metrolijn in het dal, maar, belang-

rijker nog, ook delen van de barrio onderling, en maakt de bovenste gedeelten van de barrio, die vroeger amper te bereiken waren, opeens aantrekkelijk. Bovendien is de ecologische voetafdruk van een dergelijk stelsel maar klein, terwijl de mobiliteit er aanzienlijk door wordt verbeterd.

Compact heeft snelle verticale oplossingen nodig
Eigenbelang is de motor achter de groei van de informele stad. Met beperkte middelen wordt om ruimte gestreden, waardoor publieke ruimte een bijna onbetaalbare luxe wordt. Kinderen kunnen nergens veilig spelen. 's Nachts vormen kleine speelplaatsen het toneel van bendeoorlogen. Een verticaal fitnesscentrum is het antwoord op het gebrek aan sportvoorzieningen in de dichtbebouwde slop-

we went beyond the one-off architectural project, developing a prototype capable of being quickly tweaked and redeployed. Our effort to prototype and multiply is an attempt to keep pace with the rapid growth of the informal city. We have taken it upon ourselves to design and build every Vertical Gym, working with local communities and municipalities to secure the funding. This is not a casual project, but a long-term commitment to the city.

Compact cities need localized multiples
Another example is a topographically driven project with a multi-use programme in the hilly favela of Paraisópolis, São Paulo. The project is significant both for its outcome and for the opportunity that it gave us to actively engage with the local community.

Verticaal fitnesscentrum in de barrio van La Cruz.
Vertical Gym in the La Cruz barrio.

Verticaal fitnesscentrum in de barrio van Los Teques.
Vertical Gym in the Los Teques barrio.

Despite its central location, the Grotão area is connected to the overall circulation system by just a single road. Increased erosion and dangerous mudslides make the site a high-risk zone. The situation had made it necessary to demolish several housing units, leaving a gap in the otherwise dense urban fabric. This turned out to be a marvellous opportunity for a community centre and educational activities related to urban agriculture, taking advantage of three natural springs on the site. It was possible to transform the vacated space into a productive, terraced green park. Local programmes such as vertical sports facilities, agricultural areas, market spaces, and a community centre will be connected to both the upper and lower parts of the area through a landscape of activated terraces. This stepped retention surface serves to stabilize the ground and stop hill erosion, turning Grotão into a natural area that also encourages broad community participation.

Compact cities need networked education
Fesnojiv's[1] Music Factory, also known as the CCASM (Centro Comunitario de Accion Social por la Musica), echoes the diversity of today's music and the places where it is being played. Fesnojiv (Fundacion del Estado para el Sistema Nacional de las Orquestas Juveniles e Infantiles de Venezuela) is a network of music teachers in Venezuela who run music schools for young people. The initial idea was to bring music to the rural areas of the country. Since then, Fesnojiv has expanded its scope to bring music to the barrios. This network is not primarily intended for a single social class, but for all young people from every level of society. For that purpose, the Fesnojiv building includes both large and small ensemble halls for teaching and playing. It houses facilities such as stages, projection booths, sound reflectors, and flexible audience seating. The Music Factory is available to local community-based orchestras for rehearsals and perform-

penwijken. Hier hebben we, net als bij de krotwoningen zelf, een verticale oplossing ontworpen. Met het verticale fitnesscentrum zijn we verder gegaan dan een eenmalig architectuurproject en hebben we een prototype ontworpen dat eenvoudig aan te passen en anders in te delen is. We hebben voor een prototype en voor multifunctionaliteit gekozen om gelijke tred te kunnen houden met de snelle groei van de informele stad. Het is de bedoeling overal verticale fitnesscentra te ontwerpen en te bouwen, waarbij wordt samengewerkt met plaatselijke gemeenschappen en overheden om de financiering rond te krijgen. Daarmee is dit geen incidenteel project maar verbinden we ons voor langere tijd aan de stad.

Compact heeft multifunctionele gebouwen op specifieke plekken nodig
Een ander voorbeeld is het multifunctionele, door de topografie bepaalde gebouw in de heuvelachtige favela van Paraisopolis in São Paulo. Het belang van dit project is niet alleen gelegen in het fysieke resultaat maar ook in de mogelijkheid om actief samen te werken met de plaatselijke gemeenschap. Ondanks zijn centrale ligging is de wijk Grotao met slechts één weg verbonden met het verkeersstelsel van de rest van de stad. Vanwege de toegenomen erosie en gevaarlijke landverschuivingen staat het gebied bekend als een zone met verhoogd risico. De noodzakelijke sloop van verscheidene wooneenheden had geleid tot een braakliggend terrein in het verder dichtbebouwde weefsel. Het bleek een schitterende kans voor een gemeenschapscentrum en educatieve activiteiten op het gebied van kleinschalige landbouw binnen de stad, waarbij gebruik kan worden gemaakt van drie natuurlijke bronnen ter plekke. De vrijgekomen locatie zou kunnen worden omgevormd tot een productief, terrasvormig park. Via een landschap van productief benutte terrassen zullen lokale programma's als verticale sportvoorzieningen, landbouwproductie, marktruimtes en een gemeenschapscentrum zowel met de hogere als de lagere

Het stapelen van functies: een krachtige methode om het potentieel van een locatie te activeren.
Stacking functions: a powerful method for activating a site's potential.

ances. The basic form of this music centre is adaptable to any location, but on this site it was designed to fit over an outdoor basketball court. Finally, the building itself is an extension of the Vertical Gym concept: a prototype that stacks and overlays functions to realize the site's potential through a diverse programme. It could therefore function as a catalyst for new activities in the neighbourhood, adding several different functions to its main purpose.

Compact cities need collective flexibility

In the southern hemisphere, construction workers often build temporary homes inside the frames of the high-rises that they are building. If the project is put on hold or cancelled, the temporary homes become permanent, and the tower turns into a vertical slum. Exteriors meant to be clad in high-tech curtain walls are instead covered with crude red brick. In response to this situation, we designed the prototype of a growing house, which can accommodate more and more housing as the need arises. We have started building our first growing house as part of a complex for the Anglican Church of Caracas. We designed a basic structural framework with the intention that residents would fill in the walls with brick themselves and in the expectation that the building could grow in height.

Compact cities need to learn from the South

The wave of migration from the South to the North is not just a movement of people, but also a movement of lifestyles, posing challenges to the static urban forms of Europe's urban fields. We therefore asked ourselves, can South American architectural techniques that support such lifestyles be introduced in Europe? And can we adopt some of these techniques on a broader scale, making the formal Western city a more sustainable, liveable place? We found an opportunity to explore this challenge in the Hoograven district in Utrecht. Hoograven

delen van de wijk worden verbonden. Met het trapsgewijs aflopende terrein wordt de grond gestabiliseerd en wordt verdere erosie van de helling voorkomen. Zo wordt Grotao een groengebied waar allerlei vormen van gemeenschapsparticipatie worden aangemoedigd.

Compact heeft een netwerk van onderwijs nodig

Fesnojivs[1] muziekfabriek CCASM (Centro Comunitario de Accion Social por la Musica) is een concept waarin zich de diversiteit weerspiegelt van de hedendaagse muziek en waar die wordt gespeeld. Fesnojiv is een Venezuelaans netwerk van muziekdocenten die jongeren muziekinstrumenten leren bespelen. Het basisidee was muziek te introduceren in de plattelandsgebieden van Venezuela. Dat is inmiddels uitgebreid naar de barrio's. Dit netwerk is niet hoofdzakelijk voor een klasse bedoeld. Het is voor alle jongeren uit alle lagen van de samenleving. Met dat doel voor ogen herbergt het gebouw van Fesnojiv zowel grote als kleine ensemblezalen voor muziekonderwijs en uitvoeringen. Er zijn voorzieningen als podia, projecties, geluidsreflectoren en ruimtes die flexibel kunnen worden ingedeeld, zodat ze publiek kunnen herbergen. Het muziekcentrum dient voor orkesten uit de plaatselijke gemeenschap, die er kunnen oefenen en optreden voor publiek. De vorm van dit muziekcentrum is aan te passen aan elke locatie, maar is hier zo ontworpen dat hij over een basketbalveld in de open lucht past. Het gebouw zelf is een voortzetting van het verticale fitnesscentrum als prototype van een gebouw dat functies in lagen opstapelt en combineert, om het potentieel van een locatie met een divers programma te activeren. Zo kan het centrum een krachtige motor voor de buurt zijn die naast zijn primaire functie nog verscheidene andere functies in zich verenigt.

Impressie van een groeiend gebouw.
Impression of a growing structure.

De anglicaanse kerk in aanbouw, gebouwd volgens flexibele huisvestingsprincipes.
The Anglican Church under construction, built according to flexible housing principles.

contains derelict industrial facilities, former agricultural tracts, some basic services and amenities, and housing estates belonging to three different housing associations, all arranged in a modernist urban plan that is both unrealized and unrealizable. An aging population of immigrants, primarily from Morocco, lives in open tension with its own Dutch-born children and with a more recent wave of immigrants. Hoograven, in short, is a near-perfect laboratory for redevelopment in the interest of long-term social, economic, and physical improvement.

Rather than make a master plan for the entire district, we focused on three hot spots: an art spot, a live spot and a recreation spot. In the area covered by our Livespot, we proposed a souk, a model of shopping that can incorporate southern informality, bartering and flexible arrangements for other informal activities. In the Recreation Spot, we proposed the Vertical Gym mentioned above, and in the Art Spot, we presented new possibilities for collective learning – 'social design'. A number of housing blocks in the Livespot area were slated for renovation. We proposed a retrofit that would not require residents to move out during construction, but could be attached to the exterior of the buildings and later joined to them to provide extra long-term living space. This model encourages a more liveable, energetic city, regardless of who lives in it, suggesting how this part of Utrecht could respond to the need for a less formal, more flexible system of housing and urban development. As a social and political manifestation of that trend, we see informal urbanism as a phenomenon of considerable breadth; transportation, the economy, culture, and the built environment could all be affected by compact informal urban practices.

1 Fundacion del Estado para el Sistema Nacional de las Orquestas Juveniles e Infantiles de Venezuela.

Compact heeft collectieve flexibiliteit nodig

Op het zuidelijk halfrond richten bouwvakkers vaak tijdelijke woonruimten in binnen de skeletten van de flats die ze bouwen. Als het project wordt opgeschort of afgeblazen worden de tijdelijke huizen permanent en verandert het flatgebouw in een verticale sloppenwijk. Gevels die hadden moeten worden bekleed met hightech vliesgevels worden nu opgevuld met onbewerkte rode baksteen. In reactie daarop hebben wij een prototype ontworpen van een groeiend huis dat plaats biedt aan steeds meer woningen naar gelang de noodzaak zich aandient. We zijn met de bouw van ons eerste groeiende huis begonnen als onderdeel van een complex van de anglicaanse kerk van Caracas. Het ontwerp betreft een basisconstructie waarvan de muren door de bewoners zelf met baksteen kunnen worden opgevuld en die in de toekomst naar believen in de hoogte kan groeien.

Compact moet leren van het zuiden

De immigratiegolf vanuit het zuiden naar het noorden is niet alleen een beweging van mensen, maar ook van een andere levensstijl, die de statische vormen van Europa's stedelijke gebieden voor nieuwe opgaven stelt. We hebben ons daarom afgevraagd: is het mogelijk uit Zuid-Amerika architectonische instrumenten te introduceren die een dergelijke levensstijl ondersteunen? En kunnen we een aantal van die instrumenten op bredere schaal toepassen om van de westerse formele stad een duurzamer, leefbaarder plek te maken? De Utrechtse wijk Hoograven leek geschikt om die opgave ter hand te nemen, met zijn leegstaande bedrijfspanden, zijn voormalige landbouwgronden, wat basisdiensten en -voorzieningen en zijn woningbestand in bezit van drie verschillende woningcorporaties. Deze elementen zijn allemaal ondergebracht in een modernistisch stedenbouwkundig plan dat niet verwezenlijkt en niet te verwezenlijken is. Een vergrijzende bevolking van immigranten, voornamelijk van Marokkaanse

Overzicht van de 'hotspots'.
Overview of the hot spots.

'Leefspot'.
Live spot.

afkomst, leeft in openlijke spanning met haar eigen
in Nederland geboren kinderen en met een recen-
tere golf immigranten. Kortom: Hoograven is een
bijna perfect laboratorium om op lange termijn sociale, economische en fysieke hervormingen en verbeteringen te realiseren.

In plaats van een masterplan voor de hele wijk te
maken richtten we ons op drie 'hotspots': een
'kunstspot', een 'leefspot' en een 'recreatiespot'. In
het gebied dat onze leefspot bestreek stelden we
een *souk* voor, een vorm van winkelen in informele
zuidelijke sfeer waarbij je kunt afpingelen en die
flexibel genoeg is om ruimte te bieden aan andere
informele activiteiten. In de recreatiespot stelden we
het al eerder genoemde verticale fitnesscentrum
voor en in de kunstspot nieuwe mogelijkheden voor
collectief leren: 'social design'. Bovendien werd een
aantal huizenblokken in de leefspot aangemerkt voor
renovatie. We stelden een 'retrofit' voor waarbij de
bewoners tijdens de bouw gewoon konden blijven
zitten, met nieuwe elementen die je aan de buiten-
kant van het gebouw kon bevestigen en waaraan op
de lange termijn nog extra woonruimte zou kunnen
worden gekoppeld. Dit model is gericht op een leef-
baardere, energiekere stad, ongeacht wie er woont.
Op deze manier zou in dit deel van Utrecht tegemoet kunnen worden gekomen aan de wens van
een minder formele en meer flexibele woning- en
stedenbouw. Als maatschappelijke en politieke
manifestatie van die trend zien we informele stedenbouw als een verschijnsel dat een behoorlijk breed
gebied bestrijkt: transport, de economie, de cultuur,
de gebouwde omgeving zouden allemaal de invloed
kunnen ondervinden van deze compacte, informele
stedenbouwkundige praktijken.

1 Fundacion del Estado para el Sistema Nacional de las
  Orquestas Juveniles e Infantiles de Venezuela.

For the time being, Amsterdam, Rietlandpark.

Korrelbeton Amsterdam

Ondernemers

Private Sector

Compacte stad 2.0

De groeiende kloof tussen beleid en realiteit

Compact City 2.0

The growing gap between policy and reality

Friso de Zeeuw

De compacte stad staat onverminderd in de belangstelling, getuige alleen al het verschijnen van deze publicatie, waarin meer dan twintig auteurs uit diverse disciplines hun licht laten schijnen over dit beleidsconcept. Nu de Vinexperiode op zijn einde loopt en de binnenstedelijke productie fors zou moeten worden opgevoerd is er alle reden om stil te staan bij de compacte stad. Dat moet echter niet op een dogmatische manier gebeuren, dan wel vanuit een eendimensionale invalshoek. Om werkelijk vitale steden te creëren moeten onder meer de wensen van woonconsumenten centraal worden gezet, iets wat lang nog niet overal gebeurt. Minstens zo belangrijk is echter dat visie, uitvoeringsstrategie én de financiering van de compacte stad 2.0 op een lijn worden gebracht. Zonder die cruciale drieslag komt er van het uitgesproken primaat voor binnenstedelijk ontwikkelen weinig terecht.

The compact city is a subject of undiminished interest. There is ample proof of that in the present volume, in which more than twenty contributors from a variety of disciplines turn their attention to the concept. Now that the period of the Vinex (Supplement to the Fourth Policy Document on Spatial Planning; *Vierde Nota Ruimtelijke Ordening Extra*) is drawing to a close and development in the city centre must be sharply accelerated, there is every reason to reflect on the compact city. In doing so, however, we should avoid dogmatism and narrow-mindedness. To create truly vibrant cities, we must focus on the wishes of home buyers. In far too many cases, this is not yet happening. It is equally important, however, to bring the vision of the Compact City 2.0, the implementation strategy, and the financing methods into harmony with one another. Without that crucial triad, the theoretical primacy of development within the city will mean little in reality.

The urgency of devoting renewed attention to the compact city is widely and clearly acknowledged. This is due in no small part to the efforts of the public sector, at municipal, provincial, and national level. For example, the strategic plan for the Randstad in 2040 (*Structuurvisie Randstad 2040*) declares that at least 40 percent of the 500,000 planned housing units must be built within urban areas. While in the Vinex period the compact city idea was interpreted as including both projects in the city centre and large developments on the urban fringe, there is now a significant new emphasis on the core meaning of the concept. Likewise, municipal and regional authorities are now focusing squarely on existing urban areas. Municipalities like Amsterdam (which aims to build 70,000 housing units within the city) and Utrecht fully endorse this new emphasis, and the strategic plans made by the province of South Holland and the urban regions in the South Wing of the Randstad include targets for city-centre construction of more than 80 percent.[1] These government policies are responses to the events of the past two decades, in which some cities made much better progress in urban development. The cities in the zone known as the 'romper' (the North Wing of the Randstad, Utrecht, western Gelderland, and central and southeastern Brabant) showed especially strong growth.[2]

This policy priority is reflected in the contributions to the debate from other disciplines. There is certainly no lack of conceptual firepower, especially in the spatial design field. An enthusiastic case for compact building within the existing city was recently made by the Board of Government Advisors (*College van Rijksadviseurs*; CRA), led by Chief Government Architect (*Rijksbouwmeester*) Liesbeth van der Pol. Their study *Prachtig Compact NL* ('Wonderful Compact NL') concludes that 'intelligent typologies make possible intelligent interpretation of the challenge of densification'. In fact, the CRA contends that a substantial increase of the

De urgentie om met hernieuwde energie na te denken over de compacte stad wordt onmiskenbaar op een breed terrein gevoeld. Belangrijke stimulator hierachter zijn de overheden: gemeentelijk, provinciaal en nationaal. Zo heeft men in de Structuurvisie Randstad 2040 aangekondigd dat van de 500.000 nieuw te bouwen woningen tenminste 40 procent binnenstedelijk moet worden gerealiseerd. Na de Vinexperiode, waarin het begrip compacte stad invulling kreeg met binnenstedelijke locaties en grote bouwlocaties aan de randen van de steden, is dit een belangrijke 'intensivering' van het concept. Stads- en regiobesturen hebben het vizier eveneens volop gericht op het bestaand stedelijk gebied. Steden als Amsterdam (ambitie: 70.000 te bouwen woningen binnen de stad) en Utrecht zetten hier vol op in. In de structuurvisies van de provincie Zuid-Holland en de stedelijke Zuidvleugelregio's wordt zelfs over 80 procent binnenstedelijke productie gerept[1]. Overheden haken met hun beleid aan bij de ontwikkeling van de laatste twee decennia, waarin bepaalde steden zich succesvol hebben ontwikkeld. Met name de steden binnen de zone van het 'rompertje' (Noordvleugel Randstad, Utrecht, West-Gelderland, Midden- en Zuidoost-Brabant) manifesteren zich als groeigebieden[2].

Deze beleidsmatige prioriteit wordt weerspiegeld in de bijdrage van andere disciplines aan dit debat. Aan conceptuele denkkracht, en dan met name vanuit de richting van het ruimtelijk ontwerp, is bepaald geen gebrek. Onder aanvoering van rijksbouwmeester Liesbeth van der Pol is bijvoorbeeld onlangs een enthousiast pleidooi van het College van Rijksadviseurs (CRA) verschenen om het binnenstedelijk bouwen in compacte vorm op te pakken. Hun studie Prachtig Compact NL concludeert dat 'met intelligente typologieën een intelligente vertaling van de verdichtingsopgave mogelijk is'. Sterker nog: een aanzienlijke verhoging van 40 procent binnenstedelijke productie behoort wat het CRA betreft 'abso-

Westerdokseiland, Amsterdam.
Westerdokseiland, Amsterdam.

Dobbelmanterrein, Nijmegen.
Dobbelmanterrein, Nijmegen.

40 percent target for development in existing cities is 'definitely among the possibilities'. This position is empirically supported by a recent study by the architect Rudy Uytenhaak,[3] who makes it clear that resourceful use of space and sophisticated design can achieve a great deal. The methods will vary from city to city: Rotterdam is not Amsterdam (where many of the aforementioned 'intelligent typologies' have already been put to the test), and the challenges facing Breda, Eindhoven, and Groningen are somewhat different.

Developers and investors also have a fundamentally positive attitude toward new compact city initiatives. Perusing the list of entries for the latest NEPROM award for site development, we see that they almost all relate to the revitalization of existing sites, in locations both inside and outside the city proper. The latest National Golden Pyramid Award (*Rijksprijs Gouden Piramide*) for 'inspirational commissioning practice' reinforces that image. Both these awards had inspiring winners: the Westerdokseiland (Western Dock Island) in Amsterdam and the Dobbelmanterrein (a former industrial zone) in Nijmegen, respectively. This sends an important message for the future. With a sound mix of programming and design, it has proven possible to meet the growing market demand for high-quality residential and working environments within the existing city, and hence to accomplish a number of objectives. Not only will there be a larger population base for services and public transport, but middle-class groups will be more inclined to remain in the cities. In short, there is every reason to continue giving high priority to development within the existing cities, in both the public and the private sector. But there are also at least three major issues.

Money

As in so many areas of life, past results provide no guarantees for the future. Before the Compact City 2.0 can fully emerge, improvements will be necessary in many areas, because if one thing is certain, it is that the

luut tot de mogelijkheden'. Voor deze laatste constatering levert een recente studie van architect Rudy Uytenhaak[3] de nodige bewijsvoering. Hij maakt duidelijk dat met een slim gebruik van de ruimte en uitgekiende ontwerpen veel mogelijk is. De wijze waarop dat gebeurt zal overigens per stad verschillen. Rotterdam is geen Amsterdam – waar al veel van de genoemde 'intelligente typologieën' zijn uitgeprobeerd – en ook de opgaven in Breda, Eindhoven en Groningen kennen andere accenten.

Ook vanuit de ontwikkelaars en investeerders bestaat een positieve grondhouding om de compacte stad van nieuwe impulsen te voorzien. Wie de lijst van inzendingen voor de laatste Nepromprijs voor locatieontwikkeling erop naslaat, ziet dat deze nagenoeg allemaal betrekking hebben op het revitaliseren van bestaande locaties. Niet alleen op echte binnenstedelijke plekken maar ook daarbuiten. De laatste Rijksprijs Gouden Piramide heeft dat beeld bevestigd. Beide prijzen kenden inspirerende winnaars, met respectievelijk het Westerdokseiland in Amsterdam en het Dobbelmanterrein in Nijmegen. Daar gaat een belangrijk signaal voor de toekomst vanuit. Met een goede mix van programma en ontwerp blijkt het mogelijk om invulling te geven aan de groeiende marktvraag naar hoogwaardig binnenstedelijk wonen en werken. Meerdere doelstellingen worden daarmee bereikt. Niet alleen wordt zo het draagvlak voor voorzieningen en openbaar vervoer verbeterd, maar ook de middengroepen worden zo behouden voor de stad. Alle reden dus om het binnenstedelijk ontwikkelen hoog op de agenda te houden, zowel aan de publieke als aan de private kant. Maar er zijn een paar majeure kwesties, tenminste drie.

Het geld

Zoals met zoveel zaken in het leven bieden in het verleden behaalde resultaten echter geen garanties voor de toekomst. Wil de compacte stad 2.0 daadwerkelijk gestalte krijgen dan zijn op meerdere terreinen verbeteringen noodzakelijk. Want een ding is zeker: de complexiteit van de locaties neemt de komende jaren alleen maar toe. Konden de afgelopen twintig jaar nog relatief gemakkelijke locaties opgevuld worden, de komende decennia staan in het teken van het aanpakken van veel lastiger gebieden. Denk bijvoorbeeld aan de Amsterdamse Zuidas, waar weliswaar een begin mee is gemaakt door sportterreinen aan de kant te schuiven, maar waar de werkelijke kwaliteitsslag pas gemaakt kan worden als de infrastructuur is weggewerkt. Maar er zijn meer lastige locaties. Denk aan de Cartesiusdriehoek in Utrecht, Stadshavens in Rotterdam, Binckhorst in Den Haag en Belvédère in Maastricht. Veel van deze locaties kennen een versnipperd grondeigendom en deels zwaardere categorieën bedrijven met dito vervuiling. Hier komen we er niet met mooie ontwerpstudies alleen, hoe inspirerend die ook mogen zijn[4]. De les die we uit de Vinexpraktijk kunnen leren is dat echt succesvol beleid rust op drie pijlers: een heldere visie, een uitgekiende (publiekprivate) uitvoeringsstrategie en voldoende publiek en privaat geld.[5] Of die pijlers er de komende jaren ook zijn is nog maar zeer de vraag. Wie de Nota Randstad 2040, de zogenaamde regionale Gebiedsagenda's en de gemeentelijke en provinciale structuurvisies goed bestudeert moet tot de conclusie komen dat het hier om sinterklaasplanologie gaat. Er wordt van alles uitgedeeld en beloofd, maar de vraag wie een en ander gaat betalen wordt niet gesteld, laat staan beantwoord.

De eerste, niet mis te verstane hindernis die moet worden genomen is dus die van het geld. De afgelopen jaren heeft de nationale overheid met verschillende vormen van subsidies en financiële stimuleringsmaatregelen het bouwen in de stad bevorderd. Te beginnen met de stadsvernieuwingsgelden in de jaren zeventig en later met instrumenten als het Besluit Locatiegebonden Subsidies (BLS) en het Investeringsbudget Stedelijke Vernieuwing (ISV). Via gerichte (sleutel)projecten en het toewijzen van rijks-

complexity of the sites will only increase in the years ahead. While, in the past twenty years, relatively manageable locations were still available for development, in the coming decades we will have to take on much more challenging sites. Consider the Zuidas business district in Amsterdam, for instance. The first step has already been taken, by moving sports fields aside. Yet a true qualitative leap forward cannot take place until the existing infrastructure has been cleared out of the way. And there are other difficult sites: think of the Cartesiusdriehoek in Utrecht, the Stadshavens in Rotterdam, Binckhorst in The Hague, and Belvédère in Maastricht. Many of these sites have a fragmented ownership structure, and some heavy industry with the accompanying pollution. We will not solve these problems simply through design studies, however inspiring they may be.[4] The lesson of Vinex practice is that truly successful policy is based on three pillars: a clear vision, a well-thought-out public-private implementation strategy, and adequate public and private financing.[5] It is by no means certain that all these pillars will be present in the years ahead. Careful study of the Randstad 2040 strategy, regional policy papers (*gebiedsagenda's*), and municipal and provincial strategic plans (*structuurvisies*) reveals the extent to which they are mere wish lists. Promises and plans are made left and right, but the question of who will pay is not even asked, let alone answered.

The first difficulty is a very serious one: namely, finding the money. In recent years, national government has supported construction in the cities through subsidies and other forms of financial assistance, from urban regeneration financing in the 1970s to later programmes such Location-Specific Subsidies (*Locatiegebonden Subsidies*) and the Urban Regeneration Investment Budget (*Investeringsbudget Stedelijke Vernieuwing*; ISV). Through carefully focused projects (such as the *sleutelprojecten*, or 'key projects', around transport hubs) and the siting of national projects in city centres, national government ensured that its support had greater impact. How different the situation is now, in 2010. There are storm clouds on the horizon, in the form of 35 billion euros in national spending cuts. Municipal development companies now barely have the reserves to pay their anticipated losses on expensive centre-city developments. General budget support to the municipalities will also decrease as a result of national cuts.

As a result – despite the enthusiasm of the planning ministry (VROM) and the municipal leaders responsible for urban development[6] – there will be a general lack of public investment in the years ahead. Nor can housing associations, which were major investors in existing urban areas until the recent past, be expected to make substantial contributions. The situation calls for new realism and stricter supervision. And the issue is all the more pressing because construction in the city is so costly. Studies by RIGO[7] and the Netherlands Bureau for Economic Policy Analysis[8] (*Centraal Planbureau*; CPB) have shown that the construction of an average city housing unit incurs a net loss of 25,000 euros.[9] In some cities, however, this figure is said to be 50,000 euros or more. Without a sound financing plan and business rationale, any area and project development initiative is doomed from the outset. This problem may be alleviated somewhat by individual households that self-build or privately commission their own urban dwellings. But relative to the size of the challenge, this is (so far) no more than a drop in the ocean.

Procedures

The second area that will require attention is what might reasonably be called the procedural minefield. We step into this minefield whenever we develop projects in existing urban areas. Development in the city is, in the best case, a convoluted task involving adaptation to complex locations. Infrastructure must be cleared away or installed, the soil has often been polluted by past industrial users, and there are often

projecten aan centrumstedelijke locaties kreeg de rijksbijdrage nog meer impact. Hoe anders is de situatie anno 2010. Aan de horizon hangt een donderwolk van een rijksbezuiniging van 35 miljard euro. Gemeentelijke ontwikkelingsbedrijven hebben nauwelijks reserves meer om onrendabele toppen van dure binnenstedelijke locaties af te dekken. De algemene uitkering aan de gemeenten krijgt zijn deel mee van de bezuinigingen.

Dus ondanks het verbale enthousiasme van het ministerie van VROM en de stadsbestuurders voor binnenstedelijk ontwikkelen[6] ontbreken de komende jaren publieke investeringsmogelijkheden grotendeels. Vanuit de hoek van de woningcorporaties – in het recente verleden een belangrijke investeerder in de bestaande stad – vallen evenmin majeure bijdragen te verwachten. Hier is een nieuw realisme en verscherpt toezicht ingezet. En deze kwestie wordt des te meer prangend omdat aan het bouwen in de stad een fors prijskaartje is verbonden. Onderzoek van RIGO[7] en CPB[8] wijst uit dat een woning die in de stad wordt gebouwd gemiddeld genomen een onrendabele top kent van 25.000 euro[9]. In sommige steden worden echter al bedragen van 50.000 euro en hoger genoemd. Zonder een deugdelijk dekkingsplan en dito businesscase wordt ieder initiatief voor een haalbare gebieds- en projectontwikkeling bij voorbaat in de kiem gesmoord. Wellicht dat nog enig respijt uit de particuliere hoek mag worden verwacht, oftewel individuele huishoudens die via het particulier opdrachtgeverschap investeren in een woonhuis in de stad. Maar in relatie tot de totale opgave is dat (vooralsnog) een druppel op de gloeiende plaat.

De procedures

Het tweede terrein dat aandacht vraagt is wat met recht het 'procedurele mijnenveld' genoemd kan worden. Dit mijnenveld treffen we aan wanneer in bestaand stedelijk gebied projecten worden ontwikkeld. Binnenstedelijk ontwikkelen is van zichzelf al een ingewikkelde klus van passen en meten op ingewikkelde locaties. Er moet infrastructuur worden gesaneerd en/of aangelegd, de bodem is vaak vervuild door vroegere industriële functies en vaak ook is er sprake van nog functionerende bedrijven die moeten worden uitgekocht en verplaatst. Daarbij is door de gevoelige en 'druk bezette' omgeving van bewoners en bedrijven het ontwikkelingsproces gecompliceerd. Bezwaarmakers vragen tijd en moeten worden meegekregen. Vaak worden plannen zelfs in cocreatie met omwonenden en belanghebbenden gemaakt. Allemaal zaken die de binnenstedelijk ontwikkelaar met enthousiasme ter hand wil nemen, maar dan helpt het wel wanneer bijvoorbeeld de beleidsmatige afstemming tussen milieu en gebiedsontwikkeling goed is geregeld. Scherper gesteld: als de overheid het maar lastig genoeg maakt dan wordt het vanzelf onmogelijk. Plannen die bij kunnen dragen aan een vitale stad lopen daardoor soms jarenlange vertragingen op. In de publicatie 'Doorbreek de impasse'[10] hebben we geconstateerd dat onnodig veel energie nu verloren gaat in juridisch figuurzagen en procesmatige haarkloverij. Energie die veel beter gestoken kan worden in het creatieve proces, de inhoudelijke dialoog met betrokkenen en de focus op te behalen gebiedskwaliteiten. Maar dat vraagt een andere omgang met de milieu- en ruimtedruk, een andere omgang met de mondige bevolking en een andere omgang met uiteenlopende belangen, kennisdomeinen en schaalniveaus.

De gebruikers

Een derde aandachtsgebied is de vraag vanuit de consument. In deze crisistijd is pijnlijk duidelijk geworden dat het aanbieden van woonmilieus waar geen marktvraag naar bestaat, geen enkele zin heeft. Dat leidt tot leegstand in nieuwgebouwde woningen (zoals we nu zien in bijvoorbeeld de Westelijke Tuinsteden in Amsterdam) of de noodzaak van dure en tijdrovende herontwikkeling. Uit onderzoek dat

businesses still in operation, which have to be bought out and relocated. The surroundings tend to be densely populated with households and businesses, and sensitive to changes and new activities, circumstances which further complicate the development process. Objection procedures can be time-consuming and must be taken into account in scheduling. Beyond that, plans are often made in consultation with residents and other stakeholders. These issues will not deter an enthusiastic city developer, but it helps when policies and rules in different areas, such as environmental protection and area development, are properly coordinated. To put it more emphatically, if government creates enough obstacles, development is bound to become impossible. Plans that could help to create a vibrant city can be delayed for years, purely for procedural reasons. In the report *Doorbreek de impasse* ('Break the impasse'),[10] we have observed that too much energy is currently being wasted on legal manoeuvring and procedural hair-splitting. This energy could be put to better use in the creative process, in meaningful dialogue with stakeholders, and in focusing on the desired end state. But that would require a new approach to environmental and spatial impact, to assertive local residents, and to the wide range of relevant interests, fields of expertise, and physical scales involved.

Users

A third area for attention is consumer demand. In this time of economic crisis, it is painfully clear that putting residential environments on the market is pointless if there is no demand for them. It will only lead to vacancies in new housing units (as seen today in such places as Amsterdam's Westelijke Tuinsteden) or create a need for expensive, time-consuming redevelopment. A survey to gauge interest in new housing in the centrally located Waalfront district of Nijmegen, conducted by Bouwfonds in partnership with Groningen University, showed that only young people just entering the housing market were open to the idea. This illustrates the importance of attending to consumer wishes more closely and, even more importantly, at an earlier stage, and of providing value for money, not just at the level of the home itself, but also in the residential environment. This is a task for the policymakers who develop the general programmes for urban residential development; they need to do more than just conduct planning studies and estimate the number of housing units required. It is also a challenge for the professional communities of urban planners and architects. With occasional exceptions, designers do not tend to be good at creating attractive urban residential environments.

The crucial step is to examine each location with an eye to development opportunities that correspond to the desired level of quality and to market demand. Entrenched policymaking habits, such as high-rise construction in places where there is little demand for it, must be overcome. In many cities, there is much greater demand for comfortable, ground-level homes in safe environments with space for privacy and parking.

The city in a regional context

The conclusion is clear: unless we confront issues of financing, procedural streamlining, and consumer demand, there is little point in arguing for more development in existing urban areas. Let us suppose, however, that there is progress on these fronts in the near future. The question that remains is how the Compact City 2.0 is to be given form. To answer that question, we must first place the compact city in a broader perspective. The traditional compact city, surrounded by an empty hinterland, no longer exists, especially not in the Randstad. Traditional cities have merged into continuous urban agglomerations. We are witnessing the formation of metropolises, with growing contrasts between regions.[11] We should look at our urban areas from that perspective, while distinguishing between the city centre, the prewar and postwar urban extensions, and the city's surround-

Bouwfonds samen met de Rijksuniversiteit Groningen naar de belangstelling voor binnenstedelijk wonen in de Waalfront (Nijmegen) liet uitvoeren blijkt dat alleen jonge starters hiervoor zijn te porren. Dit is een voorbeeld dat beter, maar vooral ook eerder naar de wensen van de consument moet worden geluisterd en dat er 'value for money' moet worden geleverd. Niet alleen bij de woning zelf, maar met name ook in de woonomgeving. Hier ligt een taak voor de beleidsmakers die de stedelijke woonprogramma's opstellen. Zij moeten meer doen dan alleen de stedenbouwkundige stofkam door de stad halen en daar mogelijke woningaantallen van afleiden. Maar er ligt zeker ook een uitdaging voor de beroepsgroep van stedenbouwkundigen en architecten. Uitzonderingen daargelaten blinken weinig ontwerpers uit in het maken van een aantrekkelijk stedelijk woonmilieu.

Het is zaak om per locatie te kijken naar wat de beste ontwikkelingskansen zijn die aansluiten bij het gewenste kwaliteitsniveau en bij de marktwensen. Beleidsmatige automatismen – zoals hoogbouw op plekken die zich daar uit een oogpunt van marktvraag niet voor lenen – zijn daarbij uit den boze. In veel steden is veeleer behoefte aan comfortabele grondgebonden woningen, in een veilige omgeving met ruimte voor privacy en parkeren.

Stad in regionale context

De conclusie is duidelijk: zonder oog voor financiering, procedurele vereenvoudiging en mensenwensen is een pleidooi voor een grotere binnenstedelijke ontwikkelproductie kansloos. Laten we er echter van uitgaan dat op deze terreinen de komende tijd voortgang wordt geboekt. Dan resteert de vraag hoe de compacte stad 2.0 concreet moet worden ingevuld. Om die vraag te beantwoorden is het eerst noodzakelijk om de compacte stad in een breder perspectief te plaatsen. De klassieke compacte stad – omgeven door een leeg ommeland – bestaat namelijk niet meer, zeker niet in de Randstad. De stad is een aaneengesloten stedelijke agglomeratie geworden. Er is sprake van metropoolvorming, met steeds grotere regionale verschillen[11]. Vanuit die bril moeten we naar onze stedelijke gebieden kijken en daarbij onderscheid maken tussen de binnenstad, de voor- en naoorlogse uitbreidingen en de omgeving van de stad. Op dit schaalniveau moeten richtinggevende uitspraken worden gedaan over waar ontwikkelingen mogelijk zijn en waar niet. Een aantal groen/blauwe gebieden in dit land is dermate van hoge kwaliteit dat je ervan af moet blijven met grootschalige verstedelijkingsingrepen (Waterland, Groene Hart, Utrechtse Heuvelrug). Wel moeten dergelijke gebieden beter worden ingericht en vooral ook beter toegankelijk worden gemaakt. Dat heeft tot gevolg dat stadsmensen ook echt van die gebieden gaan houden; de beste waarborg voor bescherming. Iets vergelijkbaars geldt voor de stedelijke milieus en de omliggende groengebieden. De verbinding tussen stedelijke groennetwerken en de omliggende landschappen is veelal slecht en wordt gehinderd door infrastructurele barrières. In de sfeer van handhaving en het tegengaan van verrommeling moet hier consequenter worden opgetreden.

Welvaartseconomie

Mijn tweede uitgangspunt sluit hierop aan: zoek naar de balans en streef naar diversiteit. Met andere woorden: wat doe je binnen de stad en wat doe je buiten de stad. Schaken op twee borden geeft ook schuifruimte: je zet je niet vast op één scenario. Overigens is het de vraag in hoeverre het binnenstedelijk bouwen echt een bijdrage zal leveren aan het 'openhouden van het landschap', zoals vaak wordt gesteld. Uiteraard moet landschappelijke verrommeling zoveel mogelijk worden tegengegaan. Iets anders is echter of de wens naar landelijk wonen compleet vervalt wanneer in de steden aantrekkelijke woonmilieus worden aangeboden. Uit het grote woonwensenonderzoek dat gehouden is ten tijde van de Nota Mensen, Wensen, Wonen

ings. This is the physical scale that should be addressed by our guidelines on where development may and may not take place. Some green spaces and bodies of water in the Netherlands are of such high quality that they should be protected from large-scale urbanization (think of the Waterland region, the Groene Hart, or the Utrechtse Heuvelrug). But areas like these should be better organized and, above all, more accessible. This will encourage city-dwellers to get to know them, and to learn to love them – the best guarantee of their long-term protection. A similar point can be made about urban settings and the surrounding green spaces. The connections between urban green networks and peri-urban landscapes are often poor in quality and interrupted by infrastructural barriers. This should be dealt with more consistently, through law enforcement and measures to prevent a cluttered landscape.

Quality of life

This brings us to my second basic principle: search for balance and strive for diversity. In other words, think about what belongs in the city and what belongs elsewhere. This opens up two fields in which to manoeuvre, freeing you from the straitjacket of a single scenario. Incidentally, it is questionable to what extent construction in the city proper will contribute to keeping the landscape untouched, as is often claimed. It is, of course, important to prevent the cluttering of the landscape. But it would be unreasonable to conclude that attractive residential environments in the cities will entirely do away with the demand for housing in rural settings. A major survey of housing demand conducted around 2001, when the policy document *Mensen, Wensen, Wonen* ('What people want, where people live') was published, clearly shows that consumer housing preferences are clustered at two ends of the scale: a truly urban lifestyle (with a full range of services within easy reach) and life in a natural setting with plenty of space. All later studies have confirmed this finding.[12]

Each of these two types of residential environments attracts its own target groups, and for that reason, it would be unrealistic to focus exclusively on construction within the cities. It would also pose a threat to the attractiveness of the Netherlands as a whole. Consider the social cost-benefit analyses performed in connection with the National Spatial Strategy 2006 (*Nota Ruimte*), which concluded that a rigid emphasis on construction in the cities would have negative side effects. Economists such as Sweder van Wijnbergen and Ed Groot have taken a more radical position. As Van Wijnbergen recently explained, 'I think that most people's preference is clear. People want space. The reason for not giving it to them is absurd: people say that the Netherlands is full, that there's no more room. This is just not true. . . . But we're living in a dictatorship of planners who want everyone heaped together in the city centre. If you're an economist, they accuse you of pushing freedom of choice at other people's expense. But this type of freedom of choice is possible without any negative consequences for other people.'[13] Ed Groot describes the tendency toward increasingly cramped housing as 'short-sighted': 'In thirty years, we'll be very sorry that we decided to coop ourselves up like calves on factory farms.'[14]

Jasper Dekkers, a researcher at the Netherlands Organization for Scientific Research (*Nederlandse Organisatie voor Wetenschappelijk Onderzoek*; NWO) came to a similar, though less black-and-white conclusion in the course of his doctoral research.[15] He questions whether organizing the Randstad into densely built-up areas in the cities with large green spaces between them has an optimal effect on quality of life. He believes it would be preferable to develop a more park-like landscape, in which rural areas are interwoven with urban ones and used more for recreational purposes.

Attractiveness index
Of course, developments in city centres involve more than just housing. For instance,

bleek haarfijn dat de woningvoorkeuren van consumenten zich bundelen op twee uiteinden: het echte stedelijke wonen (compleet met alle voorzieningen onder handbereik) en het ruime buiten wonen in het groen. Alle latere onderzoeken[12] bevestigen voortdurend dat beeld.

Beide woonmilieus trekken hun eigen doelgroepen en het is dan ook niet realistisch om in die zin alle kaarten op het binnenstedelijk bouwen te zetten. Daarmee komt ook de aantrekkelijkheid van Nederland als geheel in het gedrang. Niet voor niets hebben de maatschappelijke kosten-batenanalyses, die uitgevoerd zijn bij het opstellen van de Nota Ruimte, erop gewezen dat een te stringent vasthouden aan het bouwen in de stad ongewenste neveneffecten heeft. Economen als Sweder van Wijnbergen en Ed Groot nemen een radicaler standpunt in. Van Wijnbergen formuleerde dat recent als volgt: 'Ik denk dat de voorkeur van de meeste mensen duidelijk is. Mensen willen ruimte. De reden om ze dat niet te geven is niet zinnig, namelijk dat Nederland vol zou zijn en dat er geen plek is. Dat is namelijk niet zo. (...) Maar ja, die dictatuur van planners die iedereen bij elkaar willen stoppen in het centrum van de stad. Als je econoom bent geloof je in keuzevrijheid en zijn anderen benadeeld. Deze keuzevrijheid is echter mogelijk zonder anderen te benadelen.'[13] Ed Groot betitelt het steeds krapper bouwen als 'kortzichtig': 'Over dertig jaar hebben we vreselijk spijt dat we als kistkalveren zijn gaan wonen.'[14]

NWO-onderzoeker Jasper Dekkers komt in zijn promotieonderzoek[15] tot een vergelijkbare, maar meer genuanceerde conclusie. Hij vraagt zich af of een inrichting van de Randstad met dichte bebouwing in de stad en veel groen tussen de steden wel optimaal is vanuit welvaartseconomisch oogpunt. Naar zijn idee is het verstandiger om een meer parkachtig landschap te ontwikkelen, waarbij het rurale gebied verweven raakt met het stedelijk gebied en meer een recreatieve functie krijgt.

Aantrekkelijkheidsindex

Bij de inrichting van binnenstedelijke locaties gaat het uiteraard om meer dan alleen het wonen. Een goede school is bijvoorbeeld net zo belangrijk of wellicht nog zelfs belangrijker. Zie in dit verband het pleidooi van Marlies Rohmer in haar studie *Bouwen voor de Next Generation*[16]. Steden kunnen aantrekkelijk zijn voor ouders met kinderen, zo geeft Rohmer aan, mits de inrichting van de stedelijke omgeving daar goed op wordt afgestemd. Steden die dit goed doen worden gewaardeerd en trekken bewoners en bedrijven aan. Gerard Marlet heeft in zijn proefschrift *De aantrekkelijke stad*[17] aangetoond hoe deze processen werken en aan welke knoppen steden kunnen draaien om te stijgen op de 'aantrekkelijkheidsindex' die hij heeft ontwikkeld. Daarbij baseert hij zich niet op beleid, maar juist op de feitelijke (verhuis)bewegingen die bewoners en bedrijven laten zien. 'Aantrekkelijke steden zijn steden met veel woonattracties naast de deur, natuur in de buurt en werk op acceptabele reisafstand. Niet (alleen) de plek van het werk, maar (vooral) de kwaliteit van de woonomgeving geeft de doorslag bij de woonbeslissing van huishoudens.'

Het is de kwaliteit van die woonomgeving die in een aantal Nederlandse steden nog steeds fors te wensen overlaat. Wie het fotoboek[18] van fotografe Kim Bouvy over de binnenstad van Rotterdam doorbladert ziet 'een desolaat stadscentrum vol wastelands, parkeergarages, hekken en half gesloopte bouwwerken', aldus Bernard Hulsman in *NRC Handelsblad*[19]. Een conclusie die eerder te lezen was in een vernietigende analyse van de Deense stedenbouwkundige Jan Gehl[20]. Wil Rotterdam haar inwonertal in het centrum echt substantieel verhogen, dan zal ze verder moeten kijken dan louter het toevoegen van hoogbouw. Er zal volop geïnvesteerd moeten worden in de kwaliteit van de openbare ruimte, maar ook bijvoorbeeld in het aanbieden van aantrekkelijke woonmilieus voor starters.

Naast de inrichting van de fysieke ruimte moeten

good schools are just as important, if not more so. In this context, see Marlies Rohmer's study *Bouwen voor de Next Generation*.[16] Cities can be attractive for families with children, Rohmer argues, if the urban environment is designed with their needs firmly in mind. Cities that do a good job of this have good reputations and attract residents and businesses. In his doctoral thesis *De aantrekkelijke stad* ('The attractive city'), Gerard Marlet showed how these processes work and what cities can do to increase their score on the attractiveness index that he developed.[17] His advice is not based on policy, but on the actual movements of households and businesses: 'Attractive cities offer many attractive features close to home, nature areas in the vicinity, and work at an acceptable distance. When households consider where to live, it is not only the location of the workplace but, above all, the quality of the residential environment that plays a decisive role.'

And the quality of the residential environment in a number of Dutch cities still leaves much to be desired. Leafing through Kim Bouvy's photo book about downtown Rotterdam,[18] we find 'a desolate city centre full of wastelands, parking garages, gates, and half-demolished structures,' as Bernard Hulsman wrote in the daily newspaper *NRC Handelsblad*.[19] This same conclusion was drawn earlier in a scathing critique by Danish urbanist Jan Gehl.[20] If Rotterdam truly wishes to substantially increase the number of people living in the city centre, it will have to do more than just build more high-rises. Major investment is required in the quality of public space, as well as in attractive residential environments for first-time home buyers and tenants. Along with their physical structures and organization, cities also need to think about their attractiveness in terms of 'software'. Hans Mommaas and Nienke van Boom, commenting on a study of the comeback of Europe's industrial cities,[21] have written of the significance of 'urban attractors and the related urban narrative': 'In the escalating competition between cities, the local ambiance is increasingly of decisive importance. Cities have to "strut their stuff," featuring regularly in the right magazines, establishing a reputation as locations for weekend getaways, or setting themselves apart with unique stories.'

Conclusion

From this perspective, working toward the Compact City 2.0 requires a very different approach from the one devised in the period of the Fourth Policy Document (*Vierde Nota*; 1988) and developed further in the years since then. A transition is necessary from a mode of planning driven by the public sector to one in which cities have to get by on their own. This ambition must be given form in many different areas, all interrelated: from home life, culture, and education to the design of public space. In the process, cities will have to build on their own strengths, rather than uncritically following Richard Florida's advice. A realistic compact city policy begins with the wishes of the households and businesses currently or potentially located in the city. It holds these up against the spatial and economic possibilities and the city's strengths and then establishes a realistic programme of city investment. Throughout this process, old dogmas should be treated with the greatest of scepticism. One such dogma is making sure that 30 percent of housing is in the social sector, no matter what the cost, even in the highest-priced central locations and in cities where most existing housing is inexpensive. In a future without support from national government, it will be impossible to meet such targets.

At the level of the individual site, private parties can help to articulate the true preferences of end users and incorporate them into appealing planning concepts. They can make plans more financially feasible by enhancing their potential revenue, within acceptable risk profiles. In the coming wave of urban redevelopment, the public and private sectors will have to rely on one another or face a huge fall in investment.

steden hun aantrekkelijkheid in termen van 'software' vergroten. Hans Mommaas en Nienke van Boom hebben het, naar aanleiding van een studie naar de comeback van Europese industriesteden[21], over het belang van 'urban attractors en het bijbehorende stedelijke verhaal': 'In de toenemende interstedelijke concurrentie wordt de lokale buzz met de bijbehorende ambiance in toenemende mate van onderscheidend belang. Steden moeten "over de tong gaan", met enige regelmaat verschijnen in de juiste bladen, bekendstaan als bestemming voor een aantrekkelijke citytrip of zich profileren met een onderscheidend verhaal.'

Tot slot

Zo bezien vergt het werken aan de compacte stad 2.0 een heel andere aanpak dan die ten tijde van de Vierde Nota werd uitgevonden en in de jaren erna verder is ontwikkeld. Van een overheidsgestuurde planningspraktijk moet de overstap worden gemaakt naar een praktijk waarin steden het 'op eigen kracht' moeten zien te redden. Die ambitie moet gestalte krijgen op een veelheid van terreinen, die onderling samenhangen: van wonen, cultuur en onderwijs tot en met de inrichting van de openbare ruimte. Steden zullen daarbij voort moeten borduren op hun eigen kwaliteiten en niet klakkeloos de adviezen van Richard Florida achterna moeten lopen. Een realistisch compactestadbeleid begint bij de wensen van (potentiële) bewoners en bedrijven, confronteert deze met de ruimtelijk-economische mogelijkheden en kwaliteiten en stelt vervolgens een haalbaar stedelijk investeringsprogramma op. Oude dogma's moeten daarbij uiterst kritisch worden bejegend. Een voorbeeld is het koste wat het kost realiseren van 30 procent sociale woningbouw, zelfs op uiterst dure binnenstedelijke locaties en in steden waar het grootste deel van de woningen al behoort tot de goedkope huurwoningenvoorraad. In een subsidieloze toekomst zijn dergelijke eisen onhaalbaar. Private partijen kunnen vervolgens op locatieniveau helpen om de werkelijke voorkeuren van eindgebruikers te articuleren en te verwerken in wervende planconcepten. Zij kunnen de financiële haalbaarheid van plannen dichterbij brengen door de opbrengstpotentie te vergroten met aanvaardbare risicoprofielen. Voor de komende herontwikkelingsslag in de steden zijn publiek en privaat op elkaar aangewezen, op straffe van een gigantische investeringsdip.

1   In de Ontwerp Provinciale Structuurvisie 2009 wordt aangegeven dat 'voor het stedelijk netwerk de ambitie geldt dat 80 procent van de nieuwbouw binnen bestaand bebouwd gebied plaatsvindt. Dit is inclusief vervangende nieuwbouw. De overige 20 procent vindt plaats op uitleglocaties, maar binnen de contour.'
2   Zie: 'Ruimtelijke economische verschillen', Friso de Zeeuw in: *S&RO*, 2009.
3   Rudy Uytenhaak, *Steden vol ruimte, kwaliteiten van dichtheid*, Uitgeverij 010, 2008.
4   Het College van Rijkadviseurs geeft dat in haar advies 'Prachtig Compact NL' zelf ook aan: 'Het is tijd voor een bredere vertaling en het wegnemen van de obstakels – in middelen en regels – die een intelligente verdichting van het bestaand bebouwd gebied in de weg staan.'
5   Zie: 'Overheid grossiert in ruimtelijke concepten', Friso de Zeeuw in: *Proeflokaal, tijdschrift voor lokaal bestuur*, mei 2004.
6   Zie ook: 'Sim verstedelijken loont', door Maarten van Poelgeest, Peter Noordanus, Jim Schuyt en Mirjam de Rijk, in: *Het Financieele Dagblad*, 11 februari 2009.
7   Zie onder meer: 'De gewenste investeringsambitie van de corporatiesector', Peter van Os in: *Tijdschrift voor de Volkshuisvesting*, 2005/1.
8   Investeringsprikkels voor woningcorporaties, 2006.
9   Tijdens het recente Bouwhuisdebat werd dit onderschreven door Taco van Hoek, directeur van het EIB.
10 'Doorbreek de impasse tussen milieu en gebiedsontwikkeling'. Prof.mr. Friso de Zeeuw, m.m.v. adviesbureau H2Ruimte en het Platform Milieu en Gebiedsontwikkeling. TU Delft, 2009.
11 Zie: 'Ruimtelijke economische verschillen', Friso de Zeeuw in: *S&RO*, 2009.
12 Zie onder meer het OTB-onderzoek 'Stedelijk wonen: een brug tussen wens en werkelijkheid' (2009), uitgevoerd in opdracht van het NVB. Hierin wordt geconcludeerd dat 'er ruimte-extensiever gebouwd moet worden dan tot op heden

1   The draft provincial strategic plan (*Ontwerp Provinciale Structuurvisie*) for 2009 states that 'the target for the urban network is for 80 percent of new construction to take place within existing built-up areas. This includes new structures that replace old ones. The other 20 percent will take place in urban extensions, but within city limits.'
2   See 'Ruimtelijke economische verschillen', Friso de Zeeuw, in *S&RO*, 2009.
3   'Steden vol ruimte, kwaliteiten van dichtheid', Rudy Uytenhaak. 010 Publishers, 2008.
4   In its advisory report *Prachtig Compact NL*, the Board of Government Advisers makes this same point: 'It is time for a broader interpretation and the removal of the obstacles (both limited resources and limiting rules) that stand in the way of the intelligent intensification of already built-up areas.'
5   See 'Overheid grossiert in ruimtelijke concepten', Friso de Zeeuw, in *Proeflokaal, tijdschrift voor lokaal bestuur*, May 2004.
6   See also 'Slim verstedelijken loont', Maarten van Poelgeest, Peter Noordanus, Jim Schuyt, and Mirjam de Rijk, in *Het Financieele Dagblad*, 11 February 2009.
7   See also 'De gewenste investeringsambitie van de corporatiesector', Peter van Os, in *Tijdschrift voor de Volkshuisvesting*, 2005/1.
8   *Investeringsprikkels voor woningcorporaties*, 2006.
9   During a recent debate at the Bouwhuis, this point of view was endorsed by Taco van Hoek, director of the Economic Institute for the Construction Industry (Economisch Instituut voor de Bouwnijverheid; EIB).
10 'Doorbreek de impasse tussen milieu en gebiedsontwikkeling', Professor Friso de Zeeuw, in collaboration with the consulting agency H2Ruimte and the Environment and Area Development Forum (Platform Milieu en Gebiedsontwikkeling), Delft University of Technology, 2009.
11 See 'Ruimtelijke economische verschillen', Friso de Zeeuw, in *S&RO*, 2009.
12 See e.g. the report *Stedelijk wonen: een brug tussen wens en werkelijkheid* (2009), on research carried out by OTB Research Centre at Delft University of Technology for the NVB (an association of developers and construction companies). The report concludes that 'new development should be given more space than it has often had in the past. More ground-level homes, more private and public outdoor spaces for city-dwellers, and an increase (or perceived increase) in natural settings will lead to a more spacious style of design in city centres.'
13 The Dutch-language film in which Van Wijnbergen makes this statement can been viewed on the website of Bouwend Nederland: www.bouwendnederland.nl.
14 'Cramped construction in cities is costly and short-sighted', Ed Groot, in *Het Financieele Dagblad*, 17 February 2009.
15 'Externalities, land use planning and urban expansion', a study by the Faculty of Economic Sciences and Business Administration at VU University in Amsterdam within the framework of the NWO programme Gamma-Onderzoek Milieu, Omgeving, Natuur (GaMON).
16 *Bouwen voor de Next Generation*, Marlies Rohmer. NAi Publishers, 2007.
17 *De aantrekkelijke stad*, Gerard Marlet, based on a study carried out at the Utrecht School of Economics. VOC

Uitgevers, 2009.
18 *Phantom City: A Photo Novel*, Kim Bouvy. Pels & Kemper, 2010.
19 'In beeld: de kale achterkanten van Rotterdam', Bernard Hulsman in the *NRC Handelsblad*, 12 February 2010.
20 'Public space public life Rotterdam' (2006), Jan Gehl.
21 *Comeback Cities: Transformation Strategies for Former Industrial Cities*. NAi Publishers, 2009.

(vaak) het geval is. Meer grondgebonden woningen, meer private en publieke buitenruimte voor de bewoners en meer natuur(beleving) leiden tot binnenstedelijke ontwerpen die ruimer van opzet zijn.'

13 De film met het citaat van Sweder van Wijnbergen is te zien op de website van Bouwend Nederland: www.bouwendnederland.nl.
14 'Krapper bouwen in steden is duur en kortzichtig', Ed Groot in: *Het Financieele Dagblad*, 17 februari 2009.
15 'Externalities, land use planning and urban expansion', een onderzoek uitgevoerd bij de Faculteit der Economische Wetenschappen en Bedrijfskunde van de Vrije Universiteit Amsterdam in het kader van het NWO-programma Gamma-Onderzoek Milieu, Omgeving, Natuur (GaMON).
16 Marlies Rohmer, *Bouwen voor de Next Generation*, NAi Uitgevers, 2007.
17 Gerard Marlet, *De aantrekkelijke stad*, uitgevoerd aan de Utrecht School of Economics, VOC Uitgevers, 2009.
18 Kim Bouvy, *Phantom City, a photo novel*, Uitgeverij Pels & Kemper, 2010.
19 'In beeld: de kale achterkanten van Rotterdam', Bernard Hulsman in: *NRC Handelsblad*, 12 februari 2010.
20 Jan Gehl, 'Public space public life Rotterdam', 2006.
21 *Comeback Cities, Transformation Strategies for Former Industrial Cities*, NAi Publishers, 2009.

Geen stad zonder winkels
Het belang van retail voor de compacte stad

No city without shops
The importance of retail to the compact city

Gert-Joost Peek, Gerrit van Vegchel

'Stad-ten', zo noemen we dat thuis wanneer we gaan winkelen; in de binnenstad wel te verstaan. Steden zijn onlosmakelijk verbonden met (detail) handel. De oorsprong van de West-Europese stad ligt in de middeleeuwse marktplaats, waar aanbod van goederen en diensten samenkomen en van de hand gaat. Ook vandaag is de retailfunctie een essentieel onderdeel van de stad. Desalniettemin krijgt deze functie in het discours van de stedelijke ontwikkeling weinig aandacht. In deze bijdrage tonen we het belang van winkels voor de stad en meer specifiek voor de compactheid ervan. Na een korte introductie duiden we het belang van de winkelfunctie voor die (compacte) stad vanuit de dynamiek van de winkelmarkt, de ruimtelijke weerslag hiervan en de sturing hierop vanuit beleid. We ronden af met een initiële verkenning van de mogelijke relatie tussen stad en retail in de toekomst.

In the Netherlands, whenever we go out shopping, we say we are 'going into town', and of course, 'town' means downtown, the city centre. Cities are inextricably linked to commerce and retailing. Western European cities have their origins in medieval market-places, meeting places for suppliers and buyers of goods and services. Even today, retail is an essential part of city life. Yet it receives little attention in urban development discourse. In this article, we demonstrate the importance of shops to the city and, more specifically, to its compact organization. Following a brief introductory section, we examine the importance of retail in the city (compact or otherwise) from the perspective of the retail property market, its spatial organization, and its regulation through public policy. We conclude with an initial exploration of the potential future relationship between cities and retail.

Images of the compact city

Compact cities are characterized by intensive land use, though there is no objective measure of compactness. Cities show major differences in density: the Paris city centre has two million residents, and is roughly equal in surface area to the city of Amsterdam, with a population of just 800,000. Even so, urban planners see the Amsterdam city centre and its surrounding 19th-century districts as a compact city alongside Paris. Despite their different population densities, both Paris and Amsterdam evidently qualify as compact cities. And in both cases, the objective can be described as keeping the city compact and attractive for large groups of residents, workers, and visitors through intensive building and redevelopment. The city is not just a place for housing, work, and business, but also a site for entertainment and leisure, with the whole gamut of social, cultural, and commercial activities. It is a domain of hope, delight, and pleasure, as well as innovation, creativity, sex, drugs, dance . . . and the list goes on. The city was and is also a domain where individuals search for happiness. In short, people create the city, striving toward a mode of spatial organization that facilitates social dynamics and serves human needs. Conversely, spatial organization influences human behaviour and dynamics, helping to mould the city's character.

At the same time, cities are not closed systems. Markets have now gone international and are dependent on developments around the world. Many factors determine a company's choice of location, and there is stiff competition between cities. This has an impact on demographics; cities tend to have relatively young populations and high numbers of single-person households. The ethnic diversity of the population is correlated with the accessibility of the city and the possibilities that it has to offer. Compact cities, with a concentration of people, markets, businesses, and facilities, offer economic advantages. But they can also have disadvantages, such as congestion,

Percepties over de 'compacte stad'

Compacte steden kenmerken zich door intensief ruimtegebruik. Toch is er geen objectieve maatstaf. Tussen steden zijn grote verschillen in dichtheden. De binnenstad van Parijs telt twee miljoen inwoners en is wat oppervlakte betreft net zo groot als de stad Amsterdam met 800.000 inwoners. Stedenbouwers zien de binnenstad van Amsterdam met haar omliggende negentiende-eeuwse wijken echter ook als een compacte stad. Ondanks de verschillen in dichtheden is er derhalve blijkbaar ook hier sprake van een compacte stad. En kan het streven naar de compacte stad ook hier worden omschreven als het door middel van intensieve (ver)nieuwbouw de stad compact en aantrekkelijk te houden voor grotere groepen bewoners, werkers én bezoekers. De stad is immers niet alleen een plek van wonen, werken en ondernemen, maar ook een locatie van vertier en plezier met een divers aanbod van maatschappelijke, culturele en commerciële voorzieningen. Het is een domein van hoop, genot en plezier, maar ook van innovatie, creativiteit, seks, drugs, dance en wat dies meer zij. De stad was en is ook een domein van gelukszoekers. Kortom, mensen maken de stad en streven naar een ruimtelijke inrichting die de maatschappelijke dynamiek en de menselijke behoeften faciliteert. Andersom heeft die ruimtelijke inrichting weer invloed op de dynamiek en het gedrag van mensen en draagt daarmee bij aan de kwaliteit van de stad.

Daarnaast zijn steden geen gesloten systemen. Markten opereren tegenwoordig internationaal en zijn afhankelijk van mondiale ontwikkelingen. Vestigingsfactoren zijn diffuus en de concurrentie tussen steden groot. Dat heeft ook invloed op de bevolkingssamenstelling. Steden kenmerken zich doorgaans door een relatief jonge bevolkingsgroep met een groot aantal eenpersoonshuishoudens. De etnische diversiteit van de bevolking hangt samen met de toegankelijkheid en mogelijkheden die een stad te bieden heeft. Dergelijke compacte steden, met

Bron: CBS / Source: CBS

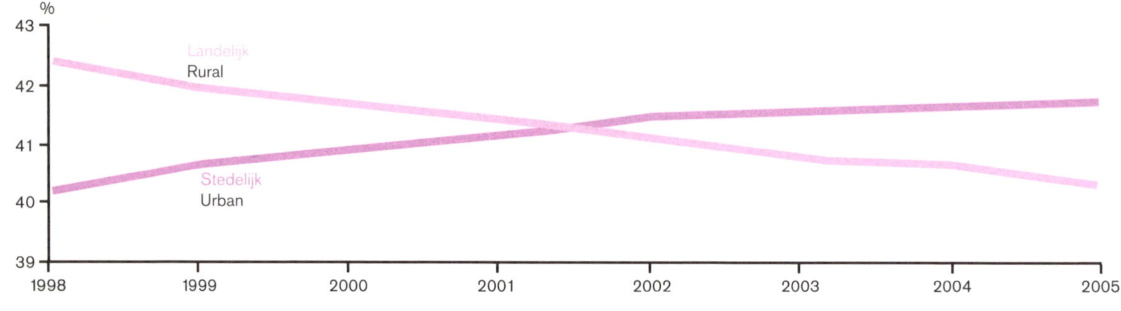

Ontwikkeling aandeel stedelijke en landelijke bevolking in de wereld.
Development of the world urban and rural population.

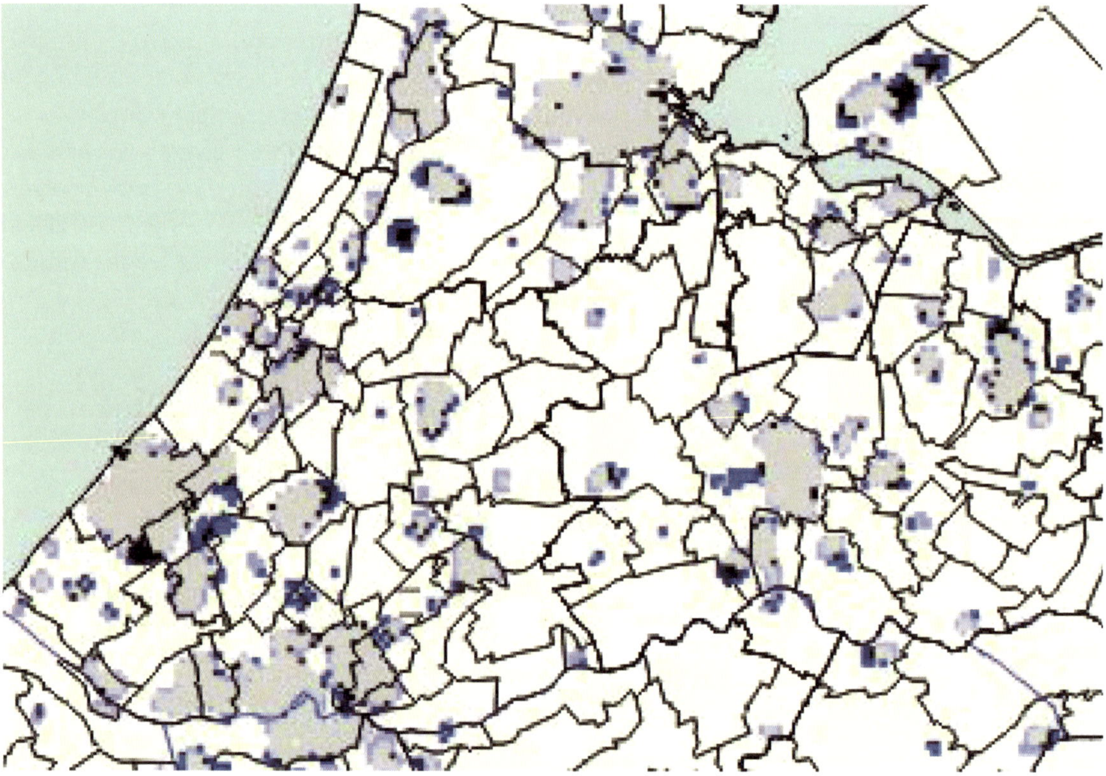

Ontwikkeling stedelijk en overgangsgebied Randstad, 1998-2005.
Development Randstad urban and transitional environment, 1998-2005.

- Stedelijke omgeving in 1998 en 2005. / Urban environments in 1998 and 2005.
- Overgangsgebied in 1998 en 2005. / Transitional zones in 1998 and 2005.
- Uitbreiding stedelijke omgeving. / Extensions of the urban environment.
- Uitbreiding overgangsgebied. / Extensions of the transitional zones.

pollution, poor accessibility, high land prices, and speculation. The challenge is to strike a reasonable balance between the advantages and disadvantages.

Since the publication of the now-popular collection of articles *The Compact City: A Sustainable Urban Form?* (1996), the quality of life in the compact city has inspired a great deal of debate. The articles in that collection address the question of whether the compact city is the most sustainable form of urban development. Yet it proves impossible to give any simple answer. Michael Breheny (1996: 13-35) shows that the quality of the compact city depends on one's perspective. 'Decentrists', to use his term, believe that decentralization of cities is the best approach to sustainable urban development. They argue that people prefer low-density suburbs to compact urban districts. In contrast, the 'centralists' believe that compact development is the most sustainable solution, that the combination of many different land uses and activities gives city neighbourhoods a higher quality of life, as does the lower level of car use. Meanwhile, 'compromisers' try to reconcile the two options, in order to call a halt to urban sprawl and urban decay.

In the Netherlands, however, the debate about the compact city revolves mainly around the 'challenge of urban growth' (*verstedelijkingsopgave*) – in other words, the need to accommodate a growing urban population while avoiding sprawl. This contrasts with the view of density and compact development as aimed not primarily at volume, but at rich, vibrant neighbourhood life. The redefinition of the ideal district, with a range of urban activities, plays a key role in this debate.[1] But discussions of the challenge of compact urban growth tend to centre mainly on housing, with a vague implication that commercial facilities and office space could be situated nearby. In the Netherlands, the image of the polycentric city is used mainly to describe the dynamics of urban regions.

Policy on the location of retail properties,

een concentratie van mensen, markten, bedrijven en voorzieningen, bieden economische voordelen. Maar er zijn ook minder positieve effecten, zoals congestie, vervuiling, bereikbaarheid, grondprijzen en speculatie. De uitdaging is om een goede balans te vinden tussen de voor- en nadelen.

Sinds de verschijning van de inmiddels populaire bundel *The Compact City. A Sustainable Urban Form?* (1996) is de discussie over de leefbaarheid in de compacte stad weer flink aangezwengeld. De bundel bestaat uit een serie artikelen waarin de auteurs ingaan op de vraag of de compacte stad de meest duurzame vorm van verstedelijking is. Maar die vraag blijkt niet zo eenduidig te beantwoorden. Michael Breheny (1996: pp.13-35) laat zien dat de kwaliteit van de compacte stad samenhangt met het benaderingsperspectief. Zo geloven de 'decentralisten' in stedelijke spreiding als beste oplossing voor duurzame stedenbouw. Volgens hen wonen mensen liever in een voorstad met lage dichtheden dan in compacte stadswijken. De 'centralisten' geloven in compactheid als meest duurzame oplossing. Zij denken dat door concentraties van functies de stadswijken leefbaarder worden, mede ook door het terugdringen van autogebruik. De 'compromiszoekers' op hun beurt zoeken een combinatie van beide om daarmee het verval van de stad en de aanhoudende stedelijke spreiding tegen te gaan.

In Nederland is de discussie over de compacte stad echter vooral verbonden met de 'verstedelijkingsopgave'. Dat staat in contrast met die opvattingen, waarbij dichtheid in de compacte stad niet primair is gericht op volume, maar op levendigheid/leefbaarheid op straatniveau. De herdefiniëring van de ideale wijk, met een mix aan stedelijke activiteiten, speelt een sleutelrol in die discussie.[1] Maar in beschouwingen over de compacte verstedelijkingsopgave staat vooral het wonen centraal en wordt de suggestie gewekt dat commerciële voorzieningen en bedrijfsruimten in de nabijheid kunnen worden georganiseerd. Dat beeld van de polycentrische stad wordt in Nederland vooral gebruikt voor een beschrijving van de dynamiek in stedelijke regio's. Het retailvestigingsbeleid daarentegen berust vooral nog op een monocentrisch beeld van de stad. Hierbij gaat het vooral om binnenstedelijke concentraties van winkelgebieden, waarbij de automobiliteit wordt teruggedrongen en voetgangers het publieke domein bepalen. Ogenschijnlijk wordt daarmee bijgedragen aan de idealen van de compacte stad, die bij uitstek ervaren wordt vanuit een beleving te voet. Echter de bewoners in de binnenstedelijke centra bepalen al lang niet meer het straatbeeld in de stad. De binnenstad is ook steeds meer het domein geworden van binnenlandse en buitenlandse toeristen, plezierzoekers en cultuurliefhebbers. Tegelijkertijd wordt tevens steeds meer geshopt buiten de stad op zogeheten 'perifere locaties'. Shoppen in de binnenstad zelf is een vermakelijke activiteit, waarbij het slenteren door de stad wordt gecombineerd met cultureel en culinair vermaak.

In die context is de binnenstad voor veel stedelingen niet meer de eerst aangewezen plek om de dagelijkse en wekelijkse boodschappen te doen. Grootschalige retailfuncties zijn verdrongen naar de rand van de stad, waar zich nieuwe centra proberen te vormen. Dat laatste lukt maar moeizaam omdat de retailers daarvoor beleidsmatig beperkingen krij-

on the other hand, is still based primarily on a monocentric view of the city. Shopping areas tend to be concentrated in city centres, where car traffic is restricted and the public domain is dominated by pedestrians. This appears to support the compact city ideal, which is strongly associated with the pedestrian experience. Yet it has been a long time since the residents of the city centres dominated the street scene there. Instead, the city centres have become the domain of Dutch and international tourists, pleasure seekers, and culture lovers. At the same time, there is more and more shopping outside the cities, on the urban fringe, in what are known as 'peripheral locations' (*perifere locaties*). Shopping in the city centre has become a form of leisure, which combines strolling around the city with culinary and cultural activities.

Against this background, the city centre is no longer the first choice of many city dwellers for their daily and weekly groceries and errands. Large-scale retailers have been pushed out to the urban fringe, where new centres are struggling to emerge. This is a difficult process, however, because public policy saddles retailers with many restrictions. A recent debate about a megamall on the outskirts of Tilburg illustrates the inability of Dutch policymakers to make shops an essential part of urban life. In the Netherlands, peripheral concentrations of retail activity

Winkelgebied (hoofdtypes) Shopping area (main categories)	Verkoopvloeroppervlak (in miljoen m²) Sales floor area (millions of square metres)
Centraal / Central	11,6
Ondersteunend / Secondary	4,7
Overig / Other	3,8
Verspreide bewinkeling / Distributed retail	9,7
Totaal / Total	**29,8**

Bron: Locatus Januari 2010 / Source: Locatus, January 2010

are not seen as integral to the urban fabric. Urban regeneration discourse, which focuses primarily on housing and secondarily on work (especially office space), is paradigmatic, in a way, of the disconnect in current debate between the compact city and the now more realistic model of the polycentric urban network. Shops can do without cities, if necessary, but cities cannot do without shops.

The retail sector in the Netherlands: size, dynamics, and new developments

The Dutch retail sector is highly diverse, with forty-five subsectors ranging from potatoes, vegetables, and fruit to home furnishings[2] The sector plays an important role in distributing goods to consumers. With €81 billion euros in turnover and 654,700 workers in 2009, retail is responsible for more than 8% of total turnover in the private sector. This makes it a major factor in the performance of the Dutch economy, especially in the cities. The total floor area of Dutch shops is almost 30 million square metres.[3] This yields a high retail density for the country as a whole: 1.8 square metres of retail floor area per person. The national density of shopping centres comes to about 0.32 square meters per person; this is the second highest figure in the world, trailing only Sweden (PMA, 2010).[4]

In the twentieth century, shopping has been radically transformed. In the past, its purpose was entirely practical; shoppers went to a series of stores to buy the necessities of life. The mid-twentieth century saw the arrival of self-service supermarkets with a growing range of products, so that eventually almost all daily necessities could be bought in the same place. In the meantime, there was an increasing demand for recreational shopping, in which the objective was to have a certain kind of experience rather than to purchase a predetermined item (Evers et al. 2005, pp. 21-22). Unlike grocery shoppers, recreational shoppers take their time. Shopping is a welcome break in their routine and often has a therapeutic effect. People shop 'for fun' or even to 'get a fix', and research has shown

gen opgelegd. De recente discussie over een megamall bij Tilburg geeft nog blijk van het beleidsmatige onvermogen om winkels buiten het centrum als een wezenlijk onderdeel van het stedelijk weefsel te integreren. De perifere retailconcentraties worden in Nederland niet ervaren als een integraal onderdeel van het stedelijk weefsel. Het discours over stedelijke vernieuwing, dat zich primair richt op de functies wonen – en mogelijk werken (vooral kantoren) – is in zekere zin exemplarisch voor het paradigmatisch dovemansgesprek tussen compacte stad en het thans meer realistische polycentrisch stedelijk netwerk: winkels kunnen in uiterste instantie zonder steden, maar een stad kan niet bestaan zonder winkels.

Winkelen in Nederland: omvang, dynamiek en verandering

De detailhandel in Nederland is heel divers en bestaat uit 45 branches: van aardappel-, groente- en fruitzaken (AGF) tot woonzaken (HBD)[2]. De sector vervult een belangrijke rol in de distributie van goederen richting de consument. Met een omzet van €81 miljard en 654.700 medewerkers in 2009 levert de detailhandelssector ruim 8% van de totale omzet van het particuliere bedrijfsleven en is daarmee een belangrijke factor in het functioneren van de Nederlandse economie en in het bijzonder de steden. De winkelmarkt in Nederland heeft een winkelvloeroppervlakte van bijna 30 miljoen m².[3] Daarmee is Nederland een land met een hoge winkeldichtheid. In algemene zin beschikt elke Nederlander over 1,8 m² winkelruimte. In winkelcentra ligt die dichtheid op ongeveer 0,32 m² per Nederlander. Nederland is op deze wijze – na Zweden – het land met de meeste vierkante meters winkelcentrum per inwoner (PMA, 2010).[4]

Winkelen is in de twintigste eeuw evenwel sterk veranderd. Vroeger was winkelen louter doelgericht boodschappen doen: op diverse plaatsen producten kopen voor de levensbehoeften. In het midden van de vorige eeuw kwamen de zelfbedieningssupermarkten op en ontstond runshopping, waarbij de producten voor dagelijkse levensbehoeften steeds vaker op één plek werden gehaald. Daarnaast groeide de behoefte aan funshoppen (recreatief winkelen), waarbij mensen gaan winkelen om iets te beleven zonder dat daaraan een vooropgezet doel om iets te kopen ten grondslag ligt (Evers et al., 2005: pp.21-22). Voor dit type koopgedrag wordt, in tegenstelling tot boodschappen doen, de tijd genomen. Het is een manier om de sleur van alledag te doorbreken. Daarmee heeft het funshoppen ook vaak een therapeutische werking. Kicken en scoren zijn termen die hierbij horen. Uit onderzoek blijkt dat menig ongenoegen kan worden 'weggekocht'[5].

Dat type 'recreatief winkelen' is tegenwoordig de grootste vrijetijdsbesteding van Nederlanders geworden (NBTC-Nipo onderzoek, 2007). Van alle vrijetijdsbestedingen ging in 2007 ongeveer 42,5% (€23,8 miljard) naar recreatief winkelen. Volgens het SCP besteden mensen gemiddeld 4,7 uur per week aan winkelen en gemiddeld 0,4 uur aan het bezoeken van culturele instellingen. Ongeveer driekwart van de consumenten vindt winkelen leuk en men winkelt het liefst in grote centra, zodat er ook keuze en vergelijk mogelijk is. Indien nodig willen consumenten daarvoor ook wel grote afstanden afleggen, zeker als het om luxe goederen gaat.[6] Dat heeft ertoe geleid dat niet alleen binnensteden inspelen op de behoefte van de consument om op avontuur te gaan en merkartikelen te scoren tegen een betaalbare prijs. Ook de opkomende factory outlet centers zijn hierop gericht. Tegelijkertijd zien we opkomende leisure centers met recreatieve voorzieningen, zoals bioscopen en entertainment. Een ander verschijnsel is winkelen op en rond vervoersknooppunten. De beste voorbeelden zijn Schiphol en de grote stations met als uitschieter de combinatie met winkelcentrum Hoog Catharijne naast het Centraal Station Utrecht. In het verlengde

that many troubles can be 'consumed away'.[5]

This type of 'recreational shopping' has become the leading leisure activity in the Netherlands (NBTC-Nipo study, 2007). In 2007, about 42.5% of spending on leisure activities (€23.8 billion) went to recreational shopping. According to the Netherlands Institute for Social Research (*Sociaal en Cultureel Planbureau*; SCP), Dutch people spend an average of 4.7 hours a week shopping and 0.4 hours visiting cultural institutions such as museums. About three-quarters of consumers like shopping, and people enjoy it most in large shopping centres, where they have a large selection and can choose among a range of similar products. If necessary, consumers are willing to travel large distances for this type of shopping, especially when luxury goods are involved.[6] Accordingly, other shopping areas – such as the burgeoning factory outlet centres – are now competing with downtown shopping districts to respond to consumer demand for excitement and a 'fix' of affordable goods. At the same time, we are witnessing the emergence of leisure centres with recreational offerings such as cinemas and entertainment. Another related phenomenon is shopping at or near transport hubs. The best examples are the shops at Schiphol Airport and the major railway stations, particularly the Hoog Catharijne shopping centre adjoining Central Station in Utrecht. In a similar development, convenience stores for one-stop shopping are on the rise at filling stations and other traffic hubs. In short, outlets within walking distance are no longer the only or even the natural choice for shopping for many groups of consumers. For their daily and weekly necessities, consumers look for high-quality shopping centres, not necessarily close to home but easily accessible from home or work.

Along with these changes in the spatial distribution of retail outlets, there has also been change in quality. A study conducted by Statistics Netherlands (*Centraal Bureau voor de Statistiek*; CBS) indicates a shift in the range of products available in shopping centres between 1996 and 2004. Some types of shops – particularly greengrocers', garden centres, paint shops, and DIY stores – have tended to move out of the cities, where they have often been replaced by shops for consumer electronics and flooring. This trend should be seen as a reflection of changing consumer preferences (Bolt 2003; Voogd and Woltjer 2009), as well as the search for economies of scale taking place in all sectors of the economy. This search is motivated not only by a desire for greater efficiency, but also by consumer patterns of transport and mobility. The increase in scale is particularly striking in the food, drink, and tobacco sector, where small neighbourhood shops are especially likely to close and shopping centres in small communities are under pressure.

The explosion of diversity in the retail market has raised consumer expectations of shopping centres (Rietdijk, Korteweg, and Stijnenbosch 2007). Everything has to be just right. For daily and weekly shopping, as well as for major purchases, two crucial factors are accessibility and a varied selection concentrated in one area. Large, well-stocked shopping centres – often found on the urban fringe – are a popular choice. Meanwhile, smaller shopping centres are falling through the cracks and losing market share. For recreational shopping, the crucial factors are ambiance and product range. Recreational shoppers look for public spaces, rest areas with a variety of food and beverage options, historical and cultural attractions, pleasant walking routes, and inviting areas for strolling and wandering aimlessly. Some cities have managed to organize their centres so that they serve as meeting places of this kind. But this is not to say that city centres should be redeveloped into shopping and leisure emporiums. On the contrary, shopping is more pleasant with breaks. Furthermore, the city centre is coming to serve as a kind of collective 'living room' – a place not just for visiting shoppers, but also for the people

daarvan zijn ook de gemakswinkels bij benzinestations en andere knopen enorm in opmars, gericht op one-stop-shopping. Kortom, de winkel op loopafstand is voor veel consumentengroepen niet meer de enige of zelfs vanzelfsprekende plek om boodschappen te doen. Voor de dagelijkse en wekelijkse boodschappen zoekt de consument kwalitatieve winkelcentra, niet per se dicht bij huis maar wel makkelijk bereikbaar vanuit het werk of woning. Naast deze veranderingen in ruimtelijke spreiding van winkelvoorzieningen is er ook sprake van een kwalitatieve verandering. Zo blijkt uit een onderzoek van het CBS dat het aanbod in winkelcentra tussen 1996 en 2004 is verschoven. Hierbij zijn vooral de groentewinkel, tuincentra, verfwinkels en bouwmarkten verdwenen uit de stad, ten gunste van telecommunicatie-, parketvloeren- en computerwinkels. Deze verandering moet ook gezien worden als uitdrukking van verandering van consumentenvoorkeur (Bolt, 2003; Voogd & Woltjer, 2009). Voorts heeft detailhandel – net als andere sectoren – te maken met schaalvergroting. Dat wordt niet alleen ingegeven door efficiëntie, maar ook door de vervoersmogelijkheden en het verplaatsingsgedrag van de consument. Dit schaalvergrotingsproces treedt vooral op in de voedings- en genotsmiddelensector. Met name in deze branche zien we dat kleine buurtwinkels verdwijnen en winkelcentra in kleine plaatsen onder druk staan.

In die sterk toegenomen diversiteit stellen consumenten hoge eisen aan winkelcentra (Rietdijk, Korteweg & Stijnenbosch, 2007). Het moet allemaal kloppen. Ten aanzien van de dagelijkse en wekelijkse aankopen en het doen van doelaankopen zijn bereikbaarheid en concentratie van divers aanbod doorslaggevende factoren. De grote, goed uitgeruste (perifere) winkelcentra zijn populair. De kleine winkelcentra van 'vlees noch vis' verliezen steeds meer aandeel. Wat betreft het recreatieve winkelen zijn gezelligheid en assortiment doorslaggevende factoren. Daarbij gaat het om de openbare ruimte,

rustplekken met een diversiteit aan horeca, monu-
mentale bezienswaardigheden, aangename loop-
routes en ruimte om te slenteren en te dwalen.
Bepaalde steden slagen er in om hun binnenstad
daadwerkelijk op deze wijze als ontmoetingsplaats
te laten functioneren. Maar daarmee is nog niet

who actually live and work there, and whose
presence is vitally important to city life.

Spatial patterns of retail consumption
In spatial terms, the period after the Second
World War was crucial for the distribution
of retail outlets in the Netherlands. The 1945-

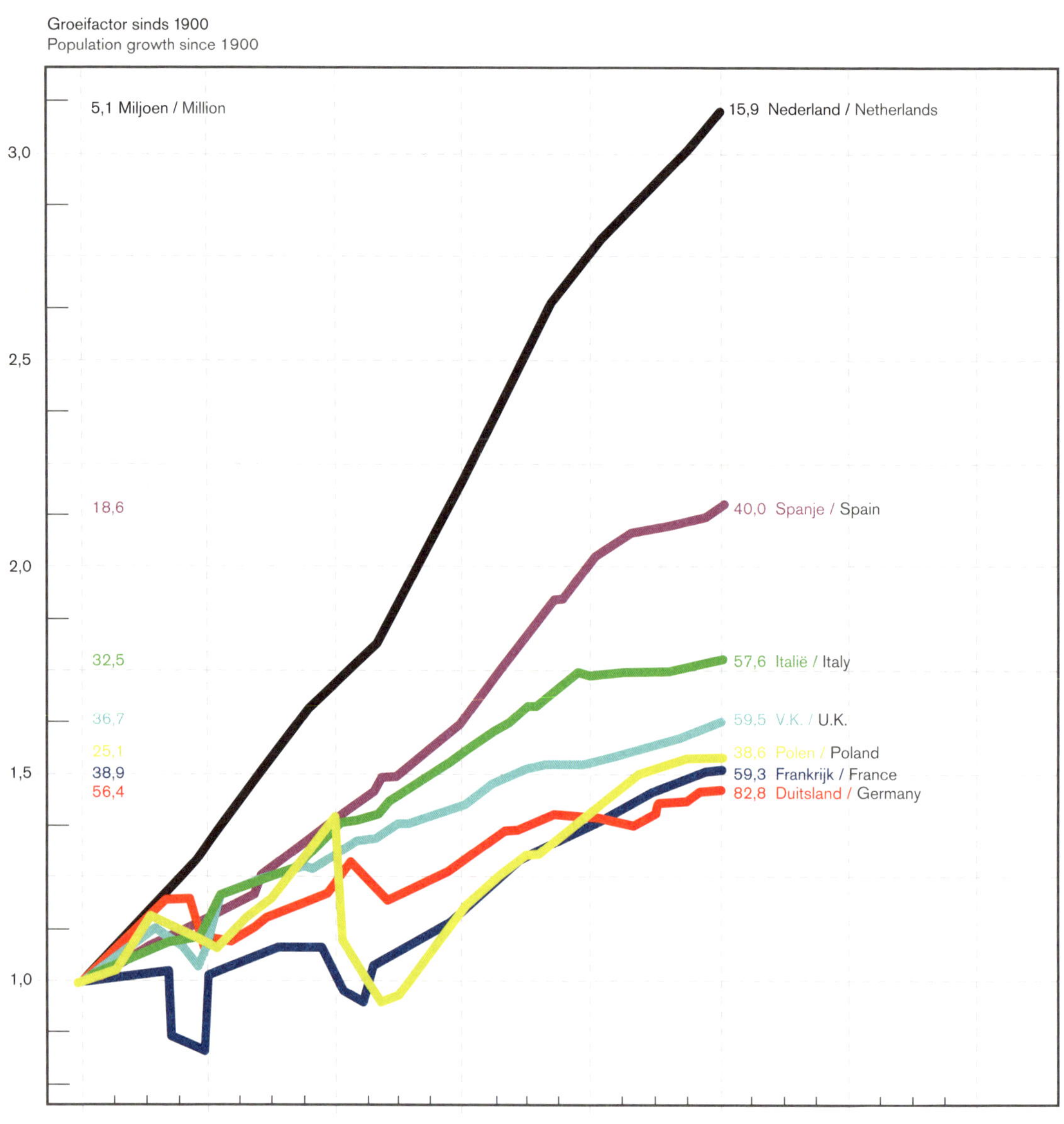

Relatieve groei van de bevolking van 7 Europese landen sinds 1900.
Relavtive population growth of seven European countries since 1900.

1965 period was one of 'controlled modernization' (Van Vegchel, 1995). The Ministry of
Social Work (*Ministerie van Maatschappelijk
Werk*, no longer in existence) was founded in
1953, a time of profound confidence in the
power of planning and social engineering.
In 1956, the industrial board for the retail
sector (*Hoofdbedrijfschap Detailhandel*;
HBD) was established, with the aim of
effective self-regulation, including control
of prices and production. Dutch planners
came under the spell of Walter Christaller's
central place theory. Even today, we see the
remnants of Christaller-type patterns: the city
centres as retail zones, along with district
and neighbourhood shopping centres, each
with its own catchment area. Although the
Netherlands has no real megamalls, retail
centres have emerged in the urban fringes,
some specifically for large-scale outlets.
These tend to serve a wide region and have
special themes; for example, they include
home furnishing centres and factory outlet
centres.

We now know that some of the main
assumptions on which Christaller based
his theory are untenable. For instance, he
assumed that there is a linear relationship
between distance and travel costs, and that
travel costs are independent of direction.
He also assumed that different parts of the
city were equal in density and that consumer
preferences and income in different parts of
the city were, on average, identical. Because
Christaller saw the human being as a *Homo
economicus* and assumed that all retailers
had equal opportunities to market their products, he concluded that demand and supply
could be coordinated in a straightforward
way. His theory disregards the business strategies of individual retailers. But in fact, shop
owners can use their products (that is, their
product range and service), their prices, and
their promotional tactics to attract customers
ruled out by models such as Christaller's,
which emphasize place, the fourth P.

Christaller's model is more of an ideal
type than a reflection of reality. Cities are

gezegd dat binnensteden moeten worden omgebouwd tot 'winkelvermaakcentra'. Integendeel. Om
winkelen aangenaam te maken zijn rustpunten
gewenst en zal de binnenstad ook de functie van
'woonkamer' moeten vervullen. Hiermee wordt niet
een tijdelijke woonkamer bedoeld maar ook letterlijk: in de stad is de woonfunctie van vitaal belang
voor de binnenstad. Dat geldt overigens ook voor
het werken.

Ruimtelijke patronen van het winkelen

In ruimtelijk opzicht is de periode na de Tweede
Wereldoorlog cruciaal voor de inrichting van het
winkellandschap in Nederland. De periode van
1945-1965 kan worden getypeerd als een periode
van 'beheerste modernisering' (Van Vegchel, 1995).
Het ministerie van Maatschappelijk Werk werd in
1953 opgericht en het geloof in de maakbaarheid
van de samenleving was groot. In 1956 werd het
Hoofdbedrijfschap Detailhandel (HBD) opgericht
om te komen tot een deugdelijke bedrijfsregulering
met prijs- en productiebeheersing. Planologen in
Nederland raakten in de ban van de centraleplaats-
theorie van Walter Christaller. Zo kennen we nog
steeds de binnensteden als winkelgebied, de stads-
deelwinkelcentra en de wijk/buurtwinkelcentra met
ieder hun eigen verzorgingsbereik. Hoewel Nederland geen echte megamalls kent, zijn daarnaast in
de periferie van de stad ook wel centra van grootschalige detailhandelsvestigingen (GDV) en perifere detailhandelsvestigingen (PDV) gekomen met
een bovenlokale functie, waarvan er een aantal the-
matisch zijn gericht, zoals een woonboulevard en
een factory outlet center.

Inmiddels weten we echter dat een aantal belangrijke aannames waarop Christaller zijn ruimtelijk
patroon baseerde niet houdbaar zijn. Zo gaat hij
ervan uit dat er een lineair verband bestaat tussen
de kosten van verplaatsing en afstand, en dat verplaatsingen in alle richtingen evenveel moeite kost.
Ook gaat hij ervan uit dat de dichtheid in de ver-

schillende delen van de stad gelijk is en dat het gemiddeld inkomen en de gemiddelde voorkeuren van consumenten in de verschillende delen van de stad overeenkomstig zijn. Omdat in de ogen van Christaller de mens een homo economicus is en alle aanbieders gelijke kansen hebben om hun producten aan te bieden, zijn vraag en aanbod goed op elkaar af te stemmen. Er is in de theorie ook geen aandacht voor het ondernemerschap van de detaillist. Winkeliers zijn via product (assortiment en service), prijsstelling en promotie in staat om een clientèle aan te spreken die niet in overeenstemming met de vierde 'p' (van plaats), zoals ruimtelijke modellen als deze wel veronderstellen.

De theorie van Christaller is daarmee veel meer ideaaltypisch dan realiteit. Steden zijn niet homogeen. Ook zijn steden in de periferie schaalvoordelen en agglomeraties te organiseren, die aansluiten bij de wens van de consument (vgl. Bolt, 2003: pp.16-70). De toegenomen mobiliteit, bewegingsvrijheid en verschillen in autobereikbaarheid laten zien dat boodschappen doen tegenwoordig op veel plekken mogelijk is, als maar rekening wordt gehouden met de bereikbaarheid, het gemak, en de overzichtelijkheid en een efficiënte lay-out[7].

Ruimtelijke vestigingspatronen van retailers zijn echter niet louter consumentgedreven, maar worden ook bepaald door de aanbodzijde van de retailondernemers (vgl. Bolt, 2003: pp.16-70). Winkelbedrijven willen zich graag in nabijheid van elkaar vestigen en daarbij gaat het om de beste locatie in het verzorgingsgebied. Deze concentratie van plekken biedt schaalvoordelen. Maar die schaalvoordelen zijn niet eindeloos omdat concentratie van activiteiten een prijsopdrijvend effect heeft, dat weer samenhangt met de toename in productiviteit. Deze verschillen in productiviteit zijn bepalend voor het vestigingspatroon. Winkels met een hoge productiviteit zijn in staat om zich op de duurste plekken, met de hoogste retailconcentratie in de stad te vestigen; de zogenoemde A-standplaatskwaliteiten. Dat

not homogeneous, and they can organize economies of scale and retail clusters in the urban fringe that correspond to consumer demand (see Bolt 2003: 16-70). Increased mobility, freedom of movement, and different degrees of accessibility by car have now made it possible for people to do their groceries in many different places, choosing on the basis of accessibility, convenience, the easy availability of a range of products, and the efficiency of the layout.[7]

The spatial distribution of retail outlets is not entirely consumer-driven, however, but is also partly determined by the supply side, the shop owners (see Bolt 2003, pp. 16-70). Shops prefer to cluster together, and to find the best location in their catchment area. This spatial clustering creates economies of scale. But those economies of scale are limited by the fact that clustering increases prices, a fact linked to increases in profitability. Differences in profitability help to determine the spatial distribution of the shops. Highly profitable shops can afford the most expensive locations in the city, which have the highest concentrations of retailers and usually attract the most visitors. Moving out from the city centre, there is a hierarchy of location quality (A, B, and C locations, in Dutch parlance). In practice, this means that central shopping areas in cities of different sizes differ greatly in both rents and investment values. The top rents are twice as high in Amsterdam as in Breda, and two to three times as high in London as in Amsterdam. There are also large differences within individual cities.[8]

The wishes of modern consumers, in combination with retailer preferences for certain locations, lead to increases in scale, clustering of shops, and specialized retail environments, some of which even attract an international clientele (see also Brayé 2010). These trends not only run counter to the highly regulated spatial distribution of shops in the Netherlands but also demand a polycentric approach to the city (compact or otherwise), in which accessibility, ease of use, and safety are essential qualities.

Shopping in spatial policy

Because the retail sector is an important factor in urban vitality and quality, government takes an active interest in it. There are rules about shop hours and Sunday openings, the range and number of shops is regulated through the instrument of the retail planning study (*distributie planologisch onderzoek*; DPO), and steps are taken to ensure the availability of essential products in areas with economic difficulties or a shrinking population. Until recently, the Netherlands also pursued a special policy on large-scale retail outlets and those in the urban fringe (*perifere en grootschalige detailhandelsvestigingen*; PDV/GDV). In accordance with the Christaller approach described above, retail trade was generally restricted to specified areas in city and village centres. Only a few types of retail activity were allowed in peripheral locations – in particular, the sale of very large or potentially explosive items. Areas outside the city centre were also allocated to retail subsectors such as car, boat, and caravan dealerships, garden and DIY centres, kitchen and sanitary fitting suppliers, and home furnishing shops (De Haan and Walen 2006).

While the National Spatial Strategy 2006 (*Nota Ruimte*) and the Spatial Planning Act 2008 (*Wet Ruimtelijke Ordening*) give municipalities greater freedom to pursue their own policies,[9] they have so far used this freedom primarily to put more effort into city-centre shopping. A case in point is the municipal government in The Hague, which made a wide range of investments in the reorganization of public space, traffic flows, and public transport, and gave the city a major stimulus through the development of the Souterrain tram tunnel and several squares in the central commercial district: Spuimarkt, Rabbijn Maarsenplein, and the Haagsche Bluf. Another example is Breda, which has vastly increased the economic potential of its city centre for retail activity, hotels, restaurants, bars, and the leisure industry. Long ribbons of shops, small-scale areas in which to wander, and a variety of catering establishments

zijn in de regel de plekken met de meeste bezoekersstromen. Zo ontstaat binnen een stadscentrum een hiërarchie in standplaatskwaliteit (A-, B- en C-milieus). In de praktijk betekent dit dat er tussen de centra van verschillende grootte behoorlijke verschillen zijn in huurprijzen en beleggingswaarden. De tophuren in Amsterdam liggen twee keer zo hoog als in Breda. De prijzen in Londen liggen twee tot drie keer zo hoog als in Amsterdam. Ook binnen een stad zijn de verschillen groot.[8]

De wensen van de moderne consument en de vestigingswensen van retailers tezamen leiden tot schaalvergroting, winkelconcentraties en specialistische winkelmilieus met een soms internationale uitstraling (zie ook Brayé, 2010). Deze trends staan niet alleen op gespannen voet met de sterk gereguleerde opbouw van de Nederlandse ruimtelijke winkelstructuur, maar vragen ook om een polycentrische benadering van de (compacte) stad waarbij bereikbaarheid, toegankelijkheid en veiligheid harde randvoorwaarden zijn.

Sturing op winkelen vanuit het ruimtelijk beleid

De detailhandel is een belangrijke factor voor de vitaliteit en de kwaliteit van de stad. Derhalve bemoeit de overheid zich nadrukkelijk met deze sector. Dit betreft niet alleen de wettelijk toegestane winkeltijden en de instelling van koopzondagen, maar ook de brancering door middel van Distributie Planologisch Onderzoek (DPO) en het streven om voorzieningen voor primaire levensbehoeften in achterblijvende en krimpgebieden te behouden. Tegelijkertijd gold in Nederland tot voor kort het zogenoemde 'PDV/GDV-beleid'. Dit gaf regels voor perifere en grootschalige detailhandelsvestigingen. Overeenkomstig de voornoemde Christallerbenadering hoorde detailhandel thuis in daartoe aangewezen centra van steden en dorpen. Slechts voor enkele vormen van detailhandel was vestiging op perifere locaties mogelijk, voornamelijk voor handel in volumineuze en explosiegevaarlijke artikelen. Er werden gebieden buiten de stadscentra aangewezen voor branches als auto's, boten, caravans, tuincentra, bouwmarkten, grove bouwmaterialen, keukens en sanitair, evenals woninginrichting (De Haan & Walen, 2006).

Weliswaar hebben gemeenten via de Nota Ruimte en de nieuwe Wet Ruimtelijke Ordening in 2008 meer vrijheid gekregen om ter zake een eigen beleid te voeren[9]. Maar die ruimte hebben de gemeenten vooralsnog vooral ingevuld door meer aandacht te geven aan hun binnenstad als winkelgebied. Een voorbeeld hiervan is de stad Den Haag die eind vorige eeuw, met een brede aanpak investeringen in de herinrichting van de openbare ruimte, verkeer en openbaar vervoer en via de aanleg van de tramtunnel, het Souterrain, de Spuimarkt, het Rabbijn Maarsenplein en De Haagse Bluf, de stad een flinke impuls heeft gegeven. Een ander voorbeeld is Breda, die de economische potentie van de binnenstad voor detailhandel, horeca en vrijetijdsindustrie krachtig heeft uitgebouwd. Uitgestrekte winkellinten, kleinschalige dwaalmilieus, diverse horecazaken en historische gebouwen creëren hier een aangename stedelijke setting. De winkels vormen hier het fundament en zorgen voor drukte en gezelligheid, en stimulering van de economie. De bereikbaarheid van de binnenstad wordt gewaarborgd door voldoende parkeergarages, een centrumring en parkeergeleidingssystemen. Circa 31% van de winkelbestedingen van West-Brabant wordt thans dan ook daar gedaan. De detailhandel is goed voor bijna een op de tien banen in Breda en in de periode 2000-2009 is de werkgelegenheid gestegen met 18,6%.

Den Haag en Breda zijn slechts twee voorbeelden van steden waar door actief beleid is gestuurd op de ontwikkeling van een vitale binnenstad. Daarmee is impliciet gekozen voor een monocentrisch beeld van de stad waarbij de mogelijkheden in de periferie ondergeschikt worden gemaakt aan de (overlevings)kansen in de binnenstad. De keuze voor

and historic buildings combine to create a pleasant urban environment. The shops form the foundation, creating an energetic, inviting atmosphere and stimulating the economy. The accessibility of the city centre has been ensured through an adequate number of car parks, a ring road around the centre, and parking guidance systems. About 31% of retail purchases in western North Brabant are made in Breda. The retail sector provides one out of ten jobs there, and in the 2000-2009 period, employment in the sector rose by 18.6%.

The Hague and Breda are just two examples of cities with active policies for the development of a vibrant city centre. In both cases, planners implicitly adopted a monocentric image of the city, subordinating the potential of the urban fringe to the survival and success of the centre. The decision to emphasize strong city centres is based on the still-dominant approach to retail planning, which gives priority to the existing retail hierarchy as it has emerged over time. Established retailers support this conservative approach, at the expense of those in the peripheral locations with new initiatives. This hinders the development of new retail outlets, which could otherwise do a great deal to support urban development and the creation of a compact city.

Conclusions

We have now seen why the Netherlands still has a relatively fine-meshed retail structure, with a strong tendency toward urban shopping areas at the centres of neighbourhoods, districts, and cities. There are few large clusters of retail outlets comparable to American shopping malls. The reason is the spatial policies of recent years. We have also seen that this policy mainly served the interests of established shop owners, rather than those of consumers. While it is true that the policy prevented the impoverishment of the city centres (Voogd and Woltjer 2009), the emphasis on limiting retail options in the urban fringe and encouraging shopping in the city centre does not do justice to the dynamics of the retail market. Nor is retail being used as a modern connective tissue for the compact city or urban region. A different attitude is called for, one more reflective of the present-day situation. In short, we advocate the integration of the retail sector into the view of the city or urban region as a polycentric urban network. We are thus compelled to adopt a quality-driven policy stance on peripheral locations, based on both the perspective of a growing compact urban regional network and the idea of exploiting the synergistic potential of transport hubs (Peek 2006). The guiding principles are acceleration, intensification, and enhancement of the quality of life (Peek and Van Hagen 2002).

This type of integration policy perspective on the development of the urban region as a whole holds out new possibilities for the city centre. A reduction in the retail presence there can present new opportunities for housing and small-scale businesses in the city, so that more people can experience city centres as residents and workers, rather than as visitors or tourists. At the same time, there will be more room (literally and figuratively) for new and creative responses to changing consumer demands. One possibility is a virtual shopping centre through which certain parts of the city's total range of shops could be promoted, managed, and kept secure, even if they were not developed as an integrated whole. We can also expect many new combinations of shops and other facilities, such as health care malls and railway station shopping centres; take Leiden's recently renovated Central Station, a pilot project where a new design and the inclusion of clothing and food outlets makes the experience of waiting for one's train more pleasant and rewarding (Van Hagen et al. 2007). This clearly illustrates the potential of the zone between the station and the central shopping area for becoming a high-quality gateway to the city, with the help of the retail sector.

The city is still a marketplace, offering both city life in one's own familiar neighbourhood

sterke binnensteden is gebaseerd op de nog steeds gangbare distributieplanologie, waarbij de bescherming van de historisch gegroeide winkelhiërarchie vooropstaat. Bestaande ondernemers ondersteunen deze behoudende insteek, waardoor anderen met nieuwe initiatieven in de periferie het onderspit delven. Dat heeft een remmende werking op de ontwikkeling van retailvoorzieningen als een belangrijke drager voor de verstedelijking en de opbouw van een compacte stad.

Besluit

Aldus kent Nederland nog steeds een relatief fijnmazige winkelstructuur, met sterk ontwikkelde binnenstedelijke hoofd-, wijk- en buurtwinkelcentra. Het aantal grootschalige detailhandelsvestigingen, vergelijkbaar met de Amerikaanse shoppingmalls, is beperkt. Dat wordt toegeschreven aan het ruimtelijk beleid van de afgelopen periode. Toch kan ook worden gesteld dat met dat beleid vooral de belangen van de gevestigde winkeliers zijn behartigd en niet de wensen van de consument. Weliswaar heeft dat beleid een verarming van de binnensteden weten te voorkomen (Voogd & Woltjer, 2009), maar de focus op enerzijds het beperken van winkelen in de periferie en anderzijds het stimuleren van winkelen in de binnenstad doet geen recht aan de dynamiek van de retailmarkt.

Evenmin wordt daarmee retail ingezet als modern bindweefsel voor de compacte stad(regio). Daartoe is een andere, meer eigentijdse inzet nodig. Kortweg pleiten wij voor een integratie van detailhandel binnen het perspectief op de stad(regio) als polycentrisch stedelijk netwerk. Dat dwingt ons dan tot een kwaliteitsgedreven beleidsvisie op perifere locaties, vanuit het perspectief van een groeiend compact stadsregionaal netwerk, als vanuit het idee van het benutten van synergiemogelijkheden van knooppunten (Peek, 2006). Leidende principes hierbij zijn versnellen, verdichten en veraangenamen (Peek & Van Hagen, 2002).

Een dergelijke integrale beleidsvisie op de ontwikkeling van de stedelijke regio als geheel biedt dan ook nieuwe kansen voor de binnenstad. Het verminderen van de winkeldruk kan immers weer nieuwe mogelijkheden bieden voor wonen en kleinschalig werken in de stad. Dit biedt meer mensen de mogelijkheid de binnenstad te ervaren als bewoner en werker in plaats van uit de rol van bezoeker of toerist. Tegelijkertijd ontstaat er dan letterlijk en figuurlijk meer ruimte om nieuwe en creatieve antwoorden te vinden op de veranderende vraag van de consument. Hierbij valt ook te denken aan een virtueel winkelcentrum via welke bepaalde delen van het winkelaanbod in de stad als een geheel worden gepromoot, beheerd en beveiligd, zonder dat deze als geheel zijn ontwikkeld. Ook staan ons nog veel nieuwe combinaties van winkelen met andere voorzieningen te wachten, zoals de zorgboulevard en op treinstations, getuige het recent uitgevoerde proefstation Leiden Centraal waar nieuwe vormgeving en de toevoeging van kleding en horeca zorgen voor een kwalitatief hoogwaardige en meer prettige wachttijdbeleving (Van Hagen et al., 2007). De zone tussen het station en het binnenstedelijke kernwinkelapparaat kan op die wijze nog vele kansen bieden om met behulp van retail meer hoogwaardige stadsentrees te realiseren.

De stad is nog steeds die marktplaats met een aanbod van enerzijds een stedelijk bestaan van bekendheid en vertrouwdheid in de eigen directe omgeving en anderzijds een wereld van vreemdelingen, onbekendheid, inspiratie en vernieuwing. Winkels vervullen hierbij als bron voor sociale contacten, inspiratie en verrassing, verpozing en vermaak, maar ook als economische sector een essentiële rol. Een eenzijdige inzet op de binnenstad als een groot winkelcentrum doet een aantal van deze functies teniet en elimineert bovenal kansen voor een meer kwalitatief hoogwaardige invulling van perifere centra. Naast het idioom van 'nabijheid en vertrouwdheid' moeten we begrippen als 'bereikbaar-

and a world full of strangers, the unknown, inspiration, and new experiences. In this context, shops are sources of social contact, inspiration, surprises, diversion, and enjoyment, but also essential components of the economy. An unbalanced view of the city centre as one big retail zone leaves no room for some of these functions and, above all, sacrifices opportunities for higher-quality development of peripheral shopping areas. Alongside phrases such as 'well-known and close to home', we must admit other terms into our discourse about the compact city, such as 'accessible and unfamiliar'. The modern compact city has a polycentric structure in which the multiple centres jointly yield a higher average density and level of diversity than any monocentric structure could. Such a city offers more people in more places the opportunity to experience its compact nature, partly through the varied range of shops both in the centre and on its outskirts. This mode of development allows the city to retain its versatile character, right down to the lowest levels of organization, and to inspire a constant flow of new ideas in the retail sector and elsewhere.

1 Franke and Hospers 2009. See also the website of KEI, kenniscentrum stedelijke vernieuwing (listed in the bibliography).

2 See the website of the Hoofdbedrijfschap Detailhandel (HBD): www.hbd.nl.

3 The retail market research agency Locatus (January 2010) has identified four main categories of shops. From most to least urban, they are: central (11.6 million m²), supporting (4.7 m²), distributed (9.7 m²), and other (3.8 m²).

4 By comparison, Germany has just over 0.12 m² of shopping centre floor space per inhabitant.

5 A great deal has been written on the web about the therapeutic effect of shopping, especially in marketing circles. See Daniel Kruger and Dreyson Byker (2009).

6 Shopping as an 'experience' is a modern phenomenon. The term 'shopping' was first used in the Netherlands in 1880. Before that time, products were delivered by regular suppliers or itinerant vendors. Domestic servants went to the market to do their daily shopping, while respectable ladies stayed at home. Industrialization and the rise of mass production, along with advances in hygiene and conservation, led to the birth of shops: new distribution centres with products in large display windows for all to admire. It was technological progress that made this possible. In 1885, the first Dutch shopping centre was built – the Passage,

an arcade in The Hague. Department stores followed
in the early twentieth century. In 1948, the first shop with
self-service (Van Woerkom) opened in Nijmegen (Kooijman
1999).

7 Relley (Bolt 2003: 16-70) has accounted for the appeal
of this system through a spatial interaction theory in which
the success of shopping centres in projecting a distinctive
image, along with their distance from potential customers,
are the crucial factors in the attraction, retention, and loss
of consumer spending. Smaller centres are valued because
they are closer to home. If there is a larger-scale shopping
centre in the vicinity, then the growth ambitions of the
smaller centre must remain fairly modest, because of its
limited ability to command customer loyalty. A shopping
centre's size, diversity, and location relative to other centres
greatly influences the pattern of consumer spending.

8 More precisely, the Dutch practice is to distinguish
between A1, A2, B1, B2, and C locations. The A1 settings
are in city centres, and tend to be occupied by department
stores and dealers in clothes, shoes, and leather goods.
The lowest, C-grade locations are found mainly in the
urban fringe. The types of shops in these C locations are
much less profitable, partly because they require more floor
space – they include home furnishing shops, for instance,
and DIY centres. There is a wide range of rents and
investment values, with top prices paid for A1 locations and
the lowest prices for C locations (Bolt 2003: 62-70).

9 Municipalities are granted this freedom on the condition
that they provide sound reasons for their policies and
gather supporting evidence through a retail planning study
(*distributie planologisch onderzoek*; DPO). Moreover,
expansion of large-scale and peripheral (PDV/GDV) retail
locations must not have a negative impact on existing
shopping areas in the city centre (Voogd and Woltjer 2009).

Bibliography

Bakker, Jan Hendrik (2008) *Welkom in Megapolis. Denken
over wonen, stad en toekomst.* Amsterdam: Atlas.
Bolt, E.J. (2003) *Winkelvoorzieningen op waarde geschat.
Theorie en praktijk.* Mergelbeek: self-published.
Brayé, B. (2010) 'Nieuw denken voor het winkellandschap:
voorspelbaar of voorstelbaar'. *Real Estate Research
Quarterly*, 9, no. 1, pp. 4-10.
Breheny, M. (1996) 'Centrists, Decentrists and Compromis-
ers: Views on the Future of Urban Form'. In M. Jenks, E.
Burton and K. Williams, *The Compact City: A Sustainable
Urban Form?* Oxford: Oxford Brookes University, pp. 13-35.
Byker D. and D. Kruger (2009) 'Evolved Foraging Psychology
Underlies Sex Differences in Shopping Experiences and
Behaviors'. *Journal of Social, Evolutionary, and Cultural
Psychology*, 3(4).
CBS: Centraal Bureau voor de Statistiek (Statistics
Netherlands), www.cbs.nl
City of Amsterdam, Onderzoek en Statistiek (Research and
Statistics Department; O+S) (2009) *Amsterdam in cijfers.*
De Haan, J.J. and D.J. Walen (eds.) (2006) *Oog voor detail-
handel. Handreiking voor een detailhandelsstructuurvisie.*
The Hague: VNG Uitgeverij.
Christaller, W. (1966) *Central Places in Southern Germany.*
New Jersey: Prentice Hall, Englewood Cliffs (orig. edition in
German, 1933).
Evers, D., A. van Hoorn, and F. van Oort (2005) *Winkelen in*

heid en onbekendheid' toelaten tot het discours van
de compacte stad. De moderne compacte stad
heeft een polycentrische structuur waarin meerdere
centra tezamen zorgen voor een hogere gemiddelde dichtheid en diversiteit dan met een monocentrische structuur haalbaar is. Deze stad biedt
meer mensen op meerdere plaatsen de kans haar
'compactheid' te ervaren, mede door het gevarieerde winkelaanbod, ook in de periferie. Op deze
wijze kan de stad, ook op de kleine schaalniveaus,
haar ambivalente karakter blijven behouden en een
duurzame inspiratiebron voor vernieuwing zijn, ook
voor de retailsector.

1 S. Franke & G.J. Hospers, 2009. Zie ook de website van KEI,
kenniscentrum stedelijke vernieuwing.

2 HBD is de afkorting van Hoofdbedrijfschap Detailhandel. Zie
ook: www.hbd.nl

3 Daarbij onderscheidt winkelmarktonderzoeksbureau Locatus
(januari 2010) vier hoofdtypen naar aflopende stedelijkheid:
centraal 11,6 m^2, ondersteunend 4,7 m^2, verspreide bewinkeling
9,7 m^2 en overig 3,8 m^2.

4 In vergelijking: Duitsland kent iets meer dan 0,12 m^2 aan winkelcentrum per inwoner.

5 Over de therapeutische werking van winkelen wordt met name
in marketingkringen veel geschreven op het web. Zie ook Daniel
Kruger & Dreyson Byker, 2009.

6 Winkelen als 'beleving' is een modern verschijnsel. In 1880
werd in Nederland voor het eerst de term winkelen gebruikt.
Voor die tijd werden producten bezorgd door vaste leveranciers
of rondtrekkende marskramers. De dienstmeiden gingen naar
de markt voor de dagelijkse boodschappen en de fatsoenlijke
vrouwen bleven binnen. Door de industrialisatie en de opkomst
van massaproductie en innovaties op het terrein van hygiëne en
conserveren ontstonden winkels: nieuwe distributiepunten waar
producten in grote etalages werden uitgestald. Dat werd tech-
nisch mogelijk. Zo werd in 1885 de Haagse Passage gebouwd
en kwamen in het begin van de twintigste eeuw de warenhuizen.
In 1948 werd de eerste zelfbedieningszaak Van Woerkom in
Nijmegen geopend (D. Kooijman, 1999).

7 Relley (Bolt, 2003: pp.16-70) verklaart de aantrekkingskracht
vanuit een ruimtelijke interactietheorie waarbij het onderscheidend vermogen van winkelcentra en de afstand tot deze centra
doorslaggevend zijn voor de koopkrachtbinding, -toevloeiing en

-afvloeiing. Kleine centra worden gewaardeerd omdat de winkels dicht bij huis liggen. Als in redelijke nabijheid een winkelcentrum van hogere orde ligt dan zullen de groeiambities van het kleine centrum beperkt blijven vanwege de beperkte koopkrachtbinding. De grootte, de diversiteit en de relatieve ligging van een winkelcentrum ten opzichte van andere centra heeft grote invloed op de richting waarin koopkrachtstromen bewegen.

8 Ter zake worden inmiddels A1-, A2-, B1-, B2- en C-milieus onderscheiden. In het A1-milieu van binnensteden vinden we vooral kleding, schoeisel, leder en warenhuizen. Het is dit type winkels dat de A-milieus bezetten. De laagste, C-standplaats kwaliteiten vinden we vooral aan de rand van de stad. In C-milieus is sprake van een veel lagere productiviteit en dat heeft ook te maken met het feit dat het type winkel meer vloer oppervlak vraagt (zoals bijv. een woninginrichting- of doe-het-zelfzaak). De huurprijzen en beleggingswaarden verschillen sterk, waarbij topprijzen worden betaald in A1-milieus en de laagste prijs in C-milieus (Bolt, 2003: pp.62-70).

9 Wel geldt daarbij nog steeds de voorwaarde dat dit beleid goed gemotiveerd en onderbouwd dient te zijn met een distributie-planologisch onderzoek (DPO). Daarnaast mag branchever ruiming in de PDV/GDV-locaties geen negatief effect hebben op de bestaande winkelcentra in de stad (Voogd & Woltjer, 2009).

Literatuur

Bakker, Jan Hendrik (2008). *Welkom in Magapolis, Denken over wonen, stad en toekomst*, Atlas, Amsterdam.

Bolt, E.J. (2003), *Winkelvoorzieningen op waarde geschat: theorie en praktijk*, eigen uitgave, Mergelbeek.

Brayé (2010). 'Nieuw denken voor het winkellandschap: voorspelbaar of voorstelbaar', in: *Real Estate Research Quarterly*, 9, nr.1, pp.4-10.

Breheny, M. (1996). 'Centrist, Decentrists and Compromisers: Views on the Future of Urban Form', in: M. Jenks, E. Burton & K. Williams, *The Compact City: A Sustainable Urban Form?*, Oxford Brookes University, Oxford, pp.13-35.

Byker D. & D. Kruger (2009). 'Evolved Foraging Psychology Underlies Sex Differences in Shopping Experiences and Behaviors', in: *Journal of Social, Evolutionary, and Cultural Psychology*, 3(4)

CBS: Centraal Bureau voor de Statistiek. www.cbs.nl

Christaller, W. (1966). *Central places in Southern Germany*,: Prentice-Hall, Englewood Cliffs, New Jersey (oorspronkelijk in Duits: 1933).

Evers, D., A. van Hoorn & F. van Oort (2005). *Winkelen in megaland*, NAi Uitgevers, Rotterdam.

Franke, S. & G.J. Hospers (eds.) (2009). *De levende stad. Over de megaland*. Rotterdam: NAi Publishers.

Franke, S and G.J. Hospers (eds.) (2009) *De levende stad. Over de hedendaagse betekenis van Jane Jacobs*. Amsterdam: SUN Publishers.

HBD: Hoofdbedrijfschap Detailhandel (Industrial Board for the Retail Sector),www.hbd.nl

Jenks M., Burton E., and Williams K. (eds.) (1996) *The Compact City: A Sustainable Urban Form?* Oxford: Oxford Brookes University.

Katz, P. (ed.) (1994) *The New Urbanism. Toward an Architecture of Community*. New York: McGraw-Hill

KEI: kenniscentrum stedelijke vernieuwing (Urban Regeneration Expertise Centre), www.kei-centrum.nl

Kooijman, D. (1999) *Machine en Theater: ontwerpconcepten van winkelgebouwen*. Rotterdam: 010 Publishers.

Locatus (2010) *Verkooppunt verkenner Januari 2010* (electronic data file).

Majoor, Stan (2008) *Disconnected Innovations. New Urbanity in Large-Scale Development Projects: Zuidas Amsterdam, Ørestad Kopenhagen, and Forum Barcelona*. Eburon, Delft.

NBTC-Nipo study (2007).

Peek, G.J. and M. van Hagen (2002) 'Creating Synergy In and Around Stations: Three Strategies for Adding Value'. *Transportation Research Record, Journal of the Transportation Research Board*, no. 1793, pp. 1-6.

Peek, G.J. *Locatiesynergie: Een participatieve start van de herontwikkeling van binnenstedelijke stationslocaties*, Delft: Eburon Academic Publishers, 2006.

Werkgroep Binnenstedelijk Bouwen (City Centre Construction Working Group; 2010) *Prachtig Compact NL*. Report commissioned by the College van Rijksadviseurs.

Property Market Analysis (PMA) (2010) *Size and structure of national shopping centre markets as at end 2009* (electronic file).

Rietdijk N., P.J. Korteweg, and M.H. Stijnenbosch (2007) *Winkelthermometer*. Voorburg: NVB.

Soja, E. and Kanai, M. (2007), 'The Urbanisation of the World'. In *The Endless City*, London: Phaidon Press, pp. 54-69.

UN-HABITAT, *The State of the World's Cities*.

Uytenhaak, R (2008). *Steden vol ruimte. Kwaliteiten van Dichtheid*. Rotterdam: 010 Publishers.

Van Hagen, M., M. Galetzka, and A. Pruyn (2007), 'Perception and Evaluation of Waiting Time at Stations of Netherlands Railways (NS)'. Presented at the European Transport Conference, Association for European Transport and contributors.

Van Vegchel, G (1995), 'De maakbare samenleving en de opmars van de nieuwe professionele bestuurlijke elite'. *De nieuwste tijd*, 5, pp. 29-35.

Voogd, H. and J. Woltjer (2009), *Facetten van de planologie*. Alphen aan de Rijn: Kluwer (8th rev. ed.)

VROM (Dutch Ministry of Housing, Spatial Planning, and the Environment), *Nota Ruimte* (2006).

VROM, *Vierde Nota Ruimtelijke Ordening* (1999).

hedendaagse betekenis van Jane Jacobs, Sun, Amsterdam.

Haan, J.J. de & D.J. Walen (eds.) (2006). *Oog voor detailhandel. Handreiking voor een detailhandelsstructuurvisie*, VNG, Den Haag.

Hagen, M. van, M. Galetzka & A. Pruyn (2007). 'Perception and Evaluation of Waiting Time at Stations of Netherlands Railways (NS)', in: European Transport Conference: Association for European Transport and contributors.

HBD: Hoofdbedrijfschap Detailhandel. www.hbd.nl

Jenks M., Burton E. & Williams K. (eds.) (1996). *The Compact City: A Sustainable Urban Form?*, Oxford Brookes University, Oxford.

Katz, P. (ed.) (1994). *The New Urbanism. Toward an Architecture of Community*, McGraw-Hill, New York.

KEI, kenniscentrum stedelijke vernieuwing. www.kei.nl

Kooijman, D. (1999). *Machine en Theater: ontwerpconcepten van winkelgebouwen*, Uitgeverij 010, Rotterdam.

Locatus (2010). Verkooppuntverkenner, januari 2010 (databestand).

Majoor, Stan (2008). *Disconnected Innovations. New Urbanity in Large-Scale Development Projects: Zuidas Amsterdam, Ørestad Kopenhagen and Forum Barcelona*, Eburon, Delft.

NBTC-Nipo onderzoek (2007).

O+S, Amsterdam in cijfers (2009).

Peek, G.J. & M. van Hagen (2002). 'Creating Synergy In and Around Stations: Three Strategies In and Around Stations', in: *Transportation Research Record, Journal of the Transportation Research Board*, no.1793, pp.1-6.

Peek, G.J. (2006). *Locatiesynergie: Een participatieve start van de herontwikkeling van binnenstedelijke stationslocaties*, Eburon, Delft.

Prachtig Compact NL (2010). Studie van de werkgroep Binnenstedelijk Bouwen in opdracht van het College van Rijksadviseurs.

Property Market Analysis (PMA) (2010). Size and structure of national shopping centre markets as at end 2009 (databestand).

Rietdijk N., P.J. Korteweg & M.H. Stijnenbosch (2007). *Winkelthermometer*, NVB, Voorburg.

Soja, E. & M. Kanai (2007). 'The Urbanisation of the World', in: *The Endless City*, Phaidon, Londen, pp.54-69.

UN-HABITAT in haar rapport 'The State of the Worlds Cities'.

Uytenhaak, R. (2008). *Steden vol ruimte. Kwaliteiten van dichtheid*, Uitgeverij 010, Rotterdam.

Vegchel, G. van (1995). 'De maakbare samenleving en de opmars van de nieuwe professionele bestuurlijke elite', in: *De nieuwste tijd*, 5, pp.29-35.

Voogd, H. & J. Woltjer (2009). *Facetten van de planologie*, Kluwer, Alphen aan den Rijn (achtste herziene druk).

VROM, Nota Ruimte (2006).

VROM, Vierde Nota Ruimtelijke Ordening (1999).

De compacte regio
Naar een duurzame gebundelde concentratie

The compact region
Toward sustainable clustered concentration

Karin van Dreven, Bregit Jansen

De eerste associatie met het begrip 'compacte stad' is positief. Wellicht vooral vanwege daarmee verbonden indrukken dat het een mogelijk antwoord kan bieden op het toenemend ruimtegebrek, congestie en het verkeersinfarct. Maar door de compacte stad als sturingsmechanisme in de ruimtelijke ordening en stedenbouw al te rigide te omarmen bestaat de kans dat het functioneren van de stad in een groter geheel wordt onderschat. Onderlinge concurrentie en het streven naar eigen doelen voeren vaak de boventoon, in plaats van de noodzakelijke onderlinge afstemming van prioriteiten. Denk daarbij bijvoorbeeld aan het ontwikkelen van kantoorruimte en bedrijventerreinen. Iedere gemeente wil in de vaart der volkeren mee, met als gevolg verkwisting van ruimte en leegstand. Dergelijke gevolgen van het compactestadbeleid hebben de woningcorporaties in de afgelopen vijfentwintig jaar

The idea of the compact city initially evokes positive associations, perhaps because it promises solutions to several growing problems: lack of space, crowding, and traffic congestion. But when we use this idea too rigidly as a guiding mechanism in spatial planning and urban development, we may not fully appreciate how the city functions as part of a larger whole. In that case, competition and the pursuit of narrow self-interest are likely to gain the upper hand over the essential process of establishing common priorities. Consider, for example, the development of office space and business parks. Every municipality wants to get on the bandwagon, but the result is wasted space and vacancies. Over the past twenty-five years in the Netherlands, the compact city policy has not had as direct an effect on housing associations as the policies of urban renewal (*stadsvernieuwing*) and urban regeneration (*stedelijke vernieuwing*), the major cities policy (*grotestedenbeleid*), and the district approach (*wijkenaanpak*). But the city of The Hague has certainly felt the impact of compact city policy, an impact that has increased over time.

Social housing

A housing association's core mission is to provide accommodation for a particular group, namely those who cannot afford housing at market prices. All housing associations, including those in The Hague, have their specializations, but fortunately, they all work together to provide good housing for people on tight budgets. Housing associations are showing an increasing tendency to focus not only on homes, but also on their occupants, and they have gradually increased their investment in the social domain. To improve the operation of the housing market and build stronger neighbourhoods and districts, these associations must work together, both within those neighbourhoods and districts and at regional level.

The urban region is a suitable level for agreements about the housing market – joint commitments about how many housing units are needed for the relevant social groups, who will build them, and where. Coordination is essential. Otherwise, housing associations will inadvertently end up competing for some groups of occupants, while others will not be served adequately. Within the Haaglanden urban region, agreements have been reached about housing construction and the allocation of housing units. This has become an important tool for correcting imbalances in the housing stock, in both the city and the urban fringe. The municipalities surrounding The Hague are now doing their share to accommodate the target group for social housing. In the districts of The Hague where housing associations are active, this has opened up new possibilities for a diverse range of housing types.

niet zo direct geraakt als bijvoorbeeld de stadsvernieuwing, stedelijke vernieuwing, grotestedenbeleid en de wijkenaanpak wel hebben gedaan. Maar de invloed van het compactestadbeleid wordt in de stad Den Haag echter wel degelijk en ook in toenemende mate gevoeld.

Sociaal huisvesten

De belangrijkste taak van de corporatie is het huisvesten van de doelgroep, i.c. diegenen die zich niet zelfstandig kunnen redden op de woningmarkt. De Haagse corporaties kennen – net als elders – ieder een eigen werkveld. Maar gelukkig spannen zij zich samen in om de bewoners met een krappe beurs een goede woning aan te bieden. Daarnaast is er een tendens waarneembaar dat het bij corporaties niet alleen om de huizen gaat maar ook om de bewoners. De investeringen op het sociale domein zijn gegroeid. Het beter laten functioneren van de woningmarkt en daarbij de aanpak van buurten en wijken vragen om samenwerking. Samenwerking tussen partners binnen die buurten en wijken en de stad, maar ook om samenwerking op regionaal niveau.

De stadsregio is daarbij een goed niveau om afspraken over de woningmarkt te maken. Samen bepaal je hoeveel woningen er voor de sociale doelgroepen nodig zijn en wie op welke plek hoeveel aanbiedt aan de woningzoekenden in deze sector. Afstemming is noodzakelijk, anders ben je voor sommige doelgroepen onbewust elkaars concurrent en vallen sommige doelgroepen buiten de boot. Binnen de stadregio Haaglanden worden afspraken gemaakt over de bouwproductie en de woonruimteverdeling. Dit is een belangrijk middel gebleken om de eenzijdigheid van het woningbestand van de stad en de rand tegen te gaan. De randgemeenten nemen hun aandeel in het huisvesten van de sociale doelgroepen inmiddels op zich. In de Haagse corporatiewijken is er meer mogelijkheid om een gedifferentieerd woningaanbod te realiseren.

Werken aan de stad

Om de kerntaak goed uit te voeren moet een corporatie dus sociale woonruimte kunnen aanbieden en dus sociale woningen beheren, renoveren, vernieuwen en bouwen. Vastgoed is voor een corporatie een middel en geen doel op zich. Sterke steden worden gekenmerkt door een goed functionerende rechtvaardige woningmarkt en een evenwichtige bevolkingsopbouw. Hoewel de kerntaak dus al ruim een eeuw oud is zijn de opvattingen hierover toch enigszins veranderd. In de jaren tachtig van de vorige eeuw werd stadsvernieuwing gezien als een opgave die zich grotendeels beperkte tot de bestaande stad en de vernieuwing van de woningen voor de zittende bewoners. Dit werd ook wel 'bouwen voor de buurt' genoemd. De versleten negentiende-eeuwse donkere, kleine woningen maakten plaats voor een divers palet aan woningtypen in stedelijke blokken, zoals het Zeeheldenkwartier en de Schilderswijk in Den Haag. De stadsontwikkeling beperkte zich in deze jaren voornamelijk tot vernieuwing van de bestaande woningen. Daar waar mogelijk, zoals in de Schilderswijk, werden er meer woningen teruggebouwd dan afgebroken.

Er was sprake van een gestage extra groei naar nog meer nieuwe woningen. Deze vraag kon worden opgevangen in de nieuwbouwwijken binnen de stadsgrenzen (bijvoorbeeld Nieuw Waldeck en Bezuidenhout West). Een verdichting en dus een bijdrage aan de compacte stad. Hieraan kwam aan het einde van de jaren tachtig snel verandering. De kwantitatieve vraag naar woningen steeg aanzienlijk. Vooral op de koopmarkt. De woningmarktverdeling stond op een kenterpunt: de vrije sector groeide in de daaropvolgende decennia langzaam van 30% naar circa 70%. Deze zogenaamde Vinexopgave vond in de regio Haaglanden voornamelijk in de randgemeenten rondom Den Haag plaats. De woningproductie werd een regionale opgave.

Working on the city

To carry out its core mission of providing social housing, a housing association must manage, renovate, replace, and build such housing. For housing associations, property is a means to an end, rather than an end in itself. Strong cities are characterized by fair housing markets in good working order and by a balanced demographic makeup. Although the core mission has remained the same for more than a century, perspectives on it have changed somewhat. In the 1980s, urban renewal was seen as an activity that took place largely within the existing city, involving replacement of the homes of existing occupants. This was sometimes called 'building for neighbourhoods'. Small, dark, run-down nineteenth-century homes made way for a diverse palette of housing types, organized into city blocks (examples in The Hague include the Zeeheldenkwartier and Schilderswijk). In this period, urban development was limited primarily to the replacement of existing housing units. Where possible – in the Schilderswijk, for instance – more housing units were built than demolished.

Yet continuous population growth created a demand for still more new homes. This demand could be met in newly built districts within the city limits (such as Nieuw Waldeck and Bezuidenhout West in The Hague). This was a form of densification, and thus a contribution to the compact city. The 1980s saw a major change in this trend, as the quantitative demand for housing soared, especially on the selling market. The structure of the housing market had reached a turning point; in the decades that followed, the free-market sector grew from 30 to about 70 percent. In Haaglanden (the Hague region), this wave of 'Vinex' construction took place primarily in the municipalities surrounding the city; housing construction became a task for the region.

The compact city and the urban region

In this essay, we argue that the city should be regarded as an integral part of a larger whole: the urban region. This implies that Vinex and the compact city are not each other's opposites. That point of view is consistent with the definition used by the Dutch Council for Housing, Spatial Planning, and the Environment (*VROM-raad*) in its advisory report on sustainable urban development, which argues in favour of a model 'based on concentrated urbanization in existing cities. The compact city may be surrounded by a green belt or an official growth boundary. Urbanization takes place within the compact city, through the infilling of open spaces, area redevelopment, and densification. Any large-scale new construction for which there is no room within city limits takes place in extension districts adjoining the existing urban area.' The construction of the Vinex districts in the Haaglanden region – Ypenburg, Leidschenveen, and Wateringse Veld – was entirely in keeping with this definition.

Nevertheless, housing associations in The Hague could see, especially when Wateringse Veld was built, that Vinex construction had a significant effect on the city's pre-existing southwestern neighbourhoods (Morgenstond, Moerwijk, Bouwlust, and Vrederust). The wealthier residents moved away, reducing the customer base for services and facilities in the southwestern part of The Hague. What is more, these facilities now had to compete with newer ones in the surrounding Vinex districts. Against this backdrop, the municipal authorities in The Hague consciously chose not to develop an independent centre for shopping and other services in Wateringse Veld. It was thought that this decision would encourage the residents of Wateringse Veld to use Leyweg shopping centre in Morgenstond.[1] In combination with the municipal offices in the district and other facilities, Leyweg is the functional and spatial backbone of this part of The Hague, and the aim of this decision was to breathe new life into the southwest of the city. But consumers do not take orders, and only time will tell whether the plan was successful.

Another example showing that it is genu-

Compacte stad en de regio

In deze bijdrage pleitten wij ervoor dat de stad in dat grotere geheel wordt beschouwd. Compacte stad en Vinex zijn daarin geen tegenpolen. Dit sluit aan bij de definitie die de VROM-raad in het advies over duurzame stedelijke ontwikkeling hanteert. Men pleit daarin voor een model 'dat uitgaat van geconcentreerde verstedelijking in bestaande steden. Om de compacte stad heen kan een groene gordel liggen of een van hogerhand aangewezen groeigrens. Verstedelijking vindt plaats binnen de compacte stad, via opvulling van open gaten, transformatie en/of verdichting. Grootschalige nieuwbouw waar binnenstedelijk geen ruimte meer voor is, wordt in uitbreidingswijken direct grenzend aan het bestaand stedelijk gebied ontwikkeld.' Geheel in lijn met deze definitie werden in de regio Haaglanden Ypenburg, Leidschenveen en Wateringse Veld gebouwd.

De Haagse corporaties hebben evenwel met name door de bouw van Wateringse Veld ervaren dat dit een niet te onderschatten effect had voor de buurten van Den Haag Zuidwest (Morgenstond, Moerwijk, Bouwlust, Vrederust). De meer kapitaalkrachtige bewoners trokken weg met een dito afname van het draagvlak voor het voorzieningenniveau in Den Haag Zuidwest. Deze moest nu bovendien concurreren met de nieuwe en modern uitgeruste voorzieningen in de omliggende Vinexwijken. Het niet ontwikkelen van een zelfstandig voorzieningenhart in Wateringse Veld is vanuit die achtergrond een bewuste keuze van de gemeente Den Haag geweest. De bewoners zouden hierdoor worden gestimuleerd om gebruik te maken van het winkelcentrum Leyweg.[1] Tezamen met het stadsdeelkantoor en andere voorzieningen vormt het de functionele en ruimtelijke ruggengraat van dit deel van Den Haag. Dit moet de vitalisering ten goede komen van Den Haag Zuidwest. Desondanks is het daarmee nog geen gelopen race. De consument laat zich immers niet dwingen.

Een voorbeeld waaruit blijkt dat het effectief mogelijk is om te sturen op revitalisering van de bestaande stad door middel van slimme uitbreiding vinden we in de stad Groningen. De stad Groningen kent een helder compactestadbeleid. De Vinexuitbreiding vond aan de noordwestkant van de stad plaats in de uitbreidingswijken De Held I en II. Ook hier werd geen zelfstandig voorzieningenhart ontwikkeld. De nieuwe bewoners werden gestimuleerd om gebruik te maken van de voorzieningen van de naoorlogse wijk Vinkhuizen. Dit was de redding voor het noodlijdende winkelcentrum aldaar. Het winkelcentrum werd vernieuwd en hiervan ging een positieve impuls uit voor de herstructurering van Vinkhuizen. Het is volgens ons een goed voorbeeld van stedelijke ontwikkeling waarbij het plangebied (De Held) in een groter geheel is beschouwd. Door het betrekken van het stedelijke regionale perspectief gaat de compacte stad beter functioneren – zowel in fysieke, als in sociale zin.

Bedreiging

Terug naar Den Haag Zuidwest. Daar leken de wijken de concurrentiepositie ten opzichte van de andere wijken, en met name het Wateringse Veld, te gaan verliezen. De stad als emancipatiemachine – of anders gezegd: de mogelijkheid van sociale stijging – bleek in Den Haag Zuidwest nauwelijks gerealiseerd te kunnen worden. Vertaald naar het wonen betekende dit dat er onvoldoende wooncarrière mogelijk was. Er ontbraken in de wijk essentiele treden op de woonladder en daardoor werd het nabijgelegen Wateringse Veld een aantrekkelijk woonalternatief. Beheer en onderhoud van de bestaande woningen bleken een onvoldoende antwoord op die uittocht en de discussie over meer ingrijpende aanpassingen in de woningvoorraad werd gevoerd. In deze discussie domineerden met name de kwantitatieve doelstellingen: hoeveel woningen moesten er worden teruggebouwd. Meer kwalitatieve zaken zoals leef- en woonmilieus wer-

inely possible to work toward revitalization of the existing city through intelligent expansion is found in the city of Groningen, which has a clearly articulated compact city policy. Its new Vinex districts (De Held I and II) were built to the northwest of the city. As in The Hague, no independent centre was developed for shopping and other services. The new residents were encouraged to use the facilities in the postwar district of Vinkhuizen. Vinkhuizen shopping centre, which had been at death's door, was saved by this decision. The centre was renovated, a project which inspired the redevelopment of other parts of Vinkhuizen. We see this as a good example of urban development in which the area to be developed (De Held) is taken as part of a larger whole. By adopting the perspective of the urban region, it is possible to improve the functioning of the compact city (in both a physical and a social sense).

A threat to older districts

Let us now return to the southwest of The Hague, where it was difficult for older districts to compete with Vinex developments, and with Wateringse Veld in particular. It proved next to impossible for the city to act as a machine for improving the lives of its residents – in other words, to promote social advancement. In terms of housing, this meant that it was difficult to move up the property ladder over the course of one's life. In the older southwestern districts, some essential rungs were missing, and this made nearby Wateringse Veld an appealing alternative. When management and maintenance of existing dwellings proved insufficient to prevent an exodus, the discussion turned to more dramatic changes in the housing stock. This discussion was dominated by quantitative goals – specifically, the numbers of buildings to be replaced. More qualitative issues, such as the residential and living environment, were not given adequate attention, or, to be more precise, they were not addressed on the appropriate scale. In the districts of Morgenstond and Moerwijk, housing was demolished at a rapid pace and replaced with nearly identical new buildings; clearly, planners were focusing mainly on numerical targets. Eventually, the new housing was equivalent to about 80 percent of the demolished housing, with 30 percent in the social sector. One major motivation in all of this was the municipality's objective of growing while maintaining the level of services and facilities available. The municipal authorities overlooked research (such as ABF 2008)[2] that showed less demand for housing and a particular interest in the quality of the housing units and the residential environment. In conclusion, focusing on quantitative growth to the exclusion of all else does not necessarily lead to sustainable urban regeneration.

Smart densification and smart thinning-out
This brings us to the question of whether the compact city idea can provide an intelligent escape route from the tyranny of quantitative growth. The Hague, likewise, has concluded that retaining middle-income groups, including families, should be one of the central goals of urban development. The new municipal housing strategy for 2009-2020 makes this goal explicit: 'This housing strategy (*woonvisie*) also marks a change in our thinking about the possibilities of the city itself. In the area of urban and metropolitan amenities and services, the city has unique strengths. We plan to use those strengths in the service of people who wish to live in the city. We plan to build for city-dwellers, and we opt for expansion within the city.'[3] In our view, 'building for city-dwellers' does not necessarily mean infill throughout the city. To create a diverse range of residential environments that will convince city-dwellers to remain in The Hague, it will also be necessary to thin out some areas – parts of the postwar districts, for instance. Other parts of the city are ripe for smart densification. Good candidates include the sites in and around the city centre and (to a lesser extent) those around district centres. It should be noted that smart densification does not necessarily

den in onvoldoende mate meegenomen, of beter gezegd werden niet op het juiste schaalniveau geadresseerd. In de wijken Morgenstond en Moerwijk werden de woningen in rap tempo gesloopt en vervangen door vrijwel identieke nieuwbouw waarbij het vooral ging om de aantallen. In de praktijk werd ongeveer 80% van de gesloopte woningen teruggebouwd, waarvan 30% in de sociale huur. Dit alles was sterk ingegeven door de gemeentelijke ambitie om te groeien en de voorzieningen op peil te houden. Dit in weerwil van onderzoek (o.a. ABF, 2008[2]), waaruit bleek dat de woningvraag minder groot was en dat het vooral ging om de kwaliteit van de woningen en het woonmilieu. Een dergelijk eenzijdig beleid, gericht op kwantitatieve groei, leidt dus niet vanzelfsprekend tot duurzame stedelijke vernieuwing.

Slim verdichten en slim verdunnen
De vraag dient zich dus aan of het compactestadidee kan helpen om op een slimme wijze te ontsnappen aan de dictatuur van de kwantitatieve groei. Ook Den Haag heeft de conclusie getrokken dat het binden van de middengroepen, waaronder gezinnen, een hoofddoelstelling moet zijn van de stedelijke ontwikkeling. In de nieuwe woonvisie Den Haag 2009-2020 wordt dit expliciet onderschreven. 'Deze woonvisie markeert ook een verandering in denken over de mogelijkheden van de stad zelf. De stad heeft op het terrein van de (groot)stedelijke voorzieningen unieke kwaliteiten. Kwaliteiten die wij willen benutten, voor mensen die graag in de stad willen wonen. Wij willen bouwen voor stedelingen en kiezen voor uitbreiding binnen de stad.'[3] Bouwen voor dergelijke 'stedelingen' betekent o.i. niet per definitie (overal) verdichten. Om een diversiteit van woonmilieus te maken en daarmee de voornoemde stedelingen aan de stad te binden moet je ook, waar nodig, slim verdunnen, bijvoorbeeld in de naoorlogse wijken. Op andere plekken in de stad moet je slim verdichten. De locaties in en rond het

centrum en rond wijkcentra (in beperktere mate) lijken hiervoor geschikt. Overigens wordt met slim verdichten niet bedoeld dat dit tot woontorens moet leiden. Wellicht is het woord 'slim' verbonden met vormen van dichte laagbouw, zoals ook hiervoor door Frank de Vries bepleit. Juist in die delen van de stad waar 'rustig stedelijk wonen' het preferente woonmilieu vormt zou dit de ontwerpopgave kunnen zijn.

Slim verdichten en verdunnen is al jaren een leidend principe in de stedelijke ontwikkeling van de stad Groningen. Volgens stedenbouwer Tjerk Ruimschotel bestaan er 'kansen voor intensivering als gevolg van veranderende opvattingen over de bestaande ruimtelijke compositie. In de wijkvernieuwing zijn hoopgevende ervaringen opgedaan met de planmatige transformatie van verouderde bebouwings- en verkavelingstypes tot nieuwe bouwvormen. Hierin worden zowel verdichtings- als verdunningsstrategieën uitgeprobeerd. Intensief bouwen is niet per definitie hoger bouwen. Hoogbouw is soms slechts mogelijk door ook open ruimte te handhaven, bijvoorbeeld voor de oplossing van de bijkomende ontsluitings- en parkeerproblematiek. Daarnaast is de intensiteit van het stedelijk leven vaak meer gebaat bij een bredere concentratie, dan een enkel hoogtepunt dat zich veelal onttrekt aan de omgeving.'[4] Want stedelijkheid wordt gekenmerkt door plaatsen van ontmoeting en verrassing. De kans dat dit zich voordoet bij een hoge druk op de ruimte is groot. Je kunt dit niet afdwingen door in hoge dichtheden te bouwen. Bouwen in hoge dichtheden brengt niet automatisch een divers stedelijk leven. Daarvoor zijn een zorgvuldige functionele mix en een kwalitatief goed ingerichte openbare ruimte essentiële randvoorwaarden.

Duurzame verstedelijking

Het grote verschil tussen de twee achtereenvolgende ondernemingsplannen van Haag Wonen is het thema 'duurzaamheid'. In het plan dat in 2004

imply tower blocks. Instead, the term smart should perhaps be associated with compact low-rise buildings, as Frank de Vries argues elsewhere in this volume. This could be an appropriate design programme in parts of the city whose residents desire a 'tranquil urban lifestyle'.

Smart densification and thinning-out have been guiding principles in the urban development of the city of Groningen for many years. According the urban designer Tjerk Ruimschotel, there are 'opportunities for intensification as the result of changing opinions about the existing spatial structure. In district regeneration, we have had promising experiences with the planned redevelopment of outdated building and parcelling types. Strategies have included both densification and thinning-out. Intensive building does not necessarily mean taller buildings. High-rises often require more open space around them, because of issues such as parking and access to the building. Additionally, the intensity of urban life often benefits more from broader forms of intensification than from an isolated high-rise, which generally does not enter into much interaction with its surroundings.'[4] The urban setting is characterized by meeting places and unexpected encounters. Where space is in high demand, there is a good chance that this ambiance will emerge naturally, but it cannot be forced into existence through high-density building. In other words, high-density building does not automatically lead to diverse city life. Instead, the essential ingredients include a careful mix of land uses and high-quality design of public spaces.

Sustainable urbanization

The two most recent business plans of Haag Wonen – a major housing association in The Hague – differ crucially in one respect: sustainability. The plan presented in 2004 did not use the term even once. The most recent plan does discuss sustainability, and Haag Wonen aims to do more than just follow fashion. Good housing policy is based on people, planet, and profit. It

is no coincidence that people are the first
of the P's, since it is up to people to strike
a balance between all three. Experience
has taught us that sustainable cities have
a number of common features. They strive
for social justice; they have a clear grid
structure within which changes of land use
are possible (adaptability) and a good infrastructure; and their housing associations
coordinate their activities (to some degree).
That makes it possible for these cities to
guarantee the right to housing, which is
enshrined in the Dutch constitution. Our tenants are faced with housing costs that are
rising faster than those of owner-occupiers.
This is an excellent opportunity for housing
associations to take action, reining in energy
costs in order to reduce both housing
costs and carbon dioxide emissions. The
crucial factor is not technology, but tenant
behaviour. Raising consciousness of lifestyle
and household behaviour has been found
to have a much greater effect than any
technological measures.

The compact city and sustainability appear
to be highly compatible, with respect not
only to the environment, but also to social
and temporal issues. Compactness is often
equated with intensive high-rise buildings,
which can be more energy-efficient than
typical suburban forms of development. But
we regard this as an overly narrow perspective; sustainability is more than just compact
development. In its advisory report on
sustainable urban development, the Dutch
Council for Housing, Spatial Planning,
and the Environment argues for a broader
approach. The report describes sustainable
development as a 'challenging and guiding
concept',[5] but warns that we must 'keep in
mind that there is no one generic model for
sustainable development, such as the compact city. The necessary measures depend
in large part on factors that vary from region
to region.'[6] Concepts such as spatial quality,
liveability, ecology, and time are fundamental
to sustainable urban development.

het levenslicht zag kwam het woord niet voor. Nu
wel, maar hopelijk niet op een 'trendy' wijze. People-
Planet-Profit zijn de ingrediënten voor een goed
beleid. Dat de mens als eerste deze 3P's aanvoert
is geen toeval. De mens is immers als eerste aan
zet om het evenwicht tussen de P's tot stand te
brengen. Ervaring leert dat duurzame steden een
aantal zaken gemeenschappelijk hebben. Men
streeft sociale rechtvaardigheid na, de stad kent
een heldere gridstructuur waarbinnen functiewijzi-
ging plaats kan vinden (adaptievermogen) en goede
infrastructuur, sociale rechtvaardigheid en corporaties hebben iets met elkaar van doen. Hierdoor kan
invulling worden gegeven aan het recht op beschut-
ting, zoals dat in onze grondwet is vastgelegd.
Onze klanten zien hun woonlasten sterk stijgen,
sterker dan bij de eigenaar-bewoners. Een uitgele-
zen kans voor de corporaties om maatregelen te
nemen, om de energielasten terug te dringen en
daarmee zowel de woonlasten, als de CO_2-uitstoot.
Het kritieke pad hierbij is niet de technische kant
van de zaak, maar het gedrag van de bewoners. Het
creëren van bewustzijn omtrent leefstijl en woonge-
drag blijkt veel belangrijker dan de technische maat-
regel.
Compacte stad en duurzaamheid lijken zich ten
opzichte van elkaar goed te verstaan, niet alleen
milieuhygiënisch, maar ook sociaal en in de tijd
gezien. Niettemin wordt compact veelal gelijkge-
schakeld met intensief en gestapeld gebouwd en
dat kan in vergelijking met de suburbane stad een
energiezuinig concept zijn. Maar dit is volgens ons
een beperkt perspectief. Duurzaamheid omhelst
meer dan compact bouwen alleen. In het VROM-
raadadvies 'Duurzame Verstedelijking' wordt gekozen voor een bredere benadering. Duurzame ontwikkeling wordt daarin gezien als een 'uitdagend en
richtinggevend concept'.[5] Daarbij dient volgens de
raad 'voor ogen gehouden te worden dat er niet
een generiek model is voor duurzame ontwikkeling,
zoals de compacte stad. Wat nodig is hangt in

belangrijke mate af van regionale verschillen.'⁶
Begrippen als ruimtelijke kwaliteit, leefbaarheid,
ecologie en tijd liggen aan de basis van duurzame
verstedelijking.

Een moment van duurzame bezinning

De effecten van de economische crises zijn voelbaar en de nieuwbouw van woningen vindt nog
maar mondjesmaat plaats. het maakt een moment
van bezinning mogelijk, waarbij de vraag relevant is
of de grootschalige ingrepen wel de goede zijn. Is
het niet tijd voor een andere aanpak waarbij de
interventies in het stedelijk weefsel fijnmaziger worden? Meer differentiatie in programma en meer
mogelijkheden om in de tijd te faseren lijken de
ingrediënten te worden voor een nieuwe stedenbouw. Laten we het 'langzame stedenbouw' noemen. Dit is niet alleen een andere werkwijze, het
vraagt ook om andere rollen in het proces van verstedelijking. De lokale overheid en ook de woningcorporaties kunnen nog meer ruimte geven aan de
woonwens van de individuele consument. Daarbij
dient deze woonwens niet alleen door sloop- en
nieuwbouwplannen te worden gerealiseerd. Juist
het toelaten van aanpassingen in de bestaande
woningvoorraad is een belangrijk middel naar een
meer duurzame verstedelijking. In de komende jaren
zullen dus plannen ontwikkeld gaan worden om de
individuele woningverbetering (ook aan- en uitbouw) te stimuleren en renovatie meer toe te snijden op kwalitatieve woonwensen van de zittende
bewoners.
Een duurzame, leefbare, aantrekkelijke en schone
openbare ruimte is niet alleen een kwestie van
inrichting maar ook van beheer. Daarmee is het een
serieuze kostenpost in het gemeentelijke huishoudboekje. Er zijn mogelijkheden om die kosten te
beperken en gelijktijdig de kwaliteit van de woonomgeving te verbeteren. De gemeente kan besluiten, indien de ruimtelijke opbouw dat toelaat, om
delen van de openbare ruimte toe te voegen aan

A moment of sustainable reflection

The Netherlands is feeling the consequences
of the recent economic crises, and very little
new building is now taking place. This opens
the way for a moment of reflection, and one
relevant question is whether large-scale
projects are the best idea. Isn't it time for a
different approach, with more subtle interventions in the fabric of the city? A more diverse
programme of activities and a wider range of
scheduling possibilities are promising ingredients for a new paradigm, which we might
call 'slow urban development'. This paradigm
calls for both new working methods and new
roles in the urban development process.
Local government and the housing associations can devote even more attention to the
housing preferences of individual consumers.
These preferences should be satisfied not
just through demolition and new building;
another important means of sustainable
urban development is adaptation of the
existing housing stock. In the years ahead,
plans will therefore be made for encouraging
improvements to individual homes (including
extensions and additions) and tailoring renovation more to the qualitative preferences of
the current occupants.
  Sustainable, liveable, attractive, clean
public spaces require not only good design
but also sound management. This makes
them a major expense for municipal authorities. But there are ways to control costs
while improving the quality of the residential
environment. If the spatial structure allows,
the municipal authorities can decide to
allocate parts of public space to private
homes. This was done in a few cases in the
home-zone neighbourhoods (*bloemkool-
wijken*) built in The Hague in the 1980s. It is
not yet taking place systematically, however.
Densification is another possibility here, since
it often reduces the size of public spaces. If
this reduction is accompanied by an increase
in quality, it can be an improvement. But
densification plans often meet with great
resistance from local residents.
  The quality of the residential environment is

a major factor for people looking for a place to live. The necessary conditions for a successful match include cleanliness, security, proper maintenance, and often a neighbourhood of like-minded people. In spatial planning (and elsewhere), this is sometimes referred to as a residential environment (*woonmilieu*). The municipality of The Hague recognizes five types of residential environments, four of which are urban (the dense, central, standard, and green urban environments) and one of which is suburban. According to the municipal housing strategy, the residential environment says something about 'a number of interrelated characteristics, such as building form, building density, level of facilities and services, and location in the city'.[7] What we do not find in this description is anything about the residents and their collective way of life. For this reason, the municipality has added an additional dimension to its latest housing strategy: the residential atmosphere, which involves characteristics and residential preferences specific to The Hague. 'Residential atmosphere is the little something extra that makes an area recognizable and unique.'[8] The strategy defines no fewer than twelve atmospheres, such as 'relaxed seaside living', 'classical distinction', and 'green, relaxed urban living'.

This seems like a positive step, but unfortunately, it is the most detailed level of classification in the strategy. In the southwest of The Hague, 80 percent of the housing falls into the category of 'green, relaxed urban living', and the other 20 percent is identified as 'urban living away from the crowds'. Given the size of this part of the city (with almost 30,000 homes), these categories are extremely broad and do not provide sufficient information to influence future redevelopment. We believe that what is needed is a more fine-grained system of classification. At the same time, the range of building densities proposed for the southwest of The Hague is 35 to 50 dwellings per hectare, but once again, no detailed specifications are provided at the level of the district and neighbourhood.

private woningen. In de zogenaamde 'bloemkoolwijken' uit de jaren tachtig is dat in Den Haag op enkele plekken gebeurd. Van een structurele aanpak is echter nog geen sprake. Ook verdichting behoort hier tot de mogelijkheden. Verdichting leidt vaak tot minder openbaar gebied. Mits vermindering en verhoging van de gebruikswaarde hand in hand gaan kan dit een verbetering zijn. Want doorgaans krijgen verdichtingsplannen immers veel weerstand vanuit de bevolking.

De kwaliteit van de woonomgeving is een van de belangrijke factoren voor de keuze van de woningzoekende. Schoon, heel en veilig en dikwijls ook wonen onder gelijkgestemden zijn randvoorwaarden voor een succesvolle match. In de ruimtelijke ordening (en ook daarbuiten) wordt dit wel aangeduid met de term woonmilieu. De gemeente Den Haag onderscheidt zo in haar woonbeleid vijf woonmilieus waarvan vier stedelijk (hoogstedelijk, centrumstedelijk, stedelijk en groenstedelijk) en één suburbaan. Volgens de visie zegt het woonmilieu iets over 'een aantal samenhangende kenmerken zoals bouwvorm, bebouwingsdichtheid, bouwperiode, voorzieningenniveau en ligging in de stad'.[7] Maar daarmee zegt de omschrijving nog niets over de bewoners en hun manier van samenleven. Derhalve heeft de gemeente Den Haag in haar nieuwe woonvisie daaraan nog een extra laag toegevoegd: de woonsfeer. Op het niveau van woonsferen is er sprake van specifieke Haagse kenmerken en woonwensen. 'Woonsfeer is het extraatje dat zorgt voor een unieke en karakteristieke uitwerking van een bepaald gebied.'[8] Er zijn maar liefst twaalf sferen gedefinieerd waaronder 'ontspannen wonen aan zee', 'statig en klassiek' en 'groen en ontspannen wonen in de stad', etc.

Dit lijkt een goede aanzet maar is wel het meest gedetailleerde sturingsniveau dat wordt aangereikt. Den Haag Zuidwest bestaat zo voor 80% uit 'groen en ontspannen wonen in de stad' en voor 20% uit 'stedelijk wonen in de luwte'. Op de schaal van dit grote stadsdeel (circa 30.000 woningen) is dit een zeer globale aanduiding. Om bij te sturen in de toekomstige herstructureringsopgave biedt dit onvoldoende richting. Daarvoor is naar ons oordeel een differentiatie op een lager schaalniveau noodzakelijk. Tegelijkertijd wordt in Den Haag Zuidwest een bebouwingsdichtheid met een bandbreedte van 35 tot 50 woningen per hectare voorgesteld. Maar ook hier geldt dat er op wijk- en buurtniveau niet nader wordt gespecificeerd. Bovendien, door de kwantitatieve drive om op alle locaties aan de bovenkant van deze bandbreedte te gaan zitten, wordt de kans klein dat Den Haag Zuidwest zich kan onderscheiden. In de regio wordt sterk ingezet op het vergroten van het aanbod 'suburbaan' en 'kleinstedelijk en dorps wonen'. De vraag naar deze woonmilieus is volgens de regionale woonvisie Haaglanden 2000–2015 groot. Dus, vanuit een compactestadgedachte kan het bouwen in hogere dichtheden weliswaar op het eerste gezicht aantrekkelijk zijn, maar voor Den Haag Zuidwest betekent het dat het de concurrentieslag met de omgeving verliest. Door onvoldoende oog te hebben voor die regionale context laten we naar ons oordeel zelfs kansen liggen in de richting van een meer duurzame verstedelijking.

Regionaal compact

De regio Haaglanden positioneert zichzelf als een 'compact stedelijke regio'. Binnen de vanzelfsprekende stedelijke context van bebouwing en infrastructuur is er sprake van bijzondere recreatieve en natuurwaarden. Veenweidegebieden, het Groene Hart, een brede landgoederenzone en vanzelfsprekend het duingebied en de lange Noordzeekust liggen binnen handbereik. Volgens de regionale woonvisie onderscheidt Haaglanden zich van Rotterdam en Amsterdam op met name deze laatste bijzondere waarden. Dit wordt krachtig samengevat onder de noemer 'groen en compact'. Het stadsgewest is compact en wil dat blijven. Groen is daarbij een onderscheidende kwaliteit. Dat is een bewuste

Furthermore, the drive to build as many units as possible pushes all locations toward the upper limit of this range, a situation which makes it very difficult for the southwest of the city to develop a truly distinctive and appealing atmosphere. At the regional level, great effort is being made to expand the supply of housing in two categories: 'suburban' and 'town and village-style living'. These residential environments are in high demand, according to the regional housing strategy (*Regionale Woonvisie Haaglanden*) for 2000-2015. Therefore, even though a compact city approach might suggest that high-density building is an attractive option, for the southwest of the city, it would mean losing the competition with nearby areas. In our view, if the regional context is not fully appreciated, opportunities for more sustainable forms of urban development will be missed.

Compactness at regional level

Haaglanden presents itself as a 'compact urban region'. Within a clearly urban context of buildings and infrastructure, it offers exceptional recreational and natural features, including peat meadow landscapes, the Green Heart of the Randstad, a large zone of country estates, and of course, the dunes and the long North Sea coast, all within arm's reach. According to the regional housing strategy, these features are the key difference that sets Haaglanden apart from Rotterdam and Amsterdam. That point of view is expressed in the pithy slogan 'green and compact'. The urban region is compact and intends to remain so, but its green spaces set it apart. This is a consciously formulated objective for the region, supported by all the relevant municipal authorities. A compact, green urban region is seen as a prior condition for further improvement of housing quality. The regional strategy speaks to this point: 'in the design of spatial projects . . . the qualitative importance of green space outweighs the quantitative importance of building and other urban land uses'.[9] In other words, a choice has been made for compact urban development with an accent on green spaces. This objective has been in place for about ten years now, and since last year it has been an explicit part of the municipal housing strategy for The Hague. Compactness is back in fashion – not in the form of the compact city, but through clustering and concentration (social, cultural, economic, institutional, ecological, urban, etc.) at regional level.

1 http://www.denhaagkrachtwijken.nl/download/BC_5.09_ Voorzieinigenzone_Leweg_+_Haga-ziekenhuis.pdf
2 Quick Scan II, Haagse ambities, ABF Research 2008, 8.
3 Marnix Norder, letter accompanying the Woonvisie 2009-2020, Gemeente Den Haag (Municipality of The Hague) 2010.
4 Tjerk Ruimschotel, *De stad, een intense vorm van beschaving. De intense stad*, Groningen 2003.
5 *Duurzame verstedelijking*, summary of advisory report 076, VROM Raad (Dutch Council for Housing, Spatial Planning, and the Environment) 2010, 9.
6 *Duurzame verstedelijking*, summary of advisory report 076, VROM Raad 2010, 9.
7 *Woonvisie 2009 – 2020*, Gemeente Den Haag (Municipality of The Hague) 2010, 48.
8 *Woonvisie 2009 – 2020*, Gemeente Den Haag (Municipality of The Hague) 2010, 52.
9 *Regionale Woonvisie Haaglanden 2000-2015*, Stadsgewest Haaglanden (Haaglanden Urban Region) 2000, 27.

regionale ambitie die door alle aangesloten gemeenten wordt onderschreven. Een compact en groen stadsgewest wordt gezien als voorwaarde voor verdere verbetering van de woonkwaliteit. Daarin stelt de regionale woonvisie dat 'bij het ontwerpen van ruimtelijke ingrepen (...) het kwalitatieve belang van groen uitgaat boven het kwantitatieve belang van rood (bebouwing)'.[9] Er wordt dus gekozen voor compacte stedelijkheid waarin altijd bijzondere aandacht uitgaat naar groen. Deze ambitie is nu een tiental jaar oud en wordt sinds vorig jaar ook door de stad Den Haag expliciet in haar woonvisie uitgedragen. Compact mag weer. Niet als stad, maar als een gebundelde – sociale, culturele, economische, culturele, institutionele, groen-rode, etc. – concentratie van de regio.

1 www.denhaagkrachtwijken.nl.
2 Quick Scan II, Haagse ambities, ABF Research, 2008, p.8.
3 Marnix Norder, begeleidende brief bij Woonvisie 2009-2020, gemeente Den Haag, 2010.
4 Tjerk Ruimschotel, *De stad, een intense vorm van beschaving, De intense stad*, Groningen, 2003.
5 Duurzame verstedelijking, samenvatting van Advies 076, VROM-raad, 2010, p.9.
6 Duurzame verstedelijking, samenvatting van Advies 076, VROM-raad, 2010, p.9.
7 Woonvisie 2009-2020, gemeente Den Haag, 2010, p.48.
8 Woonvisie 2009-2020, gemeente Den Haag, 2010, p.52.
9 Regionale Woonvisie Haaglanden 2000-2015, Stadsgewest Haaglanden, 2000, p.27.

Compacte zorgstad
De bijdrage van de zorg aan compacte verstedelijking

Care in the compact city
The role of health care in compact urban development

Karst Blijham, Matthijs Bouw, Ad Huijsmans

Op 12 februari jl. deed de Nederlandse mededingingsautoriteit NMa invallen bij enkele Amsterdamse ziekenhuizen. De kartelwaakhond vermoedt afspraken die de concurrentie belemmeren. De NMa, zo valt in de *NRC* te lezen, wilde niet zeggen waar haar onderzoek zich precies op richt, maar een woordvoerder laat weten dat ze het 'vermoeden' heeft dat Sigra, een samenwerkingsverband van zorginstellingen in Amsterdam, de mededingingswet heeft overtreden. Deze wet verbiedt organisaties om onderling afspraken te maken op het gebied van prijzen, verdeling van gebieden en over welke instellingen welk soort werk op zich nemen.[1]
De tijd dat de chirurg op de markt zijn werk deed en dat zusters van liefde en diaconessen verzorgings- en gasthuizen exploiteerden is al lang voorbij. De zorg is onderdeel van de 'markt' geworden. Dat betekent dat de (ruimtelijke) ontwikkeling van zorgin-

On 12 February 2010, the Dutch competition authority (Nederlandse Mededingingsautoriteit; NMa) conducted raids of several hospitals in Amsterdam. In its role as anti-cartel watchdog, it suspected that they had made agreements that limited competition. According to the Dutch daily newspaper *NRC Handelsblad*, the NMa would not disclose the exact focus of its investigation, but a spokesperson said that they had a 'suspicion' that Sigra, an alliance of health care institutions in Amsterdam, had violated competition law. Specifically, organizations are prohibited from making agreements with one another on prices, areas served, and which institutions will take on what sort of work.[1]
The days are long past when Dutch surgeons made house calls and the country's hospitals were run by Sisters of Charity (Zusters van Liefde) and deaconesses. Health care is now part of the market sector,

and the spatial development of care institutions is therefore driven by considerations of profit and loss, linked to market processes and market players. This has far-reaching implications for spatial design in general and the compact city approach specifically. Market forces are driving two concurrent health care trends: clustering and upscaling on the one hand, and dispersal and downward transfer of services on the other. These trends are manifest in physical space, in the locations and activities of various types of care institutions. Market forces are also bringing about a second fundamental change for care institutions that bears on the compact city. Specifically, these institutions are now influencing the form of urban life and have the potential to enhance spatial and social quality – for instance, by raising the level of service that they offer.

We begin with a description of developments in the spatial distribution of care, followed by two examples from Deventer that show how care institutions, through their role in urban life, can create both social and economic value.

Trends in the spatial development of health care

In the early twentieth century, most Dutch hospitals were in the centres of cities and major towns. A growing number of specialists with home offices were affiliated with hospitals. Over time, additional hospitals were built or old hospitals were replaced by modern ones on the edge of town. As hospitals came to offer a larger range of facilities, specialists were increasingly drawn to the advanced equipment that they offered.

As a result, costs began to rise out of control. The national authorities decided to place more and more emphasis on regulating supply, and therefore had a growing interest in limiting the number and length of hospital admissions. In the early 1980s there were still 285 general hospitals and 7 academic hospitals. The length of the average inpatient stay was considerable: 21

stellingen tegenwoordig mede wordt geleid door principes van winst en verlies en dus meebeweegt met marktprocessen en marktspelers. Ook voor de ruimtelijke inrichting in het algemeen en dat van de 'compacte stad' in het bijzonder heeft dat grote implicaties. Marktwerking kenmerkt zich in de zorgsector immers door de parallelle tendens van concentratie en opschaling enerzijds en deconcentratie en verkleining anderzijds. Deze kenmerken van marktwerking zijn ook ruimtelijk zichtbaar, in de locaties en functionaliteit van verschillende typen zorginstellingen. Marktwerking brengt daarnaast een tweede fundamentele verandering met zich mee voor zorginstellingen in relatie tot de compacte stad, vooral in de wijze waarop zorginstellingen zich als coproducenten van de stad gedragen, en ze (potentieel) een bijdrage kunnen leveren aan de ruimtelijke en sociaal-maatschappelijke kwaliteit, bijvoorbeeld in termen van het voorzieningenniveau.

Na een beschrijving van de ruimtelijk-distributieve ontwikkelingen van de zorg willen we aan de hand van twee voorbeelden uit Deventer laten zien hoe, bij de rol als coproducent van de stad, maatschappelijke en economische waardecreatie gelijk op kunnen gaan.

Ruimtelijke ontwikkelingen van de zorg

In het begin van de vorige eeuw bevonden de meeste gasthuizen en ziekenhuizen zich centraal in gemeenten en steden. Een toenemend aantal specialisten verbond zich vanuit een praktijk aan huis aan de ziekenhuizen. Die werden nieuw gebouwd of oude ziekenhuizen en gasthuizen werden vervangen door modernere versies aan de rand van de stad. Met de toename van de mogelijkheden die een ziekenhuis kon bieden werd het belang van specialisten om gebruik te maken van de mogelijkheden van een ziekenhuis met zijn steeds geavanceerder equipment groter.

Hierdoor begonnen de kosten uit de hand te lopen. De overheid besloot meer en meer op aanbod te sturen en kreeg meer en meer belang bij minder en kortere opnameduur. Aan het begin van de jaren tachtig waren er nog 285 algemene ziekenhuizen en 7 academische ziekenhuizen. De gemiddelde verpleegduur was lang (in het AZU werd vanaf begin jaren tachtig nog gemiddeld 21 dagen zorg verleend. Steeds vaker werden ziekenhuizen gedwongen te fuseren, vaak verleid met een in het vooruitzicht gestelde nieuwbouw. Dat nam veel tijd. Zo besloot de betrokken minister in het midden van de jaren vijftig dat het AZU opnieuw gebouwd moest worden. De bouw startte dertig jaar later, in 1983, en werd voltooid in 1989. Drie Arnhemse ziekenhuizen zijn 26 jaar in overleg met elkaar geweest en hebben twee achtereenvolgende fusies meegemaakt, voordat uiteindelijk de nieuwbouw in 1991 kon starten voor het samengevoegde ziekenhuis. De voorbereidingstijd van de bouw van een ziekenhuis was langer dan de geplande levensduur van het gebouw.

Hoewel het er misschien door die traagheid niet op lijkt, is een aantal stedelijke fenomenen ook aan de orde in de gezondheidszorg. De voornoemde schaalvergroting leidt ertoe dat grote ziekenhuizen regionaal opereren. In termen van bereikbaarheid worden daarom de locaties gekozen op de grootste gemene deler, in Nederland nog steeds de auto. Ziekenhuizen vestigen zich, net als veel kantoren en grootschalige detailhandel, bij voorkeur op wat vroeger C-locaties heetten, langs de snelweg.

Een ander fenomeen dat zich naar verwachting zal doorzetten is de verdere specialisatie. Om concurrerend topzorg te kunnen bieden kiezen ziekenhuizen voor een beperkt aantal specialismen. Ziekenhuizen krijgen daarmee ook steeds meer een landelijk bereik. Tegelijkertijd worden ze ook steeds meer onderdeel van een andere, meer stedelijke economie: die van de kenniswerkers. Bij steeds verregaandere specialisatie ontstaan er immers ook steeds meer specifieke kennisclusters, waar ziekenhuis, private zorginstellingen, bedrijfsleven en universiteit

days, for instance, at the academic hospital in Utrecht (the AZU, now the UMC Utrecht). With growing frequency, hospitals were compelled to merge, often with the tempting prospect of a new building or complex. This was a time-consuming process. For instance, the responsible minister decided in the mid-1950s that a new complex should be built for the AZU. Construction started thirty years later, in 1983, and was completed in 1989. To take a different example, three Arnhem hospitals spent twenty-six years in negotiation and went through two successive mergers before the construction of the new, joint hospital complex could begin in 1991. The preparation time for the construction of a hospital had come to exceed the lifespan of the building.

A number of urban phenomena are at work in the health care sector, though the slow pace of change makes them difficult to discern. The above-mentioned trend of upscaling has led major hospitals to begin serving entire regions. Locations are selected that are easily accessible to the majority of users, and in the Netherlands, that still means accessible by car. Hospitals are now opting for locations along highways, of the same variety favoured by many office buildings and large-scale retail outlets (a category formerly known in the Netherlands as C locations).

Another tendency that can be expected to continue is increasing specialization. To offer competitive, top-quality care, each hospital is focusing on a limited number of specialties. Hospital catchment areas are thus expanding to take in the entire country. Meanwhile, hospitals are becoming more fully integrated into another, primarily urban economy, that of the knowledge workers. Increasing specialization is leading to the emergence of more and more clusters of specialized knowledge, which bring together hospitals, private care institutions, businesses, and universities. In Leiden, for instance, this trend is already clearly visible at the Bio Science Park. The locations for knowledge clusters of this kind are governed by very different criteria. An attractive city with a full range of amenities and services, where knowledge workers in health care and other sectors can meet, and with a high quality of life for expats and professionals, is an asset of the highest order.[2]

These two contrasting spatial trends – on the one hand, the migration to large hospitals in the urban periphery and, on the other hand, the preference for locating knowledge centres in urban centres – will both profoundly influence the form of the compact city. It is not yet clear which one will prove dominant, but there can be no doubt that both trends will continue; there is no reason whatsoever to assume that there will not simply be four academic hospitals in some years' time.

Alongside this specialization and upscaling, however, the health care sector is also following an almost contrary line of development. In addition to the measures described above, government has also encouraged an expanding scope of practice for primary care – that is, a shift away from hospital-based care towards care provided in the home by general practitioners and home care agencies. Appropriately, the first trials of this new system took place in the new town of Almere, with large general practices that were intended to reduce avoidable hospital admissions. The result of this policy has been that the bulk of the disease process now takes place outside the hospital. Hip replacements, for example, often require a year's absence from work, but only three days are spent as a hospital inpatient. Rehabilitation and aftercare generally take place in rehab centres, nursing homes, and the patient's own home, in a combination that depends on the individual case. This explains why – unlike hospitals, which are moving to the urban fringe – general practices, physiotherapists, and pharmacists are now located in health centres in residential neighbourhoods.

The trend described above has reduced the number of hospitals in the Netherlands, from 285 in the early 1980s to about 100 today. The number of beds has decreased substantially, and the average inpatient stay

samenkomen. In bijvoorbeeld Leiden is deze ontwikkeling al heel goed zichtbaar in het bio-sciencepark. En voor zulke kennisclusters gelden heel andere vestigingscriteria. Een aantrekkelijke stad, met voorzieningen waar de (medische) kenniswerkers elkaar kunnen ontmoeten, en met een goed leefklimaat voor expats en professionals, is daarbij een vereiste.[2]

Voor deze twee ruimtelijk tegengestelde ontwikkelingen, de trek van de grote ziekenhuizen naar de periferie van de stad en de wenselijkheid van de vestiging van de kenniscomponent in de stad, geldt dat ze van grote invloed zullen zijn op de 'compacte stad'. Het is nog niet duidelijk welke van de twee ontwikkelingen sterker zal blijken, terwijl het wel evident is dat deze ontwikkelingen zich verder zullen doorzetten; er is geen enkele reden om te veronderstellen dat er over een aantal jaren niet gewoon vier academische ziekenhuizen zijn.

Tegenover deze specialisatie en opschaling is er echter ook nog een andere, bijna tegengestelde ontwikkeling van de zorgsector. Naast de voornoemde maatregelen stimuleerde de overheid immers ook een verschuiving van tweede naar eerste lijn; dus van ziekenhuiszorg naar zorg thuis door huisarts en thuiszorginstellingen. De eerste experimenten daarmee waren, heel toepasselijk, in de new town Almere, met grote huisartsenpraktijken die ziekenhuisopnamen waar mogelijk moesten voorkomen. Resultaat van het beleid is geweest dat het leeuwendeel van het ziekteproces nu buiten het ziekenhuis plaatsvindt. Bij een heupvervangende operatie, bijvoorbeeld, is men vaak een jaar weg van het werk, maar ligt men slechts drie dagen in een ziekenhuis. Revalidatie en nazorg vindt plaats in een per patiënt wisselende mix van revalidatie-inrichting, verpleeghuis en thuis. Het is dus logisch dat, waar ziekenhuizen zich verplaats(t)en naar de rand van de stad, eerstelijnspraktijken, fysiotherapeuten en apothekers zich in gezondheidscentra in de woonwijken vestigen.

Sint Geertruidenlocatie.
St. Geertruiden site.

Plan voor Sint Geertruidenlocatie.
Plan for the St. Geertruiden site.

is now about six days. This has opened up (or is opening up) many central urban sites for redevelopment. These sites were vacated by hospitals and are now available for new purposes.

In 2009, after fifteen years of preparation, Deventer built a new hospital – on the urban fringe, as usual. The construction of this new hospital, which plays an important role throughout the region, has opened up two sites in the city proper, formerly occupied by St. Jozef and St. Geertruiden Hospitals. The practical significance of the aforementioned trends on the work floor in the compact city (aside from the effects on spatial distribution) can be illustrated by our experiences in Deventer.

Social and financial value creation

Until recently, hospital administrators had absolutely no motivation for striving toward the redevelopment of the soon-to-be-vacated sites in a way that would be profitable for the hospital and enhance the spatial structure and the life of the city. Although hospitals had a fifty-year write-off period and were replaced within that time, and relocation therefore predictably led to a book loss, the national organization that set medical fees (Centraal Orgaan Tarieven Gezondheidszorg, now part of the Nederlandse Zorgautoriteit) allowed a temporary increase in the basic daily rate for hospital care (the *verpleegtarief*) to compensate for this book loss. When a book profit was inadvertently made, the *verpleegtarief* was lowered to compensate.

The result was that most sites were quickly sold to project developers, and that is still the case today. Health care institutions did not and do not have any expertise in the property market, and they often had other concerns, such as planning the relocation. Consequently, the financial value created by redevelopment often accrued to developers, and the creation of spatial and social value was not given much thought.

Deventer took a different approach, however. We developed an alternative method

Met de voornoemde ontwikkeling werd het aantal ziekenhuizen in Nederland teruggebracht van 285 aan het begin van de jaren tachtig naar bijna honderd thans. Een substantieel aantal bedden werd ingeleverd en de gemiddeld verpleegduur is nu rond de zes dagen. Dat betekent dat er een groot aantal terreinen vrijkomt of vrijgekomen is. Die terreinen worden afgestoten en krijgen een nieuwe functie. In Deventer is in 2009, na vijftien jaar voorbereiding, een nieuw ziekenhuis gebouwd, wederom aan de rand van de stad. In dit nieuwe ziekenhuis, met een sterk regionale functie, zijn twee locaties in de stad, Sint Jozef en Sint Geertruiden, vrijgekomen. Wat de bovenstaande ontwikkelingen, naast de ruimtelijke-distributieve effecten, concreet kunnen betekenen op de 'werkvloer' van de 'compacte stad' laat zich vertellen aan de hand van onze ervaringen daar.

Maatschappelijke en financiële waardecreatie

Tot voor kort hadden ziekenhuisbestuurders er geen enkel belang bij om voor de te verlaten locaties een herontwikkeling met een goede financiële opbrengst voor het ziekenhuis en een mooie bijdrage voor de stad, in ruimtelijke en programmatische zin, na te streven. Hoewel ziekenhuizen in vijftig jaar werden afgeschreven en binnen die tijd werden vervangen, en er dus een voorspelbaar boekverlies ontstond, stelde het Centraal Orgaan Tarieven Gezondheidszorg een tijdelijke opslag op het verpleegtarief vast om het boekverlies te compenseren. Wanneer er per ongeluk een boekwinst werd gemaakt, dan werd deze middels een afslag op het verpleegtarief verrekend.

Het gevolg daarvan was dat de meeste locaties snel werden verkocht aan projectontwikkelaars. Ook nu is dat nog het geval. Zorginstellingen hadden en hebben vaak niet de expertise om met vastgoed om te gaan, en vaak wel andere dingen aan hun hoofd, zoals een verhuizing. Het gevolg daarvan was, in veel gevallen, dat de waardecreatie van de herontwikkeling in financiële zin vooral de ontwikkelaar ten goede kwam, en dat de waardecreatie in ruimtelijk-programmatische en maatschappelijke zin niet echt van belang werd gevonden.

In Deventer is het anders gedaan en hebben we een alternatieve methode van verkoop, of vervreemding (zoals het College Sanering Zorginstellingen, de toezichthouder, dat noemt) ontwikkeld. Op basis van deze methode komt het grootste gedeelte van de waardecreatie te liggen bij ziekenhuis en gemeente, en blijft het dus in het (semi)publieke domein.

De 'Deventer Methode' is gebaseerd op de overtuiging dat de belangen van zorgpartijen en gemeente zich eenvoudig laten verenigen, door samen op te trekken in een transparant herontwikkelings- en verkoopproces, en daarmee de rol van 'intermediairen' (waaronder bijvoorbeeld de ontwikkelaar) te beperken. De toenmalige directeur van het Deventer Ziekenhuis verwoordde het kort en bondig: 'iets moois achterlaten, en aan de aanbodszijde blijven.

De grond van de Sint Geertruidenlocatie, waarop bij aanvang van het proces de bestemming 'ziekenhuis' lag, werd in een intensief proces, onder leiding van het ziekenhuis, met gemeente en omwonenden voorzien van een nieuw bestemmings- en beeldkwaliteitplan op basis van One Architecture's stedenbouwkundig voorstel voor de locatie.

Het stedenbouwkundig concept gaat uit van sloop van het merendeel van de naoorlogse bebouwing. Zo wordt het oorspronkelijke groene karakter van de zes hectare grote locatie, als tuin rondom de oudbouw van het ziekenhuis, hersteld. De oudbouw zelf, een mooi gebouw met karakteristieke details uit 1938, is bouwtechnisch en functioneel goed te handhaven. Er werd aangetoond dat het geschikt te maken is voor een grote variëteit aan grondgebonden woningen en appartementen. Het plan brak zo met het aanvankelijke idee van de meeste ontwikkelaars om op de locatie de omringende jarendertigbebouwing van (half)vrijstaande villa's te repeteren. Daarmee zou anders een bijna volledig uitgege-

for the sale or 'alienation' (*vervreemding*, the term used by the relevant supervisory body, the College Sanering Zorginstellingen) of former hospital sites. This method ensures that most of the value created will accrue to the hospital and the municipality, remaining in the public and semi-public domain.

The Deventer Method is based on the belief that the interests of health care institutions and the municipality can easily be brought into alignment, through joint participation in a transparent redevelopment and sales process in intermediaries such as developers play only a limited role. In the concise words of Deventer Hospital's former director, the method 'leaves something worthwhile behind while remaining on the supply side'.

The St. Geertruiden location, which at the start of the process had been designated as a hospital site, was the subject of a new land use plan (*bestemmingsplan*) and visual quality plan (*beeldkwaliteitplan*) developed through intensive consultation led by the hospital with the municipality and neighbourhood residents. These plans were based on an urban development proposal (*stedenbouwkundig voorstel*) for the site by the firm One Architecture.

The underlying urban development concept envisages the demolition of most of the postwar structures. The aim is to restore the original green character of the six-hectare site, which will again surround the old hospital like a garden. The old hospital itself, an attractive building from 1938 with striking details, was found to be a good candidate for preservation, in both structural and functional terms. It was determined that the building was suitable to accommodate a wide variety of ground-level homes and apartments. The plan was thus a radical departure from the initial idea put forward by most developers, which was to extend the surrounding urban development pattern of detached and semi-detached 1930s villas onto the site. This would have resulted in a very rigid spatial structure filling almost the entire site.

A structure around a courtyard with arms

extending into the greenery is more compatible with the setting and with the preferences of future occupants, who want to live in a true city neighbourhood rather than an anonymous apartment complex or Vinex suburb. In the urban planning concept, the main theme (a courtyard with 'arms') recurs several times on the site. It combines urban living with a degree of communal living, set in the greenery that surrounds the arms (a vision inspired in part by the almshouses and community gardens in Deventer's city centre). A great deal of freedom can be exercised in positioning the arms, and this makes it possible to adapt to the structures already on the site and preserve the valuable green space.

The high quality of the proposal inspired the municipality to go to great lengths to expedite the planning procedures. The concomitant reduction of the risk run by the purchaser (for example, the project developer who buys the land) is partly reflected in a higher price.

The urban planning concept and the related land use and visual quality plans were designed not only to put the site to the best possible use while safeguarding its spatial quality, but also to give developers a degree of freedom in the implementation phase. Aspects to which a developer could make a creative contribution – such as target groups and marketing, the range of housing types and combination of functions, the project schedule and order of activities, and so forth – were, by and large, left open for individual interpretation. Moreover, the land use plan did not provide a fixed construction planning framework (*bouwenvelop*), but a set of percentages and margins within which one could vary the relative proportions of ground-level houses and apartments, or of private and communal outdoor space. The project can be constructed in multiple stages. As part of the visual quality plan, and to allow for differentiation within a strong communal identity, the DNA method was developed. According to this method, the architectural style, the use of materials, the building height,

ven, en sterk verstrate inrichting ontstaan.

De ruimtelijke opbouw, rondom een hof en met armen in het groen, sluit goed aan bij de omgeving en past bij de wens van toekomstige bewoners; mensen die in een echte buurt in de stad wonen en niet in een anoniem appartementencomplex of in een Vinexwijk. In het stedenbouwkundig concept wordt de hoofdfiguur van een 'hof met armen' een aantal keren vrij op de locatie 'herhaald'. Het combineert het wonen in de stad, met een zekere mate van collectiviteit, met wonen in het groen, rondom de armen (een inspiratie daarbij vormen de huidige hoven en gemeenschappelijke tuinen in de Deventer binnenstad). De vrije plaatsing van de armen maakt het mogelijk goed aan te sluiten bij de bestaande bebouwing en het waardevolle groen te handhaven.

De hoge kwaliteit van het voorstel heeft ertoe geleid dat de gemeente zich intensief heeft ingespannen om de planologische procedures vlot te laten verlopen. De daarmee gepaard gaande inperking van risico's voor de afnemer, zoals bijvoorbeeld de projectontwikkelaar die de grond koopt, vertaalt zich deels in de hogere verkoopprijs.

Een belangrijk criterium bij de ontwikkeling van het stedenbouwkundig concept en het daaruit volgende bestemmingsplan en beeldkwaliteitplan is dat ze, naast het maximaliseren van de hoeveelheid programma en het borgen van de ruimtelijke kwaliteit, ontwikkelaars nog vrijheid moet bieden bij de uitwerking. Aspecten waaraan een ontwikkelaar een creatieve bijdrage levert, zoals doelgroepen en marketing, woningdifferentiatie, en programmering, fasering en bouwvolgorde zijn nog in zeer grote mate in te vullen. Het bestemmingsplan geeft in dit geval geen vastomlijnde bouwveloppen, maar percentages en schuifmarges, waardoor het nog mogelijk is in de verhouding grondgebonden woningen en appartementen, alsmede in de verhouding privé buitenruimte en collectieve buitenruimte, te variëren. Het geheel kan gefaseerd gebouwd worden. In het beeldkwaliteitplan is, om differentiatie binnen een sterke gedeelde identiteit mogelijk te maken, een zogenaamde DNA-methode ontwikkeld. Volgens deze methode kunnen de stijl van architectuur, het materiaalgebruik, de bouwhoogte, de dakvorm, het bebouwd oppervlak of de functies elk op zichzelf sterk afwijken van de oudbouw, zonder dat het concept van 'herhaling' wordt aangetast.

Voorzien van een nieuw planologisch-juridisch kader waarin de kwaliteit geborgd is en de hoeveelheid te ontwikkelen programma helder, werd het mogelijk de grond te verkopen zonder veel risico's voor de kopende partij. Deze situatie, zonder losse eindjes, maakte het ook mogelijk te verkopen op basis van een onvoorwaardelijk grondbod. Hiervoor werd een veiling georganiseerd waaraan een achttal projectontwikkelaars deelnamen. Het aanzienlijke verkoopresultaat toonde aan dat hier 'marktwerking' optimaal ingezet was.

Voor Deventer betekent dit proces dat op een bijzondere plek in de stad een bijzondere ontwikkeling zal komen, met een voor publiek toegankelijk park en behoud van de identiteit van de plek. Bovendien zou de opbrengst het zomaar mogelijk kunnen maken dat bijvoorbeeld de afdeling oncologie voor het Deventer Ziekenhuis behouden kan blijven. Hoge stedenbouwkundige kwaliteit en hoge opbrengsten voor grondeigenaren kunnen hand in hand gaan. En dat, door het helder neerzetten van publieke en private rollen in een transparant proces, met het slimmer inzetten van marktwerking, zo veel waarde in het (semi)publieke domein is gebleven dient, in deze tijd van vastgoedfraude en crisis, als lichtpuntje. Vanuit dat laatste aspect is de casus daarom ook methodisch gezien belangrijk voor de 'Compacte Stad'. De 'Compacte Stad' vraagt immers, naast slimme coalities, ook veel geld. Ze zou duur zijn.[3] In de 'Deventer Methode' drupt waarde niet volledig weg via de tussenpersonen (de ontwikkelaars) maar blijft ze grotendeels in de stad en haar ziekenhuis.

the shape of the roof, the built-up surface, and the mix of functions can each individually differ from that of the old building without detracting from the visual quality concept of 'repetition', of a family of buildings.

A new legal and planning framework ensured the quality of the project and clearly specified the functional requirements. It was then possible to sell the land without excessive risk being run by the purchaser. This situation, in which there were no loose ends, also made it possible to sell the land by means of an unconditional bidding procedure. An auction was organized, in which eight project developers took part. The impressive selling price showed that 'market forces' had been put to 'optimal use'.

For the city of Deventer, one benefit of this approach will be high-quality development in a special part of the city, with a publicly accessible park and preservation of the area's identity. At the same time, the proceeds from the sale can potentially be used to achieve other worthwhile objectives, such as retaining the oncology department at Deventer Hospital. High-quality urban development and high proceeds for landowners can go hand in hand, The retention of so much value in the public domain, thanks to the clear-headed performance of public and private roles in a transparent process making intelligent use of market forces, is a point of light in this time of property fraud and financial crisis. That final aspect makes this an especially significant case study, in methodological terms, for compact city policy. Along with intelligent coalitions, the compact city also requires a great deal of financing. It has the reputation of being expensive.[3] The Deventer Method prevents the leakage of newly generated value to intermediaries (developers), instead preserving value for the city and its hospital.

Small-scale health care in the city
Besides the retention of value in the city, another project was carried out on the Deventer 'work floor', a project aimed at keeping some health care services in the city – namely, the

primary care practices left 'footloose' by the relocation plans. On the site made available by the relocation of Deventer Hospital, part of the former St. Jozef Hospital building has been converted into a health centre.

Locating the health centre in the most attractive parts of the old hospital complex made it possible to preserve that complex and leave behind something special for the city and the neighbourhood residents after relocation. Deventer Hospital took advantage of its special status in the Deventer health care infrastructure to directly involve primary care providers, the future tenants, in the conversion of the complex. One major motivation for this project was the social value that it would generate, by providing a strong basic health care infrastructure for the district after the hospital's departure, preserving a historically important complex for the city, and placing the history of the building on display.

To make the most of this added value, it was decided to make part of the complex accessible to the general public, and the gallery is designed to continue serving as a semi-public space, allowing access to other future uses of the site. The design thus laid the groundwork for the future role of the entire St. Jozef location as an integral part of the urban fabric, even though work had not yet begun on the new plans for the site (which are to be developed by another health care institution). In short, the health care centre has provided the spark for a major improvement in the quality of the neighbourhood. It is now clear that the development of the rest of the site will strongly benefit from the presence of the health care centre, and that the nursing home and the housing for the elderly will be seamlessly connected with it.

The clustering of small-scale health care provision in urban residential districts is probably only the start of a larger trend in which hospitals concentrate ever more exclusively on their core tasks. To a growing extent, patients will remain within their home districts not only for primary care, but also for private clinics, day-patient treatment, and preven-

Kleinschalige zorgfuncties in de stad

Naast het in de stad houden van waarde is er op de Deventer 'werkvloer' ook een project gerealiseerd dat tot doel had een deel van de medische voorzieningen, namelijk de eerstelijnspraktijken die 'footloose' werden bij de verhuizing, in de stad te houden. Op de andere locatie die met de verhuizing van het Deventer Ziekenhuis vrijkwam is een deel van het voormalig Jozefziekenhuis herontwikkeld tot gezondheidscentrum.

Door het gezondheidscentrum te vestigen in de mooie delen van het oude ziekenhuiscomplex konden deze daarmee bewaard blijven (het is namelijk niet eenvoudig een passende functie te vinden) en zou er iets bijzonders voor de stad en de buurtbewoners worden achtergelaten na de verhuizing. Het Deventer Ziekenhuis maakte gebruik van haar specifieke positie in de Deventer zorginfrastructuur door de eerstelijnspraktijken, de toekomstige huurders, direct te betrekken bij de herontwikkeling van het complex. De maatschappelijke meerwaarde vormde een sterke motivatie achter het project. Het project houdt een belangrijke basisinfrastructuur in de wijk na het vertrek van het ziekenhuis. Het behoudt ook een historisch belangrijk complex voor de stad en toont de geschiedenis van het gebouw.

Om deze meerwaarden maximaal te benutten is ervoor gekozen een deel van het complex voor een algemeen publiek toegankelijk te houden en de ommegang zodanig te laten ontwerpen dat het als semipublieke ruimte zal blijven fungeren, als doorgang naar de andere toekomstige functies op de locatie. In het ontwerp zijn zo de voorbereidingen getroffen voor een toekomstig functioneren van de gehele Jozeflocatie als een stedelijk weefsel, ondanks het feit dat met de plannen daarvoor (die ontwikkeld moeten worden door een andere zorginstelling) nog niet aangevangen was. Het gezondheidscentrum is zo aanjager voor een forse kwaliteitsslag in de buurt. Inmiddels is duidelijk dat de ontwikkeling van de rest van de locatie sterk profiteert van de aanwezigheid van het gezondheidscentrum en dat het verpleeghuis en de seniorenwoningen naadloos met het gezondheidscentrum verbonden zullen zijn.

Het bundelen van kleinschalige voorzieningen in de wijk is waarschijnlijk slechts het begin van een bredere trend waarin de ziekenhuizen zich tot kerntaken beperken. Naast eerstelijnszorg zullen dan ook privéklinieken, dagbehandelingen en preventieve zorg zich steeds meer in de wijk vestigen, als onderdeel van de gelijktijdige beweging van concentratie en schaalvergroting enerzijds en deconcentratie en 'dichter bij de mensen' anderzijds.

Voor de duurzame compacte stad is het in stand houden van een hoogwaardig voorzieningenniveau in de buurt van grote betekenis. Voorzieningen hebben ook een sociale functie: vaak vormen ze het 'bindmiddel' van de stad.

De zorg kan, zo laten de Deventer voorbeelden zien, een grote rol spelen bij de maatschappelijke waardecreatie. Naast de ruimtelijke en programmatische effecten die direct gerelateerd zijn aan de zorg (het 'brede' gezondheidscentrum, nieuwe vormen van ouderenzorg in de stad, de ontwikkeling van stedelijke kennisclusters, etc.) roepen de Deventer voorbeelden vooral ook de vraag op of de 'compacte stad' andere arrangementen afdwingt.

In samenwerking hebben lokale, gevestigde partijen (een vierhonderd jaar oud ziekenhuis en de gemeente) betekenisvolle bijdragen aan de stad weten te realiseren, zonder een expliciet beroep te doen op de 'marktkennis' van externe ontwikkelende partijen. De gebruikers en bewoners van de stad kennen de stad immers vaak beter. De compacte stad gedijt bij nieuwe vormen van opdrachtgeverschap; nieuwe financieringsvormen en -arrangementen en nieuwe organisatie- en samenwerkingsconstellaties spelen daar een rol bij, en kunnen daar zelfs een voorwaarde voor gaan zijn.

tive health care. This is all part of the two concurrent trends that we have mentioned: one toward clustering and upscaling, and the other toward dispersal and bringing care closer to the patients.

For the sustainable, compact city, it is crucial to keep high-quality facilities and services available at neighbourhood level. Such facilities and services have a social function; they are often the glue that holds the city together.

As these experiences in Deventer have shown, health care can play a major role in the creation of social value. The examples from Deventer illustrate the direct spatial and functional effects of health care development projects (wide-ranging health centres, new forms of elder care in the city, the development of urban knowledge clusters, etc.) and raise the possibility that the compact city can give rise to new forms of partnership.

In Deventer, established local actors (the municipal authorities and a hospital with a 400-year history) worked together to make a meaningful contribution to the city without explicitly drawing on the market expertise of parties such as private developers. They reasoned that the city's users and residents are far more familiar with its workings. Fresh approaches to commissioning building projects will allow the compact city to thrive. New financing arrangements, involving new types of organizations and partnerships, will play a role in this development and may even be essential to it.

1 http://www.nrc.nl/binnenland/article2482072.ece/Inval_
  NMa_bij_ziekenhuizen_Amsterdam
2 It is noteworthy that professionals with a background in
  the exact or social sciences are more likely than those with
  a humanities background to look for a place to live outside
  the city, according to a brief survey by the University of
  Amsterdam and Tilburg University in 2005.
3 This is not the last word on the subject, however; if all the
  social costs are taken into consideration, including those of
  building infrastructure and of the inefficiency that results
  from spreading, then the densification of the existing city
  may be less expensive than new urban extensions.

1 http://www.nrc.nl/binnenland/article2482072.ece/Inval_
  NMa_bij_ziekenhuizen_Amsterdam
2 Interessant is daarbij wel dat 'beta's' en 'gamma's', meer dan
  'alpha's', een woonomgeving buiten de stad zoeken, overeenkomstig een kort onderzoek van de UVA en de Universiteit
  van Tilburg in 2005.
3 Het laatste woord daarover is echter nog niet gezegd: als alle
  maatschappelijke kosten worden opgeteld, inclusief de aanleg van infrastructuur en de kosten van inefficiency door
  spreiding, dan zou verdichting van de bestaande stad wellicht
  goedkoper zijn dan nieuwe uitbreidingen.

Sint Jozef ingang.
St. Jozef, entrance.

Gezondheidscentrum Sint Jozef

De opbouw van het complex heeft een renaissanceordening rondom een aantal centrale hoven. De hoven vormen een belangrijke kwaliteit van het complex. Het bestaande gebouw heeft een gesloten karakter. De bakstenen gevels met een strakke gevelordening doen gesloten aan. Van binnen is het gebouw echter van beton; destijds gebouwd als een uiterst moderne structuur.

Het doorzagen van een bestaand bijgebouw maakte ruimte voor de entree en het parkeren. De bestaande ordening rondom een centrale tuin, waardoor een soort coulissewerking ontstaat, is door de handhaving van een deel van het gebouw niet verstoort.

Het realiseren van een centrale ontsluiting, in plaats van de oorspronkelijke kruip-door-sluip-doorstructuur die hoorde bij het klooster, was een eerste belangrijke stap in het geschikt maken van het klooster als gezondheidscentrum. De centrale ontsluitingsstructuur leidt naar de diverse clusters in het complex. De gangen in het complex zijn naar de gevel verlegd om de ontsluitingsstructuur van natuurlijk licht te voorzien.

Op een aantal strategische plekken zijn delen van het gebouw weggezaagd om licht en lucht toe te laten. Bij het indelen van het gebouw is ruimte gemaakt voor ontwikkeling en aanpassing in de toekomst. Dit geldt zowel voor de algemene verkeersruimte als de praktijken zelf; er is ruimte voor uitbreiding van de praktijkruimtes.

De oorspronkelijke verzameling aan kunst in het gebouw (glas-in-loodramen, glasmozaïeken) is aangevuld door nieuwe werken van de kunstenaar Berend Strik. Hij ontwierp, op basis van fotomateriaal van het ziekenhuiswezen in de jaren vijftig, een aantal glas-in-loodramen, een tweetal glasappliques en, samen met de architecten, een betonnen wand met roze orgaanreliëf, voorzien van abstracte bloedcellen in glasmozaïek. De nieuwe kunstelementen zijn gemaakt door oude en nieuwe technieken te combineren.

Het oorspronkelijke gebouw bestaat uit een betonnen structuur, verhuld in baksteen. De radicale ingrepen in deze verhullende architectuur kunnen gezien worden als een 'protestantse ingreep' in een van oorsprong zeer katholiek gebouw. Door het snijden wordt een dimensie toegevoegd; de 'ware aard' van het gebouw wordt zichtbaar. Op deze wijze kan men het gebouw ineens op een andere manier bekijken, en wordt de recente cultuurgeschiedenis van ons land zichtbaar gemaakt. De oude en nieuwe kunstwerken zorgen, in samenspel met de architectuur, voor een extra laag van betekenissen. De soms brutale ingrepen voegen hiermee een kwaliteit toe, zonder een definitief stempel te drukken op de oorspronkelijke architectuur en geschiedenis van het gebouw. De oorspronkelijke sfeer en lichtsituatie zijn behouden of verbeterd. Het nieuwe houten hoofdtrappenhuis is ingepast als een meubelstuk in de voormalige kapel. De wand van het meubel scheidt apotheek en trap van elkaar.

Sint Jozef binnentuin.
St. Jozef, courtyard.

St. Jozef Health Centre

The complex has a Renaissance plan based on a number of central courtyards, which are one of its most attractive features. The existing building has a closed character, due in part to the austere styles of the brick façades. The inside of the building, however, is made of concrete; it was an ultramodern structure in its day.

The existing outbuilding will be opened up to make room for the entrance hall and the car park. Part of the building will be left untouched, in order not to disrupt the current organization of the complex around the central garden, which achieves a coulisse effect, with a succession of planes like pieces of stage scenery.

Creating a central entranceway to replace the cloister's original, system of maze-like passageways was a first major step in its conversion into a health care centre. This central entranceway provides access to all of the many clusters in the complex. The hallways inside the complex have been moved closer to the façades so that they receive more sunlight.

At a few strategic points, parts of the building have been cut away to admit light and fresh air. The internal organization of the building leaves room for future development and adaptation. This applies both to the general circulation areas and to the medical practices, which can be expanded as needed.

The art already in the building (stained glass windows and glass mosaics) has been complemented by new works by the artist Berend Strik. Photographs of the hospital complex from the 1950s inspired his designs for several stained glass windows, two glass appliqués, and (in collaboration with the architects) a concrete wall with pink relief decoration in the shapes of human organs, embellished with glass mosaics of abstract blood cells. The new artistic features were created with a combination of old and new techniques.

The original building is a concrete structure with brick veneer. The radical alterations made to this architecture of concealment can be seen as a Protestant modification of what was initially a very Catholic building. Cutting away sections of the building has added a new dimension, revealing its 'true nature'. Suddenly, one sees it in a new light; the recent cultural history of the Netherlands becomes visible. The old and new works of art, in interaction with the architecture, create an extra layer of meaning. The sometimes daring alterations add a quality of their own, without overpowering the original architecture or the building's history. The original atmosphere and light conditions have been preserved or enhanced. The new, wooden central stairwell has been incorporated into the former chapel as if it were a piece of furniture. The wall of the stairwell separates the pharmacy from the stairs.

For the time being, Amsterdam, Vrije Universiteit Medisch Centrum.

De periferie als het nieuwe midden

The periphery as the new middle

Floris Alkemade

Met de massale opkomst van het autogebruik is de vanzelfsprekendheid om compact te bouwen grotendeels verdwenen. De duidelijk begrensde steden zijn daarmee fundamenteel veranderd en uitgegroeid tot stedelijke landschappen met een alsmaar verder afnemende dichtheid. In dit proces beginnen de periferieën van verschillende steden elkaar te overlappen waardoor de West-Europese steden opgenomen zijn in een doorgaande laagstedelijke structuur die alleen kan floreren dankzij de aanwezigheid van een dominante auto-infrastructuur. Dit verlies aan dichtheid toont dat het bouwen van compacte steden in onze tijd per saldo meer nadan voordelen heeft. Een non-descripte periferie lijkt op nagenoeg alle punten beter in staat in te spelen op onze hedendaagse manier van bouwen en leven waarbij een vaste woonplaats gecombineerd wordt met een grote mate van bewegingsvrijheid. Mensen

Ever since automobile use skyrocketed, the need for compact development has no longer been taken for granted. Yesterday's cities, with their sharp boundaries, have burgeoned into urban landscapes whose density is steadily decreasing. In the process, urban fringes are beginning to overlap, and the cities of Western Europe are being absorbed into a continuous, diffuse urban network that can flourish only thanks to a dominant automotive infrastructure.

This loss of density shows that, all things considered, the construction of compact cities in our day has more drawbacks than advantages. A nondescript periphery seems better suited in almost every respect to our present building practices and our way of life, which combines a semi-permanent place of residence with substantial freedom of movement. People live, work, and play in different places. Within this context of constant movement, the new middle is no longer the city centre but the periphery. This new middle is much easier to access and offers an aesthetic and planning freedom that arises from its secondary status, which is readily apparent though never discussed. This pattern of low expectations is the key to the urban periphery's potential for growth – a specific form of growth that is essentially anti-urban, in that it seems to rule out any form of densification.

This reflexive approach to the periphery as an imperfect, inferior part of the city is a logical consequence of the growing appreciation for the architecture in historic city centres. This growing appreciation has led inescapably to the protection of city centres and thus limited the potential for change there, a development which has deprived historic centres of their capacity for growth and their dynamism, just when they need those qualities most. In countries with a more pragmatic culture, such as the United States, the strong dynamics of the periphery have led to a situation where, in most cities, new large-scale public and commercial establishments are clustered almost exclusively in the urban fringe. What makes an address attractive in a car culture is, above all, its proximity to infrastructure, rather than to the city centre. The city urgently needs shops, but shops no longer need the city.

Unlike in the United States, in Europe, with its rich heritage of historic city centres, this battle is still being fought. It is a bloody conflict between the low-cost, low-culture liberty offered by the urban fringe and the importance and identity of historic centres. From an urban development perspective, it is total war. A couple of *hypermarchés* shooting up along the motorway can very well mean the death of the commercial district in a small French town. This illustrates the dangers of an approach to urban planning that places too much emphasis on a dichotomy between the dominant centre and subordinate developments in the periphery. All things considered, a modern

wonen, werken en recreëren op verschillende plaatsen. Binnen die context van voortdurende verplaatsingen is het nieuwe midden verschoven van de stadscentra naar de periferie. Dit nieuwe midden laat zich veel eenvoudiger ontsluiten en biedt ook de planmatige en esthetische vrijheden die het gevolg zijn van de saillante maar verder nooit bediscussieerde B-status van de periferie. Juist dit lage verwachtingspatroon ligt ten grondslag aan de groeipotentie ervan. Een groei die antistedelijk is doordat hij iedere vorm van verdichting uit lijkt te sluiten.

Deze vanzelfsprekende benadering van de periferie als een onvolkomen, minderwaardige stad gaat logischerwijs gepaard aan een toenemende waardering voor de architectonische kwaliteit van historische binnensteden. Deze toenemende waardering leidt onvermijdelijk tot bescherming en daarmee tot een afname van de mogelijkheden tot verandering. Groeikracht en dynamiek worden daardoor aan historische binnensteden ontzegd, juist op het moment waarop die het meest nodig zijn.

In meer pragmatisch ingestelde culturen zoals die van de Verenigde Staten heeft dit geleid tot steden waar nieuwe grootschalige publieke en commerciele activiteiten zich nu nagenoeg alleen nog aan de periferie bevinden. Niet de stadscentra vormen de aantrekkelijkheid van een adres maar de infrastructuur is zelf de belangrijkste vestigingseis gaan vormen. De stad heeft winkels dringend nodig maar de winkels hebben de stad niet langer nodig.

In tegenstelling tot de Verenigde Staten is in Europa, met zijn rijke erfenis aan historische binnensteden, het pleit nog niet beslecht. Hier woedt nog een boeiende strijd tussen de *low-cost/low-culture* vrijheid die de periferie biedt en het belang en de identiteit van de historische binnensteden. Vanuit stedenbouwkundig oogpunt gaat het om een totale oorlog. Een paar uit de kluiten gewassen *hypermarchés* langs de snelweg kunnen met gemak het winkelapparaat van een kleine Franse stad weg-

vagen. Het toont de kwetsbaarheid van een stedenbouwkundige doctrine die te nadrukkelijk op een
tweedeling gericht is, waarbij ontwikkelingen buiten
de binnenstad per definitie een B-status opgelegd
krijgen. Goed beschouwd is zo'n moderne *hypermarché* een wonder van technologische vooruitgang en intelligentie. Je zou iedere binnenstad toe-
wensen dat een dergelijk vernuft niet per definitie
verbannen zou worden. Dit geldt voor veel grootschalige publieksprogramma's die nu naar de periferie verbannen worden maar die een bijzonder
opwindende impuls aan de binnensteden zouden
kunnen bieden. Voor deze grootschalige perifere
publieksprogramma's geldt tegelijkertijd ook dat ze
de potentie hebben nieuwe vormen van compacte
stedenbouw om zich heen te organiseren. Wellicht
dat in een dergelijke ontwikkeling uiteindelijk de
grootste bewijskracht schuilt.
De vraag naar nieuwe modellen van compacte stedenbouw kan dan ook op deze manier geïnterpre-
teerd worden. Kan de groeikracht van de periferie
uiteindelijk leiden tot modellen vanwaaruit nieuwe
vormen van compacte stedenbouw evolueren? Zijn
er principes te destilleren uit de aard en potentie
van de nieuwe knooppunten die zich nu voorzichtig
in het perifere veld beginnen te manifesteren?
De meest kenmerkende eigenschap van dergelijke
nieuwe vormen van compacte stedenbouw is wellicht dat ze zich nagenoeg allemaal op of bij een
sterk knooppunt bevinden waar een goede auto-
infrastructuur gecombineerd wordt met een goede
openbaarvervoerverbinding. Voor nieuwe vormen
van compacte stedenbouw is een optimale verkno-
ping van vervoerstromen een eerste vereiste. Een
tweede kenmerk is dat deze knooppunten gepro-
grammeerd worden met een concentratie van commerciële functies. Alle openbare programma's:
vliegvelden, stations, musea, ziekenhuizen, etc. versterken hun positie door het ontwikkelen van commerciële activiteiten.
In mijn praktijk heb ik in perifere locaties een aantal

hypermarché is a marvel of technological progress and intelligence, the type of
modern convenience one would not wish to
ban from any city centre. The same applies
to many large-scale public facilities that are
now relegated to the urban fringe but could
infuse the centre with new energy. At the
same time, the large-scale public facilities
on the periphery could eventually become
magnets for new forms of compact development. Encouraging this tendency might
ultimately have the greatest impact on our
cities.
We can therefore respond to the demand
for new models of compact urban development through these types of peripheral
projects. Can the growth potential of the
periphery ultimately give rise to models
for new forms of compact development?
Can general principles be distilled from the
nature and potential of the new, denser hubs
already emerging in the urban fringe?
The most characteristic feature of these
new forms of compact development is
that almost all of them are located at or
near a major hub with a strong automotive
infrastructure combined with a good public
transport connection. For new forms of
compact urban development, optimal connections between traffic flows are essential.
A second characteristic of these hubs is a
high concentration of commercial establishments. All the public facilities, such as airports, railway stations, museums, hospitals,
etc., seem to flourish when combined with
the development of commercial activity.
In my work, I have carried out several
projects in peripheral locations that involved
new forms of compact urban development.
These projects can be interpreted as attempts to endow the urban fringe with some
of the strengths of the urban centre, through
mixed-use development and densification.
These projects also demonstrate the necessity of integrating large-scale infrastructure
into the design process. The paradox of
contemporary large-scale infrastructure is
that, while it is entirely focused on creating

connections, it also forms major barriers within cities. It seems difficult to combine major infrastructure and an urban centre at the same level. These projects therefore do not work merely with flat planes, but make extensive use of a third dimension developed in cross-sections. By layering infrastructure and the city vertically, rather than placing them side by side, they unlock the potential for densification.

stedenbouwkundige plannen gerealiseerd, gericht op nieuwe vormen van compacte stedenbouw. Deze projecten kunnen gelezen worden als een poging om door middel van functiemenging en verdichting aan de periferie binnenstedelijke kwaliteiten te geven. Bij deze projecten toont zich ook de noodzaak om grootschalige infrastructuur in de plannen te integreren. De paradox van de hedendaagse grootschalige infrastructuur is daarbij dat hoewel ze geheel en al gericht is op het verbinden, ze tegelijkertijd op stadsniveau een grote barrière vormt. Stedelijkheid en grootschalige infrastructuur blijken zich in hetzelfde vlak maar moeilijk te verdragen. Deze plannen zijn daarom niet alleen in het platte vlak ontwikkeld maar werken heel nadrukkelijk op de doorsnede. Juist door het niet naast elkaar, maar over elkaar positioneren van stad en infrastructuur schuilt de mogelijkheid tot verdichting.

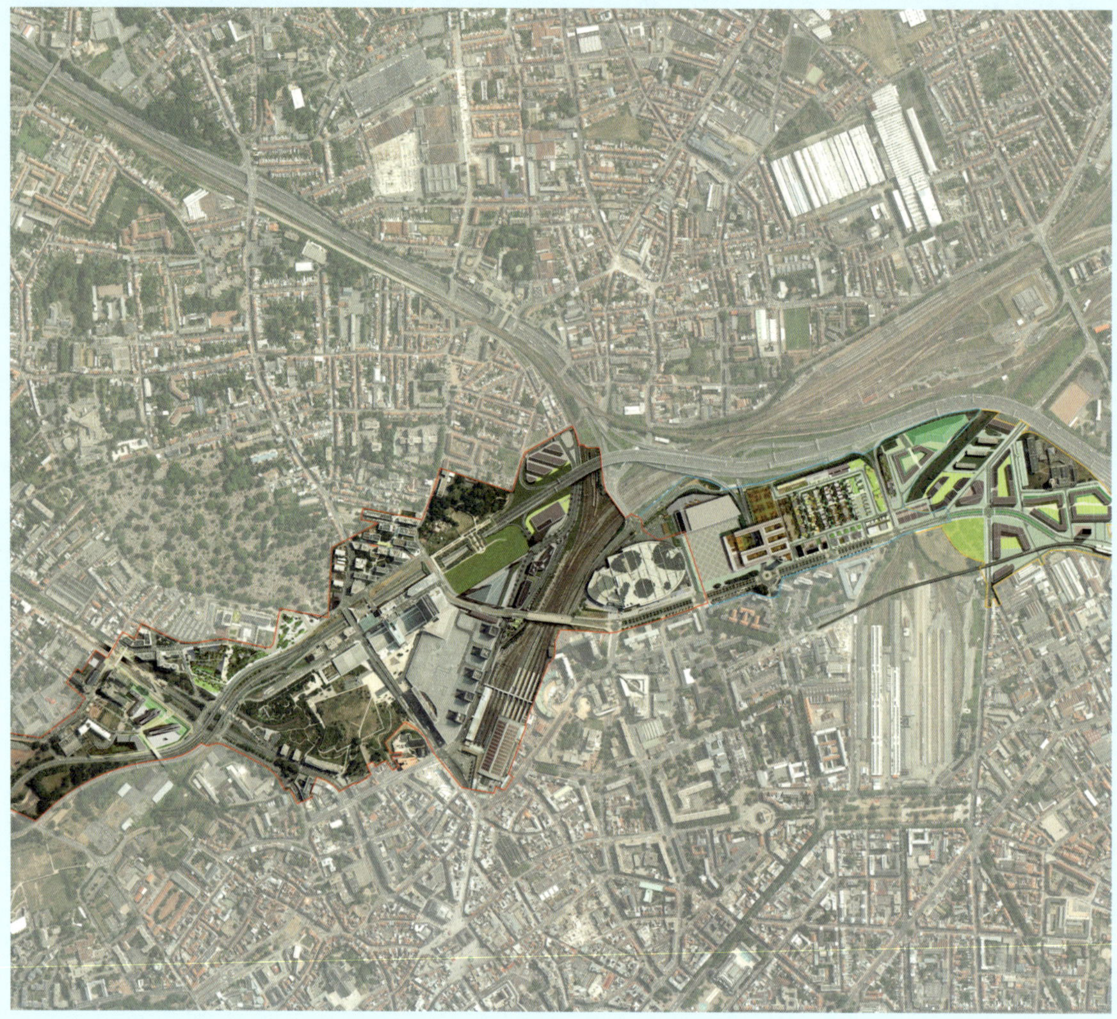

Euralille (1989-1993)

Aan de rand van de binnenstad moest een nieuw TGV-station met bijbehorende infrastructuur ingepast worden. Duidelijk was dat het beschikbare gebied geheel ingenomen zou gaan worden door de spoor- en tramlijnen en de kruisende Boulevard Périphérique. Door op meerdere lagen tegelijk te werken en een verdiepte sokkel met daarin de doorgaande infrastructuur op te zetten, ontstond de mogelijkheid om in hetzelfde gebied toch een binnenstedelijk programma te bouwen. Doorgaans doen stedenbouwkundige plannen nauwelijks uitspraken over de doorsnede. In dit plan, waar meerdere lagen over elkaar georganiseerd zijn, ligt juist daar de essentie.

Euralille (1989-1993)

A new high-speed railway station and the accompanying infrastructure had to be fit into the edge of the city centre. It was clear that the available surface area would be completely filled with railway and tram lines and the intersecting Boulevard Périphérique. Nevertheless, by working on multiple levels and setting up a base that extended below ground and contained the infrastructure passing through the area, we were able to find room for high-density development in the same area. The cross-sectional view generally receives very little attention in urban plans, but in this plan, based on stacked layers, it was essential.

Almere Stadscentrum (1994-2007)

Almere is een nieuwe stad ontstaan in de periferie van Amsterdam. De vraag die hier gesteld werd is de vraag die alle newtowns bezig houdt: is een stedelijke identiteit maakbaar? Ook in dit plan hebben we gekozen voor een meerlaagse stad. Door een benedenstad van ongeveer tien hectare te organiseren met daarin infrastructuur, parkeren en laad- en loshoven en grootschalige winkels ontstond de mogelijkheid om daarboven een tweede stad te bouwen. Dankzij het laden en lossen vanuit de onderlaag ontstond er een uiterst compacte bovenstad waar iedere gevel een voorgevel werd.

Almere City Centre (1994-2007)

Almere is a new town that has developed in the periphery of Amsterdam. We were faced with a question that applies to all new towns: can urban identity be planned? In this project, again, we opted for a multilevel city. By designing a lower city with an area of about ten hectares (four acres), which contained infrastructure, parking places, and loading bays, we left enough space to build a second, upper city. Because loading and unloading take place below, the upper city is exceptionally compact: every external wall is a front façade.

Paris Les Halles (2003-2004)

Bij de Hallen bevindt zich onder het centrum van Parijs de periferie. Hier komen diep onder de grond vanuit de banlieues de RER-lijnen aan. Dagelijks gebruikt een verbijsterende hoeveelheid van 800.000 reizigers dit station en het bijbehorende winkelcentrum, maar ze zijn doelbewust onzichtbaar gehouden voor de stad erboven. Het project was erop gericht directe en zichtbare interactie tussen de beneden- en bovenlagen te organiseren.

Paris, Les Halles (2003-2004)

At Les Halles in Paris, the periphery lies beneath the centre. Deep underground, the RER rapid transit lines arrive from the *banlieues*. Every day, a dizzying number of passengers – some 800,000 – use this station and the associated shopping centre, but they are deliberately kept hidden from the city above. The aim of the project was to organize direct, visible interaction between the lower and upper levels.

Paris Entrepot McDonald (2008-2012)

Een gigantisch entrepotgebouw (616 m lang) uit 1968 aan de rand van de stad naast de Boulevard Périphérique. Dankzij de komst van een nieuw RER-station en de aanleg van twee nieuwe tramlijnen verandert de context van dit gebouw volledig. Een achterkant van de stad komt plotseling in het midden te liggen van kruisende openbaar-vervoerstromen. Hiermee wordt de introductie van een totaal nieuw programma van 200.000 m² in één enkel gebouw mogelijk. Een rijke mix van programma's: winkels, woningen, kantoren, scholen en activiteitencentra gecombineerd met de grote schaal van het gebouw maken dat dit zowel een architectonische als ook een steden-bouwkundige opgave is. Met de stapeling van programma's wordt ook hier op de doorsnede gewerkt om een perifere context binnenstedelijke karakteristieken te geven.

Paris, McDonald's warehouse (2008-2012)

On the edge of Paris, along the Boulevard Périphérique, lies the enormous McDonald's warehouse built in 1968, 616 metres in length. The construction of a new RER station and two new tram lines will transform this building's context completely. All of a sudden, a little-known corner of the city will be at the intersection of major public transport flows. This situation created the opportunity to place 200,000 square metres of programming within a single building: a rich medley of shops, housing, offices, schools, and activity centres. Given the huge scale of the building, this was a challenge with both architectural and urban planning dimensions. Again, the use of multiple, stacked levels, with a focus on the cross-section, made it possible to introduce the characteristics of the city centre into a peripheral environment.

Floris Alkemade heeft deze projecten als partner bij OMA ontworpen en werkt nu op eigen titel aan het tweede deel van Euralille en aan de ombouw van het entrepot McDonald.
Floris Alkemade designed these projects as a partner at OMA and is now working independently on the second stage of Euralille and the conversion of the McDonald's warehouse.

Millefeuille Culturel
Van de stad en het park

Mille-feuille culturel
On the city and the park

Pauline Terreehorst

Op het intieme, door hoge gevels omlijste stadhuis-plein van Utrecht staat een groep mensen ondanks de regen aandachtig te luisteren naar een straator-kest. Met twee accordeons, een balalaika en twee violen geven vijf mannen met een Oost-Europees uiterlijk een interpretatie van de Vier Jaargetijden van Vivaldi. Alhoewel je je even los moet maken van je eigen muzikale herinnering aan uitvoeringen als die van Yehudi Menuhin of Nigel Kennedy, is het resul-taat niet onverdienstelijk. Waar even daarvoor nog politieke partijen voorbijgangers voor hun standpun-ten probeerden te winnen, colporteurs abonnemen-ten voor kranten probeerden te slijten en mannen en vrouwen elkaar in de armen vielen om daarna ver-strengeld verder te lopen, is de omgeving opeens veranderd in een concertzaal. De stad als podium: simpel en doeltreffend, bepaald niet *state of the art*, maar steeds vaker te zien en te horen.

On the intimate square, framed by tall facades, that holds Utrecht's city hall, a group of people are out despite the rain, listening attentively to a street orchestra. Five men with Eastern European features are performing their interpretation of Vivaldi's *Four Seasons* on two violins, two accordions, and a balalaika. If you set aside your musical recollections of performers like Yehudi Menuhin and Nigel Kennedy, it's not a bad performance. Where just minutes earlier, political canvassers were campaigning for their parties, hawkers were selling newspa-per subscriptions, and men and women were embracing and walking on arm in arm, the square has now transformed into a concert hall. As a stage, the city is simple and effec-tive, not at all state-of-the-art. Yet it is used for a growing number of performances.

The city is a stage for transactions, rituals, and human encounters. For centuries, it has also provided the backdrop for theatrical events. Theatre and music have been performed in town squares since the dawn of history, and visual art has long been on public display in churches and city halls. It has sometimes been claimed that the digital revolution of the past decades would banish these phenomena to the small screen (Boyer, 1996; Mitchell 1995). But the opposite seems to be the case. The arts are making ever more frequent appearances in the city, usually in combination, and often in the temporally and spatially concentrated form of the festival. The premier stage for cultural events seems to have become the city itself. This is just an impression, the impression of a *bricoleur*, a *flaneur electronique*, who interprets and draws connections between these many and varied phenomena on the basis of her own ever-fragmentary observations. There is certainly a need for more evidence. But in this study of the future of the compact city, it may be worthwhile to consider this latest transformation of urban life and its implications for future research.

Celebrations in and of the city
There are many celebrations in the city. Besides the traditional opening of the cultural season, many cities now have their own regularly recurring cultural festivals, which take place in a public space temporarily transformed for the event, to encourage the broadest possible participation. These festivities are part of the present-day urban experience. It is no longer one special museum or theatre that makes all the difference – nor is it one regular event (such as a Biennale) or one moment in the city's history (such as a World's Fair). These days, there are frequent, almost monthly, festivals in which all the arts play a role, and the city is transformed into one big living room. These events are tied to what we now call food culture. Cultural festivals often shade seamlessly into outdoor gastronomic fêtes, of which the foremost Dutch example is the Preuvenemint on Vrijthof Square in Maastricht. From Amster-

De stad is het podium voor transacties, rituelen en ontmoetingen. De stad biedt ook al eeuwen het decor voor handelingen die een theatrale betekenis hebben. Theater- en muziekvoorstellingen vinden sinds de vroegste geschiedenis op pleinen plaats, beeldende kunst is al heel lang te zien in openbaar toegankelijke kerken en stadhuizen. Onder invloed van de digitale omwenteling die de afgelopen decennia plaatsvond is wel beweerd dat dit soort op fysieke realiteit gebaseerde culturele verschijnselen zouden verdwijnen naar de ruimte achter het beeldscherm (Boyer, 1996; Mitchell, 1995). Maar het tegendeel lijkt het geval. De kunsten manifesteren zich juist steeds vaker in de stad, meestal in combinatie, en vaak in de in tijd en plaats geconcentreerde vorm van het festival. Het belangrijkste podium voor culturele manifestaties lijkt de stad zelf geworden. Het is een indruk; de indruk van een *bricoleur*, een *flaneur electronique*, die veelsoortige verschijnselen interpreteert en combineert op basis van altijd fragmentarische eigen waarnemingen. Die indruk moet zeker verder worden onderbouwd. Maar in het kader van een studie naar de toekomst van de compacte stad kan het zinvol zijn om deze zoveelste transformatie van de stad te betrekken bij toekomstig onderzoek.

Het feest in en van de stad
Het is vaak feest in de stad. Los van de traditionele opening van het culturele seizoen hebben veel steden tegenwoordig ook regelmatig hun eigen culturele festivals die plaatsvinden in een openbare ruimte die daarvoor tijdelijk wordt ingericht en zo de drempel voor deelname zo laag mogelijk maakt. Zulke festiviteiten zijn onderdeel geworden van de hedendaagse stedelijke ervaring. Het is niet meer dat ene museum, of dat ene theater dat ertoe doet, niet meer dat ene moment, elke twee jaar tijdens een Biënnale, of eenmaal in de geschiedenis van een stad, tijdens een Wereldtentoonstelling. Tegenwoordig vinden met grote regelmaat bijna maande-

lijks festivals plaats waaraan alle kunsten een bijdrage leveren in steden die zichzelf in grote huiska-
mers transformeren. Ze worden immers vaak ook
nog gekoppeld aan iets dat we inmiddels wel eet-
cultuur mogen noemen. Cultuurfestivals lopen vaak
naadloos over in gastronomische feesten in de
open lucht, met als voorbeeld het al wat oudere
Maastrichtse Preuvenemint op het Vrijthof. Van het
Grachtenfestival in Amsterdam tot het Festival aan
de Werf in Utrecht opent de stad met enige regelmaat haar deuren, zoals een paleis haar poorten,
voor iedereen die zich laven wil.

Vooral sinds de opkomst van de Nuits Blanches, of
museumnachten, die sinds 1997 vanuit St. Petersburg en Berlijn nu 120 grote wereldsteden heeft
bereikt, krijgt die allesomvattende culturele sfeer
ook nog eens een vervolg *after hours*. Culturele
instellingen houden 'open huis' op ongebruikelijke
uren in een feestelijke sfeer. In de nacht ziet alles er
bovendien anders en bijzonderder uit. Dat weten
we al sinds Parijs onder invloed van de toen nieuwe
straatverlichting aan het eind van de negentiende
eeuw de verleidelijkste stad van de wereld kon worden. Zo is de stad zelf een kunstwerk geworden.
Waar de stad in de twintigste eeuw verbonden is
met de ontwikkeling van alle moderne kunsten
afzonderlijk – van de literatuur (Joyce) tot de film
(Godard) – heeft ze nu, eindeloos uitgedijd overal
ter wereld, al die ontwikkelingen in zich opgenomen.
Ze reflecteert – in haar fysieke verschijning – wat er
in een voortdurend samenspel tussen de stad en
haar bewoners de afgelopen eeuw heeft plaatsgevonden.

De modernistische, functionele scheidingen tussen
wonen, werken, winkelen en vermaak zijn bijvoorbeeld niet alleen opgeheven, maar ze hebben elk op
zich een nieuwe, theatrale dimensie gekregen. Zo
werd winkelen de afgelopen decennia een vorm van
vermaak die resulteerde in het fenomeen 'steden-
trip', niet weinig geholpen door de introductie van
hogesnelheidstreinen en goedkope vliegmaatschap-

dam's Grachtenfestival to Utrecht's Festival
a/d Werf, cities are regularly opening their
doors, like palace gates, to all who would
partake of their delights.

This all-embracing cultural ambiance now
persists even after hours, thanks in part to
the rise of the Nuits Blanches, or museum
nights, which originated in St. Petersburg
and Berlin in 1997 and have now reached
120 major world cities. Cultural institutions
hold open house at unconventional hours
in a festive atmosphere. At night, everything
looks different, and more exciting – this we
have known ever since the late nineteenth
century, when new street lights made Paris
the world's most enchanting city, a work of
art in its own right. While in the twentieth
century, the city was linked to the development of each separate modern art, from
literature (Joyce) to film (Godard), today, as
cities expand around the world with no end
in sight, they have absorbed all these arts
into their fabric. Today's city reflects, in its
physical appearance, the changes wrought
by its ongoing interaction with its residents
over the past century.

The modernistic functional distinctions
between home life, work, shopping, and
recreation, for instance, have not simply been
abandoned but have each taken on a new,
theatrical dimension. For instance, in recent
decades shopping has become a form of
recreation, a trend culminating in the city trip,
encouraged to no small extent by the advent
of high-speed trains and budget airlines.
In Cologne, Dusseldorf, Copenhagen, and
Barcelona, hundreds of thousands of people
have descended on retail districts to prove
the postulate, 'I shop, therefore I am,' which
the American artist Barbara Kruger has even
had printed on shopping bags. In their desire
to remain appealing to this group, cities have
worked hard to set themselves apart. Some
already had bragging rights. It was easy
enough for Chicago to say, 'The city is our
museum,' when just about any city bus will
take you past a series of modern architectural icons, with Frank Lloyd Wright and Mies

van der Rohe among the high points, and the recently created Millennium Park is the backdrop for a rich variety of cultural experiences, including landscape art.

Other cities have tried to create icons of their own, aiming for at least the visual punch of the Eiffel Tower, a landmark that condenses the city into the space of a single glance, a single photograph – a building that is 'worth a detour'. These types of attractions often hold shopping malls. But frequently, it is cultural institutions such as museums and concert halls that supply their cities with new symbolic capital. Koolhaas, Gehry, Herzog & De Meuron, Zaha Hadid, Calatrava, Jean Nouvel – all of them have designed cultural icons that put cities 'on the map' as 'creative hot spots'.

The relocation of culture

The strange thing is that this shift is taking place in a time when the arts associated with these cultural institutions are changing profoundly. Permanent stages and museum galleries are gradually being exchanged for unconventional spaces suited to a particular performance or exhibition. This trend goes far beyond the occasional street orchestra in a square in the city centre. The interiors of theatres and museums (for simplicity's sake, let us use the generic term 'cultural venues') have long been designed in more or less the same way, with high white or black walls and flat, adaptable floors forming a black box or white cube within which a 'work' or performance, an art experience, can theoretically achieve maximum effect. *Inside* these cultural venues, little importance was traditionally attached to the setting (let alone to the architecture), as long as there was plenty of space for the main event.

It is possible to build new spaces of this kind, but what is the point, when suitable spaces are already available, the relics of industries that have moved to other continents? Factories have become so popular in the art world because they hold the necessary surfeit of space. Of course, their

pijen. In Keulen of Düsseldorf, Kopenhagen of Barcelona kwamen honderdduizenden mensen af op winkelgebieden onder het motto 'I shop therefore I am', zoals de Amerikaanse kunstenaar Barbara Kruger op boodschappentassen liet drukken. Om hiervoor aantrekkelijk te blijven gingen steden zich steeds meer van elkaar onderscheiden. Sommige hadden al wat in huis. Chicago kon makkelijk zeggen: 'de stad is ons museum'. Je rijdt er met willekeurig welke bus doorheen en je ziet de vele grote voorbeelden van modernistische bouwkunst aan je voorbij trekken, met Frank Lloyd Wright en Mies van der Rohe als hoogtepunten, en het recent aangelegde Millennium Park als vertrekpunt van veelsoortige culturele ervaringen, inclusief tuinkunst. Andere steden gingen aan de slag om iconen te creëren die op zijn minst eenzelfde visuele kracht moesten hebben als de Parijse Eiffeltoren, waar een stad in één oogopslag, in één enkel fotografisch beeld, aan te herkennen zou zijn: een gebouw 'de omweg waard'. Daarin zitten vaak shopping malls. Maar niet zelden zijn het ook de culturele voorzieningen, als musea en concertzalen, die op deze manier steden – als bouwwerk – een nieuwe betekenis geven. Koolhaas, Gehry, Herzog & De Meuron, Zaha Hadid, Calatrava, Jean Nouvel; zij allen hebben ergens ter wereld een stad wel eens op deze manier 'op de kaart gezet' als 'creatieve hotspot'.

De verplaatsing van de cultuur

Het merkwaardige is dat deze beweging plaatsvindt in een tijdperk dat de kunsten die in deze culturele voorzieningen een plaats moeten krijgen grondig van aard aan het veranderen zijn. Vaste podia en tentoonstellingszalen worden meer en meer verruild voor gelegenheidsruimtes, die vaak ook nog tijdelijk worden gebruikt, passend bij een speciaal stuk of een expositie. En dat gaat veel verder dan een straatorkestje op een plein in de binnenstad. Theaters en musea, laten we ze hier voor het gemak neutraler 'cultuurhuizen' noemen, hebben lange tijd, aan de binnenkant, eenzelfde vorm gehad: hoge witte of zwarte wanden en veranderbare, vlakke vloeren zorgden voor de gewenste White Cube of Black Box waarin een 'werk' of een voorstelling, de kunst-experience, optimaal tot zijn recht zou kunnen komen. De omgeving, laat staan de architectuur – nogmaals: *aan de binnenkant* van die cultuurhuizen – deed er eigenlijk niet zoveel toe, als de ruimte waar het échte evenement plaatsvond maar groot was.

Zulke ruimtes zijn nieuw te bouwen. Maar waarom zou je dat doen als ze er eigenlijk al kant en klaar staan als relict van industrieën die zich verplaatsen naar andere continenten? Fabrieken werden zo populair in de kunsten omdat die over de gewenste overmaat beschikken. Uiteraard gebeurde dat ook vanwege hun uiterlijk, dat met gietijzeren pilaren en overkappingen, hoge ramen of opvallende bak-steenconstructies iets verbeeldde van de vervallen macht van de ondernemers die dit ooit lieten bou-wen om er arbeiders voor lage lonen hard te laten werken. Maar de ruimte stond voorop: de impone-rende ruimte waar je de olie nog kon ruiken en het geluid van machtige motoren er makkelijk bij kon denken. Juist daar ragfijne en fragiele kunst naar verplaatsen had opeens een grote aantrekkings-kracht. Talloze fabrieken, maar ook pakhuizen, ker-ken, laboratoria, paardenstallen, treinstations en elektriciteitscentrales zijn zo veranderd in theaters, musea, en bijbehorende horecavoorzieningen. Ze werden bijzonder door de activiteiten die er plaats-vonden: theater- en dansvoorstellingen, beeldende-kunsttentoonstellingen, muziekuitvoeringen. En feesten – veel feesten. Opeens bleken veel meer ruimtes in de stad zo 'bruikbaar' voor de ontwikke-ling van de kunsten als je ze met nieuwe ogen bekeek. Juist ook door tijdelijke manifestaties, zoals festivals, werden zulke ruimtes of hele fabriekster-reinen 'ontdekt', en transformeerden ze in iets dat 'broedplaats' ging heten, van Peking tot Johannes-burg. Modeontwerpers (Margiela) organiseerden er

outward appearance also has its appeal. Their cast-iron pillars and roof beams, high windows, and distinctive brickwork hint at the faded glory of the business tycoons who once built them and the workers who laboured there for meagre wages. But the main thing is the space, the impressive space where you can still smell the oil and imagine the sound of powerful engines. Imagine the excitement of using that space for something as delicate and diaphanous as art. Innumer-able old buildings – not only factories, but also warehouses, churches, laboratories, stables, railway stations, and power plants – have now been converted into theatres and museums, often with their own cafés or restaurants. What made these places special were the activities that took place there: theatre and dance performances, visual art exhibitions, and concerts. Not to mention parties – lots of parties. Suddenly, all kinds of urban locations seemed to lend themselves to artistic use, if you looked at them with new eyes. The organizers of temporary events such as festivals often 'discovered' such spaces, or entire industrial sites, and trans-formed them into hotbeds of artistic expres-sion – from Peking to Johannesburg. Fashion designers such as Martin Margiela have held shows there, and visual artists such as Olafur Eliasson have installed site-specific works.

One result has been an almost fanatical reverence for these now-abandoned build-ings and factory sites, which are unfailingly judged to be 'beautiful' – because they are old. The cultural events that are held there, often at irregular intervals, almost always have a festive quality and involve eating and drinking. This trend is branching out to include guerrilla stores, which set up shop in these types of venues only to disappear again soon after. Multiple use, in time and space, of all these physical sites, which were once thought to be monofunctional, is in itself an enormous contribution to the compact city.

The relocation of many art events has led to a dichotomy. Museums and proscenium theatres host traditional and often predictable exhibitions and performances, while temporary stages and spaces house groundbreaking cultural productions. This is where the developing city and the changing arts meet, in a phenomenon that has spread to a growing number of European cities. In 1983, the Greek culture minister Melina Mercouri hatched a plan to proclaim a new European cultural capital each year, thus turning an entire city into a cultural podium. Because the entire population must be able to take part and the city must be open to visitors from throughout Europe, this cultural festival is concentrated in the city's public spaces, in the squares, parks, and boulevards. Older European cities are well suited to this role, especially in Southern Europe, where they almost seem to have been built for it. With their hilly terrain, they provide natural box seating around squares. This has provided a powerful incentive to move the arts into unconventional spaces, as described above. It has also reinforced another trend, the growing use of public space, and thereby brought a 'southern' quality to social life throughout Europe. Tourism and the multiculturalization of society had already given rise to a pan-European outdoor café culture. With the help of a few patio heaters (and an indoor smoking ban), any broad stretch of pavement in a Northern European city centre can now become an outdoor café, a catwalk, a theatre.

Many cities campaign vigorously for the prestigious title of European Capital of Culture. Their leaders think hard about how to transform the city into a cultural venue, and they make plans to prepare it for a many-faceted cultural programme. Competing is more important than winning. It provides a strong incentive for the enhancement of the public space where contemporary culture takes shape. But it is the result of the development of the city and of the arts. Architecture, design (including fashion), photography, and film were the dominant disciplines in Western culture in the twentieth century. All

hun modeshows, beeldend kunstenaars (Eliasson) realiseerden er hun *site specific* gemaakte werk. Er is daardoor een bijna overdreven bewondering ontstaan voor zulke nu verlaten gebouwen en fabrieksterreinen, die steevast 'mooi' worden gevonden. Omdat ze oud zijn. Daar zijn, vaak op onregelmatige basis, culturele evenementen te beleven in een feestelijke ambiance. Het is een trend die zich voorzichtig ook aan het uitstrekken is naar winkels die als *guerrilla store* opduiken en weer verdwijnen in zulke ruimtes. Het meervoudig gebruik, in tijd en plaats, van al deze ooit monofunctioneel opgevatte fysieke ruimte is op zichzelf al een enorme bijdrage aan de compacte stad.

De zich verplaatsende kunsten zorgden voor een tweedeling. In musea en lijsttheaters zijn de klassieke, vaak voorspelbare, tentoonstellingen, voorstellingen en optredens te zien, terwijl op tijdelijke podia en in tijdelijk gebruikte ruimtes de baanbrekende culturele producties plaatsvinden. Juist hier ontmoeten de zich ontwikkelende stad en de veranderende kunsten elkaar in een verschijnsel dat een groeiend aantal steden in Europa heeft aangeraakt. In 1983 nam Euro-commissaris Melina Mercouri het initiatief om in Europa elk jaar een culturele hoofdstad aan te wijzen. Hiermee werd een hele stad tot cultureel podium verklaard. Vanwege de eis dat de hele bevolking daaraan deel zou moeten kunnen nemen, en de stad open moest staan voor gasten uit heel Europa, concentreerde dit culturele festival zich in de openbare ruimtes van die stad: de pleinen, parken en boulevards. De oude Europese steden lenen zich daar ook goed voor. Zeker in het zuiden van Europa lijken ze daar al voor gebouwd. Met hun heuvelachtige terrein zorgen ze als vanzelf voor logeplaatsen rond pleinen. Hiermee werd een enorme stimulans gegeven aan de verplaatsing van de kunsten naar onconventionele ruimtes, zoals we hiervoor al zagen. Dit sloot ook mooi aan bij een andere tendens om meer gebruik te maken van de openbare ruimte, in een 'verzuidelijking' van het

maatschappelijk leven. Het toerisme en een multi-culturele aanwas van de bevolking had immers al gezorgd voor een 'terrascultuur'. Met een paar ter-rasverwarmers (en een rookverbod) is ook elk trot-toir in de Noord-Europese binnenstad tegenwoor-dig een terras, een catwalk, een theater.
In de aanloop naar de uitverkiezing tot Culturele Hoofdstad van Europa doen veel steden hun best om daarvoor in aanmerking te komen. Ze denken na over hun stad als podium voor cultuur en ontwik-kelen plannen om hun stad geschikt te maken voor veelsoortig cultureel aanbod. Meedoen is belangrij-ker dan winnen. Het is een grote stimulans voor het opwaarderen van de openbare ruimte waar tegen-woordig de cultuur vorm krijgt. Maar het is het resul-taat van de ontwikkeling van de stad én van de kun-sten. Architectuur en design, inclusief mode, foto-grafie en film werden in de twintigste eeuw de dominante disciplines in de westerse cultuur. Ze zijn allemaal verbonden met beweging, licht – en dus met de ruimtes in een stad. Dit had een directe rela-tie met de ontwikkeling, de emancipatie zelfs, van de ontvanger van al deze visuele boodschappen: het publiek. Van consument werd hij prosument, van passieve toeschouwer veranderde hij in actieve par-ticipant (Frieling, 2008; Rancière, 2009).

Millefeuille

De fysieke ruimte verandert door de handelingen die er plaatsvinden. Een stad die zo'n verandering ook nog 24 uur per dag, zeven dagen per week mogelijk maakt, is optimaal ingericht voor de hang naar steeds nieuwe, intense culturele ervaringen, corresponderend met de behoefte van een snel levende bevolking. We zagen eerder dat culturele manifestaties tegenwoordig steeds vaker plaatsvin-den op wisselende locaties in en rond steden, geconcentreerd in tijd en ruimte. Maar dat is niet de enige verandering in het culturele speelveld van de laatste decennia. Minstens zo belangrijk is dat het publiek, de toeschouwer, zelf een steeds grotere rol

are connected to motion and light, and thus to urban spaces. This was directly related to the development – one might even say the liberation – of the recipient of all of these visual messages: the public. The consumer became a pro-sumer; the passive spectator became an active participant (Frieling 2008, Rancière 2009).

Mille-feuille

Physical space is altered by the actions performed within it. A city that makes such alterations possible, twenty-four hours a day, seven days a week, is ideally organized for the drive toward intense new cultural experi-ences that meet the demands of its fast-living urbanites. We saw above that cultural events are increasingly likely to take place in shifting, temporary locations in and around cities, concentrated in time and space. But this has not been the only change in the cultural scene over the past decades. Just as significantly, the public, the spectators, have come to play an ever larger role in the cultural experience. Spectators fill the pave-ment cafés, claiming the city as their stage and the boulevards as their catwalk. The city provides the scenery for the films that they are making of their lives. The compact city-dweller is directly invited to participate, to respond, or, at the very least, to take a position on the works and performances that he sees. The cultural experience thus becomes entangled with all sorts of personal histories. The point here is not to return to the traditional dilemma of art theory, 'Does a work of art exist when no one is looking?', but to draw attention to momentous changes in the visual arts and in musical and theatri-cal performances. Present-day spectators are impelled to do something. This appeal to engagement, consciousness-raising, or how-ever one may describe it, turns all spectators into participants. In the contemporary urban setting, with its striking architecture, specta-tor participation can be encouraged by working with changing conditions of space and light and the movement organized by urban form to promote encounters between people walking or cycling through the urban landscape – in other words, people who are actively present in and around buildings, squares, and parks.

This interest in what people do, what motivates them, and what they think or communicate to others about the performances that they experience has been encouraged by the spread of mobile communications. The experience can be managed at several levels, in both organized and spontaneous ways. The makers of art or events can add extra information through many channels, by displaying excerpts or fragments, eliciting responses, or enhancing an image with an additional visual layer through techniques such as augmented reality. Spectators of performances and exhibitions are often in direct contact with others, even during the event, sometimes through a video and audio link. This influences the experience of both the spectators who are physically present and the audience watching and listening from a distance. It provides commentary on what might be called the second life of a cultural event, on the screen of a smartphone. This phenomenon can be referred to as layering, the accretion of layer after layer of new meaning, without the need for any solid foundation. This manifestation of culture is like a mille-feuille, a thin, layered structure with no firm base, a light and airy, easily altered confection.

Cultural experience, which had already been spatially and temporally concentrated by the festival form, has gained an additional dimension by its live inclusion in countless personal networks. What was once experienced in silence by isolated individuals now takes place amid a whirl of impressions, some orchestrated and some the spontaneous products of chance. The fulcrum of these experiences is still the spectator, the participant. The setting is designed for him or her, and the actions, presentations, and exhibitions take place for his or her benefit. Without delving too deeply into the ever-arbi-

is gaan spelen in de beleving van cultuur. Hij bevolkt de terrassen, gebruikt de stad als podium en de boulevards als catwalk. Het decor van de stad is bedoeld voor de film, die hij of zij van zijn/haar leven maakt. De compacte stedeling wordt direct aangesproken om te participeren, te reageren of in ieder geval een standpunt in te nemen ten opzichte van het werk of de presentatie die hij/zij ziet. Zo wordt de culturele ervaring vermengd met vele particuliere geschiedenissen. Hiermee is niet bedoeld om een klassiek kunsttheoretisch dilemma op te roepen ('bestaat een kunstwerk wel als er niemand kijkt?'), maar te wijzen op ingrijpende veranderingen in de beeldende kunsten en muzikale, theatrale performances zélf, waarbij de toeschouwer wordt aangespoord om iets te *doen*. Dit beroep op betrokkenheid, bewustwording – of welke omschrijving die activiteit nog meer heeft gekregen – maakt van alle toeschouwers deelnemers. In de hedendaagse stedelijke omgeving met zijn opvallende architectuur is die deelname van bezoekers verdisconteerd door te anticiperen op de wisselende ervaring van ruimte en licht en de door de vorm georganiseerde beweging en dus ontmoeting van mensen die door het stedelijk landschap lopen of rijden; dat wil zeggen: actief aanwezig zijn in en rond gebouwen, op pleinen en in parken.

De aandacht voor wat mensen doen, wat hen beweegt, en wat ze denken of tegenover anderen communiceren over de ervaren 'performances' is verder ontwikkeld door de groei van mobiele communicatiemogelijkheden. De ervaring wordt op een aantal niveaus gestuurd, georganiseerd en ongeorganiseerd. Zo voegen makers zelf extra informatie toe aan een werk of evenement via diverse kanalen waar fragmenten terug te zien zijn, reacties zijn verzameld of een nieuwe visuele laag een verdieping van het beeld kan geven, zoals in *augmented reality*. Het publiek heeft vaak tijdens een voorstelling, optreden of bezoek aan een tentoonstelling al direct contact met anderen, soms met beeld en geluid. Ook dat stuurt de ervaring, zowel van de aanwezigen, als van dit publiek-op-afstand dat mee-luistert en -kijkt. Het geeft commentaar op iets dat je 'tweede realisatie' zou kunnen noemen van een cultureel evenement, via het scherm van de *smart phone*. Wat we hier meemaken kun je *layering* noe-men, het laag over laag aanbrengen van nieuwe betekenissen, zonder dat er een stevig fundament voor nodig is. Cultuur manifesteert zich zo als *mil-lefeuille*, een flinterdunne gelaagde constructie zon-der vaste bodem, een lichte, vervormbare *amuse*. De culturele ervaring, die toch al steeds meer werd geconcentreerd in plaats en tijd door de festival-vorm, krijgt – door live onderdeel te zijn van al deze persoonlijke netwerken – een extra dimensie. Wat ooit in afzondering en stilte werd ervaren, door één persoon, vindt nu plaats in een veelvoud aan indruk-ken, geregisseerd en spontaan, overgelaten aan het toeval. Het centrum van deze ervaringen wordt nog steeds gevormd door de beschouwer, de parti-cipant. De omgeving is op hem of haar gericht, de handelingen, presentaties of exposities vinden voor hem of haar plaats. Zonder nu diep in te gaan op de altijd arbitraire afbakening van de 'persoonlijke ervaring', en de communicatienetwerken die zich rond elke persoon bevinden, is er toch iets in opkomst wat ook die ervaring nog gelaagder maakt dan het toch al is. Dat wordt veroorzaakt door *nar-rativity* of *storytelling* (Salmon, 2007), het nadruk-kelijk verbinden van allerlei culturele, maar ook maatschappelijke verschijnselen met een verhaal-structuur in de communicatie. Van het 'verhaal van de stad' tot het 'verhaal van een ziekte' wordt ieder-een aangespoord zich onderdeel te voelen van dat verhaal, en daarin een eigen rol te kiezen. Zelfs elke simpele reclame-uiting begint daar gebruik van te maken. Beschouwers zijn gevoelig geraakt voor deze ontwikkeling doordat de filmervaring steeds dieper in het persoonlijk leven is doorgedrongen. Enorme schermen, perfect geluid, een groot aan-

trary boundaries of 'personal experience' and the networks of communication that branch out from every individual, we can see an emerging trend that will make this experience still more multilayered than it already is. This trend is narrativity, or storytelling (Salmon 2007), the deliberate incorporation of all sorts of cultural and even social phenomena into a narrative framework for communica-tion. From the story of the city to the story of a disease, everyone is coaxed into feeling like part of that story and playing their own roles in it. Even the simplest advertisements are beginning to use this strategy, and viewers have become receptive to it as the film-watching experience has penetrated deeper into their personal lives, with huge screens, perfect sound, and a vast selection of films on DVD and Blu-ray. Many of these are suspense films with a disjointed narrative style. They entice viewers to become part of the story, which is experiences through the eyes, the ears, and even the nose and nerves. Now that the video game industry is overtaking film, viewer participation has moved to another level. This will only reinforce the dominance of the self-guided, open-ended narrative, especially given that the city, or the imagined city, is the most common setting for this type of game (*Grand Theft Auto*, for instance, uses the street plans of New York, Miami, and Los Angeles). Like films, the most sophisticated games generally require 'real time' participation, with actions and encounters shared with others through the internet. There are specific roles to be played, which only the participants know about or recognize, in locations that are constantly changing, but are generally ur-ban. Often, no film or storyline is necessary. Sometimes there is not even any need for a cinematic storyline. A musical style can also be enough to provide a narrative framework for public space, as some festivals show. Summer Darkness, for instance, a gathering of members of the Goth subculture that takes place every August in the Dutch city of Utrecht, involves roles for participants that involve specific behaviours and a carefully planned wardrobe – such as the Gothic Lolita, in pink and black, a distant reference to Nabokov's novel *Lolita*.

Some city neighbourhoods, such as the countless Chinatowns and Little Italys all over the world, have a long-established theme which emerged naturally before it was exploited to attract tourists. New types have appeared more recently. Many cities have a gay area, defined not by its architecture or urban design but by what people do there and what roles they play. The exhibition *Dreamlands*, held at the Centre Pompidou in Paris in the summer of 2010, showcased the influence of amusement parks such as Coney Island and Disneyland on new cities in Asia and the coastal Gulf states. On the other hand, fragments of old European cities, such as Venice, Paris, and Amsterdam, have been reconstructed in China and Japan to serve as . . . amusement parks. The narrative lifestyle rooted in film and video game culture goes one step further, however. The built environment need not have any special characteristics. Instead, it can be taken over by ever-changing fantasies about all the things that could be going on there. Gamers often show a special fondness for run-down, forgotten neighbourhoods, which a player can rediscover, and where he can become a little Napoleon running his personal empire (Atkinson and Willis 2009). The narrativity movement gains a great deal of power from its ability to use every part of a city. This is another factor that promotes the layered use of the city, so that it is not just *experienced* as more compact, but can actually become more compact. The crucial element is not architecture, but maintaining the open, public areas between buildings.

We have seen how the city is changing, how public space is becoming a cultural playground, how the arts themselves are transforming, and how spectators are turning into participants. What will emerge from all this is a new way of using the city for a culture no longer willing to confine itself

bod aan films op dvd en blu-ray. Het zijn films, die vaak gebaseerd zijn op suspense en gefragmenteerd vertelde verhalen. Zij zetten iedere toeschouwer aan om zelf onderdeel te worden van dat verhaal, dat ze van verschillende kanten via oog, oor en zelfs neus en zenuwkanalen bereikt. Nu de game-industrie de film aan het overvleugelen is, waar nog duidelijker gevraagd wordt om participatie, zal de dominantie van het (zelf te sturen en in te vullen) verhaal alleen maar toenemen. Zeker ook omdat de stad, of het beeld van de stad, het belangrijkste decor vormt voor dit soort games (zoals in Grand Theft Auto de plattegronden van New York, Miami en Los Angeles zijn gebruikt). Films, maar zeker geavanceerde games vragen vaak ook om participatie in 'real time': om handelingen en ontmoetingen die daarna weer op sites worden gedeeld. Er moeten daarvoor specifieke rollen worden gespeeld, die alleen de deelnemers (her) kennen, op steeds wisselende locaties, in de stad. Soms is er zelfs geen filmverhaal voor nodig. Ook een muziekstijl kan al aanleiding geven tot het uitspelen van een verhaal in de openbare ruimte, zoals sommige festivals laten zien. Summer Darkness bij voorbeeld, een samenkomst van de Gothicbeweging, die elk jaar in augustus in Utrecht plaatsvindt, met rollen die gekozen kunnen worden zoals Gothic Lolita, in roze met zwart – een verre verwijzing naar Nabokovs roman *Lolita* – waar speciaal gedrag en een nauwkeurig samengestelde garderobe bijhoren.

Sommige stadsdelen hebben al heel lang – ongepland – een thema, zoals de talloze Chinatowns en Little Italy's ter wereld die pas daarna toeristisch zijn uitgebuit. Er zijn nieuwe vormen aan toegevoegd. Veel steden hebben een 'gay-area', die ook niet zozeer verbonden zijn met de architectonische of stedenbouwkundige vorm als wel met wat mensen er *doen*, en welke rol ze er willen spelen. In de tentoonstelling Dreamlands, die in de zomer van 2010 te zien was in het Centre Pompidou in Parijs, werd gesteld dat pretparken als Coney Island en Disneyland een nauwe relatie hebben met de nieuw gebouwde steden en stadscentra in Azië en de Golfstaten. Aan de andere kant worden delen van oude Europese steden als Venetië, Parijs en Amsterdam in Azië en Japan gereconstrueerd om te dienen als pretpark. De op de film- en gamecultuur gebaseerde verhaalstijl van leven gaat echter een stap verder. De gebouwde omgeving hoeft hiervoor zelfs geen enkel specifiek kenmerk te vertonen. Hij kan worden 'bezet' door de steeds wisselende fantasieën over wat zich daar allemaal zou kunnen afspelen. In games zijn juist de wat verlopen en 'vergeten' buurten populair, die door een speler helemaal ontdekt kunnen worden en waar hij als een kleine Napoleon zijn eigen rijk kan stichten (Atkinson & Willis, 2009). De narrativitybeweging is daarom veel krachtiger omdat hij élke plek van een stad kan gebruiken. En ook dat leidt tot het gelaagd gebruik van de stad, die zo niet alleen als compacter zal worden ervaren, maar ook compacter kan zijn. Het is niet zozeer de architectuur die hier van belang is, maar het bewaren van de open(bare) ruimtes daartussen.

Op deze wijze zien we hoe de stad verandert, hoe de openbare ruimte tot culturele speelplaats wordt, hoe de kunsten zelf veranderen en hoe het publiek transformeert in participant. Dit zal leiden tot een nieuw gebruik van de stad voor een cultuur die zich niet meer in laat perken door vaste locaties, routes en algemeen aanvaarde rituelen rond de beleving van cultuur. En ook al vindt dit 'als vanzelf' plaats, in de *'Space of Flows'* die de steden tegenwoordig zijn, ook hier is op in te spelen. Want weliswaar is de hele stad een doorleefd podium geworden, toch blijven er plaatsen over die door hun vorm meer geschikt zijn dan andere om de in tijd en plaats geconcentreerde culturele belevingen van tegenwoordig incidenteel vrij baan te geven. De meest stedelijke culturele speelplaats die we hierbij kennen is eigenlijk het park.

to predetermined paths and locations or accepted rituals of cultural experience. And even though this shift is taking place quite naturally, in the 'space of flows' that the contemporary city has become, it is possible to engage constructively with it. Though the whole city can now be experienced as a stage, certain locations are best organized for giving free play to today's temporally and spatially compressed cultural experiences. The most urban cultural playground that we know of is, in fact, the park.

The park
The park is not what it used to be. In the nineteenth century it was still a patch of countryside in the city, an interpretation of the eighteenth-century country estate (Reh, 1995), often serving as a cordon sanitaire between working-class districts and more exclusive areas. Today, however, city parks tend to have something to hide: a parking garage, a polluted plot of land, or a site or zone that is difficult to use for any other purpose (such as a former railway line). These scars are concealed with the green structures called 'parks' (Blaisse, 2007), which are supposed to compensate for the lack of greenery elsewhere in the city. Sometimes, they also serve to connect parts of town that were previously separated. But their primary *raison d'être* is that they encourage interaction between city-dwellers. This is the ultimate social justification for investing in parks. But interaction cannot be achieved with a few strategically placed benches, a playground, a jogging track, and an outdoor café. The park – symbol of leisure, relaxation, and even idleness (*dolce far niente*), feast for the senses that play a subordinate role in the cultural hierarchy, such as smell (think of grass, or roses) – should, above all, be a large open space that can breathe along with the rhythm of the city. From Sziget on Obuda Island in Budapest to SummerStage in New York's Central Park, the park can be abuzz with pop festivals, but it can also function as an oasis of silence, a place to

recover from the urban rush. In parks, the boundaries are vague. Even the people outside the fence can hear the pop concert. In fact, events in parks are often open to the public, and everyone has the chance to marvel at temporary architectural feats such as the Serpentine Gallery's summer pavilions in Hyde Park, designed by Toyo Ito, Zaha Hadid, and (of course) Frank Gehry. With plants from every continent, parks bring the entire world together. Pavilions hint at centuries of architectural tradition. The range of park activities connects high and low culture more intimately than ever before. Parks attract visitors from metropolises that tie together Europe, Asia, Africa, and America. And those visitors see to it that every act, every experience, every individual reaction is relayed around the world in mere seconds. All this often takes place in a single weekend and a single square kilometre. Culture could not be more compact. And long after the accordions have been squeezed shut and packed away with the balalaikas, the *allegro non molto* still drifts over the city.

Bibliography
Rowland Atkinson and Paul Willis (2009) 'Transparent Cities'. *City*, vol.13, 4. Milton Park: Routledge.
Bajac, Quentin & Didier Ottinger (2010). *Dreamlands. Des parcs d'attractions aux cités du futur*. Paris: Centre Pompidou.
Petra Blaisse (2007) *Inside Outside*, Rotterdam: NAi Publishers.
M. Christine Boyer (1996) *Cybercities*. New York: Princeton Architectural Press.
Sarah Chaplin and Alexandra Stara (2008) *Curating Architecture and the City*. Milton Park: Routledge.
Rudolf Frieling, Boris Groys, et al. (2008) *The Art of Participation: 1950 to Now*. London: Thames & Hudson.
William J. Mitchell (1995) *City of Bits*. Cambridge, Mass.: MIT Press.
Jacques Rancière (2009) *The Emancipated Spectator*. London: Verso.
Wouter Reh (1995) *Arcadia en Metropolis*. Delft: Publikatiebureau Bouwkunde.
Christian Salmon (2007) *Storytelling*. Paris: La Découverte.

Het park

Dat park is echter niet meer wat het was. Waar het in de negentiende eeuw nog de verstedelijkte buitenplaats verbeeldde, een interpretatie van het achttiende-eeuwse landgoed (Reh, 1995), niet zelden ook gebruikt als *cordon sanitaire* tussen de villawijk en de volkswijk, is het tegenwoordig eerder een plaats in de stad die iets moet verbergen. Een parkeergarage, een stuk vervuilde grond of een moeilijk anders te gebruiken plek of zone in de stad (zoals een oude railverbinding). Zij worden aan het oog onttrokken door groenstructuren die allemaal 'park' heten (Blaisse, 2007). Ze moeten het gebrek aan groen in de rest van de stad compenseren. Deze groene zones krijgen soms als extra taak om te zorgen voor verbinding tussen tot dan van elkaar gescheiden stadsdelen. Maar hun *raison d'être* is vooral dat ze de ontmoeting van stadsbewoners kunnen bevorderen. Dat maakt de investering in zulke parken uiteindelijk maatschappelijk acceptabel. En daarvoor is een aantal strategisch opgestelde bankjes, een kinderspeelplaats, een loopparcours en een caféterras nog niet voldoende. Het park, dat symbool voor vrije tijd, ontspanning en zelfs luiheid staat (*Dolce Far Niente*), vermengd met zintuigen die in de culturele hiërarchie niet bovenaan staan, zoals geur (gras, rozen), moet vooral een grote open ruimte zijn en mee kunnen ademen met het ritme van de stad. Van Sziget op het Obuda-eiland in Budapest tot SummerStage in Central Park in New York kan het park het zinderende centrum zijn van popfestivals maar ook net zo goed functioneren als stiltecentrum om bij te komen van alle stedelijke vitaliteit. De afbakeningen zijn vaag in een park. Ook wie buiten de omheining staat kan meeluisteren met het popconcert. Vaak zijn evenementen ook vrij toegankelijk. Iedereen kan het tijdelijk geplaatste architectonische hoogstandje zien als in Hyde Park weer een zomerpaviljoen is ontworpen voor de Serpentine Gallery – door Toyo Ito, Zaha Hadid of (uiteraard) Frank Gehry. In parken is, door

de beplanting die uit alle werelddelen afkomstig is,
toch al de hele wereld verzameld. Paviljoens verwijzen naar een bouwkunst die eeuwen omspant. Het
aanbod koppelt high en low culture zoals nooit
tevoren. Ze trekken een publiek uit metropolen dat
Europa, Azië, Afrika en Amerika verbindt. En dat
publiek zorgt ervoor dat elke act, elke ervaring, elke
individuele reactie binnen enkele seconden over de
hele wereld wordt verspreid. Dat gebeurt vaak binnen één weekend, op één vierkante kilometer. Compacter kan de cultuur het niet maken. Maar als de
balalaika's zijn ingepakt en de accordeons zijn inge-
vouwen, blijft het *Allegro non molto* nog lang zwe-
ven boven de stad.

Literatuur
Atkinson, Rowland & Paul Willis (2009). 'Transparent Cities', in:
City, Vol.13, 4, Routledge, Milton Park.
Bajac, Quentin & Didier Ottinger (2010). *Dreamlands. Des parcs
d'attractions aux cités du futur*, Centre Pompidou, Parijs.
Blaisse, Petra (2007), *Inside Outside*, NAi, Rotterdam.
Boyer, M. Christine (1996). *Cybercities*, Princeton Architectural
Press, New York.
Chaplin, Sarah & Alexandra Stara (200). *Curating architecture
and the city*, Routledge, Milton Park.
Frieling, Rudolf, Boris Groys et al. (2008). *The art of participation,
1950 to now*, Thames & Hudson, Londen.
Mitchell, William J. (1995). *City of Bits*, MIT, Cambridge Mass.
Rancière, Jacques (2009). *The emancipated spectator*, Verso,
Londen.
Reh, Wouter (1995). *Arcadia en Metropolis*, Publikatiebureau
Bouwkunde, Delft.
Salmon, Christian (2007). *Storytelling*, La Découverte, Parijs.

Conclusie

Conclusions

Compacte Stad 2.0
Conclusies en lijnen voor vervolg

Compact City 2.0
Conclusions and lines of action

Luuk Boelens, Henk Ovink

De buitenlandse bijdragen in deze publicatie hebben onze neus nog eens op de feiten gedrukt: in vergelijking met het buitenland heeft Nederland geen echte 'compacte' steden. Ook het beleid van de afgelopen vijfentwintig jaar heeft daar weinig aan veranderd. De hoogste dichtheden die in de binnensteden van Rotterdam, Den Haag, Utrecht en zelfs Amsterdam bereikt worden halen bij lange na niet het niveau van die in de centra van Parijs, Tokyo, Singapore, Hong Kong en New York. Ook bepaalde delen van Berlijn, Madrid en Brussel kennen hogere dichtheden dan hier gerealiseerd. En zelfs de slums van Caracas, São Paulo en Lima zijn, volgens Klumpner en Brillembourg, compacter, meer duurzaam en sociaal coherenter dan welke Nederlandse grootstad ooit. Daarnaast is er ook nog steeds geen sprake van een zekere mate aan volledigheid binnen een scherp afgebakende stede-

The international contributors to this collection have compelled us to face facts. Compared to many other countries, the Netherlands has no truly 'compact' cities, and the policies of the past twenty-five years have done little to change that. The highest densities achieved in the centres of Rotterdam, The Hague, Utrecht, and even Amsterdam fall far short of those in the heart of Paris, Tokyo, Singapore, Hong Kong, or New York. Parts of Berlin, Madrid, and Brussels also have higher densities than any Dutch city, and according to Klumpner and Brillembourg, even the slums of Caracas, São Paulo, and Lima are more compact, sustainable, and socially cohesive than any Dutch city has ever been. Furthermore, Dutch cities still have not achieved a high degree of completeness within sharply defined urban limits. On the contrary, the country's conurbations are still somewhat complementary, and a more compact, complete range of urban activities can be found only at a higher level of urban organization (as Salet, Peek, Van Vegchel, De Zeeuw, and other contributors have shown). Depending on the target group, this kind of 'compactness' may be found at the level of the agglomeration, the urban region, or the entire Randstad, or perhaps at a still higher level.

This does not change the fact that none of our contributors dismiss Dutch compact city policy as superfluous or argue that it should make way for the pursuit of growth in regions with shrinking populations or for the type of clustered dispersal found in Flanders. Although it would be impossible to either prove or rule out a direct relationship, the mass migration out of large and medium-sized Dutch cities in the 1970s was brought to a halt partly by compact city policy. The lamentable state of Dutch cities at that time – in terms of finance, investment, facilities and services, public works, and the housing stock – has, to a large extent, changed for the better. Meanwhile, the modal split in, around, and between those cities still includes a larger share of public transport than elsewhere in the country. Moreover, 90% of the urban development in the Green Heart (*Groene Hart*) of the Randstad has remained limited to construction by and for local residents and communities (Province of South Holland 2008). Finally, the economic geographer Peter Taylor has concluded that Dutch cities such as Amsterdam, Rotterdam, Utrecht, and The Hague play a role in cross-border World City Networks (Taylor 2004), and those four cities are still home to about ten head offices of Fortune Global 500 companies (Boelens 2009).

We should, however, keep in mind Jelte Boeijenga's point that this is not solely, and not even substantially, the result of the revitalization of Dutch city centres, but is mainly due to the economic trends and Vinex estates in the urban fringe. Many municipalities (such as The Hague and Utrecht) have redrawn their limits to include such estates in

lijke grens. Integendeel, eerder is er nog steeds sprake van complementariteit tussen de verschillende stedelijke conurbaties en dienen we een meer compact, in de zin van compleet stedelijk programma, volgens Salet, Peek, Van Vegchel, De Zeeuw e.a., eerder op een hoger schaalniveau zoeken. Afhankelijk van de specifieke doelgroep is die mate aan 'compleetheid' eerder op een agglomeratief, regionaal, randstadstedelijk of wellicht zelfs nog hoger niveau aan de orde.

Dit neemt niet weg dat in geen van de voorgaande bijdragen een pleidooi te horen is om het Nederlandse compactestadbeleid dan maar overbodig te verklaren en/of te verlaten ten gunste van meer groei in krimpregio's of een beleid van gedeconcentreerde bundeling zoals in Vlaanderen. Alhoewel een directe relatie of het omgekeerde nooit bewezen kan worden, is de enorme uitloop van de bevolking uit de (middel)grote steden mede dankzij het compactestadbeleid immers wel tot staan gebracht en de dramatische positie waarin deze steden zich in de jaren zeventig bevonden – op het gebied van financiering, investeringen, voorzieningen, werken en woningvoorraad – in belangrijke mate ten goede gekeerd. Tegelijkertijd is de *modal split* ten gunste van het openbaar vervoer in, om en tussen die steden ook nog steeds de grootste van dit land, en is de verstedelijking in het Groene Hart volgens de provincie Zuid-Holland voor bijna 90% tot de zogenoemde 'eigen behoefte' beperkt gebleven (Zuid-Holland, 2008). Sterker nog, volgens de economisch geograaf Peter Taylor spelen de Nederlandse steden als Amsterdam, Rotterdam, Utrecht en Den Haag weliswaar geen prominente, maar dan toch nog steeds een belangrijke rol in de grensoverschrijdende World City Networks (Taylor, 2004) en zijn er nog steeds circa tien hoofdkantoren van de Fortune Global 500 in die steden gevestigd (Boelens, 2009).

Met Jelte Boeijenga dient hierbij echter wel de nuancering gemaakt te worden dat dit niet (alleen of

zozeer) het gevolg is van binnenstedelijke revitalisering, maar vooral ook van de economische ontwikkelingen en Vinexlocaties aan de rand van de stad.
Doordat deze soms ook via gemeentelijke herinde-
ling aan de centrale stad zijn toegevoegd (zoals bij
Den Haag en Utrecht) werden oorspronkelijk
gestelde (kwantitatieve) taakstellingen goeddeels
gehaald. De trek uit de grote steden is de laatste
tijd echter afgenomen en we zien zelfs een omgekeerde trend: een trek naar steden met goed
geconserveerde historische wijken, een sterk cultureel profiel, een universiteit en een publieke ruimte
van hoge kwaliteit. Niettemin overheden en projectontwikkelaars hebben momenteel te maken met
veel sterkere financiële beperkingen, gemeentelijke
ontwikkelingsbedrijven bevinden zich in een deplo-
rabele financiële toestand en riskante, niet op
wonen gerichte projecten zijn niet langer haalbaar.
Maar juist die uitloop lijkt thans nauwelijks meer
aanwezig. Tegelijkertijd, staan de gemeentelijke
grondbedrijven weer in het rood en is de vanzelfsprekende draagkracht van risicodragende utiliteitsbouw voorbij. Daarbij komt dat er vanuit Europa wel
stringentere milieuregels zijn bijgekomen, de bevol-
kings- en kantorengroei stagneert en tegelijkertijd
de noodzaak om de bestaande voorraad drastisch
aan te passen aan de energielasten en nieuwe
eisen op het gebied van wonen wel enorm is toegenomen (zie ook de bijdrage van Bert van Delden).
Bovendien verwacht het CPB nog alle economische heil van innovatieve mensen, samengebald in
steden (Ter Weel et al., 2010) en is er sprake van
een sociale liftfunctie van de compacte stad en
daarbij de noodzaak om aantrekkelijk te blijven of te
worden voor niet alleen starters, maar ook voor
gezinnen en bovenmodale inkomens (zie de bijdrage van Hamit Karakus).
Indien we een dergelijk compactestadbeleid willen
continueren dan zal zij aangepast moeten worden
aan de nieuwe eisen van vandaag en morgen. Want
onder invloed van de doorzettende mondialisering,

the city centre. This largely explains how they
were able to meet their original quantitative
targets. Yet today, migration out of central
cities has slowed, and we even see the
opposite trend: movement into cities with
well-preserved historical districts, cultural
assets, universities, and high-quality public
space. Nevertheless public authorities and
project developers are now faced with
much tighter financial constraints, municipal
development corporations are in a deplor-
able financial state, and risky non-residential
projects are no longer feasible. And this is
not to mention the strict new European environmental standards, the stagnating growth
of both the Dutch population and the number
of workplaces, and the need for a radical
overhaul of the existing housing stock, both
for energy efficiency and to meet contemporary housing standards (see also Bert van
Delden's article). On top of all this, the hopes
of the Netherlands Bureau for Economic
Policy Analysis (*Centraal Planbureau*; CPB
2010) are still pinned to innovative individuals clustered in cities (Ter Weel et al., 2010),
and the compact city still serves the purpose
of social uplift and must therefore remain
(or become) an attractive place to live, not
only for young people entering the housing
market, but also for nuclear families and
those with above-average incomes (see the
article by Hamit Karakus).
If we wish to go on pursuing some kind
of compact city policy, it will have to be
adapted to the new demands of today
and tomorrow. Ongoing globalization, the
information technology revolution, and the
availability of ever-faster and more mobile
means of communication and transport have
had two somewhat conflicting results: first,
far greater potential freedom in choosing
of a place of establishment and, second,
the central role in such choices of clusters
of human, economic, and cultural capital,
which create opportunities for co-evolution,
innovation, and learning. This suggests that
it is high time for a new approach to the
compact city. All of our contributors seem to

agree that what we need is not a Compact City eXTended but a Compact City 2.0. On the basis of the foregoing conclusions, we present a number of recommendations below, organized into four lines of future action.

Scale: the institutional line

The first line of action is (as mentioned above) the scale at which 'compact urban development' (or some such process) takes place. In this context, some speak of the 'global village' (McLuhan 1964), while others emphasize that 'place matters' (Kloosterman 2001). But Alain Thierstein rightly points to the complex interrelationships between the functional network logic of today's world economy and the more local spatial logic that underlies the emergence of agglomerations – in other words, between the issue of relational proximity and that of spatial proximity (Thierstein 2010). The question now is at what level and under what conditions that interaction is most intensive and constructive. Experts still disagree about this point, and the answer is probably dynamic, fluctuating over time, and dependent on the specific theme or issue at hand. In fact, theme or issue-specificity should underlie any line of action. Nevertheless, most authors do agree that this interaction – the 'compactness', in the sense of completeness or comprehensiveness, of an urban entity – can no longer be found at the level of the traditional urban municipality. Salet seems to have a mild preference for the level of the conurbation, arguing that this should be the focus of future policy on the compact city (or compact urban region). Peek and Van Vegchel signal the need, at a minimum, to view retail outlets in the urban periphery not as competition, but as complementary to the core shopping district in the city centre; this too implies the need for an integrative policy at the agglomeration level. Van Dreven and Jansen point out that the Vinex estates surrounding the cities appear to undermine attempts to revitalize the urban areas more

informatisering en de steeds sneller en mobieler geworden vervoer- en communicatiemiddelen is aan de ene kant de keuzevrijheid aan vestigingsgedrag potentieel sterk toegenomen, maar zijn aan de andere kant de potentiële samenballing van menselijk, economisch en cultureel kapitaal, de mogelijke onderlinge co-evolutie, innovatie en leerprocessen een vestigingsfactor van de eerste orde geworden. In die zin is het dan ook hoog tijd voor een nieuwe compactstedelijke aanpak. Daarover lijken alle auteurs het eens: meer een Compacte Stad 2.0 dan een Compacte Stad eXTended. Uit het voorgaande halen we daartoe verschillende aanbevelingen, geordend rond vier agendalijnen.

Het schaalniveau – de institutionele lijn

De eerste agendalijn is het schaalniveau waarin zoiets als 'compacte verstedelijking' thans werkt. Sommigen verwijzen hier naar de *global village* (McLuhan, 1964), anderen naar *place matters* (Kloosterman, 2001), maar terecht wijst Alain Thierstein hier op de complexe interrelaties die zich thans voordoen tussen enerzijds de functionele netwerklogica van de (wereld)economie en anderzijds de meer lokale ruimtelijke logica van agglomeratievorming, tussen het vraagstuk van *relational proximity* versus dat van *spatial proximity* (Thierstein, 2010). En het is nu juist de vraag op welk niveau en waaronder die interactie het meest intensief en vruchtbaar is. De experts zijn hier nog lang niet uit; en het antwoord is waarschijnlijk ook dynamisch, tijdafhankelijk en telkens weer wisselend al naar gelang het thema of vraagstuk dat aan de orde is, (zoals de compacte stad voor *transnational companies* toch net weer iets anders is en werkt dan voor de forens die dagelijks van huis naar werk filet). Eigenlijk moet aan elke aanpak een specifieke kwestie of thema ten grondslag liggen. Niettemin lijken de meeste auteurs het er wel over eens dat die interactie, die 'compactheid' in de zin van compleetheid en/of volledigheid van stedelijk programma, niet langer op het niveau van de traditionele stedelijke gemeente plaatsvindt. Salet lijkt een lichte voorkeur te hebben voor het conurbatieniveau, waarop een volgend compactestad(regio) beleid zich zou moeten richten. Peek en Van Vegchel markeren de noodzaak om in ieder geval de perifere detailhandelvestigingen niet als concurrent, maar complementair aan het binnenstedelijke kernwinkelapparaat te zien; en daarmee de noodzaak van een integrerend beleid op agglomeratieniveau. Van Dreven en Jansen wijzen weer op het gegeven dat de aangrenzende Vinexlocaties weer tamelijk desastreus lijken uit te pakken voor de aangrenzende binnenstedelijke revitaliseringopgave. Ze bespreken de noodzaak tot een beter afgestemd agglomeratiebeleid, vooral op het gebied van woonmilieus en het daarbij passende leef-, werk- en voorzieningenklimaat. De Zeeuw pleit er vervolgens voor de compacte stad in zijn regionale context te bezien, waarbij de binnenstad, de voor- en naoorlogse gebieden en de omgeving van de stad als één opgave worden benaderd; Verdaas en Peters zien dat een economisch compact stedelijk beleid ook op landsdelig niveau kan werken door als provincies samen te werken bij de positionering van het stedelijk vestigingsklimaat in een bovenregionale context.

Met Salet kan evenwel ook geconstateerd worden dat op elk van deze schaalniveaus nu net de institutionele setting of het doorslaggevende bestuur niet op orde is. Dat geldt ook voor een krachtig compactestadbeleid. Noch de deelgemeente, noch de agglomeratie, conurbatie of het landsdeel zijn daartoe dominante of bepalende krachten in het Nederlandse bestuurslandschap. Dat blijkt alleen al uit de telkens weer wisselende samenstellingen van bovenregionale overheden: van Randstad Overleg Ruimtelijke Ordening, tot Delta Metropool, WGR-gebieden, Metropoolregio Amsterdam, het Bestuurlijk Platform Zuidvleugel, het Netwerk Infrastructuur Randstad en het veelbesproken idee van een rand-

directly surrounding the centre. They discuss the need for an agglomeration policy better adapted to specific situations, especially with regard to residential environments and the associated climates for work, home life, and facilities and services. De Zeeuw then argues that the compact city should be seen in its regional context, with the city centre, the prewar and postwar districts, and the surrounding areas being approached as a single challenge. Verdaas and Peters even show that an economic compact city policy can succeed at the regional level, through cooperation between provinces on raising the profile of the urban climate for organizational headquarters in a supraregional context.

Yet as Salet observes, at each of these levels either the institutional setting or the relevant public authorities are not equal to the task. The same applies to a robust compact city policy. Urban districts, agglomerations, conurbations, and regions – none of them are dominant or crucial actors in Dutch public administration. This is illustrated by the country's constantly shifting constellations of supraregional authorities: the Randstad Spatial Planning Consultative Group (*Randstad Overleg Ruimtelijke Ordening*), the Delta Metropolis (*Delta Metropool*), the Joint Arrangement Areas (*WGR-gebieden*), the Amsterdam Metropolitan Region (*Metropoolregio Amsterdam*), the South Wing (*Bestuurlijk Platform Zuidvleugel*), the Randstad Infrastructure Authority, and the much-debated notion of a Randstad province, which keeps resurfacing and fading away again. They are all reflections of the political debate on governance and the performance, effective or otherwise, of the public sector, proposed by whichever mayor, provincial or municipal portfolio holder, or top official happens to be setting the tone. What is at stake is the optimal facilitation of everyday compact modes of living and working, and as a result, the reality of compact development is drifting out of reach of the government bureaucracy on all levels. Before we start campaigning for yet another new, inadequate layer of government, we may wish to consider a more effective approach: coaxing the existing administrative structures into temporary but decisive alliances that are actor-oriented, adaptive, and dependent on the nature and scale of the issue at hand. The most recent initiative for The Hague-Rotterdam Metropolitan Region (*Metropoolregio Den Haag-Rotterdam*) may reflect a move in this direction, though the essential non-governmental partners are once again lacking. As the rocky partnership between these two cities has illustrated, forging a temporary alliance is no easy task. Instead of generally applicable rules based on well-defined, geographically bounded responsibilities, it is a process of dynamic institutional organization and legislation that changes along with shifting issues, themes, and trends in compact development at every level. That reconfirms the need for a flexible approach that goes beyond (or even inverts) the established Dutch principle of 'decentralized where possible, centralized where necessary', as well as the need to apply compact city policy dynamically, with attention to shifts in time and place and to urgent issues. Rather than sharp divisions between the city and its surroundings, within which everything is measured quantitatively (policy on housing construction, mobility, economic development and business parks, retail outlets in the urban fringe, buffer zones, and landscape protection), the new compact city policy will have to be more flexible and multilayered, tailored to specific themes and open to all stakeholders. This is no small challenge. One might well ask how we can be certain of achieving such a broadly supported, central goal of government policy as compact urban development if we begin interpreting this goal less restrictively and more openly and pursuing it in highly diverse and dynamic contexts. There is a need for a change in rules and instruments, and this time it should amount to more than merely stretching the limits.

stadprovincie, dat telkens weer opduikt en vervolgens weer verdwijnt. Het blijven ook telkens weer overpeinzingen over het politieke debat over bestuur en over het al of niet effectief presteren van de publieke sector, naar voren gebracht door de burgemeester, gedeputeerde, wethouder of (voormalige) topambtenaar die toevallig de toon zet. Een optimale facilitering van het alledaagse compacte leef- en werkpatroon dreigt daarmee tussen wal en schip te vallen; waardoor de compacte werkelijkheid en het compacte bestuur steeds verder uit elkaar lopen. Maar alvorens in dit al eeuwenlang dominante Delta-Stedenlandschap (Taverne & Boelens, 2009) voor wederom een nieuwe, en telkens weer niet toereikende bestuurslaag te pleiten, lijkt het eerder relevant om actorgericht, adaptief, afhankelijk van vraagstuk en schaalniveau de bestaande structuren te verleiden tot specifiek dynamische en al dan niet tijdelijke, maar doorslaggevende (bestuurs)allianties (zie ook de bijdrage van Willem Salet). Mogelijk dat de meest recente Metropoolregio Den Haag-Rotterdam daartoe neigt, al ontbreekt het opnieuw aan essentiële, niet-publieke partners. Zoals de wankele relatie tussen de twee steden illustreert, is het geen eenvoudige klus om een tijdelijk bondgenootschap te smeden. Want in plaats van een generieke, algemene regelgeving, geënt op specifiek geografisch afgebakende verantwoordelijkheden, zijn hier eerder dynamische institutionele ordening en wetgeving gewenst, al naar gelang de wisselende compacte vraagstukken, thema's en ontwikkelingen die zich op verschillende schaalniveaus voordoen. Dat bevestigt opnieuw de vereiste flexibele aanpak – voorbij decentraal wat kan en centraal wat moet, dan wel omgekeerd – alsmede een dynamische inzet van het compactestadbeleid, wisselend naar tijd, onderwerp en plaats en met aandacht voor dringende kwesties. In plaats van de scherpe begrenzing van stad en ommeland, waaraan alles kwantitatief afgemeten wordt (woningbouw-, mobiliteits-, economisch en bedrijfsterrei-

nenbeleid, pdv-beleid, bufferzone- en landschappelijk beschermingsbeleid), zal het nieuwe compactestadbeleid meer flexibel en multigelaagd moeten
worden ingevuld, specifiek naar thema en open naar
de specifieke *stakeholders* die daarbij betrokken
zijn. En dat vraagt nogal wat. Want hoe kan een
breed gedragen centrale beleidsdoelstelling als het
streven naar een 'compacte verstedelijking' ook in
een minder restrictieve en meer open zin, en in zeer
wisselende en dynamische settingen gegarandeerd
worden. Dat vraagt om nieuwe regelgeving en
nieuwe instrumenten, die voorbij het gewoon weer
oprekken van de grenzen gaan.

De instrumenten – de financiële, procedurele lijn

De tweede lijn is hier direct aan gekoppeld. Zoals
gezegd is – een enkele uitzondering daargelaten –
in de afgelopen periode het zogenoemde 'laaghangend binnenstedelijk fruit' al aangewend en zijn de
beschikbare, meer goedkope weidelocaties aan de
rand van de stad gebruikt. Thans zijn dan ook de
meer moeilijke en vaak ook duurdere oplossingen
aan de orde, zoals het bouwen boven en rond grote
infrastructuurbundels, de koppeling met andere
(bestaande) functies, op de (sterk vervuilde) gronden van voormalige zwaardere industriefuncties, de
combinaties met behoud van groen en sportfacilitei-
ten, etc. Bovendien, en zoals gezegd, is het actuele
bouwklimaat daartoe nu ook niet echt bevorderlijk.
Bij de overheid dreigen drastische bezuinigingen,
volgens Bert van Delden met name in de utiliteits-
en burgerlijke bouw. Daarnaast hebben volgens
Friso de Zeeuw de gemeentelijke ontwikkelingsbedrijven eveneens nauwelijks reserves meer en hoeven we van de woningcorporaties evenmin majeure
bijdragen te verwachten. Tegelijkertijd staan ook de
marges en winsten van private projectontwikkelaars
onder druk en zijn banken en pensioenfondsen
thans niet echt geneigd om makkelijk financiële middelen ter beschikking te stellen. Sterker nog, die
gewenste investeringen zullen moeten concurreren

The second line of action stems directly
from this need. As noted above, all the
'low-hanging fruit' in urban development
has already been harvested in recent years
(with a scant few exceptions), and all the
available, relatively low-cost greenfield sites
in the urban periphery are already taken. This
has made it necessary to contemplate more
challenging and costly projects; examples
include building above and around major
clusters of infrastructure, linking new functions to existing ones, developing brownfield
sites formerly used by heavy industry (and
sometimes severely polluted), pursuing infill
development while preserving green spaces
and sports facilities, and so forth. Furthermore (as mentioned above), the present
climate for construction is far from favourable.
In the public sector, massive budget cuts are
looming, and Bert van Delden anticipates
that this will have an especially severe
impact on construction, both residential and
non-residential. At the same time, as Friso de
Zeeuw informs us, municipal development
corporations have almost exhausted their
financial reserves, and we cannot expect major contributions from housing associations
either, bearing in mind the current budgetary
constraints of both national and European
government. Meanwhile, private project
developers are faced with declining margins
and profits, and banks and pension funds
are not inclined to provide financing on easy
terms. Moreover, to attract the investment
they seek, they must compete with projects
elsewhere in the world, which sometimes
promise greater returns. In short, very little
can be expected from these traditional public
and private investors in the years ahead.

This makes it necessary to go in search
of new, 'compact' investors in city centres
and compact urban development projects. In
view of trends such as demographic ageing,
the changing makeup of the population, and
the resulting shifts in demand for housing (in
terms of both type and quantity), it seems

advisable to build new bridges to fields and groups that had little to do with housing construction until recently, such as health care, culture, education, and small and medium-sized businesses. The consequences of this development for the compact city are discussed in the following section. At this point, let us simply underscore Vulperhorst's point that, to encourage involvement by such actors, we will need to work much harder on the nexus of the specific *product* (sustainable, flexible, and collaborative), *price* (low, for a good product with a long life cycle), *position* (small-scale and embedded in strong networks), and *place* (in strong cities, unique locations, and vibrant urban districts) (Vulperhorst 2009).

A highly relevant evaluation report was recently published by Utrecht University and the independent research organization TNO. The subject was housing commissioning by private individuals (singly or in groups), sometimes in collaboration with professional developers. The report identified untapped potential, especially in the collective and collaborative variants, to respond to shifting needs in residential and business construction, both in city centres and elsewhere (Boelens et al. 2010). But the report also reiterated the now-familiar observation that existing legal regimes, the institutional setting, and policy instruments do little to tap this potential. The relevance of this conclusion goes beyond environmental and construction law, the near-psychotic Dutch fear of 'cluttering the landscape' (*verrommeling*), and the need to reflect on new-style cooperative associations (perhaps at neighbourhood level). It is also relevant to land development and the system for calculating land values in urban regeneration projects (see the articles by Erwin van der Krabben and Daan Zandbelt). In brief, the land residual value method widely used in the Netherlands seems not to encourage less profitable land uses, multifunctionality, or cross-over approaches to urban regeneration. At the same time, the premature development of comprehensive area plans (often while the

met andere, elders op deze wereld, die mogelijk een groter rendement beloven. Naar verwachting zullen ruime mogelijkheden van de traditionele publieke en private investeerders in de komende jaren dan ook grotendeels ontbreken.

Daarmee wordt een zoektocht naar nieuwe ('compacte') actoren nodig die geïnteresseerd zouden kunnen zijn in de binnenstedelijke en/of compacte stadsopgave. Mede gegeven de vergrijzing, de veranderende bevolkingssamenstelling en de daarmee gepaard gaande nieuwe woon- en kwaliteitswensen lijken nieuwe *cross-overs* gewenst met sectoren die tot voor kort nog nauwelijks bij de woningbouw betrokken waren, zoals zorg, cultuur, educatie, zzp'ers, etc. Wat dat voor het compactestadsmilieu betekent, daarop komen we in de volgende agendalijn terug. Maar hier kan met Vulperhorst al gezegd worden dat met het oog op die actoren dan wel een veel scherpere inzet nodig is met betrekking tot de onderlinge interactie tussen het specifieke Product (duurzaam, flexibel en in coproductie), de Prijs (laag, kwaliteit en met een goede *lifecycle*), Positie (kleinschalig en in goede netwerken) en Plaats (in sterke steden, op unieke locaties en in vitale wijken) (Vulperhorst, 2009).

Tegelijkertijd kan hier ook gewezen worden op een recent door de Universiteit van Utrecht en TNO uitgevoerde evaluatie naar particulier, collectief-particulier en mede-opdrachtgeverschap, waarbij vooral voor de laatste twee vormen van opdrachtgeverschap in relatie tot de voornoemde veranderende woon- en werkbehoefte (ook binnenstedelijk) nieuwe kansen worden gezien (Boelens et al., 2010). Tegelijkertijd wordt hier echter ook geconstateerd dat de bestaande wet- en regelgeving, institutionele setting en instrumenten daartoe nauwelijks bevorderlijk zijn. Dit betreft niet alleen de milieu- en bouwwetgeving, de bijna psychotische Nederlandse angst voor 'verrommeling' of zogeheten 'Belgische toestanden' of het noodzakelijk nadenken over (buurt)coöperaties nieuwe stijl, maar

ook de financiële (grond)exploitatie en wijze van
waardeberekening bij transformatie (zie de bijdragen van Erwin van der Krabben en Daan Zandbelt).
Om kort te gaan: de residuele grondwaardebereke-
ning die vaak wordt toegepast blijkt niet echt te helpen om ook minder winstgevende functies, multifunctionaliteit en de beoogde *cross-overs* bij transformatie mogelijk te maken. Tegelijkertijd hebben de
vroegtijdige (vaak nog tijdens het gebruik) opgestelde integrale gebiedsplannen ook een belangrijk
prijsopdrijvend effect. Voorbeelden uit het buitenland laten zien dat langs een meer afwachtende,
incrementele, lange, stapsgewijze en evolutionaire
plan- en transformatieontwikkeling, gecombineerd
met het instrument van stedelijke herverkaveling,
niet alleen meer goedkope maar ook meer flexibele
en succesvolle binnenstedelijke oplossingen mogelijk zijn. In hoeverre dat ook zou kunnen passen en
tot ontwikkeling zou kunnen komen in de tot nu toe
vaak overspannen woning-, grond- en bouwmarkten
van de Nederlandse situatie verdient, zeker gezien
de urgente situatie, nader onderzoek.

De behoefte – de leefmilieulijn

Hiermee komen we bij de derde agendalijn. Met
een toenemende mobiliteit en de daarmee gepaard
gaande keuzevrijheid om ergens te wonen, werken
of verblijven wordt immers ook de in compacte steden gerealiseerde (concurrerende) leefkwaliteit
steeds belangrijker. Gert de Roo wijst er hierbij
terecht op dat die kwaliteit verder strekt dan de traditionele gebruiks-, belevings- en toekomstwaarde.
Het gaat hier steeds meer om een 'kwaliteit per
saldo', die naast duurzaamheid en leefbaarheids-
doelstellingen ook refereert aan emoties als geborgenheid, zich er thuis voelen, warmte en waardering
(voor zichzelf, maar ook voor de sociale omgeving).
Tegelijkertijd wijst De Roo er ook op dat die leef-
kwaliteitseisen – juist ook met betrekking tot compacte steden – vaak in een behoorlijke spagaat
staan. Daarbij wordt aan de ene kant gestreefd naar

site is still in use) tends to drive up prices.
In other countries, we see the possibility of
city-centre regeneration that is not only less
costly but also more flexible and successful, thanks to a more cautious, incremental,
drawn-out, step-by-step, evolutionary mode
of planning, combined with the instrument
of urban land readjustment. To what extent
could this approach be used and developed
in the Netherlands, which in the past has
often suffered from overheated housing, land,
and construction markets? In light of the
urgent situation, this question merits further
investigation.

Demand: the living-environment line
This brings us to the third line of action. In a
time of increased mobility and the freedom
it has brought to choose one's places of
work, residence, and leisure, it is increasingly important for compact cities to offer
a good, competitive quality of life. Gert de
Roo rightly notes that this quality transcends
the traditional categories of functional value,
experiential value, and future value. It is 'net
quality', encompassing not only sustainability
and quality of life but also emotional states,
such as a sense of security, belonging,
warmth, and esteem (for oneself and for the
neighbourhood). At the same time, De Roo
points out that these criteria for quality of life
often pose serious dilemmas. For example,
while efforts are made to separate different
categories of land use (to avoid nuisance
for all parties), there is a simultaneous trend
toward multiple use (to minimize unnecessary
travel and its adverse impact on air quality).
In a sense this dilemma or paradox has now
been institutionalized in the form of a tension
between European environmental policy
(which is founded on the principle of equality)
and local and regional environmental policy,
which also tend toward the subsidiarity
principle. Within this field of tension, De Roo
seems to opt for a layered approach in which
generic frameworks guarantee minimum
quality norms (*basiskwaliteiten*) so that public
health is not placed at risk but more scope is

created for an area-based approach, in which stakeholders are fully encouraged to achieve the best possible situation-specific quality of life compatible with subsidiarity.

But as De Zeeuw, Spit, Boelens, and Karakus have correctly observed, this assigns a central role to relationships with specific end users. This layered compact city policy, based on generic minimum quality norms combined with a focus on specific area-based living environments, should be expanded to include a better-defined approach to particular target groups. As far as possible, this approach should be developed bottom-up and outside-in, through sustainable and effective alliances. The projected shortage of housing, business sites, and office space is questionable, as is the assumption that the Dutch population will triple in the coming century, as it has in the past century.[1] At most, there are particular tensions in the market for housing, business sites, and office space (VROM 2009; Vulperhorst 2009; Olden 2010), related to the gradual thinning-out of households, new requirements for use, the aforementioned environmental quality standards, energy costs, and/or an existing housing stock that no longer complies with these norms. Compact urban development must also comply with increasingly specific standards of quality (rather than quantity) – take, for example, integrated care communities, a response to both demographic ageing and the demands of double-income couples, who seek a low-stress, high-service environment (see also the article by Karst Blijham, Matthijs Bouw, and Ad Huijsmans). Furthermore, as Karin van Dreven, Bregit Jansen, Frank de Vries, Adriaan Geuze, Edzo Bindels, and Riëtte Bosch all observe, compact cities require more homes with street-level entrances, which may or may not take the form of compact low-rises or be located in green areas. There is a special need for starter homes (including fixer-uppers), whose purchasers could potentially give a major boost to the quality of the existing housing stock and of deprived and disadvantaged

een scheiding van functies (dit om onderlinge overlast en onbeheersbare gevaren te voorkomen), maar aan de andere kant ook naar multifunctionaliteit (dit om onnodige mobiliteit zoveel mogelijk te voorkomen en daarmee ook de aantasting van de algemene luchtkwaliteit). In zekere zin is die spagaat, die paradox thans ook geïnstitutionaliseerd tot de spanning tussen enerzijds het Europese milieubeleid – gefundeerd op het gelijkheidsbeginsel – en anderzijds het lokale en regionale milieubeleid, die ook wel neigen naar het subsidiariteitsbeginsel. In die spanningsverhouding lijkt De Roo zelf te kiezen voor een gelaagde aanpak waarbij 'basiskwaliteiten' generiek gegarandeerd moeten worden (zodat de gezondheid van burgers niet in het geding komt), maar er daarnaast ook meer ruimte ontstaat voor een gebiedsgerichte aanpak, waarbij *stakeholders* zoveel mogelijk gestimuleerd worden om – subsidiair – een situatiespecifieke leefkwaliteit op een zo hoog mogelijk niveau te brengen.

Maar – zoals ook door De Zeeuw, Spit, Boelens en ook Karakus terecht wordt opgemerkt – daarmee wordt ook de relatie met de specifieke (eind)gebruikers cruciaal. De gelaagde compacte '(generieke) basiskwaliteit – (specifieke) gebiedsgerichte leefmilieubenadering' dient uitgebreid te worden met een meer precieze doelgroepenbenadering die zoveel mogelijk ook *bottom-up* en/of *outside-in*, in duurzame en slagvaardige allianties zal moeten worden ontwikkeld. De veronderstelde woningnood en nood aan nog meer bedrijfsterreinen en kantoren(locaties) moeten immers aanzienlijk genuanceerd worden; net zo min als dat de Nederlandse bevolking naar verwachting in de komende eeuw nog eens zal verdrievoudigen, zoals ze dat nog wel in de afgelopen eeuw heeft gedaan.[1] Hoogstens is er sprake van specifieke spanningen op de woning-, bedrijfsterreinen- en kantorenmarkt (Ministerie VROM, 2009; Vulperhorst, 2009; Olden, 2010), die te maken hebben met de voortgaande verdunning van huishoudens, met nieuwe gebruikseisen, de voornoemde milieukwaliteitseisen, energielasten en/of een daartoe niet langer toereikende voorraad. Ook de compacte stad moet daarmee in toenemende mate voldoen aan vooral specifieke kwaliteitseisen (i.p.v. kwantiteitseisen) met betrekking tot bijvoorbeeld *integrated care communities* voor niet alleen de ouder wordende bevolking, maar ook voor tweeverdieners die in een stressvrije, hoogservice-achtige omgeving wensen te wonen (zie ook de bijdrage van Karst Blijham, Matthijs Bouw en Ad Huijsmans). Daarnaast – en zoals ook door Karin van Dreven, Bregit Jansen, Frank de Vries, Adriaan Geuze, Edzo Bindels en Riëtte Bosch wordt aangegeven – is er in compacte steden behoefte aan meer grondgebonden woningen die al dan niet in compacte laagbouw en een groene omgeving worden gerealiseerd. Er is vooral ook behoefte aan (klus)woningen voor (door)starters, die desnoods ook zelf een belangrijke *boost* kunnen gegeven aan de verbetering van de bestaande voorraad en de opwaardering van aandacht- en achterstandwijken. Dat zal ook steeds meer gekoppeld moeten worden aan grootstedelijke manifestaties en cultuur (zie de bijdragen van Frank de Vries en Pauline Terreehorst) om daarmee de *unique selling points* en aantrekkelijkheid van compacte steden ten opzichte van het platteland voor deze groepen veel krachtiger te profileren. Dat vereist niet alleen nieuwe programma's of (een visie op) nieuwe constellaties van programma's op verschillende schaalnivaus in de specifieke condities van de compacte stad of stedelijkheid. Het vraagt ook nadrukkelijk om meer doorwrochte en gedragen ontwerpexercities, die in die specifieke behoeften voorzien. Sterker nog, bovenal vraagt dit om nieuwe institutionele ruimte, waaronder die *cross-overs*, zodat beoogd grootstedelijk cultuurbeleid en die binnenstedelijke collectieve zelfwerkzaamheid daadwerkelijk tot stand kunnen komen. Want thans is de generieke wet- en regelgeving, de normen, waarden en aanpak in bijvoorbeeld het zorgstelsel, het economisch, onderwijs- en cultuur-

neighbourhoods. Compact cities will also forge an ever-stronger connection to metropolitan events and culture (see the articles by Frank de Vries and Pauline Terreehorst), greatly enhancing the profile of their unique selling points and their attractiveness for these groups in comparison to rural settings. This will require more than new programming, and more than even a vision of new constellations of programming at multiple levels under the specific conditions of the compact city or compact urban development. It will also emphatically require design moves that are more carefully crafted and broadly supported than in the past, responding to concrete demands. In fact, what will be needed most is a new institutional context, including the above-mentioned cross-overs, metropolitan cultural policy, and collective initiative in the city centres. And that is because today's generic legal and regulatory frameworks – the values, standards, and modes of conduct of the health care system, economic, educational, and cultural policy, spatial planning, and environmental protection – are often incompatible with cross-overs or forms of development that are multifunctional, compact, complementary, and (where possible) resilient.

Work – the evolutionary economic line

We now come to the fourth and final line of action, mentioned above only in passing but crucial to Compact City 2.0 within a larger network economy. As we have repeatedly emphasized, cities have become important centres for global services, knowledge, and the creative economy. Dutch spatial and structural policies have always sought to make the country's major cities more internationally competitive through powerful urban networks. Nevertheless, research has shown that while the density of work has increased in the Netherlands since the 1990s, this increase has been greater outside the cities for employment that generates economic growth (Louter 2003). Another study has shown that the density of work within cities is levelling off; more specifically, it is decreasing in city centres and increasing in office areas in the urban fringe (Ritsema van Eck et al. 2009). A polycentric urban pattern seems to be emerging at larger scales and higher economic levels, with little sign of renewed concentration in major city centres.

This does not alter the fact that, according to the latest evolutionary insights, major-city economies are more resilient, not because of their geographic concentration of similar economic activities (economic clustering), but because they have a wider variety of related economic activities (economic networks). It is therefore easier in major cities for both individual businesses and groups of economic activities to adjust to changing circumstances (Atzema 2010). Given the current economic crises and the transitional state of the world economy, with a gradual shift from Atlantic to Asian dominance, this flexibility is a priceless asset. A high-quality physical business climate, easy accessibility, and pleasant residential and living environments (the central goals of compact city policy in the past) have proved to be important factors, but not critical ones. After all, they can be found in numerous places in and around the Netherlands, including some rural areas. Instead (or, preferably, in addition), leading actors in glocal (global/local) business sectors, supported by those in the public sector and civil society, are crucial, because they have the demonstrated potential to tie together knowledge networks in and outside the city, not physically but through economic relationships (Brenner, 2004; Boschma, & Frenken 2006; Atzema, Boelens, & Veldman 2009). An economic compact urban development policy 2.0 should therefore focus on organizational and institutional measures to promote emerging networks of businesses, public bodies, and citizens, rather than concentrating exclusively on the continued physical development of more and more world-class projects, each one very much like the others. What this type of shift from physical to relational connectivity would mean in

beleid, alsmede de ruimtelijke ordening en het milieubeleid niet altijd bevorderlijk voor die *crossovers* en een even compacte, complementaire en zo mogelijk multifunctionele woningbouw-, kantoor- en bedrijfsterreinenontwikkeling.

Het werk – de evolutionair economische lijn

Tenslotte komen we op de vierde agendalijn, die in het voorgaande nog mager aan de orde is gekomen maar naar ons oordeel cruciaal is voor een compactestadbeleid 2.0 in de grotere netwerkeconomie. Steden zijn, zoals al meerdere malen benadrukt, belangrijke centra in wereldwijde diensten, kennis en creatieve economie geworden, terwijl ook het nationale ruimtelijke structuurbeleid sinds jaar en dag gericht is op de versterking van die internationale grootstedelijke concurrentiepositie in krachtige (nationale) stedelijke netwerken. Dit neemt niet weg dat onderzoek heeft aangetoond dat de dichtheid van werk sinds de jaren negentig weliswaar is toegenomen, maar dat buiten de steden de groei in dichtheid groter was (Louter, 2003). Tegelijkertijd laat ander onderzoek zien dat er ook binnen steden een vervlakking van de werkdichtheid optreedt, waarbij de dichtheid in hoogstedelijke centrummilieus afneemt en die in de kantoormilieus aan de rand van de stad en op stationslocaties toeneemt (Ritsema van Eck et al., 2009). Eerder ontwikkelt zich dan ook een polycentrisch stedelijk patroon op een steeds hoger schaalniveau, waarbij er van een reurbanisatie naar de vier grote steden nauwelijks sprake is.

Dit neemt niet weg dat volgens de nieuwste evolutionaire economische inzichten grootstedelijke economieën wel robuuster zijn, niet vanwege de geografische concentratie van vergelijkbare economische activiteiten (economische clusters), maar omdat ze een grotere variatie hebben aan gerelateerde economische activiteiten (economische netwerken). Daarom kan ieder bedrijf op zich, maar ook als groep van economische activiteiten zich in grote steden makkelijker aanpassen aan veranderende omstandigheden (Atzema, 2010). En juist dat is in de actuele economische crises, transitie-economie en de daarmee gepaard gaande accentverschuiving van de Atlantische naar Aziatische dominantie een *asset* van de eerste orde. Een hoogwaardig fysiek vestigingsmilieu, goede bereikbaarheid en een adequaat flankerend woon- en verblijfsmilieu (de centrale doelstellingen van het afgelopen compacte-stadbeleid) blijken daartoe weliswaar belangrijke, maar geen doorslaggevende factoren. Dergelijke milieus zijn thans immers op meerdere plekken binnen en rond Nederland (ook buiten steden) aanwezig. In de plaats van, of beter daarnaast, blijken vooral leidende actoren in de lokale *business*, *public* en *civic society* cruciaal, die in staat zijn (kennis)netwerken binnen en buiten de stad aan elkaar te knopen en daarmee de stedelijke economie relationeel (i.p.v. fysiek) op een hoger niveau te brengen (Brenner, 2004; Boschma & Frenken, 2006; Atzema, Boelens & Veldman, 2009). Een economisch compacteverstedelijkingsbeleid 2.0 zou zich dan ook eerder moeten richten op het via organisatorische en institutionele maatregelen faciliteren van die opkomende netwerken tussen bedrijven, overheden en burgers, en zich niet alleen exclusief richten op het verder ontwikkelen van steeds meer vergelijkbare toplocaties. Wat een dergelijke koerswijzing richting een relationele in plaats van fysieke connectiviteit dan precies en concreet betekent is nog niet duidelijk. Maar steeds duidelijker en breder erkend wordt dat die conditie voor het beleid in en rond de grote Nederlandse steden meer situatief en precies onderzocht dient te worden willen we uiteindelijk (conform het CPB) ook economisch succes hebben.

Afgestemde taken

De hier beschreven vier uitdagingen stellen de (gemeentelijke, provinciale en rijks)overheid voor nieuwe uitdagingen. Maar niet alleen de overheid,

practical terms is not yet entirely clear. But it is becoming more and more apparent that we will have to examine the context for policy in and around the major Dutch cities in a more detailed, actor-networked, situation-specific manner to ensure resilient economic success. In the realm of economic compact city policy, this will require a shift – on the part of policymakers, spatial planners, and urban designers – from an exclusive focus on physical effects (see, for instance, *Prachtig Compact NL*) towards a recognition of the importance of the constituting actor-networks, in order to promote creative, compact, and resilient solutions. A new deal is needed, in education, research, policy, and practice.

Coordinated responsibilities

The four lines of action described here present public authorities at all levels (municipal, provincial, and national) with new challenges. But the Compact City 2.0 is a challenge not only for the government. Researchers, entrepreneurs, and designers must also work to give it greater form and content. These groups cannot work in isolation; in fact, this is a collective challenge, and their efforts should build on one another.

Further research and analysis will be needed in order to pursue a number of the above-mentioned goals: a more dynamic, open, and multifunctional institutional framework; new financial instruments and urban land readjustment procedures; a multi-levelled policy on quality of life for a range of different lifestyles; and a shift from geographical or physical features towards compact actor-relational embeddedness. Clearly, this research will require a range of expertise that cannot be found within any consultancy firm, government body, or relevant business sector, or even at any single Dutch university planning and urban design department. But that expertise can be provided by the Universities of Amsterdam, Nijmegen, Groningen, Utrecht, and Delft working together. In short, we must establish a coordinated intersectoral and interuniversity research programme, which should be informed by professional practice and developed interactively. The relevant professors in planning, economics, political science, and business administration should present joint proposals, with encouragement from other parties and without any of the competitive posturing that so often characterizes scientific grant projects.

For involved businesses in the project development and contracting industries, the crucial thing is to develop new connections with actors in synergistic fields of interest – such as health care, social services, cultural creative work, and small, independent enterprise – not only to acquire additional support (financial and otherwise) and programme content – but also to organize new, timely, situation-specific transformation projects that will meet the demands of tomorrow. At the same time, businesses will also have to give more thought to new forms of collaborative and collective architectural commissioning, and thus to new and enterprising groups of end users. Though such forms of commissioning by private individuals have so far remained marginal to Dutch building practice, current trends suggest that in a more relaxed building market with renewed demand in the city centre, this market segment could grow significantly. In that context, one might also reconsider the future status and core business of housing associations in relation to these nascent forms of collective organization and self-organization in city centres. The ideas floated thus far include the ongoing development of a broader, more integrative type of neighbourhood association (*buurtcorporatie*) that includes human capital.

As for designers, they must move beyond the stage of sketches and exploratory plans. After twenty-five years of sketching and exploring, we now understand that paper is patient and that often, much greater compactness and density can be achieved on the drawing board than in practice. Instead, it will be increasingly important to study, through design-based research, why compactness and density have repeatedly failed to material-

ook het (wetenschappelijk) onderzoek, de ondernemers en de ontwerpers dienen aan de bak, om het compactestadbeleid 2.0 meer vorm en inhoud te geven. Daarbij hangt het ene samen met het andere, en is er feitelijk sprake van een gezamenlijke opgave waar de doelen elkaar onderling dienen te versterken.

Voor het onderzoek zijn in het voorafgaande al verschillende vragen gesignaleerd, die om nader inzicht vragen op het gebied van bijvoorbeeld een meer dynamische, open en multifunctionele institutionalisering, op het gebied van nieuwe financiële instrumenten en processen van stedelijke herverkaveling, op het gebied van een gelaagd leefkwaliteitsbeleid in relatie tot specifieke leefstijlen, en op het gebied van verschuivingen richting een actorrelationele in plaats van een geografische of fysieke connectiviteit. Dat onderzoek vraag om een brede expertise die niet aan één van de (planologische) universitaire onderzoeksscholen te vinden is, maar wel aan die van respectievelijk Amsterdam, Nijmegen, Groningen en Utrecht gezamenlijk en waar mogelijk aangevuld met Delft. Het vraagt aldus om een afgestemd interuniversitair onderzoeksprogramma, dat door de praktijk zelf dient te worden gevoed, maar interactief dient te worden ontwikkeld. De betrokken hoogleraren zullen hier, aangemoedigd door de andere partijen en voorbij de concurrentiedrift waarmee NWO-projecten vaak omgeven zijn, zelf met afgestemde voorstellen moeten komen.

Voor de ondernemers in de bouw, de projectontwikkeling en aanneming gaat het om het ontwikkelen van nieuwe connecties met andere actoren, in andere meekoppelende belangen – zoals bijvoorbeeld met de zorg, maatschappelijke dienstverlening, culturele creativiteit, zelfstandig kleinbedrijf – om daarmee niet alleen extra (financieel) draagvlak en *content* te verkrijgen, maar ook nieuwe, up-to-date en geëigende binnenstedelijke transformaties, die passen bij de vraag van morgen. Daarnaast zullen de ondernemers ook meer rekening moeten houden met nieuwe vormen van mede- en collectief opdrachtgeverschap (MO en CPO); en daarmee feitelijk ook met nieuwe en ondernemende eindgebruikers. Want alhoewel die vormen van MO en CPO thans nog slechts de niches van de Nederlandse bouwpraktijk vullen, zijn er wel tendensen dat in een meer ontspannen grondmarkt en bij nieuwe binnenstedelijke behoeften deze deelmarkt aanzienlijk kan toenemen. Daarbij past ook een heroverweging van de toekomstige positie en *core business* van woningcorporaties in relatie tot deze opkomende vormen van binnenstedelijke mede- en zelforganisatie. Thans wordt daarbij onder meer gedacht aan het verder vormgeven van een meer brede, integrerende en ook menselijk kapitaal omvattende buurtcorporatiegedachte.

Voor de ontwerpers, op hun beurt, gaat het er om voorbij het stadium van schetsen en ontwerpverkenningen te komen. Want na vijfentwintig jaar schetsen en verkennen weten we inmiddels wel dat papier geduldig is en dat op de tekentafel een veel hogere compactheid en verdichting haalbaar en ruimtelijk inpasbaar is dan vaak praktisch gerealiseerd. In plaats daarvan lijkt het steeds meer noodzakelijk om ook ontwerpend te onderzoeken waarom die compactheid en dichtheid dan toch telkens weer niet van de grond komt en wat er ook ontwerpmatig gedaan kan worden om die stedelijke condities wel dichterbij te brengen. Een eerste aanzet daartoe is geleverd met de bijdragen van onder meer Pi de Bruijn, Daan Zandbelt en Meta Berghauser Pont, die ieder op hun eigen wijze de noodzaak van een verantwoorde sociale conditie aangeven, dan wel de idee-fixe van hoogbouw en de mogelijkheid van dichtheid in relatie tot de ontwikkeling van onze ruimtelijke *footprint* ontmaskeren. Maar die inzichten zullen verder moeten gaan en uiteindelijk ook tot haalbare en slagvaardige alternatieven leiden. Tegelijkertijd lijkt er juist ook bij ontwerpers sprake van een noodzaak om voorbij de focus van

ize in practice, and how the design process can more closely reflect the realities of urban life. The first step has already been taken by several contributors to this collection, such as Pi de Bruijn, Daan Zandbelt, and Meta Berghauser Pont, each of whom presents his or her own unique vision, whether of socially responsible practice, the enduring myth of the high-rise, or the potential for density in relation to our changing urban footprint. But these insights will ultimately have to be developed into operational, effective alternatives. At the same time, designers now seem to have a need to shift the emphasis away from density (no matter how it is defined) and toward compactness, in the sense of the completeness and comprehensiveness of an architectural programme. In this area, again, we should investigate the possibility of crossovers, hybrid urban programmes that would, in the past, have been seen as impossible: places of work combined with functional building types such as houses of prayer, sports facilities, museums, and educational institutions; innovative temporary or seasonal housing; reuse of vacant non-residential buildings in problematic locations; and effective interaction between work, housing, health care, the natural environment, and other urban or rural programme elements. More than density, it may be cross-overs of this kind that represent the future of compact development.

Finally, government must take responsibility for stringent reform of the institutional context, in both the formal sense (of legal and regulatory regimes) and the informal sense (of values, standards, and modes of conduct). The goal is not only to conduct highly focused deregulation and decentralization and to distribute responsibilities effectively over all levels of government. Above and beyond that, local, regional, and national authorities should all develop new rules and frameworks that put the reconstruction period behind us once and for all and do justice to the dynamism and multi-layered quality of today's world. Even new instruments –such as the recent Spatial Planning Act (*Wet op de Ruimtelijke Ordening*), zoning covenants, and binding programmatic regimes – are still based in large part on the tradition of quantitative, geographically bounded, and stratified public administration and construction. Instead of reflexively asking 'Is this really my responsibility?', local, regional and national authorities, in particular, must develop new concepts, instruments, forms of planning, and regimes, in order to promote resilient, cross-border compact urban development initiatives. This is not in order to make themselves redundant, but to adapt and respond more specifically to the dynamic urban transformations taking place now. As mentioned above, new regimes – open, flexible, and truly borderless (both geographically and in sectoral terms) – are needed at the levels of the agglomeration, the conurbation, and the region. And this is not to add yet another layer of organization or administration, but to open up the possibility of effective, compact, theme-based, solution-oriented action. In short, what is at stake is not only reinventing governance but also reinventing government.

These four fields – research, business, design, and government – are all intertwined. No one of them can be effective without the others; each is dependent on all the rest. Encouraging their interaction and joint action is an important task for the public authority behind this series of books, namely the strategy department of the national spatial planning authority at the Ministry of Infrastructure and the Environment. Such interaction and joint action is an indispensable part of building an effective, meaningful Compact City 2.0. And that is truly a grand challenge – grand, but not impossible, and extremely urgent. The adventure is just beginning!

dichtheid (in welke vorm dan ook) te komen en de aandacht meer te verleggen naar compactheid, in termen van een grotere volledigheid en compleetheid aan programma's. Hier is ook ontwerpmatig nader onderzoek nodig welke *cross-overs* tussen thans nog voor onmogelijk gehouden stedelijke programma's mogelijk zijn. Hoe wonen gecombineerd kan worden met functies als gebedshuizen, sportvoorzieningen, een museum, onderwijsvoorzieningen, hoe tijdelijk of seizoengebonden wonen voorstelbaar is, hoe leegstaande utiliteitsgebouwen, ook die op minder aannemelijke locaties aangewend kunnen worden, op welk wijze tot een effectieve interactie kan worden gekomen tussen wonen, werken, zorg, ecologie en andere stedelijke of landelijke functies. Want meer dan dichtheid kunnen dergelijke *cross-overs* voor de toekomst van compactheid wel eens meer doorslaggevend zijn.

Voor de overheid gaat het er tenslotte om te komen tot een strakke heroriëntatie op de bestaande institutionele context, zowel in de formele zin van wet- en regelgeving, als in de informele zin van normen, waarden en aanpak. Hier gaat het niet alleen om een voortgaande deregulering, decentralisering en het doelmatig spreiden van verantwoordelijkheden over alle overheidsniveaus. In de allereerste plaats moeten lokale, regionale en landelijke overheden nieuwe settingen en regelgeving organiseren die definitief voorbij de wederopbouwperiode gaan en passen bij de dynamiek en multigelaagdheid van de actuele tijd. Want ook de nieuwe Wet Ruimtelijke Ordening, de zoneringsconvenanten en taakstellende programmatische regimes zijn nog voor een belangrijke deel gebaseerd op die traditie van strak geografisch afgebakend, kwantitatief sturen en bouwen. Vooral de lokale en rijksoverheid dienen nieuwe concepten, instrumenten, planvormen en regimes te bedenken, die hen niet overbodig maken maar wel meer specifiek en adaptief passend zijn aan de veranderlijke en dynamische stedelijke transformatieproces van dit moment. Daarnaast zijn, zoals gezegd, nieuwe open, werkelijk grenzeloze en flexibele regimes nodig op agglomeratief, conurbatie- en landsdelig niveau. Niet om hier een volgende organisatie en bestuurslaag aan toe te voegen maar om daadkrachtiger, compact, thema- en oplossingsgericht op te treden. Kortom, naast *governance*, *reinventing government*.

Elk van deze onderdelen – onderzoek, onderneming, ontwerp en overheid – is echter aan elkaar gerelateerd. Het een heeft weinig zin zonder het ander; elk van de afzonderlijke onderdelen kan niet zonder de ander. Die interactie, dat gezamenlijk optrekken, lijkt een belangrijke taak voor elk van de onderdelen – onderzoek, onderneming, ontwerp en overheid – en zeker ook voor de opdrachtgever van deze reeks. Want een Compacte Stad 2.0 zal zonder die interactie weinig effectief en dus weinig zinvol zijn. Dat is een werkelijk majeure opgave, maar niet onmogelijk en zeer urgent. Wordt dus vervolgd!

1 Dit terwijl de bevolking in aangrenzende landen als België, het Verenigd Koninkrijk en Duitsland in de afgelopen eeuw slechts met circa 50% is gegroeid.

Referenties

Atzema, Oedzge (2010). 'Veerkracht Stedelijke Economie' in: *S&RO 4-2010*, pp.32-37.

Atzema, Oedzge, Luuk Boelens & Bouke Veldman (2009). *Voorbij de lock-in, een institutioneel-economische herpositionering van de haven van Rotterdam*, University of Utrecht Press, Utrecht.

Boelens, Luuk (2009). *The Urban Connection, An actor-relational approach to urban planning*, Uitgeverij 010, Rotterdam.

Boelens, Luuk & Taverne, Ed (2009). 'Waarom steden als delta's floreren', in: Lucassen, Leo & Willems, Wim, *Waarom mensen in de stad willen wonen 1200-2010*, Uitgeverij Bert Bakker, Amsterdam, pp.229-258.

Boelens, Luuk, Pieter Hooimeijer, Gideon Bolt, Beitkse Boonstra e.a. (2010). *Zelfbouw in reflectie, evaluatie van 10 jaar SEV-Experimenten in (C)PO/MO*, SEV, Rotterdam.

Boschma, Ron & Frenken, Koen (2006). 'Why is Economic Geography not an Evolutionary Science', in: *Journal of Economic Geography,* Vol.6 no.3, pp.273-302.

Brenner, Neil (2004). *New State Spaces: Urban Governance and the rescaling of Statehood,* Oxford University Press, Oxford/New York.

1 By comparison, the population of neighbouring countries such as Belgium, the United Kingdom, and Germany has grown by only 50% in the past century.

References

Atzema, Oedzge (2010) 'Veerkracht stedelijke economie', *S&RO 4-2010*, pp. 32-37.

Atzema, Oedzge, Luuk Boelens, and Bouke Veldman (2009) *Voorbij de lock-in, een institutioneel-economische herpositionering van de haven van Rotterdam.* Utrecht: Utrecht University Press.

Boelens, Luuk (2009) *The Urban Connection: An Actor-Relational Approach to Urban Planning.* Rotterdam: 010 Publishers.

Boelens, Luuk and Ed Taverne (2009) 'Waarom steden als delta's floreren'. In Leo Lucassen and Wim Willems, *Waarom mensen in de stad willen wonen 1200-2010.* Amsterdam: Uitgeverij Bert Bakker, pp. 229-258.

Boelens, Luuk, Pieter Hooimeijer, Gideon Bolt, Beitkse Boonstra et al. (2010) *Zelfbouw in reflectie, evaluatie van 10 jaar SEV-Experimenten in (C)PO/MO.* Rotterdam: SEV.

Boschma, Ron and Koen Frenken (2006) 'Why is economic geography not an evolutionary science?', *Journal of Economic Geography,* vol.6, no.3, pp. 273-302.

Brenner, Neil (2004) *New State Spaces: Urban Governance and the Rescaling of Statehood.* Oxford/New York: Oxford University Press.

Kloosterman, Robert (2001) *Ruimte voor reflectie,* address delivered at Amsterdam University, 7 November 2001. Amsterdam: Vossiuspers.

Louter, Peter (2003) *De economische hittekaart van Nederland, waar de economie van Nederland groeit.* The Hague: Ministerie van Economische Zaken.

McLuhan, Marshall (1964) 'Understanding the media'. In *The Extensions of Man.* Cambridge, Mass.: MIT Press.

Olden, Han (2010) *Uit voorraad leverbaar. De overgewaardeerde rol van bouwrijpe grond als vestigingsfactor bij de planning van bedrijventerreinen,* doctoral thesis. Utrecht: Utrecht University.

Province of South Holland (Zuid-Holland) (2008) 'Bevolkingsontwikkeling in het Groene Hart', *Demo-Signaal Special,* December.

Ritsema van Eck, Jan, Hans van Amsterdam, and Johan van der Schuit (2009) *Ruimtelijke ontwikkelingen in het stedelijk gebied, Dynamiek in het stedelijk gebied.* The Hague: Planbureau voor de Leefomgeving.

Taylor, Peter J. (2004) 'World City Network'. In *A Global Urban Analysis.* London/New York: Routledge.

Ter Weel, Bas, Albert van der Horst, and George Gelauff (2010) *The Netherlands of 2040,* CPB-publicatie no. 88, June. The Hague: Centraal Planbureau (CPB).

VROM (Dutch Ministry of Housing, Spatial Planning, and the Environment)/CBS (Statistics Netherlands) (2009) *Het wonen overwogen, de resultaten van het WoonOnderzoek Nederland 2009.* The Hague.

Vulperhorst, Lenny (2009) *Vastgoedlezing 2009,* delivered on 3 December 2009, Amsterdam School of Real Estate, Amsterdam.

Kloosterman, Robert (2001). *Ruimte voor reflectie*, oratie UVA op 7 november 2001, Vossiuspers, Amsterdam.

Louter, Peter (2003). *De economische hittekaart van Nederland, waar de economie van Nederland groeit,* Ministerie van Economische Zaken, Den Haag.

McLuhan, Marshall (1964). 'Understanding the media' in: *The Extensions of Man,* MIT, Massachusetts.

Ministerie van VROM/CBS (2009). *Het wonen overwogen, de resultaten van het WoonOnderzoek Nederland 2009*, Den Haag.

Olden, Han (2010). *Uit voorraad leverbaar. De overgewaardeerde rol van bouwrijpe grond als vestigingsfactor bij de planning van bedrijventerreinen*, proefschrift Universiteit van Utrecht, Utrecht.

Provincie Zuid-Holland (2008). 'Bevolkingsontwikkeling in het Groene Hart', in: *Demo-Signaal Special*, december.

Ritsema van Eck, Jan, Hans van Amsterdam & Johan van der Schuit (2009). *Ruimtelijke ontwikkelingen in het stedelijk gebied, Dynamiek in het stedelijk gebied*, Planbureau voor de leefomgeving, Den Haag.

Taylor, Peter J. (2004). 'World City Network', in: *A Global Urban Analysis*, Routledge, Londen/New York.

Vulperhorst, Lenny (2009). *Vastgoedlezing 2009*, uitgesproken op 3 december 2009, Amsterdam School of Real Estate, Amsterdam.

Weel, Bas ter, Albert van der Horst & George Gelauff (2010). *The Netherlands of 2040,* CPB-publicatie no.88, juni, Den Haag.

Colofon

Publication information

Floris Alkemade (1961) kwam in 1989 bij OMA en is daar sinds 1996 projectdirecteur architectuur en stedenbouw. Vanaf 2001 is hij een van de directeuren/partners van het kantoor. Als projectarchitect en projectleider werkte hij begin jaren negentig aan het Euralille masterplan. Sinds 1994 heeft hij de leiding over het masterplanproject voor het centrum van Almere. Alkemade is als projectleider opgetreden van verschillende stedenbouwkundige projecten in Europa en Azië, en van de prijsvraag voor Les Halles in het centrum van Parijs. Momenteel werkt Floris Alkemade (FAA) aan projecten in Arnhem, Lille, Gent, Amsterdam, Den Haag, Ostrava en Rotterdam. Met Xaveer de Geyter (FAA/XDGA) werkt hij aan een grondige verbouwing van een zeshonderd meter lang entrepôtgebouw in Parijs. Daarnaast is hij in Parijs bezig met het uitwerken en implementeren van een strategie voor de ontwikkeling van het cluster Parijs-Saclay. Alkemade was lid van de selectiecommissie architectuur van het Fonds BKVB en is gasthoogleraar aan de Universiteit van Gent.

Meta Berghauser Pont (1972), **Per Haupt** (1968) richtten in 1998 het ontwerp- en adviesbureau PERMETA architects op en combineerden hun werk daar met een doctoraalonderzoek aan de TU Delft. Dit onderzoek resulteerde in de publicatie van het boek *Spacematrix. Space, Density and Urban Form*, uitgegeven in 2010. Sinds 2010 werkt Per Haupt als stedenbouwkundig ontwerper voor de gemeente Norrköping in Zweden; Meta Berghauser Pont combineert een positie als onderzoeker aan de TU Delft met een vergelijkbare positie aan het KTH Royal Institute of Technology in Stockholm.

Edzo Bindels (1969) is afgestudeerd aan de Technische Universiteit Delft als stedenbouwkundige. In 1999 werd hij aangesteld als mededirecteur van West 8. In 2000 ontving Bindels de Rotterdam-Maaskantprijs voor Jonge Architecten en publi-

Floris Alkemade (1961) joined OMA in 1989 and became the office's project director for architecture and urban planning in 1996. In 2001 he became one of OMA's directors and a partner in the firm. In the early 1990s he worked on the Euralille master plan as a project architect and project manager. Since 1994, he has headed a master plan project for the city centre of Almere. Alkemade has managed several urban projects in Europe and Asia and the competition for Les Halles in the centre of Paris. Through his own architectural office, FAA, he now has projects in Arnhem, Lille, Ghent, Amsterdam, The Hague, Ostrava, and Rotterdam. In collaboration with Xaveer de Geyter (FAA/XDGA) he is working on the reconversion of a 600-metre-long warehouse in Paris. Also in Paris, he is designing and implementing a strategy for the development of the Paris-Saclay cluster. Alkemade has been a member of the architecture selection committee at the National Art Foundation (Fonds BKVB) and is currently a visiting professor at Ghent University in Belgium.

Meta Berghauser Pont (1972) **& Per Haupt** (1968) founded the design and consultancy office PERMETA architects in 1998 and combined their work there with doctoral research at Delft University of Technology. This research resulted in the book *Spacematrix: Space, Density and Urban Form*, published in 2010. Since then, Per Haupt has been working as an urban designer for the municipality of Norrköping in Sweden, while Meta Berghauser Pont combines a research position at Delft University of Technology with another at KTH Royal Institute of Technology in Stockholm.

Edzo Bindels (1969) studied urban planning at Delft University of Technology. In 1999 he became co-director of West 8, and the following year he received the Rotterdam-Maaskant Young Architects' Award and published his book *4. Edzo Bindels, Ruurd Gietema, Henk Hartzema, Arjan Klok.* In this period he was also a visiting instructor at the architectural academies of Amsterdam and Rotterdam and Delft University of Technology. At West 8, Bindels has already headed many successful projects, such as Madrid RIO in Madrid and Playa de Palma in Mallorca, Spain. Other major projects include a master plan for the new Vathorst district in Amersfoort and the Leerpark development in Dordrecht.

Karst Blijham (1957) studied building physics and civil engineering management, and spent the first ten years of his career at two management consultancy films. For the past fifteen years, he has worked as an independent organizational consultant and interim manager for civil-society organizations and businesses, specializing in infrastructure, area development, and real estate. He has also coordinated and supported several studies of spatial development in the Netherlands, including one on the possibility of a second national airport and another on the introduction of maglev transport between the major cities in the Randstad and in the Zuiderzee area.

Luuk Boelens (1957) is an extraordinary professor of planology at Utrecht University and co-managing director, with Wies Sanders, of the urban development consultancy Urban Unlimited. He studied at Delft University of Technology and received his doctoral degree in 1990 for his thesis *Stedebouw en Planologie – een onvoltooid project* ('Urban Development and Planning: An Unfinished Project'). Boelens has worked at the Province of South Holland, the Randstad Spatial Planning Consultative Group, and Holland Railconsult, now known as Movares.

Jelte Boeijenga (1975) is an independent and freelance researcher and writer in the fields of spatial planning and urban development. After several years of participation in the Atelier Zuidvleugel project for the design of the southern Randstad, he published the

ceerde hij zijn boek 4. *Edzo Bindels, Ruurd Gietema, Henk Hartzema, Arjan Klok*. Tevens startte hij in die periode met zijn gastdocentschappen aan de Academie van Bouwkunst in Amsterdam en Rotterdam en de Technische Universiteit Delft. Bij West 8 heeft Bindels al veel succesvolle projecten geleid zoals Madrid RIO in Madrid en Playa de Palma in Mallorca, Spanje. Andere belangrijke projecten zijn het masterplan voor Vathorst in Amersfoort en het Leerpark in Dordrecht.

Karst Blijham (1957) heeft na zijn studie bouwfysica en civiele bedrijfskunde ruim 10 jaar gewerkt bij twee management consultancy bureaus. De afgelopen vijftien jaar werkt hij als onafhankelijk organisatieadviseur en interim-manager voor maatschappelijke organisaties en bedrijven aan vraagstukken over infrastructuur, gebiedsontwikkeling en vastgoed. Tevens heeft hij verschillende studies op het gebied van de ruimtelijke inrichting van Nederland (be)geleid waaronder de studie naar de tweede nationale luchthaven en de introductie van de magneetzweefbaan (Rondje Randstad en de Zuiderzeelijn).

Luuk Boelens (1957) is buitengewoon hoogleraar Planologie aan de Universiteit van Utrecht en samen met Wies Sanders managing director van het stedenbouwkundig adviesbureau Urban Unlimited. Hij studeerde aan de Technische Universiteit Delft en promoveerde in 1990 op de thesis *Stedebouw en Planologie – een onvoltooid project*. Boelens werkte bij de Provincie Zuid-Holland, het Randstad Overleg Ruimtelijke Ordening en Holland Railconsult, thans Movares.

Jelte Boeijenga (1975) verricht zelfstandig en in opdracht onderzoek en redactie op het terrein van ruimtelijke ordening en stedenbouw. Na enkele jaren betrokkenheid bij Atelier Zuidvleugel publiceerde hij in 2008 de *Vinex Atlas*. Hij publiceert

met enige regelmaat op eigen titel en is hoofdre-
dacteur van het *Jaarboek Landschapsarchitectuur
en Stedenbouw in Nederland*. Jelte Boeijenga is
opgeleid aan de faculteit Bouwkunde van de Technische Universiteit Delft.

Riëtte Bosch (1976) vertegenwoordigt als projectleider binnen West 8 zowel de disciplines stedenbouw als landschapsarchitectuur. Haar gecombi-
neerde vakkennis stelt haar in staat te werken aan
uiteenlopende opdrachten. In 2004 haalde zij, in
aanvulling op de bachelor landschapsarchitectuur,
met lof de titel stedenbouwkundige aan de Academie van Bouwkunst in Rotterdam. Sinds 2001 heeft
zij binnen West 8 gewerkt aan diverse sleutelprojecten en winnende competities zoals het Kröller-
Müller Museum, Stratford City in Londen, het
Buenavista Park in Singapore, Markeroog (Eowijers
2006), Rotterdam Grondgebonden en Ondertunne-
ling A2 Maastricht.

Matthijs Bouw (1967) is directeur van het Amsterdamse architecten- en stedenbouwbureau One
Architecture. One Architecture werkt internationaal
aan diverse opdrachten op verschillende schaalniveaus, zoals de transformatie van een rijksmonu-
ment tot zorgcentrum, de stedelijke vernieuwing van
Gouda-Oost en de Rivierenwijk in Deventer, de toekomst van Tbilisi en de Olympische Hoofdstructuur
in Nederland. Matthijs Bouw was redacteur van *De
Architect* en *Wiederhall*, publiceert internationaal en
geeft les, het meest recent als Sunderland Professor for Landscape Architecture op de University of
Kentucky, College of Design.

Alfredo Brillembourg (1961) studeerde aan
Columbia University in New York en de Universidad
Central de Venezuela. In 1993 richtte hij met
medearchitect Andrew MacNair de Caracas Think
Tank op en in 1996 de BVG Arquitectos + Ingenie-
ros, eveneens in Caracas. Alfredo Brillembourg

Vinex Atlas in 2008. He regularly publishes
books on his independent research and is
the editor in chief of the yearbook *Landscape
Architecture and Town Planning in the
Netherlands*. Jelte Boeijenga studied at
Delft University of Technology's faculty of
architecture.

Riëtte Bosch (1976) is West 8's project
manager for the fields of urban development
and landscape architecture. This combination has given her the opportunity to work
on a wide variety of projects. In 2004, she
received a bachelor's degree in landscape
architecture and an additional degree, with
academic distinction, in urban development
from the architectural academy in Rotterdam.
Since 2001, she has worked at West 8 on
various key projects and winning competition
entries, such as the Kröller-Müller Museum,
Stratford City in London, Buenavista Park
in Singapore, Markeroog (Eowijers 2006),
Rotterdam Grondgebonden, and a tunnelled
section of the A2 motorway in Maastricht.

Matthijs Bouw (1967) is the director of the
Amsterdam architecture and urban planning
office One Architecture. This firm has an
international portfolio of projects at various
scales, such as the redevelopment of a listed
building into a heath care centre, the urban
revitalization of East Gouda and Deventer's
river district, the future of Tbilisi, and the
Olympic infrastructure in the Netherlands.
Matthijs Bouw has been an editor at *De
Architect* and *Wiederhall*. He publishes in
international journals and teaches, most
recently as the Sunderland Professor for
Landscape Architecture at the University of
Kentucky College of Design.

Alfredo Brillembourg (1961) holds degrees
from Columbia University and the Universidad Central de Venezuela. He founded
the Caracas Urban Think Tank with fellow
architect Andrew MacNair in 1993 and BVG
Arquitectos + Ingenieros, also in Caracas, in
1996. Brillembourg has taught architectural

design at Universidad José María Vargas, Universidad Simón Bolívar, and Universidad Central de Venezuela, and has sat on design review juries at Cooper Union and Columbia University.

Pi de Bruijn (1942) received his architecture degree from Delft University of Technology in 1967. He began his career at Southwark Architects' Department in London and the Amsterdam Housing Service. In 1978 he became a partner at the firm of Oyevaar Van Gool De Bruijn Architecten BNA. In 1988 he joined with Frits van Dongen, Carel Weeber, and Jan Dirk Peereboom Voller to found de Architekten Cie., in which he has been a partner ever since. From 1993 to 1998, he held a professorship at Delft University of Technology. In recognition of his work, Pi de Bruijn has been made an Officer in the Order of Orange-Nassau.

Lard Buurman (1969) uses photography to investigate the relationship between people and public space. His working method gives weight to both the architectural properties of a space and the scene taking place within it. One recurring theme is the unplanned aspects of the city. In the series *For the time being*, created with the support of the Amsterdam Art Fund, Buurman focuses on what is temporary in the city, on transformation. The impact of the construction site goes beyond the noise and inconvenience that we experience. It is a place that takes shape amid an ever-shifting chaos.

Bert van Delden (1954) is deputy director-general for housing, communities, and integration and (until 2011) director of the urbanization programme at the Ministry of the Interior and Kingdom Relations (previously at the housing and spatial planning ministry). Before that, he was deputy secretary-general and programme director at the Ministry of Transport, Public Works, and Water Management, director and secretary of the Association of Provincial Authorities and

doceerde bouwkundig ontwerpen aan de Universidad José María Vargas, de Universidad Simón Bolívar en de Universidad Central de Venezuela, en heeft zitting gehad in ontwerpbeoordelingscommissies op Cooper Union en Columbia University.

Pi de Bruijn (1942) voltooide in 1967 zijn studie Bouwkunde aan de Technische Universiteit Delft. Daarna was hij werkzaam bij de Architects Department Southwark in Londen en de Dienst Volkshuisvesting Amsterdam. In 1978 werd hij partner bij het bureau Oyevaar Van Gool De Bruijn Architecten BNA. In 1988 richtte hij samen met Frits van Dongen, Carel Weeber en Jan Dirk Peereboom Voller de Architekten Cie. op, waaraan hij sindsdien als partner verbonden is. Van 1993 tot 1998 was hij professor aan de TU Delft. Voor zijn werk werd Pi de Bruijn benoemd tot Officier in de Orde van Oranje-Nassau.

Lard Buurman (1969) onderzoekt in zijn foto's de relatie tussen mensen en de publieke ruimte. Door zijn werkwijze ligt er nadruk op zowel het architectonische van de ruimte, als op de scène die zich erin afspeelt. Een terugkerend thema is het ongeplande in de stad. De serie *For the time being* kwam mede tot stand dankzij het Amsterdams Fonds voor de Kunst. In de serie richt Buurman zich op het tijdelijke van de stad, de transformatie. De impact van de bouwplek gaat verder dan de overlast die we ervaren. Het is een plek die in een veranderlijke chaos vorm krijgt.

Bert van Delden (1954) is plaatsvervangend directeur-generaal Wonen, Wijken en Integratie en (tot 2011) programmadirecteur Verstedelijking bij het ministerie van BZK (voorheen VROM). Hiervoor was hij plaatsvervangend secretaris-generaal en programmadirecteur bij het ministerie van V&W, directeur/secretaris bij het Interprovinciaal Overleg en het Regionaal Orgaan Amsterdam, senioraccountmanager bij de Nationale Investeringsbank, senior-adviseur bij de gemeente Den Haag en het ministerie van Binnenlandse Zaken en onderzoeksmedewerker bij de EUR. Hij studeerde bedrijfskunde in Breukelen en Delft. Bestuurlijk is hij actief in het Forum van Stedelijke Vernieuwing, het Nederlands Gesprek Centrum en de Internationale School voor Wijsbegeerte.

Karin van Dreven (1957) is directeur/bestuurder van Woningstichting Haag Wonen in Den Haag. Hiervoor was zij in dezelfde functie werkzaam bij de Stichting Woonplus Schiedam en de Stichting Woningbedrijf Rotterdam. Sinds 2005 is Van Dreven vicevoorzitter van de VROM-raad en in die hoedanigheid onder andere verantwoordelijk voor het rapport *Stad en Stijging* en actief op de thema's Woningcorporaties, Woningmarkt en Wonen in Ruimte en Tijd. Daarnaast is zij commissaris bij de Stichting Bouw Research.

Adriaan Geuze (1960) is oprichter en mededirecteur van West 8 urban design & landscape architecture. Geuze en zijn team staan bekend om hun unieke benadering van planning en ontwerp van de publieke ruimte, waarbij hedendaagse cultuur, stedelijke identiteit, architectuur, publieke ruimte en techniek vertegenwoordigd zijn in een ontwerp, met de (lokale) context als uitgangspunt. Als veelgevraagd spreker en docent geeft Geuze lezingen en doceert hij aan gerespecteerde instituten over de hele wereld. Geuze heeft een aantal belangrijke onderscheidingen ontvangen, zoals de Prix de Rome, de Rotterdam-Maaskantprijs, de Rosa Barba First European Landscape prize, de Veronica Rudge Green Prize for Urban Design (Harvard Design School), de Bijhouwerprijs 2008 en recent de gerenomeerde American Society for Landscape Architecture Honor Award 2009.

the Amsterdam Regional Authority, a senior account manager at the National Investment Bank, a senior adviser to the City of The Hague and the Ministry of the Interior, and a researcher at Erasmus University in Rotterdam. He studied business in Breukelen and Delft. He is an active member of the boards of the Urban Regeneration Forum, the Dutch Centre for Dialogue, and the International School of Philosophy.

Karin van Dreven (1957) is the director and a member of the board at the housing association Haag Wonen in The Hague. She previously held comparable positions at Woonplus in Schiedam and Woningbedrijf in Rotterdam. Since 2005, Van Dreven has been the deputy chair of the Dutch Council for Housing, Spatial Planning, and the Environment. In this role, she was responsible for the report *Stad en Stijging* (on social advancement in urban regeneration) and focused on the subjects of housing associations, the housing market, and housing in space and time. She is also a supervisory board member at SBR.

Adriaan Geuze (1960) is the founder and co-director of West 8 urban design & landscape architecture. Geuze and his team are known for their unique approach to the planning and design of public space, in which contemporary culture, urban identity, architecture, public space, and technology come together in each design, with the local context as the point of departure. Geuze is a popular speaker and teacher, giving lectures and courses at respected institutions worldwide. He has received several major awards, such as the Prix de Rome, the Rotterdam-Maaskant Prize, the Rosa Barba First European Landscape Prize, the Veronica Rudge Green Prize for Urban Design (Harvard Design School), the Bijhouwerprijs 2008, and, most recently, the prestigious American Society for Landscape Architecture Honor Award 2009.

Ad Huijsmans (1958) is a former board member and general manager of Deventer Hospital. He is a partner in the firm of Boer & Croon, a member of the International Advisory Board of IK Investment Partners in London, and the president of SDJZ in Arnhem. Huijsmans has held diverse positions on a number of supervisory boards.

Bregit Jansen (1973) studied architectural history and housing policy at Groningen University and the Architectural Association in London. Since 2006, she has worked at the housing association Haag Wonen as development manager in the real property department, specializing in social projects. She was previously an independent researcher and adviser, and spent four years as a manager and project manager at GRAS architecture centre.

Hamit Karakus (1965) is the portfolio holder for housing and spatial planning in Rotterdam's municipal executive. After years as a police officer, he began a career in the property sector. In 1998 he was an assistant director at Atta estate agency. At the same time, he was active in politics. From 2004 to 2006, he was the vice-president of the executive committee of the Labour Party (PvdA) in Rotterdam. Karakus is a member of the management and supervisory boards of the Randstad Region and the RZG-Zuidplas Land Bank.

Hubert Klumpner (1965) studied at the Academy of Applied Arts in Vienna and received his master's degree from Columbia University. Klumpner is currently a professor at the Universidad Central de Venezuela, and one of the founders of the Estudio Digital at the school's Department of Architecture and Urbanism. In 1995 he joined the Caracas Urban Think Tank. Hubert Klumpner has received various prizes from the Olympic Committee in Rome, the City of Vienna, and the City of Salzburg, as well as the Beata Inaya Award and the Award for Excellence in Design from Columbia University.

Ad Huijsmans (1958) is voormalig bestuurder/ algemeen directeur van het Deventer Ziekenhuis. Hij is associé van Boer & Croon, lid van de International Advisory Board van de Industri Kapital Limited in Londen en voorzitter van de Stichting SDJZ te Arnhem. Huijsmans heeft diverse functies in diverse commissariaten bekleed.

Bregit Jansen (1973) is opgeleid als architectuur-historicus en volkshuisvester aan de Rijksuniversiteit van Groningen en de Architectural Association in Londen. Zij is sinds 2006 werkzaam bij woningcorporatie Haag Wonen als ontwikkelmanager op de afdeling Vastgoed met als specialisatie maatschappelijk vastgoed. Zij werkte in het verleden als zelfstandig onderzoeker/adviseur en was vier jaar lang manager en projectleider bij het architectuurcentrum GRAS.

Hamit Karakus (1965) is wethouder Wonen en Ruimtelijke Ordening van de gemeente Rotterdam. Na jaren gewerkt te hebben bij de politie, begon hij een carrière in het vastgoed en de makelaardij. In 1998 was hij adjunct-directeur bij Atta Makelaars. Tegelijkertijd was hij actief in de politiek. Van 2004 tot 2006 was hij vicevoorzitter van het bestuur van de PvdA Rotterdam. Karakus is lid van het algemeen en dagelijks bestuur Samenwerkingsverband Randstad en van het algemeen bestuur van de Grondbank RZG-Zuidplas.

Hubert Klumpner (1965) studeerde aan de Universität für angewandte Kunst in Wenen en behaalde zijn mastertitel aan Columbia University in New York. Momenteel is Klumpner docent aan de Universidad Central de Venezuela en hij is een van de oprichters van de Estudio Digital van de faculteit Architectuur en Stedenbouw van die universiteit. In 1995 sloot hij zich aan bij de Caracas Urban Think Tank. Hubert Klumpner heeft verschillende prijzen ontvangen: van het Olympisch comité in Rome, de stad Wenen, de stad Salzburg. Ook kreeg hij de Beata Inaya Award toegekend en de Award for Excellence in Design van Columbia University.

Erwin van der Krabben (1966) is hoogleraar gebiedsontwikkeling aan de Radboud Universiteit van Nijmegen. Zijn onderzoek heeft betrekking op de verbanden tussen de inzet van (plannings)instrumenten en het beïnvloeden van de uitkomsten van vastgoedontwikkeling. Hij is coördinator van diverse onderzoeksprogramma's: voor NICIS (Netherlands Institute for City Innovation Studies) leidt hij een consortium dat onderzoek doet naar vraagstukken met betrekking tot de (her)ontwikkeling van werklocaties, in Transumoverband is hij betrokken bij onderzoek naar de relatie tussen bereikbaarheid en vastgoedontwikkeling, in het Habiforumprogramma voert hij onderzoek uit naar bedrijventerreinen.

Henk W.J. Ovink (1967) is directeur Nationale Ruimtelijke Ordening voor het ministerie van Infrastructuur en Milieu. Hij is verantwoordelijk voor de actualisatie en decentralisatie van ruimtelijk beleid, de Architectuurnota, de nieuwe Wet ruimtelijke ordening, langetermijnvisies en -verkenningen waaronder de Structuurvisie Randstad 2040, de Olympische Hoofdstructuur, krimp en economie, kennisontwikkeling en -agendering met de leerstoelen aan de Universiteit van Utrecht (Planologie) en de Technische Universiteit Delft (Ontwerp en Politiek en Erfgoed en Ruimte), de samenwerking met Urban Age/London School of Economics en het programma Ontwerp en Politiek met daarin ontwerpend onderzoek naar stad en landschap en samenwerkingen met Columbia, Harvard en de University of Kentucky. Ovink is cocurator voor de Internationale Architectuur Biënnale Rotterdam 2012. Ovink publiceert en geeft lezingen over de verandering van overheid, bestuur en planning en over de specifieke relatie tussen ontwerp en politiek.

Erwin van der Krabben (1966) is professor of area development at Radboud University in Nijmegen. His research explores how instruments of public policy (especially in the planning field) influence the outcomes of property development. He coordinates a number of research programmes: for NICIS (the Institute for City Innovation Studies), he heads a consortium investigating issues related to the development and redevelopment of work sites; for Transumo, he is involved in a study of the link between accessibility and property development; and in the Habiforum programme, he researches business parks.

Henk W.J. Ovink (1967) is director for national spatial planning at the Ministry of Infrastructure and the Environment. He is responsible for the modernization and decentralization of spatial policy, the architecture policy document, the new Spatial Planning Act, long-term strategic plans and studies such as the Randstad 2040 Structural Vision, the Olympic infrastructure project, issues of population decline and the economy, and knowledge development and promotion. He holds academic chairs at the Utrecht University (in planning) and Delft University of Technology (in design and politics, and in heritage and space). He is involved in partnerships with Urban Age/London School of Economics, the Design and Politics programme (involving design-based research on cities and the landscape), Columbia, Harvard, and the University of Kentucky. Ovink is the co-curator of the International Architecture Biennale Rotterdam for 2012. Ovink writes and gives lectures about the changing nature of public administration, governance, and planning, and about the special relationship between design and politics.

Hanna Lára Pálsdóttir (1968), a social geographer, studied at Utrecht University. As part of the Dutch civil service's Management Development Programme, she worked temporarily as a team leader at the Province of South Holland. She is now a manager at the National Spatial Planning Department, part of the Ministry of Infrastructure and the Environment. In her role as knowledge coordinator, she has worked with issues relating to future spatial challenges. She was previously involved in setting up the Netherlands Institute for Spatial Research, where she worked on numerous publications as a researcher between 2002 and 2006. Since 2009, she has been a member of the board for Planning Day.

Gert-Joost Peek (1978) is a knowledge manager and the director of the Centre of Excellence at Fakton financial real estate consultancy. He was previously director of research at ING Real Estate Development, heading an international network of market researchers. Peek received a doctoral degree from Delft University of Technology for a thesis on the redevelopment of railway station sites in city centres and worked for the real estate arm of Dutch railways, then called NS Vastgoed.

Theo Peters (1957) has been a member of the Gelderland provincial executive for the Christian Democrats (CDA) since 1999. In the current executive, he is responsible for finance, general administration, housing policy, and regional partnerships. Before his appointment to the provincial executive, Peters was a member of the provincial council for eight years. Prior to that, he held various positions at the City of Nijmegen.

Gert de Roo (1963) is a professor of planning at Groningen University. He advises authorities such as the European Union, Dutch government, and Dutch regions on decentralization and regionalization. His wide-ranging interests include decision-making about measures affecting the living environment. De Roo is involved in numerous national and international partnerships, working groups, and editorial boards connected to physical planning, quality of life, sustainability, and urban development.

Hanna Lára Pálsdóttir (1968) is sociaal geograaf, afgestudeerd aan de Universiteit van Utrecht. In het kader van het Managementontwikkelingsprogramma van het Rijk werkt zij tijdelijk als teamleider bij de Provincie Zuid-Holland. Zij is werkzaam bij de directie Nationale Ruimtelijke Ordening van het ministerie van I&M. In haar functie als kenniscoördinator heeft zij invulling gegeven aan vraagstukken die betrekking hebben op de toekomstige ruimtelijke opgaven. Voorheen is zij betrokken geweest bij de oprichting van het Ruimtelijk Planbureau waar zij in de periode tussen 2002 en 2006 als onderzoeker aan diverse publicaties heeft gewerkt. Sinds 2009 is zij bestuurslid van de Plandag.

Gert-Joost Peek (1978) geeft als knowledge manager leiding aan het Centre of Excellence van Fakton financiële vastgoedregisseurs. Daarvoor was hij werkzaam bij ING Real Estate Development, waar hij als director Research inhoudelijk verantwoordelijk was voor het internationale netwerk van marktonderzoekers. Peek promoveerde aan de TU Delft op het herontwikkelingsproces van binnenstedelijke stationslocaties en werkte bij het toenmalige NS Vastgoed.

Theo Peters (1957) is sinds 1999 namens het CDA gedeputeerde bij de provincie Gelderland. In het huidige college is hij verantwoordelijk voor financiën, algemeen bestuur, woonbeleid en regionale samenwerkingsprogramma's. Voordat hij toetrad tot het college van Gedeputeerde Staten was Peters acht jaar lid van de Provinciale Staten. Daarvoor werkte hij in verschillende functies bij de gemeente Nijmegen.

Gert de Roo (1963) is hoogleraar Planologie aan de Rijksuniversiteit van Groningen. De Roo adviseert onder andere de EU, de landelijke overheid en de regio's over decentralisatie en regionalisering. Zijn interesse ligt op diverse terreinen, die onder meer de besluitvorming beslaan rond ingrepen in de (leef)omgeving. De Roo maakt deel uit van verschillende (internationale) samenwerkingsverbanden, werkgroepen en redacties, die alle de termen fysieke planning, leefkwaliteit, duurzaamheid en stedelijke ontwikkeling gemeen hebben.

Willem Salet (1951) is hoogleraar Stedelijke en Regionale Planning aan de Faculteit van Maatschappij- en Gedragswetenschappen van de Universiteit van Amsterdam. Hij was wetenschappelijk directeur van het Amsterdam study centre for the Metropolitan Environment (AME) aan deze universiteit en van 2008-2009 voorzitter van de Association of European Schools of Planning (AESOP). Salet promoveerde in 1977 aan de Universiteit van Utrecht en werkte vervolgens bij het WRR en als parttime professor Regional Governance bij de Technische Universiteit Delft.

Tejo Spit (1955) is hoogleraar Planologie aan de Universiteit van Utrecht. Na zijn afstuderen aan de Katholieke Universiteit van Nijmegen is hij ondermeer werkzaam geweest bij de gemeente Enschede en de VNG. De belangrijkste zwaartepunten van zijn onderzoek zijn vooral methodologisch getint en hebben inhoudelijk betrekking op mobiliteitsvraagstukken en infrastructuurplannen, grondbeleid, bedrijventerreinen en meer algemene financieel-economische vraagstukken in het openbaar bestuur.

Pauline Terreehorst (1952) is een publicist en journalist. Van 2005 tot 2008 was ze directeur van het Centraal Museum van Utrecht. Terreehorst studeerde kunstgeschiedenis, Neerlandistiek en filosofie, is filmkenner, schreef boeken over fotografie en publiceerde als trendwatcher over lifestyle, architectuur en video. In 2001 werd Terreehorst voor vier jaar benoemd in het bestuur van de Stichting Stimuleringsfonds Culturele Omroepproducties.

Willem Salet (1951) is a professor of urban and regional planning at the University of Amsterdam's Faculty of Social and Behavioural Sciences. He was the academic director of the Amsterdam Study Centre for the Metropolitan Environment (AME) at that university, and from 2008 to 2009 he served as president of the Association of European Schools of Planning (AESOP). Salet received his doctoral degree from Utrecht University in 1977 and began his career at the Advisory Council on Government Policy and as a part-time professor of regional governance at Delft University of Technology.

Tejo Spit (1955) is a professor of planology at Utrecht University. After graduating from the Katholieke Universiteit van Nijmegen (now Radboud University), he began work at the municipality of Enschede and the Association of Netherlands Municipalities. His research focuses primarily on methodological issues and relates to mobility and infrastructure planning, land policy, business estates, and general financial and economic issues in public administration.

Pauline Terreehorst (1952) is a journalist and commentator. From 2005 to 2008, she was the director of the Centraal Museum in Utrecht. Terreehorst studied art history, Dutch language and literature, and philosophy, is a film expert, and has written books about photography and articles on trends in lifestyle, architecture, and video. In 2001 Terreehorst began a four-year term on the board of the fund for cultural programming by public broadcasters in the Netherlands. In 2002, she became the head of the Amsterdam Fashion Institute (AMFI), part of Amsterdam's University of Applied Sciences (HvA).

Gerrit van Vegchel (1954) is president of the Parkstad Urban Region in Limburg. His previous position was as strategic director of the Dutch office of ING Real Estate Development, the capacity in which he co-authored his contribution to this book (with Gert-Joost

Peek). Earlier in his career, Van Vegchel was a board member at the housing association Ymere.

Co Verdaas (1966) has been a member of the Gelderland provincial executive since April 2007. He is responsible for spatial planning, labour market policy, earth removal, aviation issues, and foreign relations. Before his appointment to the executive, Verdaas was a member of national parliament for four years, with a portfolio that included spatial planning and aviation. Verdaas received his planning degree from Radboud University in Nijmegen in 1996 and spent a few years at civil-society organizations before embarking on his political career.

Frank de Vries (1965) is a member of the Groningen municipal executive, responsible for spatial planning, housing policy, community regeneration, land issues, listed structures, sports, and urban policy. He joined the Groningen municipal council in 2002 and was asked to form a new executive in 2006, on which he served as a portfolio holder and deputy mayor.

Elien J. Wierenga (1980) studied architecture at Delft University of Technology, receiving a degree in urban development in 2004. Since then, she has worked at the Ministry of Infrastructure and the Environment. She headed the project Designing Randstad 2040 and is now the project manager for Design and Politics, focusing on the modernization and decentralization of spatial policy, the City NL research project, and the book series *Design and Politics*.

Daan Zandbelt (1975) received MSc degrees in architecture and urban development from Delft University of Technology. In late 2002, he and Rogier van den Berg founded Zandbelt&vandenBerg, an office for architecture, urban development, regional design, and research. His recent projects include Mid-Size Utopia (regional design-based

Vanaf 2002 was ze instituutshoofd van Amsterdam Fashion Institute AMFI, onderdeel van de Hogeschool van Amsterdam.

Gerrit van Vegchel (1954) is voorzitter van de Stadsregio Parkstad Limburg. Daarvoor was hij werkzaam als directeur Strategie van ING Real Estate Development Nederland, in welke hoedanigheid hij samen met Gert-Joost Peek zijn bijdrage in dit boek geschreven heeft. Eerder was Van Vegchel ondermeer directielid van woningcorporatie Ymere.

Co Verdaas (1966) is gedeputeerde van de provincie Gelderland sinds april 2007. Hij is verantwoordelijk voor ruimtelijke ordening, arbeidsmarktbeleid, ontgrondingen, luchtvaartzaken en buitenlandse betrekkingen. Voor hij gedeputeerde werd zat Verdaas vier jaar in de Tweede Kamer. Daar had hij onder andere ruimtelijke ordening en luchtvaart in zijn portefeuille. Verdaas studeerde af als planoloog en promoveerde in 1996 aan de Radboud Universiteit in Nijmegen. Hij ruilde zijn maatschappelijke carrière na een aantal jaren in voor een politieke carrière.

Frank de Vries (1965) is wethouder Ruimtelijke Ordening, Volkshuisvesting, Wijkvernieuwing, Grondzaken, Monumenten, Sport en Grote Stedenbeleid in de gemeente Groningen. Vanaf 2002 was hij raadslid van dezelfde gemeente, en in 2006 formateur van het college van B&W, waarin hijzelf locoburgemeester en wethouder werd.

Elien J. Wierenga (1980) studeerde Bouwkunde aan de Technische Universiteit Delft waar zij in 2004 afstudeerde als stedenbouwkundige. Sindsdien is ze werkzaam bij het ministerie van Infrastuur en Milieu. Wierenga was projectleider Ontwerpen aan Randstad2040. Ze werkt als projectleider Ontwerp en Politiek aan de actualisatie en decentralisatie van ruimtelijk beleid, het Stad NL onderzoek en is verantwoordelijk voor de publicatiereeks *Design and Politics*.

Daan Zandbelt (1975) studeerde Architectuur (MSc) en Stedenbouw (MSc) aan de TU Delft. Met Rogier van den Berg richtte hij eind 2002 het bureau Zandbelt&vandenBerg op, een bureau voor architectuur, stedenbouw, regionaal ontwerp en onderzoek. Recente projecten zijn: Mid-Size Utopia (regionaal ontwerpend onderzoek), TU Delft Campus Visie 2030, Stedenbouwkundig plan Stadscampus Coolhaven, Circus Twente, Verbouwing Witte de With en Tent., Atelier Stadland (binnen Randstad 2040), Villa in de duinen (Hoek van Holland), Concept structuurvisie schaalsprong Almere, Stedenbouwkundig concept KennisAs Rotterdam. Zandbelt is sinds 2003 docent aan de TU Delft bij de leerstoel Stad & Regio.

Friso de Zeeuw (1952) is sinds 1998 directeur Nieuwe Markten van het Bouwfonds. Daarnaast is De Zeeuw parttime hoogleraar Gebiedsontwikkeling aan de TU Delft. Verder bekleedt hij een tiental bestuursfuncties en commissariaten. De Zeeuw studeerde staats- en bestuursrecht aan de Vrije Universiteit Amsterdam en werkte daarna bij een stedenbouwkundig bureau en de gemeente Amsterdam. Van 1980 tot 1987 was hij voor de PvdA wethouder van de toenmalige gemeente Monnickendam, daarna seniororganisatieadviseur bij Berenschot en vervolgens van 1993 tot 1998 gedeputeerde van de provincie Noord-Holland.

research), the strategic plan for the Delft University of Technology campus in 2030, the plan for the Coolhaven urban campus, the strategic plan Circus Twente, the renovation of Witte de With and TENT, Stadland Design Studio (part of the Randstad 2040 project), the Villa in the Dunes project in Hoek van Holland, the exploratory strategic plan for the anticipated large-scale expansion of Almere, and the urban development concept Rotterdam City Campus. Since 2003, Zandbelt has been an instructor affiliated with the Chair of Metropolitan and Regional Design at Delft University of Technology.

Friso de Zeeuw (1952) has been the director for new markets at Bouwfonds since 1998. He also has a part-time appointment as professor of area development at Delft University of Technology and sits on some ten boards and commissions. De Zeeuw studied constitutional and administrative law at VU University in Amsterdam, while working for an urban development agency and the City of Amsterdam. From 1980 to 1987, he was a member of the Monnickendam municipal executive for the Labour Party (PvdA). He then became a senior organizational consultant at Berenschot and, from 1993 to 1998, a member of the North Holland provincial executive.

An initiative of the
Ministry of Infrastructure and the Environment

Editorial team
Luuk Boelens, Henk Ovink, Hanna Lára Pálsdóttir, Elien Wierenga

Essays
Floris Alkemade, Meta Berghauser Pont, Edzo Bindels, Karst Blijham, Jelte Boeijenga, Luuk Boelens, Pieter Bol, Riëtte Bosch, Matthijs Bouw, Alfredo Brillembourg, Pi de Bruijn, Bert van Delden, Karin van Dreven, Adriaan Geuze, Per Haupt, Ad Huijsmans, Bregit Jansen, Hamit Karakus, Hubert Klumpner, Erwin van der Krabben, Henk Ovink, Gert-Joost Peek, Theo Peters, Gert de Roo, Willem Salet, Tejo Spit, Pauline Terreehorst, Gerrit van Vegchel, Co Verdaas, Frank de Vries, Elien Wierenga, Daan Zandbelt, Friso de Zeeuw

Editorial team, Design and Politics series
Henk Ovink, Elien Wierenga

Pictorial essay
Lard Buurman

Translation
Open Book Translation, Bookmakers

Design
Robert Beckand

Printing
Lecturis, Eindhoven

© 2011 authors and 010 Publishers, Rotterdam

ISBN 978 90 6450 747 2
www.010.nl

Ministerie van Infrastructuur en Milieu

Een initiatief van
Ministerie van Infrastructuur en Milieu

Redactie
Luuk Boelens, Henk Ovink, Hanna Lára Pálsdóttir, Elien Wierenga

Essays
Floris Alkemade, Meta Berghauser Pont, Edzo Bindels, Karst Blijham, Jelte Boeijenga, Luuk Boelens, Pieter Bol, Riëtte Bosch, Matthijs Bouw, Alfredo Brillembourg, Pi de Bruijn, Bert van Delden, Karin van Dreven, Adriaan Geuze, Per Haupt, Ad Huijsmans, Bregit Jansen, Hamit Karakus, Hubert Klumpner, Erwin van der Krabben, Henk Ovink, Gert-Joost Peek, Theo Peters, Gert de Roo, Willem Salet, Tejo Spit, Pauline Terreehorst, Gerrit van Vegchel, Co Verdaas, Frank de Vries, Elien Wierenga, Daan Zandbelt, Friso de Zeeuw

Redactie Design and Politics
Henk Ovink, Elien Wierenga

Beeldessay
Lard Buurman

Vertaling
Open Book Translation, Bookmakers

Opmaak
Robert Beckand

Druk
Lecturis, Eindhoven

© 2011 auteurs, Uitgeverij 010, Rotterdam

ISBN 78-90-6450-747-2
www.010.nl